戦後復興と地域社会

千葉県政と
社会運動の展開

池田宏樹
Hiroki Ikeda

アルファベータブックス

戦後復興と地域社会 ――千葉県政と社会運動の展開　目次

第三章　冷戦激化の中の柴田「民主」県政と社会運動の諸相　177

序章　公選知事による戦後復興と地域開発

(一) 憲法は地方自治を保障

戦後の我が国の地方政治は、一九四六年(昭和二十一)十一月三日公布の日本国憲法第八章の第九二条(地方自治の基本原則)、同九三条(地方公共団体の機関、その直接選挙)、同九四条(地方公共団体の機能)、同九五条(特別法の住民投票)の四か条の規定で、新たな地方自治の理念が掲げられ、それに基づいて行われている。

日本国憲法は、改正草案を一九四六年三月二日に日本政府がGHQ草案の趣旨に基づいて作成し、三月四日にGHQへ提出の上、両者が審議し、三月五日に確定草案となり、四月十七日に政府が日本国憲法草案として発表した。そして六月二十日召集の第九〇臨時帝国議会に提出され、十一月三日に公布となったものである。

しかしこの地方自治の理念は、明治憲法制定に先だつ自由民権期の私擬憲法の中には存在していたのであったが、憲法制定時には我が国に見られなかったのである。それは明治憲法時代の徹底した官治行政の歴史が地方自治を思い描く国民の構想力を抑え込んでいたことによるものであった。そのため、憲法草案を作成した占領軍司令部の草案で初めて条文化されることとなったものである。この理念の中心は知事の公選制にあった。当時、司令部側の原案を検討した際に、日本側では内務大臣の意見として「知事までも直接選挙とすることは行き過ぎである」との主張があったと云う。けれども司令部側から「総司令官は最も重要な課題と考え、極東委員会も重視している」との回答があって、押し切られて挿入されたものであった。

（二）初の知事公選の特色

知事公選の最初の選挙は一九四七年（昭和二十二）四月五日に全国四六都道府県で一斉に男女二〇歳以上の選挙民によって行われた。この選挙の特色は、①投票率が東京、大阪は六割強、横浜、京都、神戸、福岡は五割程度で大都市が特に悪かったこと、②三三府県は当選者が決定したが、一道七県（北海道、茨城、千葉、新潟、奈良、和歌山、高知、宮崎）は決選投票（最高点者の得票数が有効投票総数の八分の三以下の場合は最高点者と次点者の二名の間に一騎打ちの投票が行われる）となったこと、③官選知事であった者が保守勢力を地盤として立候補し、その当選者が二五都府県となり、過半数を超えていたこと、④当選者の職業は四六名中官僚出身者二八名、代議士や県議等の政治家が九名、会社社長等の経済人四名、その他五名であったこと、⑤官僚は行政のプロであり、知事と云う強大な行政権を掌握する者となるのであったから、保守、革新を問わず、相応しいと云えるものであったこと、⑥党派別では民主二名、自由四名、社会三名、諸派五名、無所属三〇名であったことなどである。

これらの中で北海道の田中敏文知事と岩手県の国分謙吉知事は異色であった。田中は同庁林政部土木係長から全道庁職員組合委員長を経て就任、革新道政をうたい、三期連続当選する。政府が一九五〇年（昭和二十五）に北海道開発法を公布し、北海道開発庁を発足させると、田中知事は北海道総合開発委員会を設置、開発の理念をめぐり政府と対立した。一九五二年（昭和二十七）に始まる北海道開発第一次五か年計画では入植者四万二〇五二戸、一九五六年（昭和三十一）までの定着率は六八・一％であった。工事実績に比して生産実績は良くなく、農家負担金は一戸平均二四万三〇〇〇円余に達し、離農者が続出した。一九五九年（昭和三十四）に任期満了後は工業開発社長となった。

国分は一三歳の時、丁稚奉公に出された後、苦学勤行。一九二五年（大正十四）には国分農場を創設した。

初代公選の知事選挙では元官選知事で自由党が支持した春彦一と民主人民政府樹立共同闘争委員会推薦の鈴木東民、岩手農政社の国分の三者の争いで勝利した。二期連続当選。在任中は農業基盤の整備、乳牛の奨励、県有林整備十か年計画、水害復旧に努めた。全国的にも稀な農民知事であり、県民の慈父と敬愛された。

（三）第二期公選知事と地域開発

第一期、第二期と連続当選者は二六名あった。また東京都の安井誠一郎知事、神奈川県の内山岩太郎知事は公選初代から五期連続であった。

政府は一九五〇年（昭和二十五）五月に国土総合開発法を制定した。その目的は「国土を総合的に利用し、開発、保全し、産業立地の適正化を図り、合わせて社会福祉の向上に資する」ものであり、都道府県総合開発審議会や、地方総合開発審議会が設置された。公選二期目の知事はこれを契機に地域開発を推進していったのである。

公選二期目から連続三期以上当選の知事は千葉、山梨、愛知、奈良、京都、岡山、広島、香川、愛媛の九府県に存在した。この期には奥田良三や蜷川虎三等の今日では著名な知事が登場していたのである。そこで代表的な知事の地域開発と関連した事績を取り上げて見よう。

奈良県の奥田良三知事は一九五一年（昭和二十六）四月に現職の野村万作知事を破って当選した。以来当選八回をかさね、一九七六年（昭和五十一）には全国知事会会長に就任した。「県民による県民のための県政」をスローガンにしたと云われており、我が国でも最も長期の知事として人望を集めると共に、総合開発事業に取り組み、県勢を振興させた功労者である。吉野熊野総合開発は、一九五〇年五月二十六日公布の国土総合開発法に基づいて発案され、十津川紀ノ川総合開発計画に呼応して、熊野川、紀ノ川水系で約五〇万キロワットの電源開発、併せて十津川・紀ノ川の分水事業による平野部の食糧増産を図った。

京都府の蜷川虎三府知事は吉田内閣の中小企業庁長官であったが、ドッジラインによる三月危機をめぐって吉田首相と衝突して辞任。一九五〇年（昭和二十五）四月に前副知事の井上清一を擁する保守統一候補に対し、社会党公認、全京都民主戦線統一会議（民統会議）推薦を受け立候補し、全国初の革新知事として当選した。以来七期連続当選（一九七八年四月まで）。「憲法を地方自治に生かし、府民の暮らしを守る」をスローガンに終始独自の府政を行った。舞鶴港をアジア平和貿易の窓口とし、京阪神を産業道路で結ぶ「タテ」の開発構想に取り組んだ。これは政府による太平洋沿岸ベルト地帯中心の「ヨコ」の開発に対する京都府独自の対案であった。

静岡県の斎藤寿夫知事は一九五一年（昭和二十六）四月の知事選に自由党公認で立候補、革新派候補に大差をつけて当選。以来四選を果たし、静岡県知事で最長を記録した。県の復興と総合開発に取り組み、電源開発と食糧増産を主目的とした一九五一年六月の第一次総合開発事業では、日本一のダムとなった佐久間ダム建設があった。しかし「電気のふるさと」は「災害のふるさと」となり、台風、集中豪雨の度ごとに流域は氾濫と洪水に見舞われることになった。また従来、京浜・中京工業地帯を結ぶ「回廊」と云われた静岡県は、太平洋沿岸ベルト地帯の一環に位置付けられ、工業立県への旗上げが行われた。県東部から急速に重化学工業部門の発達が見られたが、公害デパートと云われるほど様々な公害を生み出したのである。

岡山県の三木行治知事は、前西岡広吉知事と激しい選挙戦の末当選、四期にわたって県政を推進した。就任すると、「産業と教育と衛生の岡山県」をスローガンに掲げた。それは他県に先駆けて「産業構造の高度化」を図ろうとするものであった。一九五一年に「総合開発構想」を策定し、その具体化が岡南・水島の二地区を拠点に企業誘致することであった。水島地区は高梁川の河口デルタ地域で、ここには戦前からの工場敷地、飛行場、宅地、道路等合計一二二万五〇〇〇坪（一坪は三・三平方メートル）が国有財産として残っていた。旧工場用地三〇万坪の払い下げを受け、水島開発の足掛かりを築いたのであったが、この水島開発構想に対する政府の反応は冷淡で、水島港の浚渫《しゅんせつ》は水深七・五メートルまでは認めるが、それ以上は認めないと云うものであった。三木知事は一九五六年（昭和三十一）に一〇万トンの巨大船舶が接岸出来るようにするため、水深一六メートルの浚渫構想を打ち出して、政府の対応と正反対に構想を拡大した。また多目的の旭川ダム建設も推進した。水島地区は石油化学工業、重工業、電気・ガス産業、窯業、食品工業等約八〇社の大企業が進出し、日本屈指の素材供給型重化学工業のコンビナート基地に成長したのである。岡山県の産業経済は水島コンビナートの発展で成長したのであるが、一九六三年頃より公害問題が頻発して、「コンビナートの巨大企業は金の卵を産むニワトリ」と云う幻想の崩壊が始まったのである。三木知事は一九六四年（昭和三十九）十一月に任期中途で病没した。

（四）柴田県政と地域開発

この時期に千葉県の柴田等知事も登場したのである。その県政は本書で詳述するが、公選初代知事川口為之助の第二副知事であったが、川口は腹心の石橋信《まこと》第一副知事に「禅譲」しようとして任期半ばで退任したので、石橋対柴田の選挙となった。県選出国会議員一三名中一〇名、県議会の過半数を握っていた自由党は石橋を推し、一方野党の民主、社会、共産の政党や労農団体は柴田を推した。下馬評では石橋圧勝と云われていたが、県民の多くが柴田を支持、圧勝した。一部では「西の京都、東の千葉」と「民主」県政誕生が評価されたのである。折しも柴田当選直後に川崎製鉄の操業が始まり、東電火力の進出、千葉港の浚渫で、大企業にほとんど縁のなかった農漁業県の千葉県は、京葉工業地帯造成のテーマが大きく浮上した。柴田は「農工両全《のうこうりょうぜん》」（工業の利益で農漁業の低生産を引き上げる）をスローガンとして掲げた。もともと千葉県は水源に弱点があり、袋小路のような地形のため近代的な道路建設や鉄道敷設が遅れていた。しかし広大な海面埋立地に進出してきた大企業は、これらの弱点を早急に克服することを県政に求め、それに対応する中で柴田県政は「工業が近代科学の粋であり、農漁業は縄文弥生時代からの原始産業」と位置付けるように変わり、農漁民から土地や水、或いは海を札束で奪っていったのである。

京葉臨海地域には工場や住宅が立ち並び、人口は全国有数の急増県となったのである。けれども「大企業は金の卵を産むニワトリ」ではなかったことが、深刻な公害の発生で明らかとなった。本州製紙江戸川工場汚水放流事件では柴田県政は国に汚水規制を要求したが、県公害防止条例の制定には取り組まなかったのである。柴田知事は二選目を自由党が候補者を立てられず楽勝した。三選目は自由党が与党となり、野党や労農団体を抑えて勝利した。しかし四選では自民党が膝詰めで入党をせまり、それまで「知事は無所属が良い」と入党を拒んできたが、遂に自民党の軍門に降ったのである。これで楽勝と思いきや、自民党の工業開発推進派は柴田県政に不満で、東京湾全面埋立論を唱えた加納久朗前住宅公団総裁を候補にしたため、柴田には自民党にいる場所がなくなり、離党して四選に挑んだ。しかし気が付いた時、知事を支持してきた農漁民はおらず、社会、民社、共産の野党や労働団体の支持もなく、大差の敗北であった。

（五）何故、戦後復興期の問題を取り上げるのか

戦後復興期は七十年以上前である。一世代三十年とすれば、二世代も前のことで、中心になって活躍された方々の多くは鬼籍に入られている。当時の人々は敗戦のショックと焼土の余燼が治まらない中で起ち上がり、世界に誇る日本国憲法をつくり、食糧の飢えを忍んで働き、今日の繁栄の基礎を築いてきたのである。たしかに競馬・競輪・オートレースもこの時期に生まれたものであったが、県や市町村の財政が極めて貧弱であり、それを補うものと認識され、公然と「必要悪の一つ」に位置付けられたものであった。

ところが現代ではこれらのことは忘却の彼方に追いやられた感がある。一部の政治家の間では「戦後の総決

算」が主張され、改憲論議が盛んである。議論だけでなく、「戦争をするための国づくり」をしようとする動きさえもある。またテレビをつければ、有名タレントたちが競馬・競輪・ボートレース等をＣＭで煽っている。昨年にはＩＲ法が強行採決され、カジノが合法化されることになったが、その弊害は競馬・競輪・ボートレースの比ではないだろう。

今こそ先人の労苦に思いを致し、同じ轍を踏まないために、戦後復興期の歴史を思い起こして欲しいと念願するものである。

第一章　官選知事最後の県政と起ち上がる諸階層

一、はじめに

生悦住求馬《いけずみもとめ》、小野哲《おのあきら》、広橋真光《ひろはしただみつ》の三官選知事は在任期間が生悦住三か月、小野一年二か月、広橋一か月であったので、小野知事の県政を中心に纏《まと》めて取り扱いたい。本章が取り上げる期間は三知事の在任期間である一九四五年（昭和二十）十月から一九四七年（昭和二十二）四月までである。この期間の県政最重点課題は二〇〇万県民の食糧確保であり、食糧危機に直面する中で人々はどのように生き抜いたのかを取り上げたい。また敗戦を契機に澎湃《ほうはい》として未曾有の社会運動が高まるが、その諸階層の起ち上がり状況を見てみたい。この期の参考文献の主なものは『千葉県会史』(1)、『千葉県の歴史』(2)、『自治労千葉の三十五年』(3)である。

（注）
（1）千葉県立中央図書館蔵『千葉県会史』第四巻、一九八二年
（2）前掲県立図書館蔵『千葉県の歴史』通史編近現代2、二〇〇六年
（3）前掲県立図書館蔵『自治労千葉の三十五年』一九八四年

二、民主政治への模索

(一) 官選三知事と県政

(1) 生悦住求馬知事の就任

一九四五年(昭和二十)十月二十七日に斉藤亮《あきら》知事に代わって官選第三三代の千葉県知事には生悦住求馬宮城県知事が就任となった。生悦住知事は三重県出身で、一九二一年(大正十)第八高等学校卒業、一九二三年(大正十二)高文合格、一九二四年東大法学部を卒業、警保局勤務、一九三五年(昭和十)茨城県警察部長、一九三八年(昭和十三)土木局港湾課長、一九三九年警保局図書課長、一九四〇年大臣官房会計課長を歴任、一九四一年佐賀県知事、一九四二年文部省社会教育局長、科学局長を務め、一九四五年宮城県知事、同年十月に転任して来たものであった(1)。

生悦住知事は一九四六年(昭和二十一)の「元旦の計」で、当面の重大問題として、食糧問題、戦災者援護、生活不安除去の三点を強調した。「わけても供米の成否はあらゆる問題に先行して明確な岐路となる重大性を持つ」として、供米率の向上に全力を挙げていた。県下の供米率は一九四五年十月一日で三七%であったが、知事離任直前の翌年一月二十日には四二%にアップさせていたのである。

千葉県の二大戦災都市であった千葉市と銚子市ではまず住居が深刻な状況であった。千葉市では戦災から三か月で一〇〇〇戸以上のバラックが生まれていた。冬を控えてトタン一枚のバラックでは済まされず、市から配給された材木でバラックの補強がなされていた。しかし、バラックでの越冬は相当に困難であり、真菰《まこも》五〇〇〇枚ないし一万枚を仕入れて、一戸に五枚程度配給してバラックの周囲を囲わせる計画や、市が仮設住宅を設計し、旭造船、大東製作所、茅ヶ崎製作所に建築を請け負わせる計画も立てた。さらに加藤製作所の社宅二〇〇戸、日本バルブ社宅四一戸、寄宿舎四棟、内外製鋼社宅七戸、日立製作所寮一〇〇〇世帯に収容することを計画した。銚子市では横浜ヨット社宅二戸、寄宿舎二棟、近藤航空機社宅六戸の活用が計画されたが、実際は掛け声倒れであった。

生悦住知事は「私自身戦災者であるため、切実なるものがある。住宅の問題にしても早急に建設したいと思っても、木材が不自由なところへ、労賃の問題が大きな隘路となっている」と戦災者援護を重要緊急問題として取り組もうとしていたのである。

しかし、幣原《しではら》喜重郎内閣の三土忠造内相は就任と同時にマッカーサー司令部の指令に基づいて官界粛正の構想を練り、まず内務三役に大村次官、藤沼警視総監、谷川警備局長を起用し、三役を幕僚として地方長官（知事）の異動を行うことにしたのである。その方針は当時地方長官の大部分が翼賛会府県支部長を兼務していたので、政府の追放への具体策が決定していなかったため、該当知事には自発的に勇退をさせることにした。生悦住知事が前任地宮城県で翼賛会県支部長を兼ねていたので、この措置に該当したことから、一月二十一日に自発的に辞表を提出し、一月二十五日に退官した。着任以来僅か三か月足らずの短命に終わったのである。

（2）小野哲知事の就任と県政

政府は新知事の起用にあっては、地方庁を初め、広く各界各省の人材を簡抜し、行政の民主化を進めると共に、地方庁を刷新し、それまでの官僚気質を払拭して民間人に親しみやすくする方針を採り、横滑り人事や異動のための異動を極力避けて、行政事務の能率維持と事務の混乱を防止することにした。さらに技術者や公吏出身者にも、知事、局長の門戸を解放すると共に、少壮官吏の起用にも意を用いることにしたのである。

一九四六年（昭和二十一）一月十九日までに大体の腹案が纏まり、二十一日からは大村次官が中心になって適格者に個別に折衝を行った。そして二十四日には内閣で民間人起用に関する銓衡《せんこう》委員会を開き、事務手続き総てが完了したので、二十五日に二八名（民間人五、官僚八、交流人事六、若手官僚抜擢七、その他二）の地方長官を閣議決定し、奏上して裁可を仰ぎ発令したのである。この二八名の中には交流人事の一環として運輸省企画局長であった小野哲が入っていた。彼は官選第三四代の千葉県知事となったのである。(2)

小野知事の経歴は京都府出身で、一九二三年（大正十二）高文合格、一九二四年東京大学法学部卒業、同年鉄道省に入り、在外研究員として欧米留学、帰国後門司鉄道局鳥栖運輸事務所長から本省に戻り、一九二九年（昭和四）経理課出納係長、一九三六年（昭和十一）東京鉄道局運輸部長、本省監査局陸運第二課長を経て一九四一年（昭和十六）大臣官房人事課長、一九四二年門司鉄道局長、運輸省鉄道送局勤労局長、自動車局長、企画局長を歴任して、一九四六年（昭和二十一）一月二十五日に千葉県知事に転じて来たものである。

新知事は「畑違いから入った人だが、行政手腕のある人」とか、「紳士的文化人」、「ざっくばらんな苦労人」と前評判が高かった。一月二十九日の「一問一答」では「私は裸一貫で県民にぶつかる積もりだ、草鞋《わらじ》履《ば》きで管内を歩き、膝を突き合わせて官吏と地方の民間を隔てている封建的な壁を打破していく、共産党や社会党の人々とも会って話を聞き、よい思想、よい政策はどしどし取り上げていく方針だ」と抱負を語っていた。行政の民主化、官庁の民主化が叫ばれていた時期であり、それに対応する姿勢が感じられるものであった。

① 県庁機構の改革

中央政府の方針に基づき、二月一日に新知事初の機構改革が行われ、従来の内政、経済第一、同第二、警察の四部制は内務、経済、教育民生、警察の四部となり、内務部は人事、庶務、地方、会計、調整、建築、土木の七課で、奥田良三内政部長がそのまま内務部長となった。教育民生部は教学、厚生、勤労、労政、保険の五課で三重県から転任の江藤武彦が新部長となった。経済部は農務、食糧、耕地、水産、畜産、繊維、商工、林務の八課で第一経済部長であった岡本三良助部長で、警察部は浅野三郎部長が留任した(3)。

小野知事は「県行政に関する県民の信頼を高め、行政各般にわたる施策の実効を確保することが、現下喫緊の課題であるが、このためには官吏制度及び行政機構を改善する外、行政運営を徹底的に刷新することが肝要だ」として具体策を決定した。①官紀の振粛では行政監査委員会を設置、各種講演会、講習会及び修練会を開催し、庁員の行政事務の向上を図る、②行政運営の民主化では広く民間各界の意見を求め、連絡会議を開催、投書や陳情を尊重する、③庁内各部課の連絡では各課は毎月一回その月の主要処理事項の概要を知事に報告、部課長会議、各課主席会議、課員常会を常置する。地方事務所連絡室を設置し、本庁と各地方事務所間の連絡を円滑にする、④行政事務は親切第一主義とし、県庁内に各種の相談所を設置する、⑤県庁玄関に庁内各課の配置図と事務分掌を掲げ、外来一般民間人の便宜を図る、⑥各課入り口に課内の担任者取扱事項を明示する、⑦庁員は外来者に懇切丁寧に応対する等と云うものであった。知事は「行政はこれを公開する建て前を採り、民間の与論を喚起尊重し、官僚独善弊を排除し、行政の合理的運営を図り、外部の批評等については、官庁の所見を活発に公表する」と語っていたが、それはまさに県民ファーストの姿勢であった(4)。早速に県政運営刷新の監査委員会が立ち上げとなった。奥田良三内務部長が委員長に就任。委員は各課長から選出され、委員会の任務は単に職員の非違の選択よりも、指導向上に重点を置き、成績優秀者や善行者の発見に努めるものであった。

内務省では地方制度改革と併行して地方行政機構の拡充を図るために、全国各府県に教育部と厚生部を新設、また北海道等一六道県には衛生部を設けることにした。このため二月一日に設置された教育民生部はなくなり、千葉県では内務、厚生、衛生、教育、経済、土木（内務部から独立）、警察の七部制となった。十月二十一日の農地調整法改正に先立ち、都道府県に農地部が新設されることになり、農地部には総務、農地、開拓、耕地の四課が置かれ、農務課内の農地関係が農地課に独立し、農地改革推進に当たった。そして県の機構は八部制となったのである。

② 知事と労組の関係

一九四六年（昭和二十一）六月、七月は全国的に食糧危機に直面し、県の主食も底をつき、労務者の加配米中止を行い、七月には県下全体で全面的な遅配の事態に追い込まれた。知事は「生産県の本県が六月末、遂に遅配したことは県民に申し訳なかった。進駐軍の好意で主食代用トウモロコシ二七〇〇〇トン、小麦粉二〇〇〇〇トン、缶詰一五〇〇トン、米に換算して約四万二〇〇〇石（一石は米一五〇キログラムで二・五俵）が放出され、非常事態を見ずに済んだことは感謝に堪えない」と県民への謝罪と米軍への感謝を県会で行った。[5]

小野知事は「県内を視察するたびに、その地方の港湾、治水、道路等に関心を持ち、一つうんと事業の展開をしてみたいと云う希望を持っている。県下の産業を最高度に復興するためには、この港湾をどうすればよいか、どの川の治水を図らねばならぬか、どの道路を開発すべきか」と強い関心を持って語っていた。そこで県の地位向上を図ると共に、県民の利福を目指して画期的な土木事業を起こすべく具体的な計画に着手したのである。当初は小野知事の構想の範囲を出ないものであったが、道路、河川、港湾施設等の土木事業の総合的計画を審議するための土木審議会を設置することになった。九月十日に第一回の委員会を開催、委員長に小野知事、委員には横田清蔵、青木泰助、山村新治郎、成島勇の四代議士、県議一〇名、各種団体長、技術家等二二名が委嘱され、総額四億円を予算とする県の土木五か年計画を作成した。しかし未曾有の大事業なので、先ず部会を設けて審議することになり、交通部会（主査福地新作県会副議長以下部員一九名）と治水部会（主査坂本斉一県議以下部員一六名）の二つの部会の設置を決定した。

官庁の民主化が叫ばれる中、いち早く起ち上がったのは、県庁中堅官吏一六名の人々で、五項目（庁内民主化行政事務刷新、人事明朗化、待遇改善、県庁職員の福利増進）を掲げて一九四六年二月六日午後一時半に県庁議事堂に集合し、県庁職員会（県職組の前身）の結成大会を開催した。大会では座長に成富信夫技師（水産課）を推し、長野和夫技手（畜産課）が行政事務刷新策として課長の責任強化、勤務時間七時間制の実施、人事明朗策では人事委員会の設置、投書箱の設置、また待遇改善策では物価手当一人当たり五〇〇円、扶養家族手当一人当たり一〇〇円、昇給率を本省並みにする、宿直手当の増加、雇傭員の待遇改善、さらに職員福利増進策では娯楽施設と教養クラブ設置、県庁消費組合の設置、県庁所属の保健所設置等の説明を行った。出席者から通勤手当支給についての提言があり、これは委員一任となった。活発な討議が行われ、前項の五項目は全員異議なく決議された。役員選挙では各課から一〜二名とし、これまでの暫定委員として長野以下の創立委員一六名を座長指名で決定したのである。

一九四七年（昭和二十二）二月十八日午後一時から水産業会館二階で暫定委員会を開催、代表委員が小野知事と会見、二月七日決議による要求項目の回答を二月二十三日までに求めたところ、知事も約束した。同委員会は暫定委員を廃止し、各課より実行力のある委員二名宛《ずつ》を選出して正式委員とすることにして二月二十五日に新旧委員会の開催を決めた。またこれまで女子職員は未加盟であったが、参加を認め、代表委員も選出させることにした。県職員会の結成と諸要求は時宜に適したものであったと同時に、小野知事の方針にも合致するものであった。(6)

ところで一九四五年（昭和二十）十二月二十二日公布の労働組合法は一九四六年（昭和二十一）三月一日から施行であったが、県職員会では庁員だけの組合では弱体であり、到底官庁民主化の徹底を期することは困難な実状から、同法の施行を機会に県下二〇〇〇有余の官庁職員（地方事務所、勤労署、土木事務所、学校職員、その他）を一丸とした千葉県職員組合（県庁職員会を県職組に改組）を結成することにした。その結成大会は三月五日午後一時から県議事堂で開催したのである。

県職組では県と労働協約を結び、団体交渉権の確立を求めて、各課委員の互選による起草委員が協約案の作成を急いでいたが、十一月十五日に纏まったので、十二月五日に県会議場で知事と正式交渉が行われた。

しかし年末から新年にかけては二・一スト問題が起こり、交渉の余裕がなかったので、一九四七年（昭和二十二）三月十三日に県と県職組の両者は覚書を取り交わし、労働協約が正式に結ばれたのである。協約の重点は知事の指名する八名と組合代表八名を委員とする県行政協議会を設置し、この機関を通じて組合が県の人事、待遇改善、賞罰に関与出来るものであった。なお、教員組合の千教連（千葉県教員組合連盟）も十四日に労働協約を締結した。これは小野知事が退官する当日のことであった。小野知事のこれまでの労組への理解度の反映であると同時に、県職組も千教連も二・一ストを果敢に闘ったことの成果でもあった。

小野知事の労組への姿勢を示すものには、県下の労組との懇談がある。十月七日午後に県下労組幹部と県側の懇談会が県庁で行われた。労組側約三〇名、県側は小野知事、三部長の出席があり、勿論初めての試みであった。労組側から「労組その他民主団体で組織する民主化委員会を設け、県政の強力な諮問、実行機関とされたい、また労働会館を持ちたい」、「労働行政における県の積極的な努力、援助」への要望と期待があった。労組側は「このような懇談会を月一回位開きたい」との要望も加えた。これらに知事は諒とする返事を行っていた。しかし懇談会はその後の激しい労働情勢等の影響もあって開かれることはなかった。

小野県政期に新しい労働法制が導入され、小野知事は千葉県地方労働委員会（地労委）第一期、第二期の労働委員会委員を委嘱した。第一期の労働者委員の委嘱では県内に労働組合が二〇余しかなく、その意向で委嘱せざるを得ず、やがて急増していく労働者の意向と大きく異なって不評であった。また第三者委員の委嘱にも反発を受けた。労働組合の闘いと第一期委員会の反省から第二期労働者委員の委嘱には、別項で後述するように全国初の投票制を導入する先進性を示したのである。

国民生活擁護協議会等県下二〇団体が主催し、千葉新聞が後援した県民議会が十二月十四、十五の両日、午前一〇時から午後三時まで県会議場で開催された。テーマは「地方政治の民主化」等であり、代議員比率は国民生活擁護協議会一〇名、労組会議一二名、農民組合五名、文化聯盟五名、官公労職組協議会三名、戦災者団体五名、生活協同組合三名、在日本朝鮮人聯盟三名、社会党県連三名、共産党地方委員会二名、県教員組合三名、婦人民主クラブ県連一名、県青年聯盟二名、県労働組合連絡会議二名、民主人民戦線船橋支部二名、柏町民協議会二名、引揚者団体連合会一名、海匝文化聯盟一名、県労組青年部婦人部四名の合計七〇名であった。二日間にわたって活発な論戦があった。二日目に「非民主的な小野哲知事の不信任と県天下り人事の責任者大津留人事課長の追放」が満場一致で決議となった。大津留人事課長の件は県職組でも追及し、一九四七年（昭和二十二）一月十八日に更迭が実現した。小野知事不信任の決議は、インフレ下で苦しい生活と闘う労働者たちを満足させるものではなかったことの反映であった。しかし官選知事としては一定の良識を示した知事であったと云えるだろう。

③　参議院議員へ転出

地方制度改正の要点である知事公選が一九四七年（昭和二十二）四月五日と決まり、前年の十二月頃から候補者選考をめぐり、県下の政界も活発な動きが表面化していた。進歩党県支部は同党県選出の代議士と県議の連合総会で小野知事推薦に大勢は傾いていた。しかし自由党では進歩党と提携して小野一本で臨むべしとする意見と飽くまで党員、県出身者、非官僚の三条件を固持する意見があって纏まらず、分裂の危機を感じさせるものがあった(7)。

二月十日に自由、進歩両党は鵜沢総明博士を知事候補にすることで合意した。ところが二月十八日に鵜沢博士は東京裁判の弁護人であることを理由に正式に辞退を表明した。このため自由党幹部会は三条件に合致した川口為之助元県会議長を候補に決定し、進歩党との連携はご破算となってしまった。進歩党は小野知事を候補に推薦することにしたけれども、小野知事は一向に動かなかった。小野知事の出馬意思表示不鮮明の上、進歩党県支部は他に持ち駒がなく、飽くまで自由党と提携して小野知事を出馬させようと、二月二十四日夜には青木、寺島両代議士が千葉市牧野屋で片岡伊三郎自由党県支部長等と懇談して、小野擁立を申し入れた。自由党側は飽くまで川口推薦を譲らず、逆に進歩党に川口推薦を要請、その交換条件として自、進両党合同で小野知事を参議院議員候補に推すことについての意見交換が行われ、進歩党も一応肯いたので、懇談直後に片岡自由党県支部長は知事官舎で小野に会い、意向を伝えた。これで小野参議院議員候補、川口知事候補の流れが決まったのである。

（3）官選知事の終焉

参議院選挙に出馬のため、小野知事は一九四七年（昭和二十二）三月十三日に内務省に出頭して辞表を提出した。このため小野知事の後任として三月十四日付で広橋真光埼玉県内務部長（四六歳）が第三五代千葉県知事となったのである。

広橋知事は東京都出身、元権中納言日野頼資の後裔で、本人は一九一〇年（明治四十三）に叙爵《じょしゃく》。一九二六年（大正十五）京都大学法学部卒業、高文合格後、一九二七年（昭和二）内務省に入り地方局勤務、一九四〇年（昭和十五）群馬県学務部長、総理大臣秘書官を務め、一九四四年（昭和十九）民生局貯蓄課長、一九四五年神奈川県経済第二部長、一九四六年埼玉県内務部長を歴任した。新知事は着任の席を温める暇もなく、供米督励のために三月二十三日には休日にも拘《かか》わらず香取郡佐原町へ出張した。当時県下の供米率は八六％で、全県三分の一の町村は未完納状態であった。四月初めに市原、東葛飾、海上の三郡が完納となり、完納は「今一息」との段階に到達したのである。しかし四月五日に公選知事選挙となり、広橋知事は「公選管理知事」の役割となった。千葉県では四月十五日に決戦投票となり、四月二十一日に漸《ようや》く川口為之助初代公選知事へ引き継ぎが行われ、任務を完了したのである。なお懸念されていた供米率一〇〇％を突破したのは四月十五日のことで、知事最後の置き土産となった。広橋知事は一八七三年（明治六）初代の柴原和権県令から数えて七十四年間、三五代にわたった官選知事制の最後の人となったのであり、任期は僅か一か月余であった。(8)

(二) 県会の動向

(1) 戦後初の県会

第六八回通常県会が一九四五年(昭和二十)十一月二十八日午後一時開会となった。戦後初の県会である。一九四六年度(昭和二十一)予算案を上程、生悦住知事の予算説明後に正副議長の改選を行い、議長指名で予定通り戸坂清次が議長に、福地新作が副議長に当選した。新議長となった戸坂清次は安房郡選出で県議二期、当時の新聞では「闘志満々、議員団中でも相当うるさ型とされている」と評されていた。『千葉県会史　議員名鑑』では「権力や財力に反発する行為が多かった。軍閥や統制経済にも批判的であった」とある。戦後の民主主義出発にあたって、非常に適任な役割を担うものと期待された。しかし病に冒され、その後の県会には欠席がちで残念であった。

(2) 小野県政期の二つの臨時県会

一つ目の臨時県会は、県民税賦課等を審議するもので、一九四六年九月二十五日午前一〇時五五分に開会となった。議員三五名中戸坂議長をはじめ諏訪寛治、出口貞作、根本一郎、山田重太郎の四名が病気欠席であった。まず小野知事の挨拶後に福地副議長が議長席について開会を宣した。小野知事は初舞台とも思われない貫禄を見せて登壇し、堂々五〇分にわたって予算説明を行った。しかし今回新設された県民税は一戸平均六〇円、個人では最低二〇円、最高三〇円、市町村民税四〇円、しかもその中の三分の一は貧富の差なく平均に課税されるものであった。また自転車、荷車、船舶税等は三倍から四倍の増徴であり、この新税増徴案には勤労者や農民が直ちに反対に起ち上がった。千葉県労働組合会議(県労会議)では九月二十七日午前一一時から県庁前公園広場で四〇〇名が集まって反対大会を開催した。美濃部晴三交渉委員が小野知事に決議文を提出、午後は小野知事並びに進歩、自由党の県議等と議員控室で会見、新税に対する意見を求めた。坂本庶務課長の説明中に四、五〇名が会場に押しかけ「そんな所で相談するのは非民主的だ、表に出て大衆の前で説明せよ」と要求して混乱が起こった。結局小野知事が表に出て「物価の値上がりで出費が上がったので、やむなく増税することになった、みなさんに負担をかけて申し訳ないが協力してもらいたい」と説明し、諒解を求めたので一応ケリがついたのである。

二つ目の臨時県会は、地方制度改正後最初となるもので、十月二十八、九日の両日の開会であった。これに先立ち十月二十三日午後一時四〇分から議員団総会が議員控室で開かれた。総会には病気のため辞職を伝えられていた戸坂議長が姿を見せ、「一時は起てないと思ったが経過が非常に良い」と案外元気で、議長問題は一先ず解消した。総会では監査委員の設置並びに議事規則改正に関する説明があり、横田地方課長の「委員の選定には追放令を考慮せねばならぬが、未だ着定していない」との説明を受け、この追放問題を度外視して委員銓衡をすることにした。監査、選挙管理両銓衡委員七名宛を選出し、両銓衡委員会は二十六日午前一〇時から県会議長室と県会事務局でそれぞれ開催し、臨時県会への提案が纏まった。議事規則案では定例会は二月、四月、六月、八月、十月、十二月の年六回開催、定例会の会期は五日以内、ただし十二月の予算定例会は二十日以内、議長は会期を三日の範囲以内で延長出来た。また選挙区議員定数条例案では議員定数四三名が六〇名に増加となった。

臨時県会は午前一一時一七分開会、病気療養中だった戸坂議長が二年振りに顔を見せ、挨拶を行い、「議長については福地副議長に代える」旨を説明し、福地副議長が議長席に着いて開会を宣した。選挙管理委員、監査委員の選任は議長指名で選挙管理委員（六名）、県監査委員（四名）と決まり、全議案は原案通り可決し、新地方制度実施の手続きを終了、千葉、銚子両市の戦災復興都市計画事業予算も成立し、臨時県会は閉会した。(9)

追放令で県議失格が一六名となった（のち二名追加となる）。そもそもこの県議は戦争中の一九四〇年（昭和十五）一月二十日の選挙で選ばれ、戦争のため任期が延長となっていたものであった。定数四三名中欠員八名、残り三五名のうち一六名の追放者を引くと無疵《むきず》な者は一九名で、過半数の二二名に達せず、招集しても不成立となるものであった。そこで十一月十五日一〇時半から県会議場で議員団総会を開催し、福地副議長を座長に協議を行い、新県議が選出されるまでは県参事会が県会を代行することになった。しかし参事会員の任期が満了となっていたので、臨時県会を招集して新参事会員と補充員の選挙を行うことにしたのである。

（三）政党の復活と戦後初の総選挙

一九四六年（昭和二十一）は年明けと共に総選挙への本格的な動きが始まった。選挙は全県一区、定数一三名で、投票は三名連記で、三名以上記入すると無効であった。選挙費用は法定二万五〇〇〇円、供託金は一人二〇〇〇円であった。各党は次々と公認候補を決定していった。その主な政党の状況を見ると、自由党の公認候補者は一月六日に本部代議員の山村新治郎が本部を訪問して打ち合わせの結果、山村新治郎、伊橋甲子男、水田三喜男、斉藤行蔵、岩田耕筰、高原正高、横田清蔵、仲内憲治、片岡伊三郎、竹尾弌《はじめ》、斉藤時郎の一一名に決定した。進歩党県支部結成の打ち合わせ会は三月八日に千葉市長洲町の島田弥久元県議宅で開かれ、多田満長前代議士が座長となり、規約を決定、支部長に成島勇前代議士、幹事長に中村満郎元県議を選任し、総選挙の公認候補には成島勇、増田栄一、福地新作、坂本斉一、椎名隆、脇田三千雄、青木泰助、木倉和一郎の八名を決定した。日本協同党の県支部結成大会は三月十日に船橋市船橋国民学校で開催され、本部から千石興太郎氏が出席、支部からは吉植庄亮等五〇〇名が参集、常任世話人を選出し、公認候補者には田中和三郎、堀吉太郎、伊藤博、金子泰蔵、小笠原幹男の五名を決定。日本共産党では終戦と同時に党再建運動が伊東武次、清宮登、萩原中、大塚良平、安藤一茂、堀内晃、小川三男等によって進められ、一九四五年（昭和二十）十一月に印旛郡成田町での第一回県党会議を開き、党千葉地方委員会（今日の県委員会）を皮切りに、一九四六年（昭和二十一）三月までに三回の県党会議を開き、安藤一茂を選挙責任者として総選挙の公認候補には清宮登、小川三男、萩原中、川島常作、若名一郎の五名を決定。一月段階で公認予定であった堀内晃は肋膜炎で入院となり、立候補を断念した。(10) 社会党県連は一月に結成され、総選挙の公認候補には安部正一、吉川兼光、白井三五郎、北田一郎、石橋源四郎、平井寿雄、高仲光彦、佐山直の八名の決定であった。

戦後初の第二二回衆議院議員総選挙は四月十日に執行され、千葉県では八四名が立候補した。事前の観測では国民の選挙への関心が低調と伝えられていたが、千葉県では出足が良く、投票率は六三・九％であり、また危惧された女性の投票率も予想以上であった。

当選者はトップが山村新治郎（自由新）一一万七五〇票、二位成島勇（進歩前）九万五五四九票、三位森暁（無所属新）八万八三二五票、四位横田清蔵（自由新）七万一六四票、五位竹内歌子（新日本青年新）六万二六〇四票、六位片岡伊三郎（自由新）五万九九二四票、七位水田三喜男（自由新）五万八一七九票、八位藤田栄（無所属新）五万一三四一票、九位吉川兼光（社会新）四万九七三三票、一〇位青木泰助（進歩新）四万八六二一票、一一位斉藤行蔵（自由新）四万六二七三票、一二位寺島隆太郎（無所属新）四万一六〇九票、一三位木島義夫（自由新）三万八五七五票であった。

政党別では自由党が同党系の森暁を入れて七名、進歩党二名、社会党一名、無所属二名、新日本青年党一名で、自由党が圧勝した。主な政党別の得票では自由党一六名で五〇万三二〇票、進歩党一四名で三四万九八三五票、社会党八名で一五万二〇五四票、共産党五名で四万八一二八票、協同党四名で四万一〇九〇票、新日本青年党四名で二万六二四三票である。一万二九八〇票以上獲得した者は供託金没収を免れたが、八四名中四三位以下からが対象となった。進歩党は前代議士の今井健彦、伊藤清、篠原陸朗、多田満長、中村庸一郎、小高長三郎等は立候補の意志はあったが、戦争責任で追放となって出馬出来ず、前代議士の中では成島勇一人の立候補であった。

今回の総選挙では社会、共産両党には選挙体制に乱れがあり、社会党の一名当選だけに終わった。社会党では党本部と県連との間に一つのギャップがあって、安部正一は党本部の公認であったが、県連の公認でないと云う分かりにくいものであった。また共産党では萩原中が一万三三九四票を獲得し、供託金没収に遭わずに健闘したが、選挙前に地方委員会内での党内闘争が伝えられ、元労農党の活動家で、共産党から出馬の噂があった新津辰蔵が無所属で立候補となったこと等であった。党地方委員会では四月十四、十五の両日に千葉市の事務所で総選挙の自己批判を行い、「党の名を詐称して無軌道ぶりを発揮した栗原東洋、長作一、井上諄三の三名に対する除名処分」を協議し、二十八日に開催した臨時県党会議で指導部を改選して体制の立て直しを図ったのである。(11)

(四) 自治体の民主化

(1) 市町村長公選化の動き

政府の新憲法草案は、民主主義政治確立の基礎である地方事務の向かう方向を地方自治の本旨に基づいて規定しようと、地方分権の思想を明確にしていた。政府はその具体的改革について検討を重ねていたが、新憲法制定の特別議会で審議されるので、地方自治制度の全面的改革は特別議会後の議会に提出することを順序としていたのである。しかし地方議会議員選挙が府県、市町村ともに、一九四六年（昭和二十一）九月に迫っていたので、特別議会後の議会を待っていては間に合わず、政府は地方自治の民主化を急速に実現するため、地方制度の中核をなす選挙関係の部分を切り離し、地方選挙までに画期的な民主的地方議会の更新を期する方針としたのである。この構想に基づいて市町村長選出については、現行法による市町村長は市町村会で選挙される間接選挙であったが、改正案では新憲法の精神に則り、住民有権者の直接投票によって選出するとしていたのである。政府が目指す画期的な方向は、既に現実に住民の地方政治民主化の闘いの中で進行していたのである。

例えば、東葛飾郡浦安町の宇田川徳太郎町長は五月三日に青年聯盟主催で開かれる「町長辞職要求町民大会」を前にして辞表を提出した。大会では町長の不信任を叫んで解職となった助役他吏員八名の復職と新町長の公選、役所の徹底民主化を協議した。そして五月二十日には全町内会が一斉に投票を行い、町長候補数名を選んだ上、これを町会議員側へ提示、町会は町民の選んだ候補者の中から、さらに単一候補を選定し、これを推薦した。町民の総意で醍醐作次収入役が九月から新町長に就任したのである。(12)

佐原町では五月十六日に辞職した木内鹿之助町長の後任に安達昌平を町会では満場一致で推薦したが、一部町民側では緊急町会で町議の意向のみで決定するのは一般民意を無視するものであり、この際、広く町民の与論を聴き、公選の途をとるべきであるとし、町民大会開催の運動を起こした。また印旛郡六合村では岩井力三郎村長の辞職に伴い、後任村長は村民の公選で選出し、村会の議決で認可申請する方法が採用となったのである。さらに野田町では一九四七年（昭和二十二）一月二十五日に野田町役場で地方選挙対策協議会を開催、公選町長推薦問題に関し、活発に意見交換をした。町議員団側は保守勢力が大同団結し、町長臨時代理者の経験のあった茂木林蔵を推薦したのに対し、新興勢力を背景に立候補の決意をしていた戸辺緑太郎との間で一騎打ちとなることが予想されていたのである。たしかに浦安、佐原、六合、野田等では町村長の公選を主張していたが、浦安の場合のように住民は直接選挙を行ったのではなく、準公選の方式であり、佐原、六合、野田の場合は内容が不明確であった。それらに対し、五月十日に山武郡千代田村の青年層が中心になった「純情発露会」の開いた村民大会では村長公選が主張され、また五月十二日の幕張青年聯盟主催の町民大会でも「次期町政幹部は一八歳以上の男女による公選」が主張されていた。そして匝瑳郡椿海村の村長選挙では一九四七年二月三日までに立候補者を締め切り、選挙会場を無量院、自観坊、椿宿会所の三か所とし、有権者一八八〇名（男八五五名、女一〇二五名）によって三月五日に投票を行うことを決定した。候補者は伊藤作次郎、大木要司、小林喜一、伊藤亀之助、滝田経三の五名で、当選は伊藤亀之助であった。これは県下でトップを切った村長公選の選挙だったのである。なお伊藤亀之助は一九四七年四月五日の統一地方選にも立候補し、新制度の村長となったのである。(13)

市政ではどうであったのだろうか。千葉市では五月十五日に市会が加納金助を市長に推薦し、二十日に県地方課へ推薦書を提出した。県では早速に内務大臣宛に伝達したのであったが、これは市会が町内会長を無視して独断で決定し、決定後に町会長の協力を求めるものであったので、非民主的だと紛争になった。市会側が陳謝して、今後市政全般に民主的態度をとると約束したので納まったのである。館山市では戦争中から市長候補の選出では紛争が続いて来ていた。一九四六年（昭和二十一）五月十、十一両日に横内県地方課長が現地に出張し、各町内会長の意見を徴した。六五町内会長中、市長候補者として鈴木森蔵を支持するもの二八名、反対一二名、県及び内務省に白紙委任一三名、不在その他で意思表示がなかった者一二名で、大勢が判ったので、県ではこれまで握り潰していた推薦書を生かし、鈴木森蔵が適当なりとの副申書を付けて内務大臣宛に提出すると共に、五月十五日に奥田内務部長が現地に出張し、県の態度を説明して協力を求めたのである。紛争を起こしていた松戸市では、「四月三十日までに後任市長を推薦すべし」との内務大臣命令が発せられ、市会協議会開催が七回に及んだが纏まらず、市会側が五名の候補者を選び、この中から町内会長を選任して貰う方法で解決の曙光が見えたのであった。銚子市の市民各層は市会議員の推薦で内務大臣が任命する方法では問題が惹起するとして、市長公選に大賛成であった。

町村長の公選制は一八七八年（明治十一）の三新法で実現をみていた。しかし自由民権運動が全国的に高揚すると、明治政府は民権運動と町村長の公選が結びつくことを恐れ、一八八四年（明治十七）には戸長官選制を導入し、一八九九年（明治三十二）に町村制導入の中で町村長は町村会の推薦に制度化され、市制は翌年に市会の推薦者を内務大臣が任命することになった。これらの地方制度の改悪は民主主義の発達を遅らせたばかりでなく、町村政や市政での紛擾《ふんじょう》を惹起《じゃっき》する要因の一つであった。だから市町村長の公選を目指す地方制度改革は画期的な意義を持つものであった。

（2）地方公職者の追放

公職追放はポツダム宣言に基づいて占領軍が軍国主義者や極端な国家主義者を公職から追放した措置であり、公職は官職だけでなく、占領軍が指定した政党、企業、団体、報道機関等の重要な役職も含まれていた。第一次公職追放は一九四六年（昭和二十一）一月四日付の総司令部指令によって行われた。千葉県では前衆議院議員九名が総選挙の立候補資格を失っていた。しかしこの指令で追放者の数は同年二月末で一〇六七名に過ぎなかった。

政府は十一月八日に追放令を地方公職に拡大することで、戦時中の市町村長の追放を行うことにした。市町村長の退職については、追放令発表と同時に県地方課へ退職その他の問い合わせが殺到した。前項で論述した県議追放はこの改正令によるものであった。県協力会議長を務めた花岡和夫、永井準一郎、君塚角之助の三名、郡市では支部長を務めた四地方事務所長、市の支部長を務めた市川、木更津の両市長は十一月六日付で辞表が受理された。他に郡市協力会議長、支部長、事務長、聯合分会長、翼壮市郡団長が該当、町村では翼賛会支部長を務めて現職中の町村長が該当し、郷軍分会長、翼壮団長、協力会議長が追放となった。また代議士中では横田清蔵、成島勇、木島義夫の三名は翼賛会町村支部長を務めたが、中央の公職にあるため、今期だけは追放を免れたのである。そして県では県市町村会議員、農地委員、知事、市町村長選挙の候補者並びに市町村助役、収入役等の資格審査を行うために、資格審査委員会を県と千葉、市川、船橋、銚子の四市に設置したのである。[14]

地方公職追放令の適用範囲は公職追放と町村長、助役、町内会長、部落会長で、その職を一期だけ追われるものがおり、県地方課の調査では追放令該当のイスは県下に町村関係九四九、市郡関係九五。一期だけ追われるもののイスは町村長、助役四六六、連合部落会長三一一、町内会長一三二〇、部落会長三一〇二であった。このうち半分近くは四月の改選で交代してしまったので、二五〇〇名内外が該当すると見られていた。

十一月十五日時点での辞表提出者は、市長二名、市助役一名、町村長は千葉郡一一名、市原郡四名、東葛飾郡四名、印旛郡一名、長生郡一四名、山武郡二名、香取郡一七名、君津郡四名、夷隅郡七名、安房郡五名、海上郡七名の合計七五名で、市町村事務に支障が生じてはいなかった。その後十一月二十日で千葉一一、市原九、東葛一一、印旛四、君津二三、安房五、長生一七、山武一六、香取二二、海上六、匝瑳四、夷隅六の合計一三四名となった。安房郡では二九名中二七名が辞職したのである。なお公職適否の資格審査委員会が県並びに千葉、市川、船橋、銚子の四市に設置されたのは一九四七年（昭和二十二）三月一日のことであった。

(注)

（1）前掲県立図書館蔵『新編日本の歴代知事』三四六頁
（2）前掲県立図書館蔵「千葉新聞」一九四六年一月二十六日付
（3）前掲県立図書館蔵「千葉新聞」一九四六年二月二日付
（4）前掲県立図書館蔵「千葉新聞」一九四六年五月十六日付
（5）前掲県立図書館蔵「朝日新聞千葉版」一九四六年九月二十八日付
（6）前掲県立図書館蔵「千葉新聞」一九四六年二月二十日付
（7）前掲県立図書館蔵「読売新聞千葉版」一九四七年二月七日付

（8）前掲県立図書館蔵『新編日本の歴代知事』三四七頁
（9）前掲県立図書館蔵「千葉新聞」一九四六年十一月二十九日付
（10）拙蔵小松七郎『県民の斗いと我が縣党の歩み』日本共産党千葉県委員会、一九五五年、六頁、なお伊東武次については拙著『戦争と地方政治』で戦前の活動を紹介している。
（11）前掲県立図書館蔵「読売報知新聞千葉版」一九四六年四月十七日付
（12）前掲県立図書館蔵「毎日新聞千葉版」一九四六年七月二十七日付
（13）前掲県立図書館蔵『八日市場市史・近現代編』一九九七年、一九八頁
（14）前掲県立図書館蔵「読売新聞千葉版」一九四六年十一月十二日付

三、食糧危機の中で

（一）食糧確保の闘い

（1）強権発動と自主供出

供米は最重要な課題であったが、県下の供米率は一九四五年（昭和二十）十二月末の段階で三五％に過ぎない状況であった。生悦住知事は下部組織を動員することにし、新年早々の一九四六年（昭和二十一）一月四日に食糧検査吏員大会を開催し、引き続き各町村から部落実行組合或いは個人へ直接働きかける「肉弾戦」に入る方針で、完納した一八か町村の農民に対しては報償物資のシャツを贈って供米意欲を昂めさせていた。そしてタオル一万八千枚、作業衣七万二千着、軍手八千束、肌着一二九二着、地下足袋八千束、フランネル

八一八〇反を各地方事務所毎に分配し、またシャツ三万四二六六枚も送付済みで、成績の良い市町村にはどしどし特配した。さらに第二回目の現地督励班を三方面に組織し、一月九日から督励を行ったのである[1]。検査吏員大会では供米不振の原因として、①市町村長、農業会長の熱意欠乏、②供出割当時期の未決定、③割当の不適正化、④肥料問題を挙げていた。香取郡は供米割当県下第一位の米穀産地であったが、促進運動にも拘わらず一向に振るわず、供米率三三%で県下一二郡中一〇位の成績であった。岡本経済部長は一月二十四日に同郡へ三度目の出張を行い、地方事務所に佐原警察署、食糧検査所佐原支所、農業会郡支部の関係者を集め、「供米隘路打開」の懇談会を開いた。懇談会では、①供米完納者には残余米を自由販売させる、②割当は押付でなく、慎重を期す、③郡下の供出委員に手腕を発揮させる、④主食糧や米の代替物資の移動を徹底して取締まる等が出されていた。

肥料の特配問題では、農林省は供米七〇%以上の者には米一俵（一俵は米六〇《キログラム》）につき硫安或いは石灰窒素一貫目（一貫は三・七五《キログラム》）、一〇〇%以上の者には三貫目の特配とし、千葉県分で合計九九九〇《トン》を予定し、二月一日に県農務課は特配券との引替を知らせていた。

生悦住知事は供米行脚で一月十九日に八日市場町に出張した。役場に部落実行組合長を集め、「現下の食糧事情を述べ、即刻供米へ協力されたし」と縷々《るる》開陳して「必要物資は必ず手配する」と確答したので、各組長は完納を誓って散会した。小野知事も三月二十四日に供米率五四%に低迷していた山武郡正気《まさき》村へ供米行脚に出かけ、供米促進を呼びかけ、農民に奮起を促していたのである。

安房地方事務所では農業会支部、食糧検査所館山支所の協力と館山、千倉、鴨川三警察署の応援で、三月までに供米率一〇〇%を目指し、供米五〇%以下の成績不良町村へは三月十一日から一斉に督励班を派遣した[2]。

県は供米出し渋り農家に対し強権一歩前の「勧告状」を出すことにし、三月二十二日に各郡地方事務所長及び市長へ供出勧告状二〇〇〇枚を手渡した。地方事務所では該当農家を選出し、県へ報告した上、勧告状を突き付け、これに応じない者には所有米全部を摘発して、丸公（物価統制令による公定価格）の印を打つもので、一市町村平均五、六名を想定し、三月二十七日までに個人に手渡したのである。

君津郡では三月二十日に六六％であった供米率は二十八日では七三％に上昇していた。これは主として南部の湊町方面の向上によるもので、北部の久留里町方面は依然として芳しくなかった。そこで一〇〇％完納を阻害する農家へ強権発動を下す会議が二十九日に君津地方事務所で永田事務所長、高沢経済課長、岸食糧検査支所長、池田木更津、行木湊、菅沢久留里各警察署長並びに宮町村長会長、遠藤供米委員等各関係者出席の下で慎重に進められたが、「今日事態がここまで来た以上、最後の断を下すもまたやむを得ず」との強硬な結論となった。地方事務所では供米不良の町村を成績順位でA（最不良町村）、B、C、Dの四クラスに分けて県に報告し、県はAクラスの町村長から県に招致し、供米隘路《あいろ》の原因を検討した。Aクラスは平岡村、富岡村、小櫃《おびつ》村、馬来田《まくた》村、中川村であった。成績不良町村の中で「指導者階級にして供米成績不良者」、「供出に対する阻害行為者」、「割当数大なる者で供米成績不良者」「本年度未完納者で例年の未完納者」の順序で、一村大体一〇名位、Aクラス町村で五〇程の農家に対し、第一次収用令書が発せられたのである。[3] そして四月四日に初めて強権が下され、小櫃村三〇名、馬来田村二三名の農家が各役場で督励された。小櫃村の場合は一戸当たり一〇俵、合計二九一俵の供出話が纏まった。また馬来田村の場合は漸く三五俵の供出に終わった。大部分は割当不当の結果、殆ど手持ち米は既にない状態だったのである。県下全体の供米成績は四月二十五日に八〇％、五月十九日八四％となったが、二十五日は八四％で動かず、供米は底をついてしまっていたのである。

四月十一日の総選挙終了と同時に供米の強権発動が本格的になり、印旛郡では四月十三日に発動となった。県下各地もこれに続くこととなって、農民側の反対運動が活発となった。共産党千葉地方委員会は県下の農民組合、農民委員会、労働組合、学生団体等と共に十三日には県庁前広場で強権発動反対農民大会を開催していた。

香取郡常盤村では「折角丹精して自給肥料を増産し、また肥料を購入して増産すれば、供出割当を沢山かけられ、救援米供出だと云って裸にされてしまう。米一駄（二俵、一二〇キログラム）二四〇円で鍬一丁三〇〇円、牛が一頭一六〇〇円ではやっていけない」として村民大会を開き、生産確保のため必要な飯米保有一二〇〇俵の決議を行い、とりあえず九七〇俵を実行組合単位に六月一日から配給開始したのである。

山武郡では四月五日から強権を発動の予定であったが、各町村長が農家によびかけ、自主的供出を勧めたところ、急上昇となったので、強権発動は総選挙終了後に延期した。また千葉地方事務所では強権を放棄し、米麦割当の自主的完納を期するため、各市町村役場がそれぞれの立場で五月中旬から収穫時まで三、四回全市町村の作柄状況を調査し、各市町村は個人別に調べ、最後に実収高を持ち寄って真の実収高を県に報告、無理な割当や情実を脱して自主的供出に変えたのである。

政府は五月三十一日の閣議で「食糧非常事態宣言」を発したが、その中で「米の強権供出を打ち切り、総合供出制により、割当は収穫予想、民主的組織によって適正な割当をなす」との方針を決定した。これは全国農民の闘いの一つの反映と云えるものであった。

（2）米配給の逼迫

県食糧営団が五月十一日に明らかにした各支所の手持ち米の数量は四月三十日の段階で二万一六五九石であり、県民の一日の所要量が二五三三石と云われていたので、約八・五日分であった。それに既に払い下げとなって輸送途上にある分二万六〇三五石、五月九日に政府から払い下げになった四万八〇〇〇石が二十九日分の合計約三七・五日分があることになり、この他に各家庭の持分が平均一週間あるとすれば、凡そ四五日間は生命が繋げると云う計算であった。しかし調査当日から既に十一日もたっており、未到着分は入手してみなければ確実ではないので、安心出来る数字は三十日分程であった。したがって数字通りに出荷されても、この状態では六月一杯の配給は困難であることが判明した。この事態を受けて県会議員団では五月十三日に福地副議長以下二〇名が集まり、食糧危機突破対策の協議会を開催した。県側から小野知事、岡本内務、秋山経済、福田教育民生の各部長、白井食糧、坂本庶務両課長が出席し、県食糧営団専務理事の土屋県議から営団の手持ち米を中心とした需給状況の説明があり、また経済部長、食糧課長からは今後の見通しの説明があったが、六月十日までしか「配給は保てない」ことが明白となった。対策としては供米の残米二二％の徹底的督励、貯蔵米の摘発実施の他には、マッカーサー司令部に歎願して食糧の輸入を求めること以外にはなかったのである。

この配給不安を反映して、まず東葛飾郡野田町に県下に先駆けて配給米漸減の赤信号が灯った。野田町では五月に入り、君津郡方面から入荷予定の米が殆どなく、配給米の漸減不安が迫っていたので、小林町長、石塚食糧営団支所長、町食糧自給委員一行五名は五月九日に自動車で指定地の君津郡下へ出張して、木更津食糧営団支所をはじめ関係町村を歴訪し、供米促進を懇請したが、君津郡では供米状況は七二％であって、督励にも全く効果がなく、殆ど底をついた状況であり、予定数量の入荷は不可能であることが判明したのである(4)。

木更津市では市民配給委員会を組織し、約三〇名の半数を主婦に委嘱したが、赤信号が灯ったことから、五月十八日には同委員会が中心となって市役所で危機突破の懇談会を開催した。出席の生産者側からは「肥料は欲しいが、米は供出してしまって、手元に皆無の状態である」、営団側は「六月に入れば欠配は必ずやって来るから、消費者は今から出来るだけ食い延ばしの工夫をして欲しい」、消費者側は「昼食を抜いたり、お粥にしたり、出来るだけ工夫はしている、各農家に呼びかけて救国米を出して貰えないか」、消費者婦人委員は「消費者でも備蓄米を持っている者は自発的に配給を遠慮する方法を」等、各人が色々な意見を述べあったが、結論として各町内会の下部にまで浸透するような新しい「危機突破委員会」の結成を呼びかけることになったのである(5)。

千葉県でも食糧事情の悪化から全国と同じく労働者の加配米を六月分から中止した。それまで一日当たり重労働の男子は一四〇グラム、女子は九〇グラム、軽労働の男子は六〇グラム、女子は二〇グラムであり、県下で約三万人が受給しており、一か月分の配給量は二〇〇〇石であったが、それをカットしたのである。

六月に入り市川市で赤信号が灯った。香取郡新島村から五〇〇俵の入荷がなく、六日から遅配が免れなくなったからであった。

夷隅郡勝浦町では六月十日以降の入荷の見通しがなく、連日食糧対策委員会を開いて協議を重ねていたところ、勝浦漁業会から肥料三〇〇俵で二四万円分の寄付が町にあった。また大原町でも一日一合四勺の減配を実施したところ、大原漁業会から肥料五〇〇俵の寄付が無償で町にあり、「肥料を提供するから、食糧を」と農村に呼びかけることになった。肥料と食糧のリンク制の実現であった。

食糧営団支所の手持ち米は六月六日の段階で千葉市三五七石（一日七分）、市川市三一五石（一日五分）、船橋市四三四石（二日二分）で、いずれも三日間は持たない状況であった。けれども千葉市は一九七二石、市川市は四六八六石、船橋市は三九〇石の未入荷米があったのである。しかしその見通しは悲観的なもので、千葉市では六月九、十両日は欠配となった。五月分で山武郡鳴浜《なるはま》村の四〇〇〇俵、海上郡矢指《やさし》村の七八一俵は見込みがなく、市原郡東海村の七〇〇俵、生浜《おいはま》町の二五〇俵は何れも現物がない状態であった。さらに六月分のうち三五〇〇俵は割当町村が引き渡さないもので、欠配解消の見通しが立たなかったのである。

山武郡成東町では軍払い下げ米七〇三俵を六月配給用として当てにしていたところ、千葉軍政部から「暫く待て」の指令が出て、十一日は欠配となったが、十二日に隣村の日向村から一時借り受けが出来て、漸く糊塗する状態であった。さらに船橋市では十六日から三日間遅配となり、勝浦町でも十六日から十日間のうち三日間の遅配が決定となったのである。

六月二十六日段階の県食糧営団の手持ち米は七市（千葉、銚子、市川、船橋、松戸、木更津、館山）が三〇四九石で三・四日分、七市以外の町村は一万二六五六石で七・二日分であった。未着米は七市が六三九四石で予定通りに全部入荷した場合は七日分、七市以外は一万三八八七石で同じく八日分であった。結局七市は十日分、七市以外は十五日分は保つと云うものであったが、七月分の政府払い下げは全く見通しがなかったのである。遅配の状況は千葉市五日間、市川市七日間、松戸市四日間、船橋市七日間、木更津市五日間、銚子市六日間、館山市は遅配がなかったが、七月に入って七日間を予定していた。一方町村では三一四町村中四五町村が多い所で八日間、少ない所で二日間の遅配を行っていたのである。(6)

県下三一四市町村全般にわたり二週間宛の欠配を行って、新麦に食い継ぐまでの危機を切り抜けることにした。七月四日までに八四市町村で平均六・四日の欠配を行い、逐次全市町村が欠配を行っていったのである。このうち最高欠配を行っていたのは市川市の十五日間であった。

(3) 食糧人民管理の闘い

食糧難の中、食糧品を温存している一部富裕層の隠退蔵品を市民の手によって摘発しようとする運動が市川市で展開した。市内各労組、消費組合、市民有志等が市民食糧管理準備会を立ち上げた。市民食糧管理委員会は三月九日に市川国民学校で市民大会を開き直ちに運動を開始した。十三日午前に高橋市長宛に提出された食糧対策市民大会の決議事項について、午後に市長から大会代表へ説明して欲しいとの要請があった。種々説明と折衝の結果、市長から主食その他一切の配給食糧品の管理権を市民側に付与するとの回答があった。市民食糧管理委員会は即時実行に移すため活動を開始した。市民側に食糧管理権が付与されたのは千葉県では最初のことであった。(7)

千葉市でも食糧危機を突破するために食糧の市民管理を実施、公平な配給、隠匿物資摘発の積極化を図るために四月十四日に市民食糧管理委員会の結成準備会を日本冷蔵千葉工場で開き、また二十日には市民大会開催準備会を同所で開いた。参加団体は県労会議、町内会代表、千葉医大、東大第二工学部、消費組合、戦災者同盟等で、生産、配給、統制の三部面に委員会を介入させ、人民管理を行い、隠匿物資摘発を積極化して飢餓突破を図ると云うものであった。四月二十九日午後一時からは市役所で食糧危機突破市民大会を開いた。市内二四町内会から有志二八名、労組県支部、医大、第二工学部の各職員組合、学生消費組合、戦災者同盟の六団体が主催者となって、二〇〇名が集合した。当局に対し「与論を以て実情と対策を持って当たるべし」との決議を採択した。そして千葉市民食糧管理委員会の要求に基づいて第一回の配給協議会が五月六日に千葉市役所で開かれた。市当局、配給団体、市民代表等三〇名が出席、毎月一回総会を開く他、主食、鮮魚野菜、雑貨の三つの分科会を設け、営団の帳簿、倉庫等の検査を行うことを決定した。また鮮魚の目減りは一割まで消費者が負担する、それ以上は業者が責任を負うこととし、食糧の配給は戦災者と一般者との区別をしないこと等を申し合わせたのである。

県下のメーデーを主催したメーデー準備委員会は一九四六年（昭和二十一）五月十九日に東京で行われる食糧メーデーに呼応して同日午前一〇時から県庁前公園で食糧危機突破県民大会を開催することにした。メーデーに参加した労働組合、農民組合、市民食糧管理委員会等を動員して県及び食糧営団にデモを行い、食糧の人民管理、配給量の公開等を要求しようとするものであった。

食糧危機の深刻化と共に食糧をはじめ、生活必需物資を「人民管理」に移せとの声は市川市、千葉市で高まっていたが、船橋市でも市民食糧管理委員会が五月十九日に船橋国民学校で食糧危機突破市民大会を開催し、太田虎雄が座長となって「配給対策委員を設け、過去の不正配給公開、今後の非常米配給に委員会を参加させる」等の決議を行って、決議文を市長に手渡した。市当局では早速に配給協議委員会を常設することにした。構成は市関係吏員、食糧その他配給所職員、警察官、市会代表、市民食糧管理委員会代表、町内会代表、その他一般消費者代表等合計四二名であった。乳児用砂糖の配給所における目減り、ミルクの腐敗等の問題も委員会の処理に委ね、さらに食糧の手持ちの多い市民から隣人愛の供出を求めて主食欠配時に備える市民運動等も同委員会で行うことにしたのである。船橋市民食糧管理委員会では市当局に一町内会から二名で合計四〇名の管理委員推薦を申し出たが、これには町内会長側が反発して二十五日に町内会長会議を開き、「市民食糧管理委員会は市民の総意に基づいた団体ではない」との理由で申し出を拒絶し、また設置となった配給協議委員会へ市民食糧管理委員会側から一五名の役員を加入させることにも反対の態度を表明したのである。食糧管理委員会側と町内会長側は激しく対立したが、折しもこれは東京都の世田谷区でも同じようなことが起こっていた。五月二十七日になって配給協議委員会結成準備会で両者は意見の一致をみて互いに協力し合うことで落着したのである。(8)

茂原地方労働組合協議会では六月九日に日立茂原工場従業員組合事務所で執行委員会を開き、労働戦線の統一と飢餓突破について協議した。「町当局はあらゆる手を打ったにも拘わらず、依然行き詰まりの状態であり、七月以降の配給見通しもなく、万一主食配給停止となった場合、方策としては三十日間食い延ばし得る二〇〇世帯と十ないし十五日食い延ばし得る五％の世帯から乏しさを分かち合う互助精神より他にない」として、一般町民や文化団体と提携して六月二十三日に国民学校講堂で飢餓突破大会を挙行することになったのである。

山武郡では東金地区労働組合会議（日東縫製、茅ヶ崎製作所、九十九里鉄道の各労組で構成）と東金駅、千葉銀行、東金郵便局の各従業員組合が提唱し、生産者、配給者、消費者の全町民合同の危機突破協議会が六月二十日に東金国民学校で開催となった。千葉農民協議会や日本農民組合千葉県連合会（日農県連）の代表者も参加した。また地方事務所、東金町役場、営団東金支所、農業会、警察署も出席した。配給委員制度新設の経緯が報告されると、参加者から「何時、どの様な方法で出来たのか、町民に知らせたのか」と質問があり、営団側から「町長の推薦である」と答弁するや、「町民も知らない天下り委員だ」等の議論が頻出、千葉農民協議会の代表は「配給委員と云うが勤労大衆とは縁遠い保守陣営の代表者だ」と批判した。そして「天下り委員は全部退陣して、新たに町民の総意で委員を選ぶべし」との動議が出され、総意で決めることで一致し、東金町は委員会を改造することにしたのである。(9)

（4）七月危機と食糧輸入

県下の食糧事情は、遂に県下全面的に欠配を行わなければ保有米の維持が不可能となる事態となったので、緊急対策を立てるため、危機打開首脳会議が六月十三日午前一〇時半から知事室で開かれ、小野知事、秋山経済部長、県食糧営団理事長山村代議士、同専務土屋県議、県農業会長成島代議士、同会山崎専務等が出席した。①食糧手持ち消費者の配給辞退、②救国米拠出運動の展開、③全県的欠配の断行の三点を協議した。そして知事は、六月十四日から開催の地方長官（知事）会議の結果を見て危機打開の具体案を作成することにしたのである。

六月十七日に県は、二つの具体案を県会議員団に提示して協力を求めた。それは、①救援米供出運動を展開する、②県下全般にわたり六、七の両月にそれぞれ一週間の欠配を断行するとの二点であった。県は午後から開かれた農業会各支所長会議に提示し、農家の救国精神にすがって窮極の打開を行うことにしたのである。救国米供出割当方法は耕作農家で自家消費食糧を節約して、一反歩（一反歩は一〇〇〇平方メートル）当たり米三升（一升は一・五キログラム）宛の篤志供出をさせる。これで救援米は三万石、また不耕作地主家族一人当たりに救援米を供出させ、それが約二〇〇〇石で、六月末までに取り纏め、救国食糧と明記して農業会倉庫に集荷する。また代金は全部供出価格で現金払いとすると云うものであった。

食糧の七月危機突破策として最も期待された農業会の救援米三万石供出運動は、一反歩三升の割当には無理があり、六月末段階で県農業会に報告された救援米は僅かに一八七俵で、七月七日の期限までにとても期待出来ないものであった。そこで種甘藷の代替供出を行うことにし、買上価格一〇貫目一〇円で、四〇〇貫を米一石に換算した。しかし二〇〇万貫集まっても五〇〇〇石相当に過ぎず、新たに馬鈴薯の超過供出運動を展開する外、エビガニやタニシまで乾燥して供出するように指令を発して危機突破への取り組みを行ったのである。救援米運動は七月七日で打ち切る予定であったが、その成績は一四四四石に過ぎなかった。七月十日に県農業会は各地の供米状況を纏めると共に、供出期限を十日間延期し、本部課長以上が現地へ督励に乗り出すことにした。

欠配十五日間と云う県下の新記録をつくった市川市では、七月四日に香取郡栗源《くりもと》町から米二六九俵が入荷し、管理されていた大麦五〇〇俵と小麦粉三〇〇〇袋を放出してもらったので、七月五日に配給を開始したが、手持ち一・五日分と合わせて五日間弱に過ぎないものであった。それでも配給米を購入する人々はまだ良かった。その配給米を手にすることの出来ない貧困家庭が同市内には五〇〇世帯もあった。市では彼等に同情米を無償で配った。貧困者には政府から救済資金一日一人世帯に一円三〇銭、二人世帯三円九〇銭、三人世帯四円八三銭、四人世帯五円七〇銭、五人以上は一人増す毎に六九銭増しが支給されるものであったが、市から県に名簿を提出してあるにも関わらず、一向に届かなかったのである。市当局者も「これは唯一の命綱であって、その金がないため配給の日に当たっても配給が受けられず、空腹をさすっている始末であり切望する」と語っていたが、弱者への配慮が粗末そのものであった。山村、横田、片岡三代議士は七月四日に和田農相と会見し、県下の食糧事情を説明して、六月末段階での東京都に対する未出荷米三万七六一七俵の猶予と千葉県を京浜地区同様に消費地と見なして輸入食糧の配給を懇請したのである[10]。

七月二十二日に連合軍の輸入食糧が放出され、五〇トンが津田沼町に入荷、引き続き県下七市と一〇町（幕張、津田沼、一宮、鴨川、勝浦、大原、佐原、成田、浦安）に配給となった。現物はトウモロコシ一五〇〇トンで、米に換算すると約八七〇〇石に相当した。製粉する時間的余裕がないので、粒のままの配給であった。

第二回目の輸入食糧配給は、八月五日にトウモロコシ一〇〇〇トン、小麦粉又は精麦五〇〇トンで、四市（千葉、銚子、市川、船橋）、一七町（津田沼、冨浦、千倉、天津、興津、勝浦、大多喜、御宿、大原、茂原、片貝、旭、佐原、佐倉、成田、浦安、行徳）であった。そして九月七日には輸入缶詰二六〇〇トンが配給となり、欠配続きであった各家庭に漸く光明が差し込むことになったのである。

（二）旧軍用地・御料牧場の開拓

（1）下志津基地の開拓動向

一九四六年（昭和二十一）三月に食糧増産を目指し、軍用地その他の開墾事業が活発に展開された。五〇町歩（一町歩は一㌶）以上の大集団開墾は銚子、東金、横芝、誉田、松戸、八街、香取、茂原、下志津、習志野、八柱《やはしら》、国府台、神戸、柏等の元軍用地で、銚子、東金、横芝、誉田、松戸の五か所は地元農業会が開墾事業の主体となり、八街以下九か所は農地開発営団の事業で、何れも政府の委任を受けたものであった。軍用地は軍解体後一年を経過した段階での入植状況は東金二六戸、横芝四四戸、誉田二七戸、松戸一二戸、八街一〇三戸、香取六三戸、茂原六一戸、下志津一〇〇八戸、習志野四三二戸、八柱六七戸、国府台三一戸、神戸三五戸、柏一三七戸、印旛七四戸であった。九月十三日に県下五二の開拓団は一つに合同して県開拓連合会を結成した。会長に羽倉太郎（習志野）、副会長に斉藤秀次（八街）、常務に高野強恵（下志津）が就任した[11]。十月十八日に羽倉会長等県開拓連合会の数名は出県し、秋山経済部長と会見して入植者の窮状を訴え、①収穫より消費が多く、遅配・欠配で食糧に窮しているので、加配米の実現、②入植者は素人百姓が多く、作物の栽培方法を知らないので、専門の技術員を配置の二点で県の善処を要望した。開墾地では資金、資材難そしてインフレに追われて離農者が続出し、下志津では入植者一〇四一名が八七〇名に、習志野は五七二名が三八六名と、特に青年の離農者が多かったと云う。

一九四七年（昭和二十二）一月の県開拓連合会は五五組合、三二〇〇世帯であったが、各組合共に苦境にあり、開拓は遅々として進まなかった。事業中止の運命を辿るものも相当数に上がる見込みのため、同連合会では、①加盟組合の連携強化、②開拓事業の推進に乗り出し、事務所を千葉市本千葉駅前の栗原組内に開設したのである。この開拓地の中で二つの動向を取り上げて置きたい。

その一つは、最大の開拓地であった下志津の動向である。下志津開拓団は下志津飛行学校、陸軍野砲学校の解体による軍用地を中心としたもので、総面積は二四九五町歩、このうち一七五六町歩に新畑を拓いて食糧増産を行う計画であった。旧飛行場は米軍が使用していたが、そこを除く地域が対象であった。耕地が出来上がった際に一戸当たり一・五町歩（他に宅地一・五反歩）宛が有償で払下げとなるもので、一九四六年（昭和二十一）三月一日の段階で九六四戸、三一七〇名が入植していた。開拓団の組織は団本部、分団、組、班に系統づけられ、成功の暁には班を部落とするもので、一部落は三〇戸内外で構成されていた。班と組を合わせて分団としていた。分団は八つあり、野砲学校の復員軍人の補導会と海軍後援会の旧軍人による大日分団四三二戸、傷痍軍人と軍人遺族の同愛分団四九戸、航空本部の工員、兵士の天台分団五六戸、高射砲学校の復員軍人の千高分団一一戸、戦車学校の復員軍人の池辺分団四一戸、県下に駐屯した勝間隊の復員軍人の曙分団八七戸、他に内原訓練所の解除に伴う千葉県出身の満蒙開拓青少年義勇団を受け入れた報徳少年団一四三戸、さらに戦災者一九四戸、隣接市町村からの入植者一八三戸であった。旧軍人は少将三名、大佐二〇名、中佐一一名、少佐三九名、大尉二七名、中尉一九名、少尉一七名、下士八七名、憲兵曹長二名、海軍将校七九名であった。三一七〇名中稼働人員は一二二七名であり、千葉県民は二五九名（二七％）であった。三か年計画で二五九四町歩の開墾を目指したが、当時開墾完了は一六〇町歩であった。団長も団員も全部同じ資格で勤務手当一日三円の報酬を受けていた。役員が県から貰う手当（一か月約二〇〇〇円）は団員の救済資金として無利子貸付に提供されていた。消費組合方式の販売、購買も行われ、家族五人に対して五畝歩（一畝歩は九九平方メートル《メートル》）の自作農圃《のっぽ》（農業を行う田畑）が割当られ、作業は午前八時から午後四時までの出勤前と退社後の時間が認められていて、野菜等の自給自足に使われた。開拓団にも軍国主義者追放の嵐が吹き、団長の橋本少将は退陣して、団長、分団長は選挙制となり、三月六日に実施されていたのである。(12)

（2）御料牧場の開拓紛争

二つ目は、三里塚御料牧場での開拓紛争顛末である。印旛郡遠山村三里塚にあった宮内省下総牧場は終戦後以来、地元民をはじめ各方面から一般農地として開放を望む声が強かった。戦災者同盟中総支部は一九四五年（昭和二十）十一月に結成されたが、同支部は一九四六年（昭和二十一）一月十二日に宮内省へ御料地払下げを陳情した。宮内省では同地の管理は千葉県知事（生悦住求馬）に一任してあると回答した。そもそも宮内省が県に一任したと云う内容が明確でなく、紛争の主な要因であった。また同支部では翌日に入植希望者の募集を開始していた。県との話が具体化する前に既成事実をつくっておいたことも紛争の要因であった。一方委任を受けた千葉県当局は御料牧場の内、九〇〇町歩の貸下げ地について一月二十六日に現地の三里塚で岡本経済第一部長と石井印旛地方事務所長は地元の印旛郡遠山、富里、隣接の山武郡千代田、二川《ふたかわ》、香取郡昭栄の村長、農業会長等を集め、貸下げ地割当の懇談会を開催した。ところがこの懇談会には貸下げの本来の目的が戦災者、引揚者の救護であったにも拘わらず、当事者の戦災者同盟代表等が招かれなかったのである。当時戦災者同盟が現地で占拠行為に出ていたので、混乱を避けようとしたのかも知れない。しかしこれは県側の判断の誤りであり、紛争の重大な一因であった。貸下げ地九〇〇町歩は山林、原野を含めた総面積であり、早速開墾出来る野原と直ぐ蒔き付け出来る既墾畑地は約三八〇町歩であったので、取り敢えず割当を行い、遠山村一〇〇町歩、富里村五〇町歩、千代田、二川各一五町歩、戦災者一〇〇町歩、その他一〇〇町歩としたのである。[13]

社会党県連幹部の山本源次郎と戦災者同盟中総支部長の伊達広の両名は、一月二十八日に各々鎌や鋤を持ち県下から集まった戦災者同盟員一〇〇余名と共に三里塚御料牧場の字両国へ乗り込み、開墾作業を開始しようとした。驚いた牧場側では「県の指定その他の指示がないのだから、同盟員の作業は不法占拠だ」と主張し、同盟側との対立状態が起こった。田中次郎場長が「県と打合わせの上、返答するから二日間待って貰いたい」

と述べたが、同盟中総支部の顧問であった山本は「我々は直接宮内省から貸下げを得たので、県が嘴《くちばし》を入れるべきではないだろう」と強硬に突っぱねた。田中は「本省から県にお任せするとの通知が来ているだけで、耕地の場所がどことも指定して来ない、兎に角県の意向を確かめた上にして貰いたい」と押し問答が続き、取り敢えず同盟員一〇〇余名は牧場倉庫二棟を宿舎に借り受け、立て籠もったのである。

一月三十日に重枝県農務課長は現地へ出張し、土地一〇〇町歩を戦災者同盟側に貸下げ、二月一日に鍬入れ式を行うように伝えたが、同盟側は「千葉、東京、神奈川、山梨、北海道の戦災者を含め八〇〇戸を入植させる、耕地一戸に一町歩、山林五反歩を配分する計画で、一月二十三日に岡本経済第一部長は五〇〇町歩を貸下げると回答しており、僅か一〇〇町歩では余りに話が違う」と県の指示に従わず、開墾作業を続行したのである。このため同盟側と地元遠山、富里両村民との対立が激しくなり、富里村民が開墾土地に馬鈴薯を植え付けたが、同盟側が掘り起こし、その跡に菜種を蒔き付ける様な事件が起き、暴力行為、傷害問題が惹起したのである。この事態を憂い、青柳小作官、宍倉成田警察署長、地元村当局、同盟、沖縄入植者代表等が五月十四日に三里塚牧場で折衝を行った。遠山村、同盟、沖縄入植者の三者は開放耕地の狭隘が紛争最大の原因であるとし、共同戦線を張って、県有林の開放を請願することとしたのである。

五月十七日に自由法曹団の上村進外三名の弁護士は千葉検事局を訪ね、富里村の博徒等を暴行、傷害、脅迫その他の罪で告発した。また小野知事を訪問し、「戦災者同盟が宮内省から貸下げを受けた御料地を県と鈴木、萩原両県議が間に入って地元の各村へ分配したことは、戦災者の土地を横取りしたものだから、直ちに返還すべきだ」と要求した。知事は県側のこれまでの進め方の弱点もあったので、宮内省と打合わせの上、善処すると約束し、また暴力事件にも調査を約束したのである(14)。

牧場の開放状況は六月段階で戦災者同盟一九〇町歩、東京都内の戦災者九二町歩、沖縄引揚者一八町歩、地元遠山村七五町歩、富里村三五町歩、二川、千代田各村一五町歩の合計四四〇町歩。入植者は七五〇名であった。

六月二十三日に成田警察署は戦災者同盟中総支部長三橋金助、理事伊達広、西村徳三、竹内清、野平弘、三橋由助、会計係の中野修平を横領詐欺、食糧管理法違反、緊急金融措置令違反その他で検挙した。彼等は一月十三日から入植募集を開始していたが、一〇〇町歩割当を最初から無視し、一世帯当たり耕地一町歩、山林五反歩を無償払下げすると称して一世帯につき加入金五〇〇円、会費一年分二〇円の計五二〇円で二〇万円以上を集めていたのである。四〇〇名以上を募集しており、県の割当てた土地分では当然に入植仕切れないことは分かっていたのであり、だから他の割当地にも権利を主張し、地元農民側と紛争を惹起させてしまい、また集めた募集金の支出が乱雑であったので詐欺、横領を疑われたのである。また七月三日には戦災者同盟員に暴力を加えた富里村の博徒にも罰金刑が与えられた。七月十四日に県は自由法曹団と日農県連本部の仲裁を受け入れ、宮内省委任の九〇〇町歩を全部戦災者、引揚者、復員者へ開放することに決定した。三里塚開拓地の紛争はこうして地元側が譲歩することで円満に解決することになったのである。

(注)

(1) 前掲県立図書館蔵「毎日新聞千葉版」一九四六年一月八日付、第一方面（千葉、市原、印旛、東葛飾各郡）、第二方面（香取、海上、匝瑳、山武、長生、夷隅各郡）、第三方面（君津、安房両郡）
(2) 前掲県立図書館蔵「読売報知新聞千葉版」一九四六年三月十二日付
(3) 前掲県立図書館蔵「千葉新聞」一九四六年三月三十一日付
(4) 前掲県立図書館蔵「千葉新聞」一九四六年五月十四日付
(5) 前掲県立図書館蔵「千葉新聞」一九四六年五月二十一日付
(6) 前掲県立図書館蔵「千葉新聞」一九四六年六月三十日付
(7) 前掲県立図書館蔵「千葉新聞」一九四六年四月十五日付

（8）前掲県立図書館蔵「千葉新聞」一九四六年五月三十日付
（9）前掲県立図書館蔵「千葉新聞」一九四六年六月二十三日付
（10）前掲県立図書館蔵「読売新聞千葉版」一九四六年七月六日付
（11）前掲県立図書館蔵「千葉新聞」一九四六年九月十九日付
（12）前掲県立図書館蔵「千葉新聞」一九四七年三月七日付
（13）前掲県立図書館蔵「千葉新聞」一九四六年一月二十九日付
（14）前掲県立図書館蔵「読売新聞千葉版」一九四六年五月十九日付

四、廃墟から起ち上がる諸階層

（一）労働者の動向

（1）急増する労組の結成

マッカーサーの五大改革指令の一つである労働組合結成奨励が最初に実現を見たのが一九四五年（昭和二十）十二月二十二日公布の労働組合法であった。同法は労働組合の結成、団体交渉、争議行為等の労働者の権利や労働組合の諸活動を定めてあり、中央又は地方に労働委員会を設置する規定があった。労働委員会は不等労働行為の判定機能や、労働争議の斡旋、調停、仲裁等の調整機能を持ったものであり、この同法制定に力を得て労組と組合員は急速に増大していったのである。

県職組が一九四六年（昭和二十一）二月六日に職員会として起ち上がったことは前項で見てきたが、他の労働者はどうであったのであろうか。一九四五年（昭和二十）年十一月から十二月に結成されていた労働組合は京成電鉄、関東配電、千葉合同、加藤製作所、日立茂原、成田鉄道、九十九里鉄道、中央原料酒精、野村製鋼、三菱化工機、全駐労木更津分会、君津建設労働組合の一二組合であった。(1)

一九四六年三月一日実施の労働組合法施行令によって、千葉県労働委員会（地労委）が設置となったが、それ以前の一九四五年十一月に厚生省通牒に従って、労使紛争の暫定的な調停機関として労働争議調停委員会があった。生悦住県政は使用者委員を千葉商工会議所の推薦で古荘《ふるしょう》四郎彦《しろひこ》（千葉銀行頭取）、茂木啓三郎（野田醤油重役）、森某（日本パイプ重役）の三名、労働者委員は労働運動の経験者として県内の大企業労働者から選ぶ方針をとり、横山富治（中央原料酒精）、加藤健一（京成電鉄）、萩原中（成田鉄道）を委嘱した。また学識経験者は青木泰助（元県会議長）、花岡和夫（井上病院院長）、前田河広一郎（千葉新聞編集局長）を選び、労使双方の代表から同意を得たので委嘱したが、一九四六年三月までに一回だけ委員会を開いて、労働委員会設置となり、解消となった。しかし小野県政は解消するはずであった労働争議調停委員会の委員を引き続いて労働委員会の委員に委嘱の方針を採り、労使の代表は労働組合、商工会議所に県側の意向を伝え、推薦方を依頼したのである。

使用者委員は古荘、茂木、森の三名で異存は出なかったが、森に代わって、渋谷寿光（日本パイプ重役）となった。労働者委員は労働組合の代表者が委員を選定推薦するように依頼し、一九四六年一月に全逓、国鉄、京成、日立茂原、九十九里鉄道、日本パイプ、中央原料酒精、関東配電等の僅か二〇労組の代表が集まり、銓《せん》衡《こう》委員会を開き、横山富治、加藤健一、細田信次郎（関東配電）の三名を選び、それを県が委嘱した。中立委員は調停委員であった三名を労使双方に意向を打診したところ、労働者側は花岡に、使用者側は前田河に難色を示したので、白井茂（元千葉地裁所長）、青木泰助、若梅信次（毎日新聞支局長）の委嘱となった。委員の定員は一五名であったが、県下の労組結成状況を判断して第一期労働委員会委員は各委員を三名宛とした。第一回

労働委員会は三月五日に県庁で開催、会長と代理を選出、白井茂会長、若梅信次会長代理に決まったのである。(2)

五月初めに第一回の労組資格審査が行われ、五五組合が届出を行い、そのうち四九組合が認可となった。六組合は規約に疑問があるとして保留となった。県地労委は部長、課長、工場長、営業所長、学校長等の使用者を代表する者の参加している組合は労働組合として認めない決定を行っていたからである。

六月段階の正式届出数は一〇四組合、参加組合員が二万六九八五名で組織率は四〇%であった。また七月末では一三八組合、組合員三万二四三九名と急増していた。さらに十月の県労政課調査では産別会議傘下二九組合、二万三三二九名、総同盟千葉県連合会（総同盟県連）が一一組合、二〇九八名、県労会議が約一一〇組合。凡そ一五〇組合となっていた。そして二・一スト直前であった一九四七年一月二十日では二一五組合になっていたのである。(3)

(2) ローカル・センター県労会議の誕生

一九四六年（昭和二十一）五月一日に千葉市で戦後初の第一七回県中央メーデーが開催された。大会決議では労働戦線の統一が叫ばれたが、この決議を受けて県地労委の労働者委員であった加藤・細田・横山の三委員は五月九日に県下一〇〇余の組合へ「呼びかけ」を発送した。この呼びかけに応えて五月三十日に津田沼町の京成電鉄労組事務所で県労会議（第一回会議）が開催となった。五三組合、八七名が出席し、横山委員を座長に「戦線統一」が協議され、「県下の全労働組合を一丸とした県労会議を組織する」ことを決定したのである。(4)

第二回県労会議は六月十三日に千葉市役所会議室に県下七九組合中六八組合の代表を集めて開かれた。萩原中成田鉄道従組組合長が議長となり、①県労会議の組織と運営、②労働者委員を三名から五名に増員する、③その銓衡方法と新委員候補の選出をするとの三点を討議した。当時既に県下九地区で常任委員を出して地区別組合会議が運営されていたので、県労会議の大会は年三回程度、常任委員会は原則月一回開催することにし、経費は組合員一〇〇名以下は月三円、三〇〇名以下は五円、一〇〇〇名以下は一〇円に決定したのである。

第三回県労会議は七月二十二日に代議員一〇〇名余出席のもと、千葉市役所で開かれた。横山富治、美濃部晴三（加藤製作所）、柴田照治（全逓）の三名が議長となって議事に入ったが、県労会議の規約審議に入り、次回の大会までに各地区で討論し、結論を得て臨むことになった。また地区別ブロック協議機関の地区労働組合を松戸、市川、船橋、千葉、成田、銚子、木更津、夷隅、茂原、安房の一〇地区とすることを決定したのである。

第四回県労会議は八月二十七日に千葉市役所で開かれ、各地区八〇組合、代議員一〇〇名が出席。美濃部を仮議長に前回大会からの持ち越しであった県労会議規約草案を審議した。一、二の質問があっただけで、満場一致採択となった。ここに千葉県労働組合会議（県労会議）は全県の産別系、総同盟系、中立系の労働組合（九〇組合、四万六三四五名加盟）を一丸とした労働組合の総合連絡機関に飛躍したローカル・センターを誕生させた。そして県地労委へ正式届出を行ったのである。[5]

（3）総同盟県連の脱退

一九四六年（昭和二十一）一月に総同盟県連は結成され、代表は横山富治で、社会党支持を表明していた。総同盟勢力を県内に拡大するため、民間労働組合の全県的統一組織を結成する動きを最初に起こしていた。前述の二月八日に船橋市で開催された県下工場代表者会議に会場を提供した水産化学労組は総同盟県連に加盟していた。四月六日に市川市の日本毛織で開かれた工場代表者会議も総同盟県連主導のものであった。[6]ところが労組の結成が急速に増大すると、労組数や組合員数で産別会議系や中立系組合が圧倒的に多数となり、総同盟県連は県労会議の主導権を握れなくなってしまった。総同盟県連の創立大会は七月十六日に市川市の日本パイプで開かれ、参加団体は市川市を中心とする県下一〇工場の組合員二二〇〇名で、規約制定後に役員選挙が行われ、会長に横山富治、副会長に石橋勝治（日本パイプ）外三名、総主事には根本真行（中央原料酒精）、執行委員一〇名が選出となった。しかし協議事項の中で「今後は共産党系労農団体と絶縁し、独自の立場で進む」との方針を決定したので、統一を主とした県労会議が県内に大きく拡がっていく前途に暗雲をもたらすものであった。果たして十一月四日に総同盟県連は県労会議脱退の「爆弾声明」を発し、県下の労働戦線に衝撃を与えたのである。その声明では「県労会議の運営は産別派の意見が強く主張され、産別の一方的な方針を盲目的に押し付ける」ことを主張していたのである。総同盟県連は県下中立系の七〇団体に呼びかけを行い、十一月十二日に市川市の日本パイプ工場で県労組連絡懇談会の結成大会を開いた。帝国酒造（流山町）、内外製鋼（千葉市）、大多喜天然ガス、ヤマサ醤油（銚子）外二〇団体の代表が出席し、総同盟県連の立場について意見を交わした。直ちに総同盟県連加盟を申し出た組合もあり、参加者は何れも総同盟県連の方針に賛意を示し、その後に千葉、君津、市原方面の中立系組合で加入の動きが予想されるものであった。しかし注目された京成労組は出席せず、市原組合長は「京成としては産別にも総同盟県連にも偏らない。県労会議を脱退する気はなく、資本攻勢が盛んになりつつある現在、県労会議が益々強力になることを望んでいる」と語っていた。

この動きに対して県労会議は十一月十二日、県庁で各地区代表二四名を集めて常任委員会を開き、対応を協議した。そして「県労会議はあらゆる労働組合の共同戦線組織で有り、加盟組合の自主性を侵すものでない」との方針を再確認し、「総同盟県連の翻意を要望する」との声明書を満場一致で可決し、十一月二十八日に大会を開いて県労会議の強化を図ることにしたのである。(7)

美濃部県労会議議長外六名は十一月十四日に総同盟県連を訪れ、声明の趣旨を述べ、復帰を要望した。しかし横山県連会長は「別個の立場で行く、会議側が我々の望む方向に向かう時は共同闘争も組む」との意向であった。

県労会議は十一月二十八日に県立千葉中学校講堂で八二組合、代議員二〇〇名の出席で第二回大会を開き、織本副議長は「総同盟県連関係の組合員も同じ労働者であり、共同戦線体である県労会議に必ず復帰するだろう」と報告していた。役員改選では美濃部晴三議長は再選、副議長は萩原中再選、浅岡政司、小川三男各新任となった。

総同盟県連の脱退については、「総同盟県連の政治的動きである」と云うものと、「県労会議の決議権を産別系組合が握り、総同盟県連側の自主権を無視しているためだ」とする意見が常任委員会や大会で出されていたが、織本副議長の報告のように一般的には受けとめることが多かった。脱退原因の究明を深めることもなく、県労会議の対応策に終わってしまっており、余りにも楽天的であった。ここに県労会議側の弱さがあった。果たして総同盟県連は県労会議へは二度と戻らなかったのである。

（4）県地方労働委員会労働者委員の選出紛争

新しく労組が続々と結成される中で、暫定的であった県地方労働委員会の委員について労働者間では不評であった。三月五日の工場代表者会議では「中立委員三名は労働者の意志を無視するものである」と全面的に拒否を表明していた。五月の第一回県労会議には三名の労働者委員からの辞職表明が明らかになり、六月の第二回県労会議では労働者委員、中立委員の総辞職を勧告し、新労働者委員候補の銓衡《せんこう》方法を協議した。協議では議長から全組合員の公選とするか、地区別銓衡とするかの二案が提案され、五二対一六で地区毎に委員候補を推薦することを採択した。さらに代理の組合員が出席しているものは、委員候補の銓衡対象外とし、候補以外からも選出することを認めたのである。これに対し船橋地区労組会議の京成電鉄外七つの組合（三菱化工機、日本建鐵、昭和産業、水産化学、日立精機、京成貨物、京成整備）が不満を示して退場したが、議事は進められ、選出された一五名の銓衡委員会で五名（美濃部晴三、萩原中、安藤一茂（日本毛織）横山富治、加藤健一）を新委員候補とした。

中途退場した京成電鉄等の組合は六月十四日に野村製鋼の代表を加えて協議会を開き、「船橋地区労組は県労会議に対しては飽くまで支持の建て前である」と前置きして「当日の選出方法が軽率かつ無定見であった」と厳しく批判し「船橋地区にあっては世話人組合会議の決定に基づき委員候補二名を決定して推薦したが、当日の議案では世話人組合の内定であるとして、委員候補者で銓衡委員会を構成し、適任者がいれば外部からの選定も認めるとの提案であった。これは各地区の委員候補を推薦した労働者の意図を蹂躙したものである」とし、「候補者の人物判定は困難であるから、即刻選挙するのでなく、十日ないし半月位の猶予期間を置き、各候補者につき慎重に審議の上、選出すること」を提案したが否決され、「各地区から推薦された候補者を銓衡委員と変更し、互選とし、適任者がいれば外部より選出もさし支えない」との方法を可決したが、「これは各組合代表が他地区候補者の適否判定困難を理由に、船橋地区の主張に反駁する理論的機微を喪失したものである」との声明書を発表した。七月の第三回県労会議では、会議冒頭に第二回県労会議で紛糾した労働者委員銓衡問題での常任世話組合への不信任動議が出され、午後になって漸く解決を見たが、これは船橋地区組合の主張に一定の「説得力」があり、この段階では分裂の契機にならず、県内労働運動に幸いと云えるものであった。[8]

九月十九日に県地労委は県庁で臨時委員会を開催し、千葉市教員組合の労働組合認定を討議した。その結果、国民学校長は「経営者側の代表である」と解釈し、学校長を含む千葉市教員組合の届出を却下と決定した。当時、労働組合と認定された教員組合は市川市教員組合だけであった。既に設立を終わっていた船橋市教員組合をはじめ、君津、山武、香取の各教員組合も千葉市にならって校長を含む予定であったので、改組の必要に迫られることになったのである。

十月十一日に県地労委と千葉、船橋、山武の三教組代表が懇談し、野老誠千葉教組委員長等は人事権、増俸等に校長は何等実権のない実情を説明して県地労委の否認に反駁した。地労委側も「事情はよく判った」と含みのある答弁であったが、物別れに終った。この問題では県官公労協も県労会議も全面的に教組側の意見を支持する申し入れを行っていたのである。[9] また千葉新聞は十月十二日付の論説で「経済的に何等の労働搾取をなさぬ校長が組合内にあることが御用組合と云うことの理由になるであろうか」と県地労委の解釈に疑問を呈し、「中央労働委員会が教員組合は地域的組合である場合には校長を入れて差し支えがない」との認定を支持した。

十二月三日の定例県地労委は校長を含む教員組合を審議し、五月の第三回労働委員会で決議した「部課長、校長を含む組合は認めない」との方針を改め、中央労働委員会の認定の線に沿い、県郡市単位に結成する教員組合での校長の参加を認めたので、これにより千葉市教組を初め千葉郡、船橋市、君津国民学校教員、千葉地方青年学校教員等が新たに組合に参加し、先に結成した市川、木更津等と合わせて県下の教員組合は一一組合、組合員三一〇一名となった。また国鉄千葉支部（駅長を含む）も認定され、県下の労働組合数は二一九組合、組合員約五万五〇〇〇名となったのである。この事態は県内労働運動を促進するものであったが、一方当面していた県地労委の労働者委員選出問題に複雑さを与えるものであった。

県当局は十二月十七日の県地労委の意見を参考に、①労働委員会の定員は一五名に増員する、②現委員の満期前の辞職は認めない、③労働者代表委員の推薦母体は五〇〇〇名以上の連合体とする、④投票は組合単位の単記とする、⑤推薦委員会が候補者を決定するにあたっては、産業別の振り合いを考慮する、ただし官公労組の代表は一名を超えないようにする、⑥使用者代表は商工会議所が推薦母体となる、⑦第三者委員は知事の選定した、労使双方の代表者の同意のあったものに委嘱する等の改選要領を決定した[10]。

官公労協には教員組合が加盟することになり、約二万人に急増した。総同盟県連は二〇組合、二七一三名であったが、提携組合が九組合、一五七九名、それに中立系のヤマサ醤油組合等九〇〇余名、さらに京成電鉄、野田醤油の二三〇〇名が提携する方向であり、五〇〇〇名突破は確実であった。

十二月二十四日に県庁で労働者代表懇談会が開かれた。総同盟県連代表は欠席であったが、県労会議の萩原代表から労働戦線を統一するため、候補者推薦母体を一本にしようと提案があった。これには霞《かすみ》義雄国鉄支部代表が中央でも官公労委員を最小限一名は認めており、一つにする必要はないと反対して意見が纏まらなかった。そして官公労協側は県庁で開かれた十二月二十六日の臨時大会で、労働者委員二名を官公労協から選出することを県当局へ要求する決議を採択した。これは県労会議と急増していた官公労協とのつばぜり合いであった。県労会議では県労会議三名、官公労協、総同盟県連各一名とする計画があったと云われていた。一月の段階で県労会議は五一組合、二万一九八六名、官公労協は一七組合、二万三八四九名で、両者届出の分野にハッキリしないところがあったのである。推薦母体を繞《めぐ》る争いが起こっており、戦線分裂に発展することを恐れた県労会議側は「官公労協二名、その他あらゆる譲歩も拒まない」と危機感を露わにしていたのである。

一九四七年（昭和二十二）一月十六日に千葉勤労署で労働者代表推薦母体の代表者会議が開かれ、推薦委員数、立候補者数、選挙方法等を協議した。推薦母体は県労会議三万五九二四名、官公労協二万五〇〇一名、総同盟県連四四〇五名で、推薦委員数は県労会議七名、官公労協五名、総同盟県連一名の一三名、候補者数は七・五・三の一五名とした。各団体の推薦委員は県労会議が高橋健一、油布幸雄、美濃部晴三、萩原中、小川三男、浅岡政志と一名欠員、官公労協は霞義雄、成富信男、山崎耿、地曳富夫と一名欠員、総同盟県連は川崎重政他二名で、委員代表は高橋健一となった。選挙方法は九名に一名の代議員による五名の連記制で無記名投票、選挙場は各勤労署単位とし、他に投票分場を設置する、選挙期日は二月二十二日としたのである。

一月二十七日に県立図書館で労働者委員の推薦委員会が開かれ、県労会議五名、官公労協五名、総同盟県連二名の一二名の候補者が決まった。二月十七日の第二回推薦委員会では投票前に委員を割り振る件を協議した。県労会議は選挙の立て前から公正ではない、選挙後に行ってもよいとしたが、官公労協、総同盟県連は選挙前を主張し、結局選挙前に割り振らず、選挙後に結果を見てから割り振ることに落ち着いた。そして総同盟県連には得票に拘わらず委員を一名割り振ることが決まったのである。

千葉新聞は二月二十日付の論説で「投票の如何に拘わらず総同盟県連から一名出すことが決定したと云われ

るが、こうしたことで選挙が行われる事は選挙の意義を著しく減殺するものである」と批判していたが、当然の主張で、推薦委員会の措置は理解に苦しむものであった。

全国に先駆けて行われた労働者委員候補の選挙は二月二十二日に千葉勤労署他二七か所で投票が行われ、一二名の候補者に五万七三五〇名が投票した。開票の結果は定員五名に官公労協三名（一位土屋、二位佐藤、三位山崎）、県労会議二名（四位萩原、五位美濃部）の順位で得票したのである。[11]

県当局は三月一日に労働者委員には選挙結果の五名をそのまま、また使用者委員は山崎恒に労働者側の反対があり、本人が辞退したので、江鳩麟爾が代わり、古荘、渋谷、山本秀一、井出彦一郎の五名を委嘱した。第二期県労働委員会の初顔合わせは三月十九日に県庁で行われ、会長に第三者委員日下《くさか》一郎、会長代理に同小川豊明を互選した。今後の運営方針としては「委員会はなるべく公開する」ことを申し合わせ、秘密主義を排して、第一期委員会にあった誤解と不信任を一掃することにしたのである。

（5）二・一ストの闘い

東芝、新聞、石炭、鉄鋼、金属機械、映画演劇、印刷出版、化学、電産等の労組が産別会議の指導の下に賃金水準の大幅引き上げに成功したいわゆる産別会議の一九四六年（昭和二十一）十月闘争以降、民間企業労働者の賃金に比して、国家・地方公務員の賃金水準は取り残された状態であった。各官公部門の労組は、賃上げ要求を夫々《それぞれ》提出し、十一月二十六日に全官公庁共同闘争委員会（共闘、議長伊井弥四郎、一五〇万人）を結成し、統一要求を吉田内閣に提出した。しかし吉田内閣はこれを強硬な態度で拒否したことから、共闘は十二月十七日に生活権確保・吉田反動内閣打倒国民大会（皇居前広場）を開催し、倒閣実行委員会を結成した。これは経済要求中心の闘争の性格が政治闘争に発展する契機となったものである。

県内では十月十五日に千葉県教員組合連盟（千教連）を結成、同月二十日に中等学校教職員組合（中教組）が結成され、千教連の代表は上京して全国的な教組の闘争に参加した。十二月十四日には越年資金本人五〇〇円、家族手当一人一〇〇円支給等の要求を県当局に提出した。そして中央に呼応して十二月十七日には倒閣大会が県内各地で開催され、千葉市の県庁前広場では社共両党、総同盟県連、日農県連その他の民主団体に一般市民を加えて約二五〇〇名が参加した。各団体の内閣打倒演説の後、「今や無能と反動的性格を暴露した吉田内閣は退陣せよ」との決議を満場一致で可決し、さらに小野知事に対し「労働一般県民にとって全く敵であり、吉田反動内閣の代理人に過ぎない、県民大衆は民主戦線に結集して地方行政をその手に奪い取れ」との決議を可決した後、市中デモ行進を行った。一方代表五〇名は決議文を携えて知事と会見し、薪炭と住宅問題で知事の責任を追及、即刻の退陣を要求した。知事は大衆の前に立ち、マイクを通して「県民のために一層努力するが、今退陣はしない」と言明したのである。(12)

一九四七年（昭和二十二）一月一日、吉田首相がラジオを通じた年頭の辞の中で闘争に参加する労働者を「不逞の輩」と非難した。この暴言発言は労組側の怒りをかっただけでなく、世論も厳しく批判し、共闘は一月十一日に皇居前広場でスト態勢確立大会を開き、ゼネスト宣言を発し、政府に一三か条の要求を提出した。この大会には千葉県から一〇〇〇名が参加したのである。また県官公労協は同日に市川地区の大会を皮切りに、県下八地区で官公労共闘大会を開催して、ゼネスト宣言を採択したのである。さらに県官公労協は一月十二日にゼネスト態勢確立のために県庁内の県職組に常駐態勢をしき、国労、医大職組、千教連が当たることを決めたのである。(13) これらの動きに一月十五日には産別系、中立系の民間労組が合流して共同闘争機関としての全国労働組合共同闘争委員会（全闘、議長聴濤《きくなみ》克巳、六〇〇万名）が結成となった。共闘は一月十八日に二月一日午前零時を期してゼネストに突入することを申し合わせた。中央労働委員会（中労委）は一月二十日に臨時総会を開いて、独自の立場から調停に乗り出すことにしたが、事態の悪化を防げなかったのである。この時期の県官公労協に結集する主な労組八団体の動向を見ると、千教連は千葉市、市川市、銚子市の教組と匝瑳、海上、山武、夷隅、東葛、君津の六郡教組はスト態勢が確立し、一月二十五日からスト準備に入り、三時間授業を行い二月一日には完全ストに突入するとしていた。中教組は一月十七日に県立千葉中学校に闘争本部を置き、一八名の常置委員を配置したが、四九校、二〇〇〇名の組織で、軟弱のため、千教連との連合が実現するまでゼネストには触れず、自主的態度をとることにしていた。全専職組千葉支部（専売局関係）はスト突入を決定。税務署千葉支部は千葉、松戸、東金、茂原、銚子、館山、木更津の七税務署に八〇〇名の組合員がいたが、千葉、東金、茂原は一月十七日からの業務管理に突入、一月二十一日からは全税務署が業務管理に入り、ストに突入するとしていた。国鉄は組合員一万二〇〇〇名、県内最大の組織で一月十六日に各職場では一斉に通信管理に入り、スト突入を決定した。全逓は国鉄に次いで大きい組織で、組合員五〇〇〇名であり、二月一日を期して一斉にスト突入としていた。日通は県官公労協と共同闘争を組み、五支店、一七営業所一〇〇〇名は一月二十五日から業務管理に入り、ストは確実視されていた。また県職組は進駐軍関係の事務を除き、中央の情勢で必然的にスト突入と云うものであった。

一月二十四日の県労会議の労組代表者会議は二・一スト支援を決議した。一月二十五日に県立千葉中学校講堂で開かれた県官公労協のスト宣言大会は一二組合、三〇〇〇名が参加し、階下、二階も埋め尽くし、スト宣言文を満場一致の拍手で可決した。ここに県官公労協としての二・一ゼネスト決行が再確認されたのであり、一月二十八日には午前一〇時から県庁前公園に一七の民主団体代表一〇〇〇名が参集し、二・一スト応援大会が開催されたのである。(14) ゼネストの現実化を前に、ＧＨＱは占領目的に違反するとして、一月二十二日にマーカット経済科学局長が口頭勧告で抑制を行ったが、このことは共闘の闘争を支援していた総同盟中央本部に影響を与え、まず総同盟中央本部右派が離反した。しかしＧＨＱが公式命令を避けたことから共闘はゼネスト計画継続の方針を変えず、一月三十一日には「内閣打倒・民主政府樹立のためのゼネスト実施」を声明し、一方中労委は同日調停を打ち切ったのである。ところが同日午後二時三〇分に至りマッカーサーがゼネスト禁止命令を出したのである。これに対し社会党、総同盟左派では慎重論が起こり、ゼネスト計画から降りてしまい、共産党と共闘、全闘の指導部が残るだけとなった。そしてGHQは伊井弥四郎共闘議長、鈴木市蔵総連合委員長、土橋一吉全逓委員長を呼び出し、スト中止を強要した。スト決行三時間前の午後九時二〇分に至り、伊井議長は銃剣の威圧の下で、有名な「一歩退却二歩前進」のゼネスト中止放送を行い、ここに我が国未曾有の大ストライキは突入直前で中止となったのであり、共闘、全闘も直ちに解散を表明したのであった。[15] ストは不発に終わったが、社会に与えた影響は大きく、①給与水準は六〇〇円から一二〇〇円へ平均二倍アップすることになった、②千教連や県職組のように多くの組合が団体協約を獲得した、③日教組、国労、電産等の各産業別組合の全国統一が実現した、④三月十日には組織労働者の八四％（四四六万人）を傘下に収める全国労働組合連絡協議会（全労連）を結成し、ナショナル・センターの統一を生み出した、⑤四月二十日の参院選、同月二十三日の第二三回の総選挙で自由党は敗北し、社会党が第一党となり、吉田内閣は退陣となった等の大きな意義をもたらしたのである。

(6) 生協の成立

生協の始まりは一八四四年にイギリスのマンチエスター郊外ロッチ・デールでストライキに敗れた二八名の労働者たちが各自一ポンドを拠出して小麦粉を共同購入したのが始まりと云われている。我が国でも産業革命期に消費組合が出現し、労働運動の展開と密接な関係があった。終戦後に日毎に暴騰する生活費の軽減を図ろうとして職場や職域では再び消費組合結成が拡がったのである。千葉県ではまず市川市で藤原豊次郎市議や横山富治（中央原料酒精労組）等が中心になって一九四五年（昭和二十）十二月二十日に市川消費組合が生まれた。市川消費組合は結成以来、市川市が純然たる消費地であるだけに、市民層から非常に歓迎され、連日組合員数が増加し、発足僅か一か月余にして五〇〇〇世帯の申込があった。一方、北越製紙、日本パイプ、中央原料酒精、教員組合等の工場、団体からの参加もあった。組合員には甘藷、馬鈴薯、人参、食油、魚類、ネリ石鹸等を相次いで配給していたが、さらに燃料不足に悩む組合員家庭からは特に薪の配給が喜ばれていた。同組合取扱いの配給物は組合手数料大体一割を加算するものであったが、それでも一般市価の半値を超さず、財布の軽い俸給生活者からは大変に歓迎されていたのである。成田山新勝寺の従業員二〇〇名は、一九四五年末に新勝寺当局から約二万円の資金を借り受け、産地と直結して統制品以外の食糧、日用品、雑貨等を入荷、安くて新鮮な品物を配給する目的で消費組合を結成した。そして一九四六年（昭和二十一）一月十日には生活擁護のために従業員組合を結成していたのである。また新勝寺経営の成田中学校の教職員一九名、一九世帯は暴騰する生活費の軽減を図るために、同寺から五〇〇〇円を借り受けて基金とし、家族一～二名まで三〇円、三～五名まで六〇円、五名以上七五円を拠出した教職員消費組合を発足させていた。松戸市では松戸市馬橋の恩田万造が中心となって、同年一月二十六日に国民学校職員及び俸給生活者一〇〇〇世帯を対象に創立委員会を開き、組合規約を制定、役員選出、事業方針を討議して二月三日に結成式を挙行した。生産者より消費者へと直接配給すると云う最も理想的な組合を目指し、教員、俸給生活者は天井知らずの物価暴騰で生活を脅かされていたので、活動が期待されていたのである。[16]

国民生活の安定と向上を目指す県下各地団体は、一九四五年（昭和二十）十二月二十二日に船橋市で協議会を開催した。千葉農民運動協議会、市川民生協議会、市川消費組合、松戸生活擁護同盟、船橋消費組合、千葉医大消費組合、幕張生活協同組合、京成労働組合、館山与論研究会、成田鉄道労働組合、県農村青年聯盟、県漁村青年聯盟、房総農民組合の一三団体が参加し、国民生活擁護協議会を結成して、本部を松戸市生活擁護同盟内に設置した（後に本部は千葉市に移す）。会員総数は四万人以上であったが、これをさら拡大、労働組合、農民組合、消費者組織の諸団体を網羅して国民生活安定向上のため強力な国民運動の展開を期し、配給機構の民主化を目指すことにしたのである。[17]また隠退物資の摘発を通じて物資人民管理を行う方針を採り、一月十一日松戸市農業会に松戸生活擁護同盟の主催で拡大協議会を開催し、消費組合連合会の設立準備を進め、協議会を各地区別に設立することにし、県水産業会、県農業会、県消費組合連合会等と連繋することにした。そして運営委員長に藤原豊次郎（市川）と七名の運営委員を選出したのである。国鉄従業員、京成労働、成田鉄道従業員、逓信従業員の各労働組合、千葉医大消費組合、市川消費組合、房総農民組合、船橋文化振興会、松戸生活擁護同盟、県農村青年聯盟、県漁村青年聯盟、館山与論研究会その他県下団体は地区組合として各一名宛の執行委員を出して常任する他に、各一名宛の代表者で代表者会議を開催したのである。

国民生活擁護協議会は、二月二十二日午後に松戸市で本部第一回の執行委員会を開催し、主食三合即時実施と生活必需物資の完全配給及び大衆課税撤廃貫徹のため、三月九日に全県一斉に市町村民大会を開き、三月十日には約一万人を動員して首相官邸その他にデモ行進を行う計画を可決した。また千葉地区加藤製作所、東葛地区水産化学、印旛地区四街道消費組合、香取地区成田鉄道従業員組合に地区事務所、その他に支部を開設すること、さらに県下消費組合連合会を即時結成すること、三月十四日には船橋市で県下民主主義組合連合大会準備会を開き、三月二十一日には千葉市役所で国民生活擁護協議会の大会開催を計画したのである。(18)

ところが政府が三月二日に物価体系の確立と価格統制の方針を閣議決定し、三・三物価統制令を公布したことで、新円生活と共に生活必需物資の大部分は強力な再統制の枠の中に置かれることになり、このために発足したばかりの各地の消費組合は全く立ち往生の形となったのである。七〇〇〇余名の組合員を持つ市川市消費組合では船橋、松戸、大貫、千倉、勝浦、佐倉各消費組合へ呼びかけ、配給ルートとしての消費組合育成指導を積極的に県当局へ要望することにした。三月二十七日には千葉市役所で消費組合懇談会を開催し、各消費組合に対し、県当局へ早急に小売業者の認可を求め、市川消費組合が主体となって各地区組合と県消費組合連合会の結成準備を進めることにし、国民生活擁護協議会の大会は延期することとなったのである。(19)

月給は幾分上がったが物価はそれ以上の率となり、結局生活が出来ないと云う不自然な現状を打開するため、県農業会が中心となって、三月十日に県庁、市役所、裁判所、郵便局、税務署その他千葉市所在三五団体、二三〇〇名の俸給生活者を一丸とした市民消費組合「千葉協同会」が発足し、その創立総会が四月二十六日に県立千葉中学校講堂で開かれた。事業分量（営業額）は発足以来僅か一か月余で四三万円に達しており、大体市価の半額、高いものでも市価の八割で配給され、好評を博していた。野菜類については市内大草、星久喜、天台、穴川、中田の五実行組合に合計三町歩の菜園を委託経営していたのである。

念願の県下各市消費組合の単一を目指す千葉県消費組合連合会の準備会が、五月十一日に県立図書館で開催された。参加三〇組合、藤原豊次郎市川消費組合長が司会者となり、当面の事業について、①県下各市町村協同組合の組織化及び整備促進、②生活必需品共同購入の斡旋紹介及び加工生産、③各消費組合の設立指導の三点を決議し、同会は「保証責任購買利用組合千葉生活協同組合連合会」と称することになり、仮事務所を千葉市吾妻町の篠原方に置いたのである。全県的規模で結成となった千葉県生活協同組合連合会は、六月二十九日午後一時から千葉市役所参事室で創立総会を開催し、県下五四支部、四〇名が参加し、議長に藤原豊次郎市川消費組合長、副議長に篠崎弥惣治千葉協同会が推されたのである。七月十一日、千葉市吾妻町の連合会新築事務所で第一回執行委員会が開かれ、会長、専務理事はじめ役員の選任、諸規程の決定、事業計画並びに予算等を協議した。会長に山崎恒県農業会専務理事で千葉協同会会長、専務理事に藤原豊次郎市川消費組合長、顧問には山崎勉治、成島勇、安西直一の三名がなった。各地区の世話人組合は、千葉協同会、千葉医大厚生会、東葛地方消費協同組合、幕張消費組合、佐倉消費組合、四街道消費組合、船橋消費組合、岩井消費組合、大貫消費組合、千倉協同利用消費組合、旭造船購買会、千葉鉄路跡興生会、千葉生活協同組合となったのである。

七月十四日付の千葉新聞社説「消費組合運動活発化す」では、「本県でも終戦後各地区に消費組合が組織されたが、かかる面でいずれも行き詰まりを生じ、不活発な動きしか見せていない。速やかに連合体を組織して、その発言権を拡大し、共同購入等の道を拓くことである。地域生活協同組合の結成が急務である」と慫慂《しょうよう》していたが、漸く連合会の結成に到達したのであった。その後の千葉県での生協状況は加入組合数四〇、会員数約三万世帯となり、「会員は増加の一途を辿りつつある」との評価を受けていたのである。[20]

（二）農漁民の動向

（1）農業会の民主化

農業会は、戦争遂行のため一九四三年（昭和十八）三月十一日公布の農業団体法で、それまでの農会や産業組合が統合改組されて生まれたものである。経済行為と政策指導を二本の柱として農業界に君臨し、戦争を支えてきたのであったが、当然に官製的、天下り的であった。終戦後は国民生活の安定と産業回復及び振興が中心となったことから、農業財閥的存在であったので、「解体旋風」を受けることは免れなかったのである。

まず千葉新聞は、一九四六年（昭和二十一）一月二十日付の社説「農業会の民主的改組」を掲げ、「農業生産者の意志が農業会の機構運営の中に反映実現せしめることが、その眼目でなければならない。それがためには機構の改革が必要である」とし、「農業会内に運営委員会を設置し、役員は運営委員会を母体としての公選制」を主張していた。

農業会でも新しい農業団体の発足に備えて、本部、支部の全役員が総辞職することを決定し、一月二十四日に本部に全役員が集合し、成島勇会長に辞表を提出、成島会長も同日に農林大臣宛に辞表を提出した。[21]

二月七日から十四日にかけて郡支部内の市町村農業会長会議が開かれ、市町村農業会理事（七名）及び会長の選挙は二月二十一日より三月十五日までに決定し、県農業会理事と会長は三月十六日から三月二十五日までに決定することになった。従来の天下り的人事を避けて、選挙によって役員を決定し、その互選で夫々の会長を決定することは、農業会役員の選出に兎角の非難があったことを一掃しようとするものであり、農業会組織民主化の第一歩であった。農業会民主化の動きは、三月三日に千葉市役所を会場に職員大会も開かれ、当面の方針として、①食糧危機突破、②農村の工業化、③農業会内の民主化、④職員組合の結成が取り上げられた。しかし成島会長から「職員会があるのだから、これに代行させる」との意思表示があって、不賛成となった。しかし当時の世相を覆すのは難しく、実際には農業会職員組合は三月八日には活動していたのである。

県農業会は四月二十三日に役員会を開催、再発足に当たっての機構改革を二十四日に全職員を集めて発表した。本部は正副会長の下に事務理事を置き、審議機関として役員会、常務役員会及び新たに会務審議委員会を置いて会運営の民主化を図るとした。また本部の事務機構は五月一日から総務、金融、生活、販売、購買の五部としたが、特に販売、購買の両部を独立させて協同組合主義による農業経営の安定化を図った。さらに農村建設指導所、協同病院を置き、支所には総務、生産、経済の三部を置いたのである。[22]

一方農林省は、封建的色彩の濃い農村機構を民主的体制に再編成するため、後述する土地制度改革と共に、農業団体の根本的改組を検討していたが、既存の農業会機構を中心とする農業団体法を廃して、新たに農業協同組合法案を六月二十日開会の第九〇臨時帝国議会に上程することにしたのである。

十月二十一日に農地調整法が改正となり、後述の第二次農地改革が開始されることになったが、県農業会では十一月十二日に理事会を開いて、農地解放問題に対する県農業会の態度を決定することにした。当時農業会内では農政課を中心とする進歩的な職員は「農業会と農民組合が連繋して農地解放促進委員会の結成を計画」していたが、幹部の反対にあって、行き悩み状態に陥っていた。中堅幹部であった部課長会は「既に消滅の運命にある地主の立場を農業会がいつまでも支持するのは間違いだ、よろしく耕作農民の立場に立って農民組合と共に農地の積極的解放に努力すべきだ」との意見で一致を見たので、役員会としても簡単に一蹴することが困難になり、正式態度を表明することになったのである。しかし県農業会事務局が部課長会案の農民団体参加による農地改革推進委員会結成案を理事会に提案したが、否決されてしまった。十一月十八日の日農県連執行委員会では「これは幹部の地主的性格を暴露したものであり、再考を促し、応えられなければ、役員の総退陣を要求する」と反発した。十一月二十日に事務当局は「日農県連代表を加えた農地改革推進委員会の結成案」を提出したが、保守色の強い理事会は「農業会独自の立場で進むべき」と再び一蹴したので、二十三日の部課長会議では「農民団体の代表者は認めず、個人の資格で参加を要請する」との結論になったのであった。

十一月の地方公職追放令で成島勇会長が辞表を提出したので、十二月十六日の役員会では後任会長の選出が行われ、元副会長で川名伝県販購連会長が就任となり、漸く農業会のトップが交代した。けれども一九四七年(昭和二十二)十一月十九日に農業協同組合法制定となり、全農業会は一九四八年(昭和二十三)八月十四日までに解散となったのである。[23]

(2) 農民戦線の統一を目指す

農民組合、農業会、その他農業団体の大同団結を図るための千葉県農民協議会が一九四六年(昭和二十一)二月四日午後一時から千葉市役所で開かれた。出席者は提唱者の清宮登(共産党)、石橋源四郎(社会党)をはじめ斉藤貞次(社会党)、栗原東洋、長作一、小川三男、萩原中(以上共産党)、山本源次郎(日農県連準備会長)や県内各町村の共産党農民委員会、あるいは農民組合、小作組合、消費組合等の代表者二〇余名であった。この中には市原郡牛久町農民委員会から紅一点の佐藤信子も加わり、また匝瑳郡出身の伊藤清元代議士が実兄であった伊藤與市県議と共に傍聴に来ていた。まず主唱者清宮登の簡単な挨拶の後に、座長に石橋源四郎が推され、協議に入った。共産党、社会党、あるいは農民組合、小作組合等が農民運動を統一し、共同戦線を張ることの必要性と方法等について各自の抱負や主張が開陳され、午後四時に至るまで活発な論議が続けられた。戦線を統一することについては全面的に賛意が表され、その方向としては「黒田声明」(日農中央本部準備会の黒田寿男の統一戦線に関する声明)を絶対支持する態度で進むことが決定された。また二月九日の日農結成全国大会開催までは千葉県農民協議会の形態で県下の未組織糾合運動を続けていくことを確認した。さらに世話人として清宮登、石橋源四郎、山本源次郎、萩原中、斉藤貞次、栗原東洋の六名を選んだのである。(24)

四月二十五日印旛郡佐倉町の農業会印旛支部に山本源次郎、白井三五郎（以上社会党）、萩原中、小川三男、清宮登（以上共産党）、堀越梅男（総同盟県連）が参集し、全県的に統一した農民戦線を急速に結成するために、共産党の勢力下にある農民委員会を日農県連に合流させ、県下各地で結成の地方農民組合にも呼びかけることを申し合わせた。

社会、共産両党系の六〇余の組合統合が実現したので、五月六日に木更津市の白井三五郎宅に共産党から萩原中、佐藤二郎、社会党から白井三五郎、斉藤貞次、山本源次郎が集まって、日農県連結成準備会を開いた。そして五月十日午前一〇時から千葉市役所で開いた日農県連拡大執行委員会では代議員二〇〇余名が出席し、「全千葉県の勤労農民諸君、我等日本農民組合の同志は我等の陣営に諸君の参集することを希望してやまない」とする宣言と一二項目の当面の諸問題への決議を行い、新役員に会長山本源次郎、副会長萩原中、書記長斉藤貞次、会計堀越梅男、会計監査若名一郎、同高橋隆治、執行委員に石橋源四郎、白井三五郎、川島豊、池田滝治、伊達広、織本一、山田吉三郎、伊藤稔（以上日農県連）、清宮登、佐藤二郎、飯原茂武、小竹敏夫、大和久義三郎、平野準一郎、土屋智夫（以上農民委員会）を選出したのである。

山武郡の中産者的生産農民を主体とする山武農民協議会は、五月十九日に山武郡東金町の国民学校で千葉農民協議会の結成大会を行った。この協議会では日農県連と共同戦線を張るべきとして日農県連拡大会議に四名の実行委員をオブザーバーとして出席させ、また日農県連側でも萩原中が実行委員であった山武郡豊成《とよなり》村の鈴木勝宅を訪問し、共同戦線を提議していた。同協議会では日農県連と合流すべきか否か討議したが、同協議会の実体完成後に決定するとした。

県農業会の調査では、自覚的農民組織は七月末で結成式を挙げたもの四〇組合、組合員数七三九九名、準備程度のものを加えると一万人に達すると見られていた。県下小作人の三五％が種々の小作組合に組織されていたが、そのうち大部分は日農系で、それ以外の主な独立組合には山武郡下の千葉農民協議会一三〇〇名、夷隅郡西畑村を中心とする農村青年連盟（農青連）一〇〇〇名、君津郡久留里農民組合三〇〇名があった。組合の目的では耕作権の確立が二四組合で最も多く、農村の民主化、供出制度改正がこれに続き、小作料引下げは唯一の組合であった。終戦後真っ先に農業会の民主化を断行した香取郡多古町や、かつて農民運動の発祥地と云われた印旛郡八街町には組合が結成されていなかったと云う(25)。

日農県連は第一回大会を十二月十日に県立千葉中学校講堂で開催し、労農協議会の結成を協議した。ところが十二月十五日に千葉市役所で日農房総連合結成大会が開かれることになった。会長に吉川兼光、副会長に白井三五郎、鈴木豊を選出した。房総連合参加地域は君津郡馬来田村の白井三五郎指導の農民組合を中心に千葉、市原、夷隅、安房等各郡下の三〇組合であった。これは共産党、社会党左派系の影響力の強い日農県連の運営に不満を持った社会党右派系を一丸とした新しい日農県連の結成を目指すものであり、日農県連の分裂であった。

また県南部地方では地主を含めた全村一致の農民運動が広がり、夷隅郡西畑村を中心とする山村地帯では元警察署長や右翼団体関係者等が農民組合を結成、さらに長生郡下では県農業会理事を公職追放となった木島義夫元代議士の肝煎りで一九四七年（昭和二十二）一月九日には長柄村農民組合が結成された他、同月十三日には農業会長生郡支所で全郡下の農民組合結成準備会が開催となったが、いずれも地主勢力を中心とする組合であった。

日農県連では二月九日に千葉市役所で二八組合、代議員二二二名が出席して第二回大会を開催し、会長に山本源次郎、副会長に斉藤貞次、石橋源四郎、書記長に佐藤二郎、会計に新津宇三郎、会計監査に二宮保、若名一郎を選出した。そして県下農民組合の大同団結を図るため、房総農民組合、房総農民連合、東葛農民組合協議会に申し入れを行う決定をしたのである。二月二十一日には船橋市の吉川兼光代議士宅で、山本日農県連会長、堀越梅男東葛農民組合協議会長と三者会談が行われ、戦線統一が話し合われたが、実現しなかったのである。(26)

(3) 第二次農地改革への胎動

農地調整法は一九三八年（昭和十三）四月二日公布となり、地主に対する小作人の権利を初めて明文化したものであった。終戦後、農林省は同法の自作農創設規定を拡充強化する改正を行って農地改革を実施しようとした。しかし国内外の批判を受けたことから、より徹底した改革を実施するために、一九四六年（昭和二十一）九月七日に自作農創設関係事項を自作農創設特別措置法案とし、農地調整法改正案と共に衆議院に上程、十月二十一日に公布となり、この二法が第二次農地改革の法的措置となるものであった。農地委員会は農地調整法により市町村及び道府県に設置されたが、市町村長や地方長官を会長とし、委員は官選であった。第一次農地改革案では地主・自作・小作の各階層から五名ずつ選出するとなっていたが、小作委員が三分の一しか占めないことに内外の批判が強く、三月に予定された農地委員選挙は実施されなかった。第二次農地改革案では地主三名・自作二名・小作五名に改められ、選挙権も世帯主だけでなく、成年男女にも拡大となったのである。千葉県では、十二月下旬に市町村農地委員選挙が実施された。印旛郡では公津、久住両村で無競争、町を除く村落は大部分が白熱戦を展開した。山武郡では無投票が七か町村あった。君津郡では一市三二か町村のうち無投票は一市二三か町村で、全部投票が行われた所は松丘村だけであった。千倉署管内一〇町村では白浜町は激戦であったが、他の町村は推薦通りの無投票であった。農民組合の強い東葛、印旛地方と、農民運動の低調であった安房、夷隅地方では、どちらも推薦制による無競争当選を狙った猛烈な運動が展開されたのである。小作側委員一五八五名、地主側委員九四七名、自作側委員六三八名が選出となったが、これら委員はいずれも改正農地調整法、自作農創設特別措置法について法律的研究が不足していたので、一月十八日から小山農地部長、金森農地課長以下課員が四班に分かれて県下を巡回、農地委員大会を開き、農地委員、市町村長、委員会書記、農民組合代表等を中心に法律上の研究、質疑応答、委員会運営の解説等を行ったのである。[27]

前項で触れたように、県農業会は第二次農地改革に対する態度をめぐって保守派と進歩派の内部争いを続けてきたが、一九四六年（昭和二十一）十一月二十五日に遂に農地改革推進協議会を設置することに決定した。この協議会は県農業会代表五名、市町村農業会長、部落団体、地主、自作、小作代表各三名、学識経験者二名の計二二名の委員からなるものであった。十一月十二日の県農業会理事会に提案された農民団体協議会の一部門としての農地改革推進委員会案が変形したもので、理事が嫌った日農県連との提携を案文の上で抹殺し、各委員共に個人の資格で協議会に参加するものであった。この協議会結成に関する会合が日農県連、県農青連から個人資格で参加を得て十二月九日に県農業会で開催された。日農県連側や進歩的な農業会の一部から「近く農地委員が選挙されて農地改革の事業に邁進することになっているのだから、別に協議会をつくらなくともよいではないか」との議論があったが、「画期的な大事業で、活発に啓蒙運動並びに事業の推進を行わねば、目的の貫徹は期し難い」との結論となって協議会結成が決定された。協議会構成員は、前述の二二名の他に県農業会の部課長を加えることにし、この中から正副委員長を選挙した結果、委員長に県農業会の石井壱郎専務、副委員長には県農青連の富塚敏信、八街町農業会長の池田滝治が決定された。議事では農地改革に関する一〇項目の基本方針と趣旨の徹底、県市町村農地委員の選挙対策等が原案通りに決定し、農地委員選挙は各市町村に推進委員会をつくって委員会が立候補者を推薦して投票させることにしたのである。

県農地部では、一月六日に各地方事務所の農地関係主任を招集し、県農地委員選挙に関する打ち合わせを行った。県の腹案では選挙期日は一月三十一日に実施、選挙区については全県一区にするか、二区にするか、決めかねていた。委員数は小作一〇名、地主六名、自作四名の計二〇名で、これに中立側として県農業会から一名、農民組合から一名、開拓関係から一名と、さらに学識経験者二名の合計二五名とし、中立及び学識経験者の五名は知事がその倍数の一〇名を農林大臣に推薦し、この内から五名を農林大臣が任命するものとしていた。また決定される県農地委員選挙委員会が一切の選挙事務を行うものであったが、選挙委員会の構成等は農地改革の千葉県最高機関に当たる県農地委員会委員の選挙であることから、日農県連や県農業会の意向を訊いて一月十三日までに決定し、十七日に打ち合わせ会を開き、二十日に告示して三十一日に投票と云う段取りを内定した。また農地改革実施方法の徹底と県農地委員選挙、市町村農地委員会長の互選を行うために、市町村農地委員大会を一月十八日以降に各郡で開催すること、農地改革事業推進方策として若干の改革模範地区をつくることも内定したのである。

県農地部では一月十三日に県農地改革推進協議会の幹部を招き、選挙区を協議し、①全県一区の大選挙区にする、②定数の配置では自由立候補制にせず、農村民主団体を糾合して推薦母体をつくり、適切な候補者を擁立する。ただし定数だけの候補者擁立とすると、かつての翼賛選挙に似たものになるので、二倍前後の候補者数とする、③推薦母体は県農地改革推進協議会を改組して当たらせることに決定したのである[28]。

一月十五日に県農地委員選挙委員会が県庁農地部長室で開催され、小作代表委員池田滝治（八街）、予備委員佐藤二郎（牛久）、自作代表委員小原耕太（主基）、予備委員金子与三郎（犢橋）、地主代表は欠席、県側は小山農地部長、金森農地課長以下が出席した。県側から、①選挙区の設定、②投票分会と開票分会の設定、③選挙の日時の三項目の諮問があった。委員会は約二時間にわたって審議の結果、全県一区の選挙区制とし、投票、開票分会は小郡一か所、大郡は三か所程度とする、選挙日は一月三十一日が適当と答申したのである。

一月十七日に県農業会で開催された農地改革推進協議会の常任委員会は推薦母体となる推進協議会の改組について協議したが、県農業会議側と日農県連側で構成メンバーの顔触れをどちらに多くするかで纏まらず、再び二十二日に代表者会議で決定することにした。二十二日に県農業会、日農県連、農青連の三団体代表が県農業会に参集、従来の農地改革推進協議会は県農業会の地主的性格が強いのでそれを一掃し、農民団体を入れ、委員数は県農業会一八名、日農県連一八名、農青連九名、その他農民団体七名、耕作者代表七名の計五九名とし、運営方針も決定したのである。

GHQは農地改革問題に重大な関心を持ち、改革の推進状況の調査に着手し、千葉県へも一月二十七日にリカーラー大尉が来訪、小山農地部長と会見し、三十日には印旛郡千代田村を訪問、農地委員や町関係者と会い現地調査を行った。県では地方事務所長を通じて各市町村に対し「何時連合軍係官の訪問を受けても、当局の満足のゆくような説明が出来るよう農地改革を推進せねばならぬ」との通牒を発したのである。

二月六日に県農業会で県下農民団体の代表者会議が開かれ、役員選挙の結果、委員長に石井壱郎（県農）、副委員長に富塚敏信（県農青連）、山本源次郎（日農県連）、常任委員は県農三名、日農三名、県農青連一名、その他の五農民団体（千葉農民協議会、県開拓者連合会、日農東葛協議会、房総農民連合、他一団体）から一名と決定し、問題になっていた推進母体も完全に結着がついたのである。県では同日に県農地委員選挙委員会を開催して県農地委員選挙の方針を決定した。選挙の日時は二月二十五日からとし、選挙区は二区に分け、各区の定員は第一区（安房郡、夷隅郡、君津郡、長生郡、山武郡、市原郡、館山市、木更津市）、第二区（千葉郡、東葛飾郡、印旛郡、香取郡、海上郡、匝瑳郡、千葉市、銚子市、市川市、船橋市、松戸市）。小作五名、地主三名、自作二名とした(29)。

県農地課では二月十七日に農地委員会が農地改革を実施する順序を、①買収（解放）予定面積を調査する、②全小作地面積を調査する、③全小作地の何％を解放出来るかを計算する、④全村の平均から見て、農家はどれだけ自作地を創設出来るかを調査する、⑤農家に売り渡すことの可否限度を調査する、⑥限度内で最初の売渡予定面積を決定するが、最初の売渡は限度の約七割程度とする、⑦農家毎に該当面積の農地を具体的に選定する、⑧該当農地につき各筆を調査する、⑨右により買収、売渡計画を立てる、⑩異議申立があれば、十日以内に決定するとした。

県農地改革推進協議会では二月十八日、県庁で初の全体会議を開催し、役員、規約を決定、委員の地区分担を決めて積極的に動き出すことにした。活動方針として、①農地の買収、売渡は一九四五年（昭和二十）十一月二十三日の事実による、②農地管理を徹底し、耕地の交換分合を図る等の八項目を決め、県農地委員公認候補を推薦決定したのである。県農地委員選挙は二十五日に執行され、二十六日午後一時から県庁で選挙会を開き当選者二〇名を決定した。ここに農地改革がスタートすることになったのである。(30)

（4）水産業会の民主化

水産業会は農業会と同じく戦争遂行のため、一九四三年（昭和十八）三月十一日に水産業団体法の公布によって漁業会（漁業権を持つ団体）と水産組合を統合し、府県水産業会が統括するもので、千葉県水産業会は同年十一月十三日に創立総会を挙行して発足したものである。終戦後、一九四六年（昭和二十一）一月二十二日に改正水産団体法が公布となり、それまで水産業会長は農林大臣、副会長と市町村漁業会長は知事の認可で決定され、理事は総会推薦で会長が任命したのであったが、改正法では理事は会員の選挙よることになった。従来は総て国策即応で、会長の命令次第で動いていたのに対し、協同組合精神に基づいて進路を自ら拓いていくことになったのである。役員の選挙は市町村漁業会が二月一日から二十八日まで、県水産業会は三月一日から二十日までに行われるものとなった。県下九六漁業会の役員選挙は大体終了したので、三月十八日に県水産業会の役員選挙が千葉市役所で行われた。九三の漁業会長が出席し、県下を六ブロックに分け、東葛、千葉、市原二二漁業会に三名、君津一七漁業会に二名、安房二七漁業会に三名、夷隅漁業会に一名、長生、山武九漁業会に一名、海上、匝瑳、香取、印旛九漁業会に一名、その他特別事由によるものに二名の計一三名の役員（理事、監事）を割り当て、役員と同数の銓衡委員を出して、夫々のブロックの総意を纏め、候補者を推薦し、総会に附議し、理事一〇名と監事三名を決定した。その後、理事会を開いて正副会長、専務理事の互選を行い、会長に安西直一（夷隅）、副会長に平岡為彦（銚子）、専務理事に山越大亮（千葉）が決まった。安西会長は旧水産業会長であり、平岡副会長は旧水産業会評議員であって、理事一〇名中に四名も旧水産業会の役員がおり、当時の新聞は「いかに水産業会にその人物がいないかを物語っている」と呆れていたが、全く水産業会の民主化の目的にはそぐわないものであった。(31)

(三) 青年・女性の動向

(1) 弁論大会と県連合青年団の誕生

終戦直後から青年団体が市町村に続々誕生した。その事業の多くは演芸大会で、全国的に滔々《とうとう》たる風潮となっていた。その大きな原因の一つは、戦時中に青年の盛り上がる意志を踏み潰し、画一した型に押し込めてきた官製運動が崩壊し、目標を失い、変貌激しい思想の嵐に方向を失った青年男女たちが溢れる情熱のやり場に迷って悦楽にその全てを注ごうとした姿の反映であった。しかしやがて青年自身が内容の空疎な演芸、里謡《りよう》等に浮き身を費やすことを内省しはじめ、文芸活動等に関心を持ち出した。当時の新聞は「青年の文芸運動に革新的なものが見えなくとも、そうした運動に参加したこと自体が自由への欲求から出発していることは間違いない。機関紙の発行は喜ぶべき現象」と評価していた。とかく方向性を見失いがちであった青年たちに「我が国の場合は民主主義の徹底と云う不動の目標がある。青年の情熱を民主化の徹底に傾ける。青年団は高い理想を掲げながら、積極的に行動団体として行進することが刻下の使命」と呼び掛けたことは、青年たちへの良きアドバイスであった。

青年たちを勇気づける上で、弁論大会の果たした役割には軽視出来ないものがあった。五月十八日に千葉新聞が主催者となって県会会議室で県下第一回青年弁論大会が開催された。出場者は県下の中等、青年学校や市町村の青年連盟で、参加四二名中には女性が三名入っていた。テーマは様々であったが、審査委員からは「青年が次代の日本を担がねばならぬとの真剣さが溢れていた」との講評を受けていたのである。

八月十八日には毎日新聞社が主催者で県立千葉中学校講堂に新日本建設青年大会と銘打って「今後の青年運動の方向」とのテーマに七名（うち一名は女性）が主張を述べた。大会には小野知事も来場して激励の辞を述べていた。この大会の終わりに千葉青年連盟委員長の川村浩章が「青年団体の連合体結成の推進力として千葉県青年協議会を設置せよ」との緊急動議を提出し、満場一致の決議となり、直ちに準備委員が選ばれて、設立が進められることになった。十一月九日には千葉市本町国民学校で県青年協議会第二回準備委員会が開催され、県下七市一二郡から代議員約四〇名が出席、連合青年団結成を満場一致で可決した。そして連合青年団規約を作成し、十一月十七日の青年団体体育大会当日に結成大会を開催することを決定。正副団長の選挙を行い、団長に川村浩章（千葉）、副団長関口鉄四郎（安房）、矢口充徳（松戸）、紅一点の石井八千代（山武）を選出した。(32)

しかしその後にどのような事情があったのかは不明であるが、再び十二月一日に県連合青年団結成準備会が千葉市役所で開かれ、各郡市代表約四〇名が出席、規約を決定し、役員選定方法は各郡市理事三名、評議員七名ずつを推薦、十五日に持ち寄って決定、理事会を二十三日に開いて団長一名、副団長三名、書記長一名を理事互選で決めることにした。そして一九四七年（昭和二十二）一月二十六日に千葉市役所で小野知事出席の下に県連合青年団結成大会が開催となった。各市町村青年団代表約三〇〇名が出席し、宣言と綱領を発表。役員選出（団長関口、副団長川村、秋庭辰雄〈山武〉、服部恒一郎〈君津〉等）を行い、午後には同青年団主催の県下第一回弁論大会を開催したのである。当時の新聞は「再建一路へ県連青生まれる」と報じていたのである。(33)

（2）婦人参政権実現と貸座敷の廃止

一九四五年（昭和二十）十月十一日にマッカーサーが幣原喜重郎首相に口頭で要求した五大改革指令の一つには、婦人の解放があり、まず同年十二月十七日には衆議院議員選挙法改正が公布となって、婦人参政権が実現した。これについて荘司芳子夷隅郡大原町婦人会長は「今まで選挙等は主人のやること、男の仕事と思っていたので、出し抜けに参政権が与えられても、白紙と云うより外にありません」と答え、同町漁業者の浅野ふじは「台所の面は婦人が一番よく知っているので、生活面をもっと大胆に真剣に論じてくれる代議士が欲しい」とし、また同町農業者の山岡しもは「女は家のこと、野良の仕事のことで手一杯です。選挙権をいただくより純綿の手拭一本いただいた方がどれだけ嬉しいかしれません」と云っていた。(34) 参政権は我が国でも職業女性を中心に戦前から婦人参政権獲得運動を行っていたのであって、決して上から与えられたものではなかったが、漁村や農村の多くでは、そのようには受け取られていなかったのであり、五月十日に告示された館山市の市会議員補欠選挙では「婦人の投票権は認めない」とし、国政と違って自治の面では遅れていたことを示していたのである。

生悦住県政では一九四五年十一月十六日付の「千葉県報」で「大正十五年七月二十三日付県令第一〇三号娼妓取締細則ハ昭和二十年十一月十六日ヨリ之ヲ廃ス」と公娼制度の廃止を決めた。(35) ＧＨＱが日本政府に指令したのは一九四六年（昭和二十一）一月二十一日であり、それに先立ち、岩手、福島、新潟、長野、愛知、高知の諸県でも同様の措置をとった。貸座敷は廃止して、特殊飲食店となった。勿論一片の規則で簡単に売春がなくなるものでなく、従業婦は借金を返済するまで自由を拘束されて依然として働かさせられていた。小野県政となり、「カフェ取締規則」（三月二十二日付）、「酌婦営業取締規則」（四月二十六日付）、「芸妓営業取締規則」、「芸妓屋営業取締規則」（同日付）が改正され、業者と従業婦間の前借、年季等の契約条項は削除となった。さらに五月二十八日付「内務省警保局の公娼制度の廃止に関する指導取締の件」の通達を受けて取締は強化されたのである。(36)

千葉軍政部は一九四六年七月五日、船橋市三田浜新地で楼主二九名を引致し、娼妓一四六名の前借を棒引きして、二四時間以内に解放することを厳命した。また銚子市の通称田中街の特殊料理店二二軒で働いていた八三名の従業婦は前借が二二万七〇〇〇円あったが、全部棒引きとなった。館山市でも酌婦百数十名は七月十五日に一斉に自由廃業し、八月一日からは旧楼主の所で自由な女性として従来の家業を継続することに変わったのである。

新しい制度としては匝瑳郡八日市場町の敬愛高等女学校で四月一日から女子専門学校が開校した。県下初の女子専門学校で、三年制、科目は衣服と家政、募集人員五〇名で農村を背負う女性指導者の養成が目的であった。また千葉県初の婦人警官採用試験が行われ、合格者一七名が九月九日に発表となり、十七日に千葉市稲毛町の警察練習所で入所式を行って二十日間の訓練を受け、県下各署に配置されたのである。

小野知事が臨時県会で行った発言を受けて県教育民生部では、婦人の地位、教養の画期的向上を目的に、婦人教養施設「母親学級」を県下二〇校に開校した。一学級五〇名で毎月数日間定期的に開校が始まったのである。

女性の権利向上には何よりも女性自身が組織をつくって運動することが大切であり、四月七日に結成された船橋婦人民主クラブは船橋市の水産化学従業員が中心となり、封建的な思想制度や習慣に対し、解放のため闘う職場、地域、家庭の三婦人の新しい自主性を発揮する組織として誕生したもので、船橋市本町の柏亭での発会式には作家宮本百合子、佐多稲子が招かれていた。また四月十日の段階で県下二五工場労組には青年婦人部が結成された。県内で最大の女性組織となったのは千教連に結集した女教師たちで、十二月十五日に千葉市の本町国民学校で結成大会を開いたが、六〇〇〇名の大集団であった。

七月十五日の当局の指令で前借からの解放を受けた四街道の酌婦二〇名は自主的に四街道勤労酌婦人組合を結成した。また千葉署管内の料理店女中、酌婦の約七〇名は互いの品性の陶冶と共同の福祉、相互の親睦を目的に一九四七年（昭和二十二）二月十三日に千葉市の牧野屋で酌婦組合（組合名は親葉会）の結成式を挙げていたのである。(37)

（四）戦災者・引揚者の動向

（1）同胞援護募金運動と住宅問題

小野県政では一九四六年（昭和二十一）八月から戦災復興と引揚者の援護事業徹底を期するために「同胞援護事業資金募集運動」を展開することにした。募集資金の目標は県民一般を対象の一般寄付金一〇〇〇万円、団体、会社、工場等を対象の特別寄付金一〇〇万円、娯楽その他寄付金一四万円の総額一一一四万円を基礎とし、千葉市三五〇戸、銚子市一五〇戸の合計五〇〇戸の特別住宅を建設する外、旧軍の建物改造、或いは遊休住宅を活用して家なき戦災者や引揚者を収容しようとするものであった。一般募集では県民一人当たり五円を目途に、ＡＢＣの三級に分け、町村長が割り当てを行い、Ａ級七～八円、Ｂ五円、Ｃ級三円程度に決定、特別寄付は県が直接交渉して寄付を取り付ける、興行等の寄付は県下の映画興行者の協力を求め、一九か所に対し毎週土曜日に慈善興行を行い、一日一万円程度の収入を求めるとしていたのである[38]。

当時県下の戦災者、引揚者で住宅がなく、越冬に困るものは一万二〇〇〇名、三〇〇〇世帯であった。県厚生課では募集金のうち六〇〇万円を住宅資金に充て、年内に完成の計画を立てた。この住宅建設で五〇〇世帯、一五〇〇～六〇〇〇名は救われるが、一万名以上は住宅がないので、県としては大量収容のため、元兵舎の調達運動に乗り出した。大蔵省管財局の管理下にあった七か所（市川国府台野砲連隊、津田沼鉄道連隊、千葉兵器補給廠、木更津第二航空廠寄宿舎、佐倉歩兵連隊、習志野演習廠舎、習志野科学学校）を計画、国費八〇〇万円の割当もあり、資材の見通しもついたので、一三五〇世帯が救われるものとしていた。ところが、国府台連隊の使用は東京医専が付属院として使用願を提出していて許可が危ぶまれ、木更津旧工廠と津田沼旧連隊は鉄道教習所その他に使用する計画なので二五〇〇名の収容予定に狂いが生じ、計画の立て直しを余儀なくされてしまった。それでも当初計画の千葉、銚子両市での特別住宅五〇〇戸は年内に完成し、十二月十八日に公開抽選が行われ、入居開始となった。敷地は約七〇坪（一坪は三・三平方メートル）、建坪八坪余、四〇坪の菜園があった。

印旛郡和田村に住んでいた戦災者七〇世帯二八〇名は四月二十五日に和田村戦災者同盟を結成した。発起人の一人の生活の一端を見ると、山あいに建てた三坪のわら小屋に母、妹との三人暮らし、横浜で罹災し、佐倉町、和田村とあちこちに住んでは追い出され、五度目の落ち着き先であった。雨露凌ぐだけの物置小屋で、電灯はもちろん無い。地面から三寸（一寸は三センチ）ほどの高さの床板に薄縁《うすべり》三枚、罹災以来この家族に配給されたものは、毛布三枚、冬衣、冬ズボン下、襦袢各一枚だけであった。当時失職中で「ここもまた追い出しを食っている」と云う悲惨さであり、だから同じ境遇者が団結したのであった。

千葉市長洲町にあった千葉市戦災者新生会では各戦災者団体間の物資の交流、住居の安定、越冬方策、教育問題等で連絡を強化し、生活上の不安を除去する目的で、八日市場、小見川、横芝、保田の各戦災者団体に呼びかけ、協議会を開催することにした[39]。

習志野旧廠舎厚生寮に生活していた一〇〇世帯四〇〇名の戦災者、引揚者は十一月二十三日に同寮分教場で戦争犠牲者大会を開催し、食糧、薪炭、確実配給等の知事への要求を可決し、二十九日にはその決議文を持って行木《なめき》健雄執行委員長以下執行委員全員が出県し、小野知事に手渡して訴えていたのである。

（2）海外引揚千葉県人更生同盟の設立

一九四六年（昭和二十一）三月で海外から引き揚げて来た千葉県人は三〇〇〇名であった。彼等は営々と築いた汗の結晶も敗戦によって終止符が打たれ、文字通り裸一貫で病魔と飢餓に喘ぎながら祖国に還って来た。夢にまで描いた祖国の現実は、引揚者への救済施設もなく、補償金もない、故郷に帰っても職もない有様で、身寄りのない人々の生活は悲惨であった。千葉市通町の菅沢庄衛は引揚県人の更生事業を起ち上げるために、小野知事を顧問に据えた海外引揚県人更生同盟を結成した。菅沢会長自身が引揚者であり、その結成の経緯を「祖国に還って来て一番悲しく思い、そして嘆いたのは、余りにも思想が悪化していることでした」と語り、「県はいつまでたっても引揚者の住宅、食料、就職等、経済問題に積極的に協力してくれない」と行政を批判し、そして「引揚県人が最終列車で千葉駅に着いた時など、汽車がないために冷たい風に吹かれながら泊まる所もなく、駅で思案にくれていても、親身になって世話してくれる人もなければ、熱いお茶一杯もご馳走してくれる人もありません」と厳しい現実をふり返り、「私も引揚者の一人として見るに見かねて現在の場所に一、二軒簡単な小屋を建てた」と自宅を同盟事務所に提供していたのである。

元陸軍習志野廠舎厚生寮には南方からの引揚者一〇〇〇名がいたが、中央保健所が健康基本調査で体重測定を行った。成人は大体標準体重であったが、成長期にある乳児や少年の体重は著しく低下していたことが判明した。二歳男児は三割四分五厘、女児は四割四分七厘の低下、一三歳は男二割一分七厘、女一割九分三厘の低下であった。原因の一つとして引揚者の食生活を指摘していたのは当然のことであった(40)。

五月八日に海外引揚県人更生同盟大会が二〇〇〇名の引揚者を集めて千葉市役所で開かれ、小野知事、福田喜東教育民生部長が出席した。小野知事は「社会政策的な大きな観点から援助を惜しまぬ」と挨拶した。大会は、①官製援護団体の即時解散、②全国各府県護助会の民主的結束、③在外資産補償方針の確立、④遊休建物の即時解放、⑤引揚者生活資金の貸出要求の五点を決議した。また更生同盟を法的団体にするため、「社団法人房総同郷会」と改称したのである。五月八日に各市町村から報告された県内一般引揚者数は一万一五六二名であった。

終戦後一年近く消息が途絶されていた満蒙同胞のうち、千葉県から送り出した青少年義勇軍中の加茂郷開拓団（主として市原郡平三、富山、高滝村出身者で結成）や哈爾浜《はるびん》訓練所生の一部が帰還した。その報告で判明した病死者数は加茂郷開拓団一二名、哈爾浜訓練所七名、二道溝《にだうこう》開拓所六名、八道河子《はちどうがし》開拓団三〇名、千葉県報国農場四名、第一義大民《だいりちだいみんみん》訓練所三名、萬龍《まんりゅう》開拓団二名の合計六四名であった。県は五月結成の満蒙同胞援護会と連絡をとって援護活動を行い、援護計画を作成した。住居は応急措置として、①市川市国府台と佐倉町の六四部隊の一部貸与方を手続中、②入植地は夷隅郡老川村筒森、君津郡鬼泪山《きなだやま》御料林、利根川遊水地帯を候補に折衝中、③就職は各勤労署と連絡して優先的に取り扱う、④要治療者には国立病院を利用、困窮者には無料入院の斡旋等であった。

引揚者が約三万人となり、引揚者団体も房総同郷会、船橋更生同志会、銚子引揚者更生同盟、松戸引揚者更生会、館山市引揚者同志会等が出来たが、横の連絡がないので、県厚生課では十月八日に県下の団体代表を集め、引揚者団体懇談会を開催した。十月三十一日には房総同郷会の本部が主催者となって県立千葉中学校講堂に県下各支部長、会員一五〇名を集めて引揚者大会を開催、吉川兼光社会党代議士の激励の挨拶があり、九項目の決議を行った。代表等が県庁に知事会見を求めたが、小野知事は地方長官会議で出張中であったので、奥田内政部長に決議書を渡し、十一月六日の理事会に知事の回答を発表することにしたのである。[41]

十月末までの県下引揚者の状況では無縁故引揚者の援護には深刻なものがあり、県は収容施設として幕張町の元軍用施設である習志野厰舎の一時使用の許可を得て、一月に浦賀に上陸した南洋方面からの引揚者中で無縁故者の収容に充てた。多い時は一五〇〇名であったが、宮城、神奈川、鹿児島の各県に集団帰農させた。当時、開拓地に帰農希望し、収容中であった者は約一二世帯三五名であった。彼等には全面的に衣食住の援護を行い、勤労精神昂揚を図るために施設付近で開墾させ、児童の教育施設としては幕張町国民学校の分教場を設置、幼児には保育園を開設した。保健衛生は千葉医大の協力を得て建物の一部を診察室と病室に充てたが、建物が古いのと資材難で充分でない状態であった。県は県下の全民生委員に引揚者援護に専念させるため、数ブロックに分け、三回にわたり会合を開催して趣旨徹底を図った。一〇〇〇万円を目標にした同胞援護資金募集計画では県へ直接送られたもの六五〇万円、地方事務所、各市町村役場から送金準備中のもの二〇〇万円の合計八五〇万円であった。金銭給付では上陸地で所持金五〇〇〇円未満者に援護院から五〇円、同胞援護会から五〇円を給付していた。引揚者援護衣料運動では、衣料三万四三九二点、日用品五万七五二二点の供出があった。引揚者、生活困窮者の大部分は所持金を使い尽し、住宅がなく、生業がない状態なので、七月一日から生活相談所を開設した。帰郷の途中で終列車に間に合わず、宿泊に困窮する者には千葉管理部、県旅館統制組合、交通公社等の協力を得て無料宿泊所を設け、一時的援護を行った。生業資金貸付では、業務一切を庶民金庫に委託し、一九四六年(昭和二十一)度県費貸付補助額六六四万円を交付し、庶民金庫がこれに一五四九万三〇〇〇円を加えて、各信用組合、千葉合同無尽館山支店と全県下三〇か所の出張所を督励して十月一日から貸付を開始していた。(42)

県下には一一の引揚者団体があり、県厚生課が仲介し、十二月に引揚者団体県連合会を設立したのである。

(注)

(1) 前掲県立図書館蔵『現代千葉県労働運動史年表』自治労千葉県本部、一九八九年、一一頁

(2) 前掲県立図書館蔵『千葉県地方労働委員会五年史』一九五二年、三一三頁

(3) 前掲県立図書館蔵「読売新聞千葉版」一九四七年一月二十五日付

(4) 前掲県立図書館蔵「読売新聞千葉版」一九四六年六月一日付

(5) 前掲県立図書館蔵「千葉新聞」一九四六年八月二十八日付、県労会議の結成を『千葉県の歴史 別編年表』、『千葉県労働運動史』では六月十三日に、『自治労千葉の三十五年』では八月二十六日

(6) 前掲県立図書館蔵『自治労千葉の三十五年』自治労千葉県本部、一九八四年、三四頁

(7) 前掲県立図書館蔵「読売新聞千葉版」一九四六年十一月十四日付

(8) 前掲県立図書館蔵「千葉新聞」一九四六年六月十七日付

(9) 前掲県立図書館蔵「読売新聞千葉版」一九四六年十月十三日付
(10) 前掲県立図書館蔵『千葉県地方労働委員会五年史』三一五頁
(11) 前掲県立図書館蔵「朝日新聞千葉版」一九四七年二月二十五日付、各候補の得票数は土屋三万九一一〇票票、佐藤三万一一四〇票、山崎二万七四〇〇票、萩原二万〇四〇票、美濃部二万二四一〇票で、総同盟県連の横山は二万一七四〇票の第六位で当選しなかった。
(12) 前掲県立図書館蔵「朝日新聞千葉版」一九四六年十二月十八日付
(13) 前掲県立図書館蔵　前掲『現代千葉県労働運動史年表』一五頁
(14) 前掲県立図書館蔵　前掲『現代千葉県労働運動史年表』一六頁
(15) 藤原彰・荒川章二・林博史『日本現代史』、大月書店、一九八六年、五四頁
(16) 前掲県立図書館蔵「読売報知新聞千葉版」一九四六年一月二十六日付
(17) 前掲県立図書館蔵「千葉新聞」一九四六年一月十二日付
(18) 前掲県立図書館蔵「毎日新聞千葉版」一九四六年二月二十六日付
(19) 前掲県立図書館蔵「千葉新聞」一九四六年三月二十四日付
(20) 前掲県立図書館蔵「千葉新聞」一九四六年八月二十四日付
(21) 前掲県立図書館蔵「千葉新聞」一九四六年一月二十六日付
(22) 前掲県立図書館蔵「千葉新聞」一九四六年四月十二日付
(23) 前掲県立図書館蔵「千葉新聞」一九四八年二月十日付
(24) 前掲県立図書館蔵「千葉新聞」一九四六年二月六日付
(25) 前掲県立図書館蔵「読売新聞千葉版」一九四六年九月五日付
(26) 前掲県立図書館蔵「千葉新聞」一九四七年二月二十日付

(27) 前掲県立図書館蔵「千葉新聞」一九四七年一月十五日付
(28) 前掲県立図書館蔵「千葉新聞」一九四七年一月十五日付
(29) 前掲県立図書館蔵「千葉新聞」一九四七年二月八日付
(30) 前掲県立図書館蔵「読売新聞千葉版」一九四七年二月二十七日付
(31) 前掲県立図書館蔵「千葉新聞」一九四六年三月四日付
(32) 前掲県立図書館蔵「毎日新聞千葉版」一九四六年十一月十一日付
(33) 前掲県立図書館蔵「毎日新聞千葉版」一九四七年一月二十八日付
(34) 前掲県立図書館蔵「毎日新聞千葉版」一九四六年一月十日付
(35) 前掲県立図書館蔵「千葉県報」第六十六号、一九四五年十一月十六日付
(36) 前掲県立図書館蔵『千葉県警察史』第二巻、一九六〇年、六三二頁
(37) 前掲県立図書館蔵「千葉新聞」一九四七年二月十四日付
(38) 前掲県立図書館蔵「千葉新聞」一九四六年七月十六日付
(39) 前掲県立図書館蔵「千葉新聞」一九四六年九月二十日付
(40) 前掲県立図書館蔵「千葉新聞」一九四六年十一月三十日付
(41) 前掲県立図書館蔵「千葉新聞」一九四六年十一月二日付
(42) 前掲県立図書館蔵「千葉新聞」一九四六年十一月五日付

五、おわりに

小野知事についてはこれまで様々な分野で記述されているが、小野県政として直接に扱ったものはない。戦後の混乱期であり、公選制の知事制度が開始される直前のことであったから、官選知事には関心が及ばないのかも知れない。わずか一年二か月のことであったが、その後の千葉県政を考える上で、決して意義の小さなものではなかったし、また小野知事自身も県民の意向を尊重しようとする姿勢が見受けられた。ただ民主化の波が高揚に向かっていた時期であり、例えば県地労委の委員委嘱等で見られたように、県民の意識が県政の姿勢を乗り越えるほどに高まっていたので、知事不信任を突き付けられる面があったのである。けれども官選知事としては良識のあるものであった。

この時期は未曾有の食糧危機に直面していた。県下三一四の全市町村が全般にわたって欠配を行って、新麦に食い継ぐことに汲々としたのである。主要食糧は総て統制されて配給以外には入手出来ず、それが数日間でも欠配や遅配で食糧が来ないのであるから、人々にとっては生きるため、ヤミルートに走らなければならなかったのである。

これは統制経済の破綻そのものであった。小野知事が九月の臨時県会で「生産県の本県が六月末、遂に遅配したことは県民に申し訳なかった」と県民へ謝罪せざるを得なかったのである。

二・一ゼネストに関しては、たしかに労働者の起ち上がりには素晴らしいものがあった。しかし経済要求中心の闘争を政治闘争へ発展させることには十分であったのであろうか。「今や無能と反動的性格を暴露した吉田内閣は退陣せよ」との決議要求は妥当であったと云えたけれども、小野知事に対し「労働一般県民にとって全く敵であり、吉田反動内閣の代理人に過ぎない、県民大衆は民主戦線に結集して地方行政をその手に奪い取れ」との主張は全く不正確なものであった。さらに致命的な欠陥と云えるものは、最高権力者であった占領軍の出方を的確に捉えていなかったことである。占領軍の圧力を感じて総同盟県連が戦線を離れ、二・一スト直前には社会党も降りてしまい、共産党と共闘だけが残った。占領軍が銃剣による圧力で押さえに出たので、闘争指導部は「力尽き、矢折れる」感で中止に追い込まれたのである。このようにゼネストと云う最高の政治闘争への対応が未熟であった。だから闘争を進めてきた陣営の中でその未熟さに付け込むものが生まれ、やがて民主化同盟運動等を台頭させてしまう遠因となったのである。

労働組合も、農民組合も戦後再出発に当たっては戦線統一が共通の課題であり、労働組合は県労働組合会議（県労会議）に、農民組合は日本農民組合千葉県連合会（日農県連）として実現を見た。どちらも左右両派が歩み寄り統一したのであり、念願の実現であった。しかしそれは長続きしなかった。県労会議は一九四六年（昭和二十一）十一月に総同盟県連の脱退で分裂し、日農県連も十二月に社会党右派系の日農房総連合が出来て分裂した。どちらの場合も運動の右派系が分裂活動の主因であったが、県労会議の項で触れたように、左派系の側に問題がなかった訳ではなかった。中立系の組合から、感情的な要因があると指摘があった。大衆運動であり、大衆の気分や感情に細心の注意が払われていたとは思えないものがあった。総て「理論的に行えば問題はない」と云う姿勢や、また「結果良ければオーケー」と云うものでもない。善意ではあったが、「多数の横暴さが運営に現れていた」ことに気が付いていなかったのである。

生悦住県政は貸座敷を法的に廃止した。また小野県政も関係規則を廃止し、女性問題に配慮を示していたのである。かつて千葉県でも一八七二年（明治五）の廃止令や一八八二年（明治十五）の県会での廃止議論が起こったことがあったが、なし崩し的に存続となっていた。今回は公娼制度を明確に廃止したものであった。売春取締は不徹底であり、一九五八年（昭和三十三）の売春防止法制定まで「公然」と売春は行われていたのであったが、近世以来続いてきた公娼制度廃止の意義は決して小さなものではなかったのである。

戦争中に中国の満州に国策の一環として「千葉村」建設が行われたが、その結末は具体的に判明しなかった。主として市原郡平三、富山、高滝村出身者で結成された加茂郷開拓団では一二名の犠牲者が出ていたことは衝撃的なことである。しかも送り出した地元では戦後の自治体史の中で取り上げられていない。異国の地で亡くなっていた人々は、これでは決して浮かばれないだろう(1)。

官選知事最後の県政期は想像以上の県政が展開されたが、それを乗り越えるような住民諸階層の起ち上がりが見られた時期でもあった。

(注)

(1) 千葉村建設については、『千葉県の歴史』、高林直樹論文や拙著『戦争と地方政治』で触れられている。

第二章　初代公選知事川口県政と社会矛盾

一、はじめに

本章が取り上げる期間は、川口為之助知事の在任期間である一九四七年（昭和二十二）四月から一九五〇年（昭和二十五）十月までの三年六か月である。この期間は県民の念願であった公選知事による初の県政展開期であり、戦後改革の実施時期であった。憲法と地方自治法に基づく民主政治の基盤を築くために様々な諸改革が取り組まれ、県民は主食の安定確保に苦しみながらも、明日への期待を持って民主主義と戦後復興を求めて生き抜いていた。しかし当時我が国は連合国の占領下にあり、しかも事実上の米国単独占領であったから、その連合国内部で米ソ対立の冷戦が始まると、その影響は改革との矛盾を激しくしたのである。この冷戦下での川口県政は県民の期待に対し、どのような対応をしたのか。また県民は社会矛盾の激化にどのように直面したのかを見てみたい。

この期の参考文献の主なものは『千葉県議会史』(1)、『千葉県の歴史』(2)、『自治労千葉の三十五年』(3)、『川口為之助先生を偲ぶ』(4)、『腐れきった三年間』(5)、個人研究では山村一成氏の一連の研究(6)があり、一九四七年の川口県政から一九五五年（昭和三十）の保守合同までの県内政治過程については大変に参考になる。

（注）

（1）千葉県立図書館蔵『千葉県議会史』第五巻、一九八八年

（2）前掲県立図書館蔵『千葉県の歴史』通史編近現代2、二〇〇六年
（3）前掲県立図書館蔵『自治労千葉の三十五年』一九八四年
（4）川口為之助先生寿像建設委員会『川口為之助先生を偲ぶ』一九六二年
（5）前掲県立図書館蔵　拙蔵千葉県政研究会『腐れきった三年間』一九五〇年
（6）山村一成「昭和二十年代の千葉県財政」一九八九年、「千葉県の歴史」第三七号（『近代日本の地域開発—地方政治史の視点から—』（日本経済評論社収録）、同「戦後地方政治の確立過程—敗戦から保守合同にいたる千葉県を例にして—」（宇野俊一編『近代日本の政治と地域社会』（国書刊行会収録）、一九九五年

二、憲法制定と冷戦開始の矛盾の中で

（一）日本国憲法発布と県民

憲法改正草案は、一九四六年（昭和二十一）六月二十日召集の第九〇臨時帝国議会に提出された。この改正草案は、三月二日に政府がGHQ草案の趣旨に基づいて作成し、三月四日にGHQへ提出の上、両者の審議で三月五日に確定草案となり、四月十七日に政府が日本国憲法草案として発表したものである。この間、四月十日に男女二〇歳以上の参政権を認めた第二二回衆議院議員総選挙があり、新議員四六六名中、女性議員が三九名選出された議会構成となったのである。我が国初の男女議員構成での衆議院で六月二十日から憲法審議が始まったのである。改憲手続きは、大日本帝国憲法第七三条の改正手続き規定に従って行われ、日本国憲法草案は八月二十四日に衆議院四二一対八で修正可決された。貴族院では十月六日に特別委員会の修正通りに二九八対二

で可決となり、衆議院へ回付された。衆議院は翌七日に四二五対五で貴族院修正案に同意した。改正案は、枢密院への諮詢《しじゅん》（意見を聞くこと）で十月二十九日に可決となり、十一月三日に日本国憲法公布となったのである。

日本国憲法は、形式的には大日本帝国憲法改正の形をとっているが、内容的には大日本帝国憲法が天皇主権を明記していたのに対し、日本国憲法が国民主権を明記して「明らかに君主国体から民主国体に変革された」のであり、実質は新憲法の制定に等しいものであった。しかし当時の政府は民主国体への変革を明確にすることを避ける態度をとり、右翼勢力は民主国体への変革の点に反発し、日本国憲法無効論や占領法規論を主張して執拗に攻撃を加えていた。もっとも当時発表された各政党の憲法案では、主権在民の原則に触れたものは日本共産党の「人民共和国憲法草案」以外になく、日本国憲法草案は政党のものよりは民主的なものであったが、明確に主権在民を明記していたのではなかった。衆議院の憲法改正案小委員会では主権在民原則をめぐる質疑が一三六五回も行われ、八月に至り憲法前文と第一条に主権在民の原則が書き込まれて初めて実現したものであることを忘却してはならない。

当時の千葉新聞は社説で「この憲法の基礎をなすものは、個性の独立であり、個性の尊厳の認識である（略）個性の完全な独立とその尊厳が認識されなければ、民主主義は実現しない（略）日本が真の正しい民主国家を建設するためには、どうしても古臭くても西暦の十七、八世紀に戻って出直さなくてはならないと云うことが、新憲法の基本精神として採り入れられた理由である」と主張し、「一年間の解放運動の跡を顧みる時、そこにある種の勢力、ある種の思想に対し無条件に無批判に雷同し共鳴している偏向はなかったか」と戦後の歩みの態度を問い質し、「潔くその真理を探究して、是なりと信じたならば千万人と雖《いえど》も往《ゆ》く勇気が無ければならず、非なりと信じたならば、如何なる迫害が有っても敢然として往く自信が無くてはならぬ、この自主的な信念こそは個性の独立とその尊厳を認識する者でなくては持ち得ない」としていたことは重要であったと思う。(1)

千葉県では十一月三日の憲法発布日に県庁では県議、県郡町村会長、報道代表、庁員代表（知事部課長）が県議会議事場に参集し、宮城遙拝《ようはい》の後、一一時に中央の記念式典をラジオで聴取、引き続き小野知事の式辞、県民代表として戸坂県議会議長の祝辞、万歳三唱で閉式となった。県下各地では千葉市、銚子市、市川市、木更津市、成田町、東金町、八日市場町、千倉町、大多喜町、八街町、佐原町、大原町、白浜町等で多彩な記念行事が行われていた。

千葉新聞は論説「新憲法の公布」で「新憲法を貫く精神は個人の解放独立を基調とする民主主義国家と平和主義である（略）新憲法が真の意味で実施されるには、いろいろの困難が有ることを思わねばならない。それは式典や講演や祝賀だけで普及徹底されるものではない、また条文の暗記や、精神を頭だけで理解することによってても達成されないであろう、国民個々がこれを身につけ、実践に移すことによってのみ真に実施されたと云うべきである」との主張を掲げていたが、傾聴に値するものであった。

憲法が発布されて三か月、中央の憲法普及会は都道府県に支部を設けて普及に乗り出し、千葉県では県庁学務部内に支部が出来て小野知事が支部長に就任した。関東信越地区憲法普及会県支部では一九四七年（昭和二十二）三月一日から五日まで印旛郡成田町の成田国民学校を会場に憲法指導者講習会を開催した。一日の近代政治思想は堀真琴（法大教授）、戦争放棄は横田喜三郎（東大教授）、二日の主権、基本的人権は鈴木安蔵（政治評論家）、三日の国会、内閣は宮沢俊義（東大教授）、四日の家族制度、婦人は我妻栄（東大教授）、経済、財政、労働は大内兵衛（東大教授）が担当した。受講者は各支部の推薦による講演担当者で、受講者の主食は各人持参で、会費は各支部負担であった。

新憲法発足を祝う千葉県での記念式は、一九四七年五月三日午前一〇時三〇分から県議会議事場で挙行、川口知事以下各課長、各代議士、県議、市長等が出席。知事の祝辞、県議代表で宮内三朗、代議士代表で片岡伊三郎、参議院議員代表で小野哲の祝辞があり、知事の音頭で万歳三唱して閉式。「各地で記念式」と報じられていたが、銚子市での記念式しか明らかになっていない。(2)

（二）冷戦開始の影響と千葉軍政部

千葉軍政部初代の部長はスチブンソン中佐であった。彼は「領主であり、小さな殿様」であったと云われたように、権力を嵩に横暴な振る舞いがあったらしく、一九四七年（昭和二十二）六月二十七日付で後任のカリー中佐と交代になった。スチブンソンは軍法会議にかけられ、位階剥奪となり、本国送還の処分を受けたのである。(3)

二代目のカリー中佐は九月七日から十三日にかけて初の行政視察を行い、以来一九四八年（昭和二十三）六月までの一年間の勤務であった。六月二十九日には県議会会議室で知事、県議等多数出席の下に感謝式が行われ、カリー中佐は米国に帰国していったのである。三代目はヘスター中佐で、彼はミシシッピー州出身、ミシシッピー大学で化学を専攻、イリノイ大学で陶磁器類を研究した経歴を持ち、一九四〇年（昭和十五）の応召まで郷里の青年団の指導に当たり、応召後はヨーロッパ戦線で歴戦、終戦後帰米していたが、軍政部長として招集されたものであった。

第八軍の所属する全国各地の軍政部は一九四九年（昭和二十四）七月一日から民事部と改称になった。日本占領の諸事情も変化してきたので、実際の仕事に合致した名称を選ぶことが適当と判断されて改称したものであった。ヘスター中佐は関東民事部に転勤となり、千葉民事部の新部長にはショオー中佐が任命され、八月八日に着任した。同中佐は前年三月から約一か月間千葉軍政部に勤務し、千葉県に滞在の経験があった。

さて、千葉軍政部は県庁や県民にどのような指導を行ってきたのかを見てみよう。スチブンソン中佐時代には隠退蔵物資の摘発等が行われたが、カリー中佐時代はまず供米と納税の督励であった。一九四七年十一月の供米成績は二三・一％と云う不振であった。カリー司令官は「今年は稀に見る干害で不振の原因も想像は出来るが、供米の義務は果たさなければならない。県は町村及び農民へ割当を速やかにすませるよう指導すると共に、供出促進に積極的な方法をとるべきである」とし、県の督励班に軍政部将校一名を入れて督励させることにした。カリー司令官も督励班に加わり一九四八年（昭和二十三）一月下旬には海上郡へ、二月初旬には印旛郡に出張していた。またカリー司令官は供米促進町村長協議会の席上で「割当が過重だとは云えない、不平を云う前に完納方法を考えてもらいたい、千葉県の供米成績は全国で一番悪い」とはっぱをかけたのである。カリー司令官は「県下には一〇〇％出すだけの米は必ずあると考え、ヤミ、横流しを完封すれば、必ず一〇〇％出るものと確信する」と断言していたが、いかにも権力者らしく、力で押さえれば可能と考えていたが、供出の重圧に苦しむ農民にとっては大変に迷惑なことであった。

カリー司令官の方針はヘスター司令官にも引き継がれ、彼は就任最初の記者会見で「主食供出の責任はあくまで県庁にあり、徹底的な施策を要望する」と語った。しかし一九四九年（昭和二十四）二月十五日の供米成績は八五％で、全国最下位であった。千葉軍政部では二月十六日に成績不良の五〇町村の町村長、農調委員長、部落代表者を県議会議事場に集め、経済課長のロニンガー少佐が警告を発し、二月末までに完納するとの誓約書を提出させたのである。

納税でも強硬方針であった。四月の段階で県下全体の納税成績は割当目標額の八三％であった。そして滞納者は一三万八〇〇〇名もおり、大衆課税反対の運動が起こっていたが、軍政部税務主任のデューマ中尉は「税務署は国会で決められた税率に従って徴税事務の執行をしているに過ぎず、若し税率に不満があるならば立法闘争により国会にその声を反映させるべき」と主張して、反対運動を「無意味なデモ行進」と批判していたのである[4]。

千葉軍政部は供米、納税以外に、農協設立促進、農地改革推進、教育委員選挙等日本の民主化を推進するために積極的な指導を行っていた。教育委員会制度は戦後日本の教育改革の中で、一九四六年（昭和二十一）三月の第一次米国教育使節団報告書の強い勧奨のもとに導入され、一九四八年（昭和二十三）七月の教育委員会法で実現をみたものであった。早速に教育委員が住民の直接選挙となり、千葉県では一九四八年九月五日に県教育委員選挙が告示されたが、千葉軍政部のリンドバーク報道課長は「この選挙が来るべき衆議院選挙の前哨戦に利用されるようなことがあってはならない、県民は適格者を見極めよ」との談話を出し、九月二十二日には関東軍政部民間情報部長のジオンス少佐が「政党や教職員組合代表は不可」と教育委員候補に一〇の条件を付けていた。そして九月二十七日にはヘスター司令官が千葉軍政部に教組二名の候補者（時田米蔵、狩野政一）と千教組代表を呼びつけ、立候補の辞退を促したのである。両候補は「不適任とする条件が当てはまらない」として応じなかった。たしかに政党や教育団体が直接に利害を主張する事態となることは望ましくない。しかし投票の直前に辞退を迫る等、公選制の原則に反することであり、占領軍の思い上がり以外の何物でもなかった。

軍政部の指導が明確に変化したのは一九四九年（昭和二十四）に入ってからで、三月には軍政部民間情報局婦人部長が「国際婦人デーは共産党の宣伝である」と反共攻撃を行った。五月十八日には軍政部が「ストと労組」との声明を発し、「たびたびストライキに訴える組合は公衆の支持を失う」とストに圧力をかけ、五月二十八日にはハークロー千葉軍政部労働課長が、「県下の労組も少数グループが組合の実権を握ろうとする傾向が絶えず見受けられる」と警告を発し、労働組合への介入姿勢を濃厚にさせていた。そして七月十四日の県下市町村長大会でヘスター司令官は「共産党は少数党であり、民主政治の原則に反するから、その専横を許すな」と演説していた。明らかに冷戦の影響が千葉軍政部の指導に現れていたのである。(5)

(三) 公選制初の川口県政成立

(1) 決選投票で川口為之助当選

第一回公選知事選挙は一九四七年(昭和二十二)三月十五日に告示された。早速萩原中(共産)が二〇〇〇円の供託金の届出を済ませた。県労会議、日農県連、共産党、社会党左派を背景として立ったのである。続いて石井一(無所属)が出た。自由、進歩両党共同推薦の川口為之助(自由)については、進歩党の一部に「この協定は片岡伊三郎、成島勇両党支部長だけの約束だ」として不満があり、十七日夜に千葉市の島田弥久元県議会議長宅に青木、寺島両代議士、県議の幹部八名が集まり、知事候補選定では元千葉県経済部長で、山形県知事の織田智《さとる》擁立を協議した。一方織田は十八日に内務省へ辞表を提出し、進歩党系無所属候補として立候補を決意した。

出足の遅れていた社会党は県立佐原女学校長の山口久太を擁立し、国民協同党は金子泰蔵を立て、六名で争うことになった。当選確実と見られていた川口候補は織田、山口両候補の追い込みで苦戦に陥った。当初山村新治郎自由党元代議士は資格申請への疑いから運動を自粛していたが、確認証を得たことで、積極的に川口応援に乗り出し、投票二日前に至り、形勢を立て直した。一方教員組合は山口支援で熱心に運動していたので、山口の得票如何では決戦投票となる可能性が強いと見られていた。川口陣営の予想では川口二一万五〇〇〇、織田一九万、山口一〇万、萩原五万、金子、石井各二万五〇〇〇と見ていたが、四月五日の投票結果は石井候補が五万八九〇〇余票で、川口、織田両候補の票が五万票も食われると云う番狂わせが起こっていた。また無効票が全投票の一割以上の七万四〇〇〇余票も出たが、その多くが無記入投票であった。過半数以上の得票者が出なかったので、四月十五日に上位二名者の川口と織田による決選投票となったのである。(6)

日農県連では山本源次郎会長、斉藤貞次副会長、佐藤二郎書記長三名が四月八日に織田候補と懇談、供出割当等に関して意見を交わした結果、同候補を推すことに決定し、九日に各支部に指令を発した。社会党県連は九日に常任委員会で織田候補を推すことを各郡市支部に一任すると決定していたが、十一日の常任委員会で織田候補が「社会党の政策に全面的に同調する時は積極的に支持する」と変わり、十二日に同候補と政策協定を行ったのである。共産党は織田候補が「当選の場合、自由、民主両党に入らず、労働者や農民、引揚者等に緊要な政策を行うならば、支持も辞さない」として社会党、民主団体等との提携を呼びかけた。しかし十二日に社会党が拒絶したので、十三日に単独で織田を支持した。選挙結果は四万一千票差で川口が勝利した。織田は基礎票では川口を上回っていた。織田の人気はしり上がりに良くなっていた。しかし支援団体の民主、社会、国協、共産の政党や教組、国労、日農県連等の民主団体は個別に支持するだけで、統一した運動を起こさなかった。そのため得票を郡市別でみると、織田が勝利した郡市は長生、匝瑳、君津、夷隅、安房の五郡と市川、館山の二市に過ぎず、全県の有権者に関心を起こさせることが出来なかった点が大きな敗因であった。一方、川口の勝因は「民選知事は民間人から」をモットーにアピールしたこと、また自由党内部が締まり、山村、水田両代議士を筆頭に、「打倒民主、社会」を訴えた宣伝効果が大きかったこと等であった。ただ投票率は四八・二％で有権者の半数以上が選挙に行かないと云う低調さに終わったのである。(7)

四月二十日に初の参院選地方区（定員四名、六年任期二名、三年任期二名）が行われ、六年組は小野哲、山崎恒（いずれも無所属）、三年組は玉屋喜章（自由）、浅井一郎（民主）が当選した。

川口知事は四月二十三日に初登庁し、知事室で広橋前知事との事務引継ぎの後、初の記者会見で、①人事異動はしない、②自由党の党籍は離脱しない、③副知事は今考えておらず、四月三十日の県議選で県議会の分野が決まってから考える、④復興会議等は設置せず、県議会の各種委員会を拡充強化し、あくまで県議会の基盤に立って県政を運営すると語った。

四月二十五日に第二三回衆議院議員総選挙（中選挙区、単記制）が行われ、全国的には社会党一四三名、自由一三一名、民主一二四名、国民協同二九名、諸派二五名、共産四名、無所属一三名で、社会党が第一党となった。千葉県選挙区は一区（定員四名）、二区（定員四名）、三区（定員五名）となり、投票結果は中央と異なって自由八名、民主三名、社会一名、無所属一名で、知事与党の自由党が圧勝した。

また四月三十日には県議会議員選挙（定数六〇名）が行われた。自由党は二七名で県議会第一党となったが、知事選を反川口で闘った野党側は民主一九名、社会七名、国民協同一名、無所属六名の計三三名であり、川口県政は少数与党で出発となったのである。

（2）県議会少数与党と二人副知事制の採用

五月二十二日に自由、民主、社会の三党は県議会議長室で役員選出の交渉委員会を開き、まず副知事二名を出すことで意見が一致した。第一副知事は自由党、第二副知事は民主党から出すことになった。出納長は各党協議して選出することに決定。正副議長は慎重を期するため保留とし、再考することにした。社会党は副議長と副出納長のイスを要求した。監査委員は自由、民主両党から各一名選出することに話が纏《まと》まったのである。

五月二十七日に臨時の「民主県議会」（当時の新聞の表現）が開会した。議長選挙が上程されたが、堀越英次県議（自由）から「本件は慎重審議の必要があるから休憩して審議されたい」との緊急動議が出て、休憩となった。各党は交渉委員会を続開し、佐川四郎県議（民主）から「副知事を一名として、社会党と協議して人選することになるならば、議長は自由党に譲ってもよい」との意見があったが、自由党の反対が強く纏まらなかった。金瀬俊雄県議（社会）から「議長一年交替制」が提案され、その提案を自由、民主両党は夫々《それぞれ》秘密会で協議し、再び交渉委員会に臨んだが議論百出であった。漸《ようや》く最初の議長は逆井隆二（自由）、副議長は萩原村次（民主）に、副知事は自由、民主両党から各一名推薦する、出納長は県職組の意向を斟酌《しんしゃく》して各派推薦による者に、副出納長は社会党に一任、監査委員は社会党と無所属の中から一名選出することに纏まり、午後五時一五分に本会議が再開となって、満場一致で逆井、萩原が正副議長に決まったのである。

県議会第二日の五月二十九日は一旦休憩して各派交渉委員会を開いたが、副知事候補である民主党推薦の青木泰助には反対が強く、秋山博前経済部長へ推薦を換えたけれども、決まらなかった。自由党は石橋信を副知事にする案に固執し、臨時県議会を延長して交渉を繰り返したが、折り合いがつかず、副知事、出納長等は通常県議会まで持ち越しとなったのである。(8)

六月二十四日に通常県議会が開会となり、本会議に先立ち、副知事問題で各派代表は「知事と民主党の代表によって決定した者は自由、社会、無所属はこれを支持する」ことに合意した。ところが川口知事は「現在の難局を乗り切るためには石橋以外に人物はいない」と譲らず、民主党側は「石橋以外の者でなければ絶対に妥協出来ない」とし、妥協点に達するまで議案として上程しないことになり、通常県議会も会期延長となってしまった。何故、副知事が決まらなかったのか。その原因は知事が政党から離脱し、中立的になって県政運営をすべきであったのに、政党から離脱せず、その党の幹事長であり、しかも知事選当時の自己の参謀を副知事に迎えることに固執したところにあったのである。

知事が石橋案を翻意する姿勢を見せたので、自由党側は三谷重忠総務部長を挙げ、民主党に意向を求めた。民主党も「知事が完全に石橋氏を断念するなら、反対はしない」とした。しかし六月三十日午前中に知事は各派を歴訪、再び石橋推薦を懇請したことから、空気が一変し、民主、社会、無所属の三派は結束を強め、午後四時から合同協議を行った。民主党は人選で織田元県経済部長、荒木和歌山県総務部長、加瀬銚子市長を候補者に挙げ、織田を第一候補としたが、社会、無所属は「知事と同調は困難」と反対し、三谷が再浮上した。無所属はそれに同意したが、社会党は「県職組と部課長が反対している」と云ったので消えてしまった。そこで民主党は柴田等《ひとし》東京都物価庁次長を出したのである。社会、無所属は同意したが、自由党は「知事に一任しである」と賛否に触れず、「川口知事と交渉して欲しい」との回答であった。

七月一日夜七時から開いた各派交渉委員会でやっと話が纏まり、副知事に民主党推薦の柴田等、出納長も同党推薦の坂本官蔵、副出納長は日置理一郎県議会会計課長、監査委員勝田友三郎県議（自由）、篠崎長次県議（社会）、出納検査立会人には伊藤與市県議（民主）、寺光教信《てらみつきょうしん》（無所属）、都市計画委員には吉原鉄治県議（自由）が決まったので、午後八時四〇分過ぎから本会議を開会、満場一致で承認となったのである。

柴田副知事は宮崎県出身、一九二八年（昭和三）京大農学部卒業、同年高文合格、一九三一年（昭和六）農林省を皮切りに、石川県、農林省を経てハノイ、サイゴン各領事を歴任、一九四六年（昭和二十一）十一月帰還して物価庁第二部工業食品課長となった人であった。(9)

五月から約二か月もかかって漸く柴田副知事は決まったが、副知事は二名と決めていたので、もう一名を誰にするか、まだ問題は半分しか解決していなかったのである。

九月二十六日に石橋信自由党県支部幹事長は片岡伊三郎支部長に辞表を提出した。表向きは副知事問題混乱の責任を取るものとしていたが、裏面では再び副知事候補に登場するための準備と見られていた。十月四日の記者会見で川口知事は「六日からの臨時県議会に副知事候補を提案する、私が政党を基盤にしている以上は、形式だけでも政党的な振合いは考えなければならない」とし、候補者については「たなざらしになっている人がいる」と石橋候補に拘《こだわ》るところを見せたのである。

十月六日の県議会は午前中に本会議が開かれず、午後一時過ぎから始められた各派交渉委員会では副知事問題に入れず、肚《はら》の探り合いであった。知事はどうしても臨時県議会で石橋副知事案を通そうとしていた。何故なら国民協同の一名と無所属の中に賛成する動きがあり、本会議で賛否をとれば、多数となる可能性が出てきていたので、知事は逆井議長に「撤回の意志はない」と強い決意を洩らしていたのである。この事態に対して県職組は「副知事二名の設置は有害無益である」との声明を発していた。

臨時県議会二日目の七日に水害対策の予算が可決され、次いで副知事問題に入ったが、民主党では副知事問題が上程された場合は、直ちに退場することを申し合わせていた。また社会党は独自の立場をとっていた。しかし上程と同時に民主、社会、無所属の三派は一斉に退場した。逆井議長は県議会事務局員と手分けして、予め用意していた出席催告状を退場議員に手渡そうとしたが、受け取りを拒否され、野党三派は全員欠席した。残った自由党議員と国民協同議員一名の計二八名で五時半から再び本会議に移り、石橋信を副知事に決定して散会したのである。逆井議長は地方自治法第一一三条（出席議員が定数を欠き、議長において出席を催告しても、なお半数に達しない時、若しくは半数に達しても、その後半数に達しなくなった時）の措置を行ったのである。

石橋副知事は香取郡米沢村（香取市）出身、小学校卒業後、代用教員から準訓導になり、一九一二年（大正一）警官に転じ、千葉県巡査として佐倉警察署に勤務、文官普通試験に合格し、一九一七年（大正六）千葉県警部となる、一九二三年（大正十二）弁護士試験合格、一九二八年（昭和三）から一九三二年（昭和七）まで県議に当選、以後東京に法律事務所を開き、当時弁護士稼業をしていた人であった(10)。

十月十三日に施行した安房郡県議補選では杉野竹松候補（自由）が二万一六二九票で民主、共産の二候補を破って当選した。野党二候補の得票合計は二万一六八九票、当選者より六〇票上回っており、また投票率が四五・八％の低調さであったので、自由党が圧勝したわけではなかった。しかしこの選挙結果で県議会分野は自由二八、民主一九、社会八、無所属四、国民協同一となった。自由党はまだ過半数を獲得した訳ではなかったが、国民協同の栗原幸次郎と無所属の藤川巳之助、鹿間庸之助、寺光教信の三名が石橋副知事案支持の覚書を約していたと云われ、この内から三名の抱き込みに成功すれば、県議会で絶対多数を維持出来る情勢が生まれたのである。

民主、社会の両党は十月二十八日に逆井議長の措置は「地方自治法第一一三条の適用違反であり、石橋副知事事案の採決は無効である」と千葉地裁に提訴し、また「石橋副知事を県議会で答弁させない」との通告を行った。さらに無所属県議に同調を求めた。しかし無所属県議は要請を拒絶し、①民主、社会両党は大乗的見地に立って訴訟を取り下げる、②当面の責任者である逆井議長は引責辞職する、③議長は民主党に譲るとの三点を主とした声明を発表したのである。(11)

県では副知事の分掌は第一副知事を石橋信とし、総務、土木、教育を所管する、第二副知事は柴田等として経済、農地、衛生、民生を所管する、警察は両副知事が協同で管轄する。また両副知事と出納長を中心とする企画室を立案すると発表した。土田昇県議(社会)は「我々が認める柴田氏が従で、認めていない石橋氏が主である」と十月県議会で発言していたが、それをはっきり裏付けたものであった。

一九四八年(昭和二十三)一月に入り、中央の保守政党に起こっていた新党運動に呼応して佐川四郎(民主)、郡司幸太郎(自由)柴弘志(民主)、浮谷元吉(自由)、藤川巳之助(無所属)が発起人となる少壮議員団が結成された。この県議会新党は社会党系県議の参加を拒み、純然たる保守新党として政策を掲げるとしていたが、「石橋知事実現を目指す石橋新党ではないか」と見られていた。また川口知事は「県民の総意を代表して県議会が要求するのであれば、辞職してもよい」と県政への熱意喪失を示し、石橋禅譲を隠さなかったのである。

中央政局の動向は自由党、民主党にも影響し、自由党、民主党の接近となって現れた。一月二十六日に自由、民主両党幹部間で会合が行われ、自由党側は知事、支部長から「今回の措置に遺憾の意を表明する」と連絡があった。そこで二月一日午後に知事公舎に知事、両副知事、正副議長が出席し、自由党から片岡支部長、吉原、宮内両県議、民主党から福地、秋山両県議が出席して両党の正式会談が行われたのである。席上知事が遺憾の意を表し、両党は妥協することで合意した。民主党の福地幹事長は「川口県政を鵜呑みに支持することはない、提訴問題で協定の社会党を弊履《へいり》の如く捨てることはない」と二月六日の民主党県議総会で経過報告を行っていたが、社会党が「蚊帳の外」に置かれていたことは隠しようがなかった。二月十九日に民主、社会、無所属の三派は訴訟取り下げを行うことで合意した。小林啓善千葉新聞代表取締役と無所属四名の県議は与野党妥協の斡旋役を引き受け、三月八日午後四時から知事公舎で与野党代表が集まり、石橋副知事問題の正式手打ちが行われた。そしてこの会談を契機に逆井、萩原正副議長は三月十九日に辞表を提出したのである。

中央では三月十五日に自由党に民主党の幣原《しではら》派が合流して民主自由党（民自党、総裁吉田茂元首相）を結成し、四月八日には民自党県支部結成大会を千葉市で開催した。民主党から田中豊、成島憲子両代議士、県議では国協の栗原、民主党の佐川、無所属の藤川、鹿間が入党した。県議会では遂に民自党が絶対多数となったのである。

（3）乱脈県政と県監査委員会の活動

川口県政が本格的施策を展開するのは一九四八年（昭和二十三）に入ってからである。まず機構改革では四月一日に農林部の発足となり、七部制から八部制となった。新農林部長には多賀芳郎農務課長が昇格し、経済部長には坂本義照民生部長、民生部長には鈴木斗人経済部長が就任となった。これによって従来の経済部が農林部と経済部に分かれ、また民生部に属していた職業課、労政課が新経済部に移管され、農林部は農務、食糧、畜産、水産、蚕糸、林務の六課、経済部は商工、職業、労政の三課となったのである。[12]

「郵便ポスト的存在で、権限を持たない地方事務所」は廃止すべきとの声が出ていたが、県総務部は他府県の例も参考に権限委譲して残存させることにし、県議会では石橋副知事が「現在の機構では機能を発揮することは出来ないが、これを廃止することは困難で、全地方民に迷惑をかけるから、権限を拡大して存続したい」と答弁していた。また四月七日の地方事務所長会議では権限委譲について五一七項目の要望事項が出されていたのである。

この四月一日付の人事異動には三月に発覚した農林省の一九四八年供米督励費問題が関係していたのである。農林省は一九四七年（昭和二十二）十一月二十六日付で千葉県に対し、主要食糧集荷に関する委託費用（いわゆる供米督励費）として二二二万八〇〇〇円の交付を指令し、このうち一九九万円は十二月二十二日頃に小切手で交付した。ところが県はこれを一般歳入以外のものであるとの証明書を発行して、十二月二十四日に現金で受領し、鈴木斗人経済部長の個人名義で銀行預金を行い、順次引き出して供米関係費途に充てていた。しかしこのことは県監査委員が調査に動き出すまで出納長、会計課長にも知らせていなかったのである。一九四六年、四七年の督励費はいずれも会計課を経由していた。白井食糧課長は「供米督励費は原則として予算外で扱ってよい性質のものだと了解している。一昨年度と昨年度は農林省からの割当だけでは不十分だったので、県費を貰う都合上予算に乗せた、本年も県費を貰う予定にしていたが、通知を受けたのが十二月末で十二月県議会に間に合わなかった」と弁明した。しかし篠崎長次監査委員は「指令は十一月二十六日である、十二月県議会に図ることができた筈で、さらに一月二十六日には県議会全員協議会も開かれている。専決処分で処理したなら、次の県議会に承認を求むべきだが、質問があるまでほおかむりしていた」と追及し、「十二月二十七日に九五万円を払い出し、知事、副知事、経済部長等が分けている、この時知事等はまだ一度も督励に歩いていない筈だ、町村に出したのは二月二日で、本当に草鞋《わらじ》履き徹夜で歩いた人たちにはまだ金が届いていない、県首脳部だけが督励に行かぬ先に金を受け取る、道義上の責任を感ずべきだ」と指摘していたのである。

供出関係者への謝金二六万九〇〇〇円の内訳は川口知事一万五〇〇〇円、石橋、柴田両副知事各一万円、鈴木斗人経済部長一万円、白井食糧課長一万円、佐藤総務部長五〇〇〇円、坂本出納長五〇〇〇円、食糧課員（最低給仕八〇〇円から最高事務官の技師一万五〇〇〇円）、地方事務所一か所平均二万五〇〇〇円、各食糧事務所長、支所長平均一五〇〇円であった。なお坂本出納長への五〇〇〇円は事件が明るみに出てから手渡されたものであった。また全く供出と無関係の永田前千葉地方事務所長への記念品代（二〇〇〇円）にまで流用されていたのである。

三月十五日の県議会各派交流会に出席した鈴木経済部長は「督励費は年末でもあり、激励と慰労の意味から独断で処分した」と説明した。この問題には県職組も起ち上がり、山口尚《たかし》委員長は十六日に知事と会見し、①当面の責任者として鈴木経済部長、白井食糧課長の罷免、②食糧課上席吏員の配置転換を要求した。知事は「ご希望に添うように考慮する」と約束した。ところが食糧調整委員会では両名の留任を望んでいたので、二十二日に山口委員長と二宮金蔵書記長が再び知事と会見し、鈴木、白井両名の責任を追及すると、知事は「県議会各派の交渉会との話し合い及び食糧調整委員会の意向もあり、県職組にのみ自分の考えを語ることは出来ない」と答え、物別れとなったのである。しかし県職組では引き続き「知事の監督責任及び鈴木、白井両名の直接責任」を追及した。そして二十七日に知事は県職組の最後的回答要求に対し「農林部設置の際において最も妥当と信ずる措置を講ずる、鈴木部長を新農林部長にすることは行わない」との回答をした。県職組も「知事の言を信じ、責任ある処置を見守るものである」との声明を発して回答を受け入れたのである。また県監査委員会報告は供米督励費以外に県の補助金を取り返しては宴会費用に充てていた事実を明らかにしていた。例えば一九四七年（昭和二十二）五月八日に米麦管理施設費補助金として県農業会へ二二万一七四〇円を交付、そのうち七万円を食糧営団へ回し、それまでに借りていた営団からの借金約五万円の返済に充て、残りを宴会費として飲食に費消したこと等であり、一九四六年（昭和二十一）十二月から一九四七年十二月まで五回、約九万円に及んでいたことを明らかにしていた。この監査委員会報告は三月十六日の県議会本会議に報告され、逆井議長は「今回の取り扱いは遺憾であり、再びこのような過ちを繰り返さないよう県当局に戒告する」と発表したのである。(13)

県監査委員会では県の地方末端機関をはじめ各地方団体や県民の県政に対する声を聞き、監査の参考に資するため、勝田友三郎、市川得三両委員の第一班、斉藤、篠崎長次両委員の第二班に分かれ、五月十七日から地方事務所毎に「県政批判懇談会」を開催した。この県政批判懇談会は忌憚ない県民の批判を仰ぐため、県当局からの出席者は一人もなく、各地で建設的な意見が続出した。出された意見は大別すると、①遅配、欠配の具体的解決は県当局の責任である、②耕作農民の実態をよく把握して生きた手を打って欲しい、③戦争で大きな痛手を受けた人々に対する更生施設を強化して欲しい、④新制度下における教育問題、⑤官吏に対す吏道刷新を求める等であった。このように県監査委員会の活動には見るべきものがあったのである。

一九四八年度（昭和二十三）の県予算は五四・三％が人件費に占められおり、「このままでは県財政は立直れない、行政整理を行って合理化すべきである」との意見が強くなったので、県では行政刷新審議会を設置し、機構改革の委員会（島田県議を委員長に石橋副知事、坂本出納長、村田衛生部長、秋田君津地方事務所長、藤代吉郎県議、金瀬俊雄県議）と行政整理の委員会（伊藤與市県議を委員長に柴田副知事、佐藤総務部長、黒河内耕地課長、佐川四郎県議、竹沢平太県議、萩原村次県議）の二つの小委員会を設け、具体案を検討することにしたのである。

十一月五日の県行政刷新審議会では県衛生部の縮小をはじめ大幅な行政整理案が内定し、知事に具申して早急に実施する方針が決まった。また地方事務所の存続が問題となったが、現行の行政機構と切り離すことは困難との結論になり、存続が決定した。十一月二十九日に同審議会は行政整理の具体案を県当局に提議し、県はこれを基礎として行政整理と機構改革に乗り出すことになった。整理案の基準は一九四九年（昭和二十四）三月までに一九四八年十月三十一日段階の予算定員に対し、三割以上の定員整理を行うが、方法は自然退職を原則とし、不適格者は積極的に整理、現行二人制の副知事も一人にすることが望ましいと提言していたのである。(14)

（4）反動化する県政

川口知事は一九四八年九月のアイオン台風による農作物被害とそれに伴う供米割当補正問題で十月下旬から十一月中旬まで数度の上京と連日の会合で精魂を使い果たし、「老齢任に堪えない」ことを痛感して、数日間後事を石橋副知事に託し、熱海で静養せざるを得ない事態が生じていた。知事の側近者や秘書等は「参議院議員の方が本人のためによい」と参議院議員の転出を洩らしていた。また一九四九年一月の総選挙で知事は特に福井順一候補を意中の人物として当選を期していたが、次点で惜敗したことから、再び公舎で病気静養に入ってしまったのである。一方県職組は四八時間制反対と新給与六三〇七円ベースへの切り替えを要求していた。当時三七九一円ベースを千葉県だけが四五〇〇円ほど上回っており、知事自ら昇給を認めてきたものであったので、今更切り替え基準を引き下げることには理由がないと反対であった。知事はこの問題でも悩んでいたのである。

民自党代議士の中には知事に対し、婉曲に辞職を勧告した者もいたと云われ、民自党千葉県支部は定員一三名中一一名の代議士を占めたので、同党では「人を得れば、次期知事選で勝利を博する予測は十分ついた」としたことが、川口知事辞任説を急速に広めるものとなったのである。

三月初旬に「諸般の情勢から辞任説が出ているが」と記者会見で問われた知事は「現在のところ辞任する意思は毛頭ない」と否定した。しかし三月二十九日の民自党支部大会を前に辞任説は再び広まったのである。その根拠は既に任期の半分を過ぎたこと、年齢的に無理であること、有力な候補者が出来たこと等であった。知事候補者としては加納金助千葉市長、土屋俊三食糧営団支局長、井手成三前文部次官の名が挙がっていた。民自党県支部は知事辞任問題で四月一日夜に知事公舎で幹事会を開き、知事、石橋副知事、宇井孝、浮谷元吉両副幹事長、郡司幸太郎、中井両幹事、石崎輝治、宮内、吉原の三県議に片岡、竹尾弌《はじめ》両代議士が出席した。しかし結論は出なかった。翌二日には国会内で県選出代議士会が開かれ、代議士会としては「知事を慰留する」ことを決めた。また四月十二日に千葉市の牧野屋で開かれた民自党県支部県議総会では知事の進退が議論となり、「川口知事を強力に支持する」ことを決定して辞任説は打ち消しとなったのである。[15]

一九四八年（昭和二十三）から一九四九年（昭和二十四）にかけては国際的に冷戦が激化し、国内的には民主的風潮が後退し、インフレと増税が国民に襲いかかると云う戦後第一の反動期が訪れようとしていた。県民の生活安定に何ら具体的施策を示すことが出来ず、乱脈県政を繰り返していた川口県政は県民に背を向ける姿勢をはっきりと示したのである。まず三月十八日に県庁内に部屋を借りていた県労会議と日農県連に県は期限を付けた知事命令を発して立ち退きを請求した。県労会議はローカル・センターの役割を果たしてきた労働団体であり、また日農県連は農地改革をはじめ県内労農団体の中核として民主化運動を推進してきた団体であった。三月二十五日の期限が来ても応じないと見るや、二十六日午後三時半千葉地裁に仮処分を申請し、日置副出納長立ち合いで仮処分を執行し、強引に二団体を県庁から追い出したのである(16)。

中央で五月三十一日に行政機関職員定員法が公布となり、六月一日実施となったことから、財政負担に苦しんでいた県は具体的に行政整理案の検討に着手した。六月八日に中央で人事地方両課長会議が開かれ、整理基準が示されたので、それに基づいて七月から整理を始め、九月までに完了する方針であった。

県の定員条例は六月定例県議会に提案されたが、人事課では各部課と折衝を重ね、総理府通達による県予算定員が五六五三名、これに対し県の現員は四一三九名で、定員条例で予算定員の三割を縮小するとすれば一八二名が該当することになる。現業二割、非現業三割の政府の基準でゆくと、一〇〇名程度が整理の対象となる見込みであった。県は「極力出血を避けるため、整理基準等は作らず、自然退職によって整理を進めたい意向」と伝えられていたのである。

定員条例による人員整理の具体案は、条例定数四二一一名に対し現員四二六二名であり、定員超過は五一名で、これが整理の対象となるものであった。しかしこのうち一九名は既に退職希望があったので、残るは三二名であった。県は八月二十五日午後に剰員三一名の第一次整理分として山口尚委員長以下県職組執行委員八名に対し辞職を勧告した。県職組側では「理由を明らかにしないのでは応じない」と辞表の提出を拒否すると、県当局は一方的に解雇したのである。県職組側は直ちに川口知事と会見、辞職勧告理由の明示を要求したが、知事は「定員条例によったものである」としか答えなかった。県は六月県議会の定員条例制定の際の方針を変更したものであった。

県職組は二十六日に中央委員会を開催し、①馘首《かくしゅ》の理由を明確にさせ、反証を挙げてその不当を暴露する、②出血回避の要求を申し入れる、③団体交渉を強力に持つ、④不当馘首の辞令は拒否する、⑤第二次、三次整理の予想を徹底させる、⑥理事者の不正摘発の六項目を審議し、中央闘争委員会（執行部一三名、各部代表八名の二一名で構成）を設置した。二十九日には臨時大会を開催。「知事は行政整理を自然退職により時間的に解決し、実際の出血はないと公表した。然るに理由のない首切りを行った。これは組合弾圧の暴挙と云わざるを得ない。組合はその責任を糾明すると同時に、県民の公僕として憤然として起ち上がる」との声明書を発したのである。(17)

県当局は八月二十六日に県庁職員の動揺を鎮めようと「第二次整理は予定していない」と発表した。なおこの県職組の解雇撤回闘争については前掲『自治労千葉の三十五年』に簡潔に記述されているので譲ることにする。県当局は当初、解雇理由を明らかにしなかったが、追い詰められて「共産党の標識たる赤旗を掲げて、千葉市警察署に抗議に行った事実がある。さらに県庁屋上に青年部員を集め、《どん底のうた》を練習させ、娯楽を通じて共産党の同調者を作ろうとした」と主張し、本音を吐いたのである。この行政整理はレッド・パージを行うためのものであった。川口県政は県庁内に間借りしていた県労会議や日農県連を追い出しただけでなく、県政民主化の中核を担ってきた労働組合を弱体化させ、まさに民主勢力を県庁から追い出そうとしたのであった。

公安条例は公共の秩序を維持する名目で、集会・デモ等の規制・取締に関する地方公共団体が制定する条例であり、全国では一九四八年（昭和二十三）七月に大地震に襲われた福井市で最初に登場した。同年十月に大阪市で制定の「行進や集団示威運動規制」の条例が一つのモデルとなって、全国に動きが広がった。千葉県では一九四九年（昭和二十四）十二月県議会最終日の十二月二十一日に県側から提案があった。与党民自党内にも最終日の土壇場に至って突如提案するのは議会の審議権を無視するものだとして反対する議員もあり、足並みが揃わなかった。午後九時一七分に本会議開会となり、議案を可決し一旦休憩、この間に石橋副知事は民自党、民主党控室を訪れ、了解工作を行った。さらに一一時五〇分本会議を再開し、会期延長を行ってまた休憩、零時五三分に本会議で公安条例案が質疑に入ったのである。翌朝七時二五分に動議が出され、林議長が質問者一名を残して質疑を打ち切ったので揉みあいが始まりかけたが、結局野党側から川口知事不信任案が出されただけで、条例を四九名対九名の多数決で押し切って可決したのである。県政始まって以来の徹夜県議会であった。[18]

(5)「腐れ切った」県政の終焉

川口知事は県政の問題が山積みであるのに、しばしば知事辞任説が浮上した。一回目は一九四九年(昭和二十四)一月の病気によるものであった。二回目は一九五〇年(昭和二十五)三月に参院選地方区の候補選考問題の時である。

川口知事の参議院議員出馬は自由党(民自党は一九五〇年三月に改称)支部総会でしばしば正式に取り上げられ、党議では決定したものであったが、知事は「女房役の石橋、柴田両副知事を知事選で争わせたくない」と側近に語り、勝田同党支部幹事長も「後任知事に川口以上の人材を発見出来ない」と留任を望んでいた。[19] 三月二十四日に院内で開いた県選出自由党代議士会では川口知事の出馬と後任問題は同党県議団の意向を確かめることにし、結論が出なかった。翌二十五日に自由党県議団は総会を開き投票を行い、出席議員二二名中川口知事の参議院選出馬を可とするもの一三名、否とするもの八名、白票一名で出馬が本決まりとなった。しかし二十七日に川口知事は出馬を辞退し、知事留任となったのである。三回目は八月県議会の際に与党が県議会で原案修正の挙に出た際「これは自分に対する不信任と解されるので、重大な決意をしなければならない」と云った形で表現された。しかしこれも結局妥協に終わったのである。そして四回目が十月二十一日の辞任表明であった。県選出の自由党国会議員は臨時県議会を前に十月二十二日に熱海で会合を開き、数か月後に迫った知事問題を協議、引き続き月内に自由党県支部総務会を開き、この問題について決定的な方策を出そうとしていたのである。自由党では知事候補に林英一郎県議会議長と石橋信副知事が名乗りを挙げていた。当時自由党の党内事情は複雑で、公認候補決定問題で一歩誤れば党分裂を招くのではないかと危惧されていた。林、石橋両候補とも強気で、妥協による一本化は全く困難とされていた。また県選出の国会議員の間でも水田三喜男、片岡伊三郎、竹尾弌、渋谷雄太郎の各議員は石橋ライン、山村新治郎、田中豊、佐久間徹、小高熹郎、森暁、多田勇議員は林ラインと云われていた。さらに県議会関係では三三名の県議のうち林支持派が優勢と伝えられていたのである。したがって熱海会談で一応の線が出ても、総務会（国会議員、県議、各郡市代表で構成）で決選投票となれば、どんな結果になるか全く分からない党内情勢であった。

川口知事は十月二十日の朝に自動車で県庁を出発、二十二日の熱海会談に出席のため同地に赴いたのである。県選出の一七名の国会議員には早くから招待状が出されていたが、二十一日の出席者数ははっきりしなかったので、知事は二十二日の国会議員会に自らの辞職を求めようとしたのである。熱海会談は二十二日に鶴屋で開くことになっていたが、二十一日夜に競輪問題の協議を行い、引き続き県選出の国会議員会が開かれたが、知事辞任問題は取り上げず、改めて自由党県支部会議を開いて対策を決めることに決定して、各国会議員は二十二日朝には帰路についてしまった。なお会議には水田、片岡、佐久間、森、小高、多田、渋谷の七名の国会議員しか出席していなかったのである。熱海滞在中の川口知事は国会議員の大多数が知事辞職に反対していることを知り、これまでの態度を一応白紙に戻し、進退を党に一任することにした。知事がかように態度を決めたので、熱海会談は流会となったのである。[20]

川口知事は二十三日に帰県したが、同夜自由党幹事の佐川、藤代、服部、吉原、林、宇井の六県議宛に二十四日午前一一時知事公舎で県首脳と県議会自由党幹事の緊急合同会議を開きたい旨の打電を行い、県議会自由党幹部に対する辞任諒解工作を開始した。水田支部長は二十四日早朝から知事公舎に現れ、招電で駆け付けた幹事と会い、これまでの経緯を説明した。しかし川口知事の辞職が突然であったのと、何か裏面に含みがあるらしいとの噂から、事前の相談にあずからず、新聞で知ったことで怒りを示す幹事もいた。事態の深刻さを感じた水田支部長は片岡、多田両代議士と共に千葉市在住の県議を片端から知事公舎に招き「実は去る十二日知事から話があり、早めに実現してもらいたいとのことだった」と事情を明かして了解を求めた。次いで鶴岡幹事長が自由党県議の了解を求めるため午後二時に自由党控室での県議総会を招集したが、出席者が過半数に達しなかったので、県議総会は改めて定例県議会開会となる二十五日午前一一時から開くことにしたのである。

県議総会は遅れて正午から自由党控室で開かれ、水田支部長、片岡、山村、竹尾の四代議士が駆け付け、県議もほとんど出席であった。まず水田支部長が知事辞任申し出の経緯を報告し、「知事の健康状態から承認するのが至当だ」と主張した。これに対し留任を希望する者も多く、議場は騒然となり、一旦休憩、間もなく川口知事が現れて辞意を述べる挨拶を行った。これに対し竹尾代議士が「平地に波乱を起こすような評議は取りやめ、留任してもらいたい」と述べて退場、勝田県議も「数か月後の任期満了を待たずに辞職するのは了解に苦しむ」と述べ、意見は容易に纏まらず、県議会会議の合間に県議総会を再開、秘密会にして水田支部長が説得に努めた結果、午後四時に漸く満場一致で承認となったのである。川口知事は同日夕刻に林県議会議長に辞表を提出、議長はこれを開会中の県議会にはかり、可否同数となり議長の一票で正式に辞職が決まったのである。また川口知事が次期知事候補に推薦していた石橋副知事は知事辞職が承認される直前に突如辞表を提出した。[21]

当時の新聞は「機先を制す強引な筋書」と知事辞任を報じていたが、そもそも何故に任期半年も残して辞任したのであろうか。自由党は六月の参院選挙に川口知事の出馬を決めた。しかし知事は後任に石橋副知事を推したい意向であり、柴田副知事も立候補の意志のあることが明らかとなったので、自分の辞職で両副知事が争うのではと責任を感じ参院選立候補を断念したと伝えられた。以来柴田副知事は沈黙したが、これに対し石橋副知事は知事選挙の準備工作を開始し、一方林県議会議長も名乗りを挙げたのである。自由党内には二人の知事候補が現れることになったが、当初党幹部は石橋支持が強かったので放置したままであった。しかし林県議会議長の出馬が明らかになると、県議会内部には支持者が広まり、相当な勢力が形成されたのである。九月終わり頃には石橋、林両派の動きは活発となったが、それでも党幹部は一本化への動きを見せず、また纏め役も現れなかった。十月に入ると石橋派の選挙準備完了が伝えられ、林派も猛烈な攻勢を開始した。両派激突状況の中、当時「石橋が強引、水田がまた強引、お側役の片岡が水田に輪をかけた一本調子、これでは三人寄れば文殊の知恵どころか、ピストン全開で坂を降りるようなものになろう」と巷間に伝えられていたが、水田、片岡両代議士の石橋支持派は「任期満了を待たず、林派の不意を衝いて抜き打ち的にやれば勝てる」と計算し、この辞任劇を仕組んだのであった。

川口知事の在任三年半に対して、新聞は「数々の功績」として「機構改革、人事の刷新、印旛・手賀両沼干拓事業の推進、不漁対策、天然ガスの開発事業、観光事業に尽くした功績は大きい」としていた。しかしこれは去って行く者への「新聞辞令」に過ぎなかった(22)。

川口知事は県民の多くが望んだ公選制初代の知事であったが、最初の半年間を腹心で、知事選自らの選挙参謀であった石橋信弁護士の副知事登用問題に費やしてしまった。当時副知事は一人で充分であると云われていたのに、石橋を登用するために態々《わざわざ》二人制を採用したのである。しかし県議会の中にも反対があり、強引に与党単独で石橋副知事を実現させたのである。このように県民の利益優先でなく、自らの考えや利益を重視する県政では、県民への目配りが届かず、供米督励費問題に象徴されたように、乱脈な行政の展開となったのである。折しも時は世界的に冷戦が開始となり、占領軍の軍政も民主主義尊重よりも、反共主義を前面に押し出すように変化した。川口県政はこの風向きの変化に乗じて、古い保守主義を蘇らせようとしたのである。県内で戦後の民主化の先頭を走ってきた県労会議や日農県連の事務所を強制的に県庁から排除したことはその現れの一つであった。戦後県庁職員は天皇の公吏から県民の公僕に変わり、その中核として県職組に結集し、県政には積極的に意見表明や改善行動を起こしてきたが、その県職組の幹部をレッド・パージして、自らの反動性を明らかにしたのである。任期二年を過ぎると、四回も辞任説が流れるほどに県政への熱意を喪失させ、ひたすら腹心の石橋副知事へのバトンタッチに汲々としていたのである。「腐れきった三年間」と云う評価は決して的外れではなかったのである。

（四）地方自治をめぐる動き

（1）地方自治法制定と市町村財政

連合国総司令部（ＧＨＱ）は日本の民主化を命じたが、なかでも戦前から続いてきた地方行政体制は絶対主義体制の一翼を形成していたと見て、徹底した改革を求めた。地方自治は新憲法で保障されることになり、一九四七年（昭和二十二）四月に地方自治法の制定となった。主な改正点は、①知事、市町村長は住民の直接公選によって選任されることになった、②市町村の分合の許否は県の条例で決め、県議会が承認することになった、③今まで国の執行機関でやらないことは知事の権限で規則をつくって執行していたが、全部県条例として県議会の議決が必要となった、④県議会で調査を必要とする時は証人に対して出頭と記録の提出を求める、拒否した場合の罰則を制定することが出来る、⑤財政では年一回以上財政白書を発表して県民に報告する、⑥中央官庁の地方出先機関の設置は法律によらなければ出来なくなった等であった。即ち自治体は一定地域住民に責任を持つ地方政府へと性格を変えたのである。しかしこの分権的改革は極めて不徹底なものであったので、地方自治の権限拡張は名目だけに留まった状況であった。

千葉新聞六月十六日付の論説「地方財政と自治の確立」では、「国税の地方移譲並びに人件費負担の削減がはかられない限り、このままでは地方自治制の発展は見られないということになりはしないか」と警鐘を鳴らしていた。また地方自治確立の障害になっているものとして「顔役や名門の暗躍がある」とボス勢力の排撃を指摘し、「青年層が次第にボス勢力に吸い付けられ、漸次青年本来の純真性、情熱的な正義感を失いつつある現状」の克服策として公民館運動を提唱していた。公民館建設運動だけでなく、運動を通じて知的、文化的要素を地方の人々が高めることが地方自治を漸次改善するものであると主張していたことは注目すべきことであった[23]。

地方自治体の財政は、インフレの進行で膨張に膨張を重ねて、また六・三制の新学制採用、新警察制度の導入で困窮の一途を辿っていた。一九五〇年（昭和二十五）一月十七日に県町村長会は千葉市の県教育会館で地方税制確立と平衡交付金の増額を求める臨時大会を開催した。市町村財政は同年六月の地方税法不成立で税収ストップに陥り、五月十二日に交付された平衡交付金の県割当額二億三五〇六万余円で吏員の給料を支払う有様であり、このままでは義務費の支出その他で再び行き詰まりが明らかなことであったから、政府の第二の応急措置である預金部資金の借入希望が続出していたのである。

米ソ冷戦構造の強まりは、戦後改革を全般にわたって反動的に修正を行うものであったから、自治体の財政基盤が脆弱性を大きくし、多数の赤字団体を生み出した。そのため知事の市町村に対する権限が強化となり、大規模な市町村合併の推進が浮上することになったのである。

（2）県下初の町議会リコール成立

地方自治法施行後県下で初めて起こった匝瑳郡八日市場町の町議会リコール問題は認められた権利であったが、当時はまだ民主主義が十分に浸透していなかったことから、大きな問題となり、その成果如何によっては同町の将来を左右するだけでなく、各町村も他山の石として等閑視出来ないことであった。そこで経緯を明らかにしてみたい。

八日市場町は当時人口一万三〇〇〇人で、町議会議員定数二六名、町内は一四の区に分かれていた。新制の八日市場中学校は三学年九学級で男女生徒は四六四名であったが、まだ校舎がなく、小学校に同居であったから、講堂や物置、廊下が教室の役割をしていて、校舎の建設が切実に求められていたのである。

問題は、町議会が一九四八年（昭和二十三）二月七日に中学校建設の敷地を同町米倉区に決定し、十日には地鎮祭が行われたことにはじまる。ところが同町の籠部田《かごべた》、富谷、栄町、田町、東本町の五つの区（以下五区側）は六月十九日に町議会に対し、白紙還元を求める意見書の提出を行った。反対理由は、①一九四七年（昭和二十二）末に校舎敷地の第一候補は籠部田区、第二候補は同区の東端、第三候補が米倉区と決定したのを、多数町民の要望を裏切って米倉区に決定し町民を欺瞞したこと、②建設予算が膨大で町民が負担過重となること、③町議会は財産委員会の意見や町民の意向を無視し、一方的な決議を強行したことを挙げていたのである。しかし町議会側は同月二十二日に拒否し、「新制中学建設に関する経過報告」のビラを全町に配付したのであった。五区側は七月十一日に反駁《はんばく》ビラを全町に配付して対抗し、町議会解散のリコール運動を展開することになったのである。

リコール署名が有権者の三分の一であった一八三八名を超えて一九二七名となったので、五区側では九月二日に町選挙管理委員会に提出した。林英一郎町長は九月五日にリコール運動の効果を認め、全町に九月三十日に可否投票を行う告示を出すことにした。ところが一一二名の署名に不備が発見され、有権者の三分の一に二三名不足となって申請は却下となってしまい、第一次リコール請求運動は失敗に終わったのである。(24) 町政の混乱と冗費削減のためからリコールを避け、町議会議決を是認する町長や地井金治町議会議長等は十月七日に県地方課へリコール反対の陳情を行ったのである。第一次運動失敗の直後に林町長は「共産党や一部の策動にとらわれてこの運動をやることは賛成出来ない」と云い、また五区側のリーダーの斉藤弥重郎は「共産党は最初から排撃して居り、幹部に共産党員が入るなら、自分は手を引く（略）共産党や一部の策動にとらわれる様な心配はない」と主張して、反共主義を意識したものであった。

五区側は十月十七日午後七時から同町見徳寺で代表者会議を開き、各区から委員一〇名を選出し、二十三日に再度の代表者会議でリコール運動代表者として斉藤弥重郎（栄町）、片岡祐造（東本町）、林弁（田町）、斉田栄次郎（富谷）、大沢太郎（籠部田）を選び、第二次請求署名運動を開始することにしたのである。

十月二十四日には林町長が円満解決を求めて午後七時半から見徳寺で両派の妥協を図ったが纏まらなかった。

十一月十日に五区側の代表等は全町に声明書を配付して署名活動に入った。さらに千葉軍政部のマックミラーが十一月十二日に県立匝瑳高校で地方自治制度の講演を行って千葉軍政部が乗り出してきたが、それは「リコールを悪用してはならない」とし、反共主義と結びつけたものであった(25)。

十一月十六日夜に青年団は町役場で幹部会を開き、町政刷新青年同盟を組織して、五区側と結んでリコール推進に起ち上がったのである。同団幹部は十八日に林町長、五名の町議、リコール請求側代表五名等と会見し、従来の行き掛かりを捨て、白紙還元で問題を解明するよう妥協工作を行った。この動きに五区側は同日午後七時に見徳寺で代表者会議を開き、青年団の提案を承諾することにし、十一月二十三日までに町議会側の善処がない場合はリコールの推進を決めたのである。ところが町議会側では五区側と行動する者、リコール前に辞職しようとする者、白紙還元には賛成だが、他の点では譲歩せずとする者等に分かれて纏まらず、二十三日までの回答が難しい状態であった。さらに二十日には青年団の八支団（下富谷、福富、上出羽、下出羽、西本町、仲町、砂原、米倉）が青年団幹部は団規則に反する行動をとっていると批判し、絶対中立を主張する声明を発し、情勢が混沌となったのである。

十二月二日に町選管は提出されたリコール請求書の審査に入った。署名者二三〇〇名中二一名に捺印がなかったが、二一四二名の資格者を確認、有権者の三分の一の一九二七名を上回り、リコール署名成立であった。

一九四九年（昭和二十四）一月三十日に可否投票が実施されることになった。投票を前にして林町長は「投票が終わり次第進退を決する」との談話を出し、引責辞任することになった。投票は過半数を超え、町議会は解散となったのである。そしてリコール後の新町議選は三月三日に行われたが、新町議は前町議八名、元職一名、新人一七名、党派別では無所属二四名、社会党一名、共産党一名（いずれも新人）であった。リコール派八名、反リコール派一〇名、中立八名であり、中立派の動向が注目されるものであった。

林町長の辞職に伴う町長選が五月二十日に行われ、保守、革新の三候補の選挙戦となった。町議選でトップ当選を果たした革新派の新人磯部保（弁護士）が立候補し、投票数四四三七票中二二四二票（得票率五〇・五％）で当選したのである。(26)

八日市場町の中学校敷地問題は一九五〇年（昭和二十五）一月十四日に開かれた協議会で匝瑳高校第二グランド下の田畑合わせて七反歩の土地が提案され、満場一致で承認となり、一月十五日の町民大会でも敷地耕作者四名及び町民が全面的に協力を申し合わせたので、漸くここに建設の見通しが立ったのである。

県下で最初に町議会解散請求を行ったのは匝瑳郡八日市場町であったが、一九四八年（昭和二十三）には十二月に君津郡青堀町で町長に対して、また一九四九年には山武郡横芝町長に、東葛飾郡湖北村議会に、長生郡茂原町議会に、印旛郡栄村長にリコール請求の動きがあり、マスコミで「流行となったリコール」と称される程であった。しかし八日市場町のように署名運動の失敗にめげず、再運動を起こして成功させたところは他になかった。たしかに町議会は解散させたが、新町議選でリコール派は必ずしも勝利を確実にさせたものではなかった。リコール騒動の責任をとって辞職した町長選が勝負であった。リコール派は町議選でトップ当選を果たした人物を町長候補に立候補させ、遂に圧勝し、騒動の発端となった新制中学校建設問題を解決させたのである。八日市場町のリコール事件は憲法と地方自治法に基づいた住民の闘いの歩みを示したものだったのである。

（注）

（1）前掲県立図書館蔵「千葉新聞」一九四六年九月二十日付
（2）前掲県立図書館蔵「読売新聞千葉版」一九四七年五月四日付
（3）前掲県立図書館蔵　湯浅博『証言千葉県戦後史』一九八三年、崙書房、九九頁
（4）前掲県立図書館蔵「読売新聞千葉版」一九四九年四月月九日付
（5）前掲県立図書館蔵「読売新聞千葉版」一九四九年七月十五日付
（6）前掲県立図書館蔵「朝日新聞千葉版」一九四七年四月九日付
（7）前掲県立図書館蔵『自治労千葉の三十五年』、一九八四年、自治労千葉県本部、七五頁
（8）前掲県立図書館蔵「読売新聞千葉版」一九四七年五月三十日付
（9）前掲県立図書館蔵「読売新聞千葉版」一九四七年七月三日付
（10）前掲県立図書館蔵『千葉県議会史　議員名鑑』一九八五年、九二頁
（11）前掲県立図書館蔵「朝日新聞千葉版」一九四七年十一月一日付
（12）前掲県立図書館蔵「読売新聞千葉版一九四八年四月一日付
（13）前掲県立図書館蔵「朝日新聞千葉版」一九四八年三月十七日付
（14）前掲県立図書館蔵「読売新聞千葉版一九四九年十一月三十日付
（15）前掲県立図書館蔵「読売新聞千葉版一九五〇年四月十三日付
（16）前掲県立図書館蔵「読売新聞千葉版一九四九年三月二十七日付
（17）前掲県立図書館蔵「千葉新聞」一九四九年八月二十八日付
（18）前掲県立図書館蔵　山村一成論文「戦後地方政治の確立過程」三〇六頁

(19) 前掲県立図書館蔵「読売新聞千葉版」一九五〇年三月十二日付
(20) 前掲県立図書館蔵「千葉新聞」一九五〇年十月二十三日付
(21) 前掲県立図書館蔵「千葉新聞」一九五〇年十月二十六日付
(22) 前掲県立図書館蔵「千葉新聞」一九五〇年十月二十六日付
(23) 前掲県立図書館蔵「千葉新聞」一九四八年六月十五日付
(24) 前掲県立図書館蔵「毎日新聞千葉版」一九四八年九月十二日付
(25) 前掲県立図書館蔵「毎日新聞千葉版」一九四八年十一月十三日付
(26) 前掲県立図書館蔵「朝日新聞千葉版」一九四九年五月二十二日付

三、デフレ経済の深まり

(一) 主食の安定確保

(1) 供米と還元米

一九四六年（昭和二十一）度分の供米が完納したのは一九四七年（昭和二十二）四月十五日であり、同年度分は一九四八年（昭和二十三）三月三日に供出量九六万二〇石三斗八升を完納した。一九四八年度は一九四九年（昭和二十四）三月十日で、割当量九六万石に対し二〇石余の超過供出であったが、全国最下位の成績であった。

県では一九四七年三月には二二二〇名の農民に対して「悪農」として強権発動を断行した。日農県連では一九四八年（昭和二十三）二月二十八日に大会を開き、供米不振の打開には一層の努力をすることを条件に強権発動の時期の延期を県に申し入れていたが、県は三月末に第一次検挙を開始し、総検挙四二〇名、四月十日からの第二次検挙では四七八名を検挙していた。さらに一九四九年三月十二日からの県下一斉では供米未完納者六一二名のうち、検挙の対象となる七二名には取り調べを開始し、その他の者には「完納出来ない場合は検挙対象とする」との戒告を行っていた[1]。

そもそも何故、供米は不振となっていたのであろうか。三月十二日の県食糧課の調査では、①町村の責任者が怠慢である、②町村有力者が「今年の割当は過重だ、おれが減らしてやる」と放言し、村民もこれを信じて未だに割当を行っていないことによる供米阻害行為、③前年供米せずに済んでしまった者に対し、他の村民が非常に悪感情を持ち、供米熱を鈍らせている、④割当過重の声に供米しようとする者の声が押しつぶされている等が報告されていた。また県食糧課長は不振の原因を「昨年の干害による不作が意外に大きく、供米後農家の飯米不安が第一である」と語っていた。

供米を徴収する立場では、末端機構の責任や天候不順の原因を求め易いが、実際に納入する立場はどうであったのであろうか。日農県連では一月十八、九両日に挙行された県連大会の決定に基づいて十九日午後三時半から県庁に川口知事を訪ねて折衝を行い、知事から、①供米割当は町村毎に公開する、②超過供出は公開しない等の覚書を獲得していた。また三月十日に知事は農林省に「二十三年度の事前割当の数字は余りに多すぎて、県の実力では到底耐えられない、数字を修正しない限り、この割当を各町村に割り当てることは困難である」との決議文を手渡していたのである。

一九四八年一月二十三日に県供米督励班の第一日として川口知事は白井食糧課長と共に印旛郡弥富村（佐倉市）を振り出しに自動車で八街、冨里、安食《あじき》、永治、白井等の町村を回った。どこでも告げられたことは「供出完了その後の農家の飯米不足についてどうしてくれるか」と云うことであった。これに対して知事は「飯米に不足をきたすと云うことは今年の供出において農村の共通の問題である。割当はたしかに重い、しかしまず完納してもらいたい、その後に全力をもってこの問題解決に努力する」と答えていた。二月県議会でも「飯米を割って供出した農家に対する還元米の確保と還元米の格差（供出値で還元）を政府に要望する」決議が採択されていたのである。(2)

県下の還元米要求は三月六日の県食糧課が郡別に纏めた総計では五〇万石に近い数字で、九六万石の供出に対して相当大きな還元率であった。川口知事は柴田副知事を帯同して三月十六日に上京、農林省と交渉し、還元米四万石を確保した。「さきに二、三月分として還元された一万石と合わせて五万石となるが、還元米の全部の枠については末端町村の要求しているものを検討の上、資料を整理してさらに農林省と交渉に当たるとし、今回の分は最も逼迫している町村に配給するとしていたのである。

五月二十一日に地方事務所長会議が開かれ、還元米の割当が決められた。還元米は一九四七年（昭和二十二）十一月から一九四八年（昭和二十三）四月までに約七万石を農家に配給してきたが、これは過去三年間同期の配給量三万三〇〇〇石に比べて二倍以上となっており、例年より早く、しかも三月から高率に配給を始め、農民の不安一掃を期したにも拘わらず、出庫を渋る町村が続出したのである。このため県では不足飯米の配給量を五月分三万石、六月分四万石、七月分三万石と明確に概数を決めた。また八月から十月を第二段階とし一一万石前後としたのである。

日農県連は三月十一日に常任執行委員会を開き、県議会と各党に対し「農民は苦痛を耐えて供米を完納した、我々は農民を二年にわたりドンジリ供出の汚名と厳しい指令の発動をやむなきに至らしめた県当局の責任を追及、飯米確保に全精力を挙げ農民の生活を守るよう要望する」との要望書を出していたのである。

一九四九年（昭和二十四）三月は農家の飯米不足が深刻化し、毎日のように君津、市原、山武方面の陳情団が県に押し寄せていた。県下一七万六〇〇〇戸の農家のうち約一割の不完全農家の飯米に一九四九年度一万五〇〇〇石の枠が出来た。前年度は無計画に還元米を配給して、余裕のある農家も配給を受けたため、補充の効果を挙げなかったことが一九四九年度の還元米ストップとなった原因と云われていた。そこで県では飯米不足農家数を正確につかむため、市町村からの報告に頼らず、県が三月二十九日から抜き打ちに一斉調査を開始したのである。(3)

県では供出後の農家不足飯米について一か月余にわたり実地調査を行い、不足飯米を九万石と算定し、農林省食糧管理局に陳情することになったが、農民側とは倍以上の開きがあり、生産連や日農県連は不満を示していた。県では五月上旬に連日柴田副知事等が農林省を訪問し陳情を続けていたが、五月九日には柴田副知事が農林省の武田米麦課長と折衝を行った。県が九万石を主張したのに対し、農林省側は一万五〇〇〇石を譲らず、状況はかなり険悪となったと云われていたが、農林省側が譲歩し、ＧＨＱの承認を求めることになり、飯米問題に曙光が見えたのである。

(2)「幽霊人口」と輸入食糧の効果

配給機構は一九四七年（昭和二十二）十二月三十日に食糧管理法が改正となり、戦時中の一九四二年（昭和十七）に設置された食糧配給営団が廃止となって、新たに一九四八年（昭和二十三）二月二十一日に食糧公団が発足となった。そして食糧需給の好転と共に芋、雑穀等の統制が順次撤廃となり、一九四九年（昭和二十四）九月十二日から公団の民営化が図られ、まず県内では末端配給所の五つ（市川第三、第一七、千葉市検見川第一、八日市場、銚子市第五）が廃止され、市川食糧配給会社、検見川同、八日市場同、銚子同の四会社が設立され、配給所施設及び職員を吸収して会社経営による配給業務を開始した。新会社は米一俵につき市川七五円、検見川七〇円、八日市場六〇円、銚子七〇円の手数料を取って経営していくことになったのである。

県下の主食配給状況は、一九四七年七月段階で欠配は安房郡七浦村三十日を筆頭に、同郡西岬村二十二日、市川市十六日等であったが、県下平均では六・三五日であった。九月に県が割当てた早掘甘藷は八月分四〇万貫（一貫は三・七五キログラム）、九月分六〇〇万貫で、これで早場米の出回るまでの食いつなぎを予定したが、八月中の供出は旱害による発育不良から二五〇〇貫しかなかった。この甘藷供出不調のため遅配日数は増加し、九月五日段階で安房郡長尾村の四十四日を筆頭に県下平均十八・二日となって遅配の危機は深刻であった。[4]

一九四八年（昭和二十三）四月には早くも遅配が始まり、一四町村の遅配平均は二・七日であった。五月十日には遅欠配は三六市町村に広がった。七市で遅配のないのは館山、木更津、松戸の三市であった。その原因について食糧公団では還元米配給に絡んで出庫拒否が多くなったことを挙げていた。五月二十日には十日以上の遅配市町村が一三となっていたのである。八月には遅配は四市六三町村に及び、不足量は米換算で九六八四石、平均一・三日の遅配であった。十一月でも遅配は八町村あって解消しなかったのである。

第三回目の輸入食糧放出が一九四七年（昭和二十二）七月七日に許可となった。トウモロコシ五五〇トン、小麦粉九五〇トン、見返り貯蔵米一三〇〇トンの合計二八〇〇トンであった。この放出物資は上半期に必要とした食糧分の三万五六〇〇石に相当するものであったが、一万六〇〇〇石足らなかった。食糧営団では不足分は手持ち食糧と新麦、馬鈴薯の早期供出で補うことにしたが、上半期中の三日間の欠配は免れなかったのである。

ＧＨＱの千葉県に対する輸入食糧の放出許可は、一九四七年米穀年度（一九四七年十一月から四八年十月まで）では十二月六〇〇トン、一月二四〇〇トン、二月一五〇〇トン、三月二〇八〇トンの計六五八〇トンであったが、これは前年同期が二月一五〇〇トンだけにとどまったことと比すると、大幅な増加であった。この放出に伴い、身替貯蔵米として一月三三〇〇トン、二月二七〇〇トン、三月十五日まで分九〇〇トンの計六九〇〇トンが食い入れの指令を受け、七月以降にそっくり凍結米として配給されることになった。このため前年の端境期《はざかいき》に市川市その他で見られた粉食だけと云う苦境に陥ることが防止されたのである。

県は五月十日に国勢調査人口と主食受給の調査を行った。国勢調査人口二一一万一八六名に対する配給保有人口は二一六万六〇〇名で、その差は五万四一四名であった。このうち常住地不詳で配給台帳の登録者は九六三〇名であり、これが「幽霊人口」に相当するものであった。県防犯統計課の調査では八月一日から十五日までの不正受給総延べ人員は二四万一一一六名で、この「幽霊」が食べた主食食糧は米換算で一〇万四九〇六キログラムであった。[5]

印旛郡千代田町警察署は偽造の転出証明書を利用し、県下をはじめ東京、神奈川、栃木、群馬一都四県の食糧公団配給所から延べ「幽霊人口」二七万二〇九二名分を偽造、三年間で米換算九万三九八〇キログラム（一七八九俵）を不正受給していた自称土建業者三名を検挙し、五月十九日に身柄を送検していた。警察の度重なる取締にも拘わらず「幽霊人口」による不正受給はサッパリ減らず、県防犯課が四月二十日から六月十日までの取り調べの結果では、たった五〇日の取締りで検挙件数四一件、幽霊延べ人員三八万七三〇二名、食った数量二六二二俵であった。しかし実態は県下各地に数倍の「幽霊人口」が存在していると見られていたのである。[6]

農林省当局は一九四八年（昭和二十三）四月段階で「増産さえはっきりすれば、それを機会に馬鈴薯、甘藷等を主食の枠から切り離し、米麦二本立てにする準備」を始めた。十一月一日からは成人二合五勺（米一合は一五〇グラム、一勺は一五グラム）の配給は二合七勺に改められることになったが、農林省千葉食糧事務所横山業務課長は需給の見通しについて「米が十五日分、甘藷十日分、麦五日分ということだろう」と語っていたのである。一九四八年は農家人口一〇七万名中九五万名が転落農家として還元米の配給を受けたため、六月以降大恐慌を来たし、遅配、欠配が続出していたが、県では一九四八年米穀年度（一九四八年十一月から一九四九年十月まで）の食糧受給について「今後予想される農家不足飯米の還元と輸入食糧の入荷が順調にゆけば、まず去年のような遅配、欠配は生じない」との見通しを語っていたのである。

県食糧課の六月配給計画では米は二十日分となった。七月、八月、九月の米の端境期を迎えて農林省千葉食糧事務所の見通しは米五〇％、イモ五％、麦類四五％で、「主食の不安は全くなし」と見ており、一九五〇年

（昭和二十五）度の見通しは「一昨年、昨年は端境期の遅欠配は常識だったが、今年はそのような騒ぎもなく過ぎ、明年度もまずこの調子が続くものと見られ、食糧不足も一段落を告げた感がある」としていたのである。

（3）配給辞退の出現

食糧事情が好転する中で、新しい問題が起こった。それは受給者が馬鈴薯や甘藷の配給を辞退する傾向が現れたことであった。市原郡から出た貨車一三台分の馬鈴薯が茂原町で断られ、千葉市に持ってきたものの半分以上が腐っており、そのまま同市の澱粉工場に回されていた。この辞退者は県下各地に続出し、県食糧課、食糧公団等は頭をかかえ、多賀県農林部長は「ほとほと手を焼いた」とこぼしていたのである(7)。

一九四九年（昭和二十四）秋の甘藷配給数量は一一一八万貫で、消費者は九一〇万一一一二貫を四か月にわたり合計二十一日分の配給を受けることになっていたが、食糧事情の好転とヤミ価格の下落から各地で配給辞退が続出する傾向となった。食糧公団は十月三日までに報告された配給辞退の予定数値を木更津支所管内は辞退数量八万貫で二〇%、野田支所一一万貫、四五%、旭支所二万六千貫、一〇%、成東支所八万七千貫、五〇%、鴨川支所七万貫、三〇%、柏支所一三万貫、三五%、東金支所一三万貫、五〇%、小見川支所三万七千貫、二五%と見ていた。これは全国的現象であり、辞退は一九四八年（昭和二十三）八月から正式に認められるようになっていたが、デフレ経済の金詰りと共に辞退はますます増加し、一九四九年十一月一一〇トン、十二月三一二トン、一九五〇年（昭和二十五）一月一八五トン、二月二九一トンであった。県下の総配給量は一日四二〇トンであり、二月の辞退総量はその七〇%に当たるものであった。配給価格は米一升六三円に対し、ヤミ値七五ないし八〇円、麦一升は約六〇円に対し七〇円で、配給値とヤミ値がほとんど接近していたのである。二月分の辞退数量の内訳は内地米二七〇キログラム、麦類九二〇〇キログラム、小麦粉二二万六〇〇〇キログラム、麺類五万六〇〇〇キログラムで、米の辞退が少ないものであった。

(二) 農協誕生と第二次農地改革

(1) 農協の誕生

産業組合は戦時体制の下で農会と合併させられて、一九四三年(昭和十八)に戦時統制団体である農業会に再編成されていたが、戦後改革の一環として一九四七年(昭和二十二)十一月十九日に農業協同組合法(農協法)が制定されて農業会は解散となったのである。農協法の施行で旧農業会は同法施行から二か月以内に解散準備会を開き、資産処理委員会をつくって資産処理を八か月以内にしなければならなくなった。千葉県農業会解散準備総会は一九四八年(昭和二十三)二月七日に県立千葉中学校講堂で開かれ、資産処理委員会の委員を九名選出した。また市町村農業会も二月十一日段階で県下三一四市町村農業会のうち解散準備会を終了したものが二一〇であり、二月中に全部解散となった。ただ農業協同組合への移行に伴う資産分割処理はほとんど進捗していなかったのである[8]。

農協の設立状況は二月下旬以降軌道に乗って活発化し、全県的に設立準備総会を終え、三三〇組合誕生の予定のうち三二四組合が準備総会を完了し、九八%の進捗状況であった。県の正式認可を得た組合は四月五日の段階で二八九組合となり、全国一の進捗率となり、注視の的となっていた。

町村農協の設立状況が一段落したので、石井壱郎、池田滝治、柴弘志、堀越英次、庄司傳平等二四名を発起人として五月六日に県農業会で県農業協同組合連合会発起人会を開き、連合会設立の設計を決定した。県信用農協組連合会設立準備会は、五月二十一日に師範学校附属中学校講堂で開き、設立目論見書を満場一致で可決し、定款作成委員に石井壱郎(松丘農業会長)等一一名を選任し、設立総会は六月六日と決定した。しかし「信連設立に関しては事業連合会と同様に改正法の公布まで一時延期すべし」との農林省の指示で延期となった。そして七月五日に販売連は午前九時、購買連は午前一〇時、生産連は午前一一時、信用連は午後一時に千葉市の新制県立千葉高校講堂で創立総会を開催したのである。

かくして県農協は発足以来六か月で県下の単位組合五一八、会員一九万五〇〇〇名、これが各連合会に属して一〇連合会を構成、出資金及び積立金一億六四〇〇万円、貯金二七億五六〇〇万円と云う団体となったのである。

けれども農村のデフレ傾向で購買力が減退、貯金金利の減少等で設立間もない各町村農協の財政始動は不活発さを招き、連合会の貸出金が極めて多くなり、放任すれば崩壊の危機寸前に立つと云う事態に追い込まれ、成立間もない農協は再建活動に取り組まざるを得なかったのである。

(2) 第二次農地改革の進展

GHQは、一九四六年（昭和二十一）六月に対日理事会のイギリス案をベースに農地改革に対する勧告を日本政府に行い、この勧告に基づいて農地改革立法として農地調整法改正案と自作農創設特別措置法案が第九〇臨時帝国議会に提案され、これらの法案はほとんど無修正で十月二十一日公布となり、第二次農地改革の法的措置となったのである。第二次農地改革の主な点は、①在村地主保有限度は五ヘクタールから一挙に引き下げられ、自作地、貸付地合わせて本州では各都府県平均三ヘクタールを超える面積は買収となった、②政府が買収し、小作人に売り渡す直接方式であった、③農地の買収、売渡、紛争処理にあたる機関として市町村に小作五名、地主三名、自作農二名の比率で構成される農地委員会を設置した、④政府買収価格は水田が賃貸価格の四〇倍、畑は四八倍で、この価格は農地改革実施期間中据置であり、全国平均で水田一〇アール（一アールは一〇〇平方メートル）当たり七六〇円、畑四五〇円であった、⑤小作料は低額金納であったと云うように第一次改革案に比べて徹底したものであった。

第二次農地改革に伴う県下の解放面積については県農地委員会ではかねてから調査中であったが、一九四七年（昭和二十二）九月に四万七一四六町歩と纏まった。そして県農地委員会は十月二日に一万九三二一町四反歩の買収を承認した。これで十月買収を終えたが、買収面積は二万四四四〇町九反歩で目標の五二％であった。この段階で郡別に買収が最も進んでいた所は山武郡の八一％、最も成績の悪い所は君津郡で三二％であった。(9)

十二月二日の県農地委員会は、田八三八二町一反歩、畑六八五九町三反歩の十二月買収を承認した。これで買収合計は三万九八八七町七反歩で、買収予定面積五万三〇〇〇町歩の八六・五％を解放した。今回の買収反当り平均価格は田六六七円八六銭、畑三〇六円三二銭で、被買収地主は不在地主三五九一名、在村地主一万三七〇〇名であった。一九四八年（昭和二十三）二月二日の県農地委員会は三七八六町二反歩の二月買収を承認した。これで買収予定面積の九三・九％に達した。三月二日の県農地委員会は四九五一町七反五畝歩の三月買収計画を承認した。ついに予定面積の一〇四・五％となって、郡別成績では印旛郡の九六・八％以外は各郡何れも一〇〇％を突破したのである。前年三月から当年三月まで六回の買収が行われたが、買収成績は全国平均を上回るものであった。十二月三十日の県農地委員会は買収となった六万二五八一町歩と解放された国有地で管理換えの四一六三町歩を合わせて六万六七四四町歩が解放されたことを承認した。これは当初の解放見込み面積の一〇六％に当たるものであった。

一九四八年五月三十一日の県農地委員会は、二四四〇町六反歩の農地売渡を承認した。しかしこの面積は五月中の売渡目標の一三％でしかなかった。また同日までの売渡面積は二九一八町九反歩で、既買収面積の五％と云う不成績であった。県農地部では農地委員会と一体となって六月二日から八日まで一週間を督励期間に設定し、県下全町村にわたって猛運動を展開することにしたのである。

県農地課員、地方事務所員、県農地委員等一〇四名が六月二十五日から二十九日までの五日間県下を歩き回り、売渡の督励を行ったが、目標の七五％に達せず、六五％であった。七五％の達成が出来なければ辞職だと云っていた千代島農地課長も「最善を尽くした結果だからしようがない」と半ばあきらめていたと云う。

千葉軍政部では六月七日から一週間にわたって県内の視察を行い、千葉軍政部副官のロバートソン少佐は「農地改革は市部において小作人への売渡が遅々としていることに起因して不充分である」と語っていた。

川口知事は六月十日に県農地委員会、市町村農地委員会に対して「七月二日までに買収農地の七五％、八月末日までに全部を売り渡すこと」との諭告を発したのである。(10)

農林省では千葉県が農地売渡の成績で全国最下位であることから、六月末で七五％の達成を指令したが、期限内に達成が見られなかったので、その原因の報告を県に申し渡した。県では原因として、①封建的勢力が強いため、農地委員会の活動が不活発であった、②農繁期を控え関係委員や補助員が参加できなかった、③農地改革に対する認識が市町村当局に欠けていた、④県の指導が買収に重点を置いていた、⑤準備が事務的に進捗しなかった等を挙げていたのである。

千葉新聞が七月二十三日付の論説「農地売渡しの促進」中で農村の金詰りと買収の不徹底が原因としていたことは注目すべきことであった。

一九四八年（昭和二十三）十二月末までに農地買収面積は六万六七四五町歩、売渡面積は六万二六三〇町歩で第二次農地改革はほぼ完了となった。未墾地開拓関係は最初中央から一万一〇〇〇町歩の割り当てがあり、これを各市町村に割り当てて目的達成に努力し、民有地、国有地合わせて七四〇〇町歩を取得していた。農地政策の当面の目標は独立自営の中小農を育成強化することにあったので、農地改革の現状では当面の目標はほぼ達成したと見られた。しかし当然買収されるべき農地の買収漏洩、売渡の遅延、農地の買収代金は三億円以上であるが、支払い手続きの済んだものは六八〇〇万円しかなく、また売渡農地の代金徴収、所有権の移転登記も残っていたのであり、小作料の金納適正化、小作契約の文書化と共に第三次農地改革への課題となったのである。

（3）酪農復興と末広農場の買収

印旛郡富里村にあった総合種畜場末広農場は、三菱創設者岩崎弥太郎の長男で拓殖事業家であった岩崎久弥所有であり、当時国立種畜場以上の実績を挙げていたものであった。しかし農地解放と財閥解体の影響で岩崎家の所有が困難となった。同農場は自作農創設特別措置法で牧野として買収の対象となったが、用地一〇二町五反歩、施設地一七町五反歩、総建坪三一〇〇余坪で、事務所、住宅、豚舎、鶏舎、厩、肉加工場、屠場、澱粉工場等を備え、耕地二四町七反歩、山林五八町八反歩を有し、乳牛五頭、種豚四一頭、綿羊九頭、鶏一五〇〇羽、耕馬一五頭、役牛一頭を飼育していたものであった。この土地その他は合計三六万九五三五円で買収されることになったのである。

県ではこの末広農場に着目し、買収が実現した場合は北海道に次ぐ畜産県とうたわれる県畜産復興に寄与するものと期待されていたのである。そこで三月二十一日に地元の農地委員会の了解を得て、二十三日には農林省農政局と折衝した。二十五日には所有者、農場長との交渉を要求、二十七日には県議会総務委員八名が農場を視察し、四月になって県は農林省その他と三回折衝を重ねて、四月二十二日には県議会経済第一委員会の郡司、中沢、沢、土屋の各県議が農場を視察した。さらに二十七日には県議会代表委員が農場調査を行い、五月の農地委員会にかけたものであった。しかし地元富里村七栄《ななえ》の農家六〇戸から「農地増反のために解放せよ」と反対があり、持ち越しになっていたのであったが、五月二十九日に県農地委員会は買収することを可決したのである[11]。

県は当初予算に買収費を計上しながら九月になっても難航を続け、九月十三日に至って生産農協連合会から県農地委員会に対し「経営を任せて貰いたい」との陳情があった。陳情した斉藤生産連合会長は「農地法の建前から云って、県は買収出来ないはずだ」と語り、同農場の経営に強い意欲を示していたのである。県には県下に一六の県営農場があったが、十月二十一日に市原農場を除く一五農場を県生産農協連に払い下げることを決定した。この措置で県と生産連の末広農場争奪戦は十月二十七日に副知事室で開かれた県議会常任農林委員、県農地委員、生産連指導委員との協議で県営を承認することになり、十一月十八日の県農地委員会で正式に可決となったのである。これで解決かと思われたが、同農場の貸付事務一切は冨里村農地委員会に委嘱されており、同委員会は二月に委員長の改選があり、新委員長選出以来、以前から燻っていた内紛が表面化して委員会は機能不全に陥ってしまったのである。五月四日になって冨里村農地委員会は同農場四四町歩を県に貸与することを決議したので、漸く二年越しの紛争は解決したのである。

県は末広農場買収後の運営と峯岡、佐倉等の各所に分かれた種畜場、畜産試験施設等の在り方について五月十一日に副知事公舎で多賀農林部長、戸川農事試験場長、佐倉種畜場、峯岡種畜場、末広種畜場首脳部等が集まって協議し、GHQの指示に基づき県農事試験場一本に纏め、同試験場に農事、畜産の二部を設置し、畜産部の中心は末広農場とし、峯岡種畜場は農試畜産部分場、佐倉種畜場と遠山村綿羊場は末広農場に抱合となった。(12)

(三) 漁協の成立

(1) 県水産業会の解散

農業と同じく戦時中に統制団体である水産業会に統合されていた漁業会は、一九四八年(昭和二十三)十二月十五日に公布された水産業協同組合法に基づいて水産業会が廃止になり、新たに漁業協同組合が組織されることになった。漁協は戦前の漁業組合とは異なり、商人やその他の漁村の有力者には加入資格がなく、漁業を営む者と漁業経営に雇用される労働者だけで組織され、地先の沿岸漁場の利用方法はほぼ全面的に決定権限を持っている組織であった。

漁業会の解散総会の期限は一九四九年（昭和二十四）四月であったが、県下一一二の漁業会は着々解散準備を進め、四月十日までには八割が解散準備総会を完了する見通しであった。

県水産業会（県水）解散準備総会は四月十四日に千葉市の県水産会館で開かれ、資産処理に関する議題に入ると、白浜、姉崎、検見川の各漁業会が「県水は昭和二十二年九月資産処分整理についての省令が出る直前に千倉町の平館《へだて》冷凍設備を房総漁業会社に不当に安く売却している、その契約書を示せ」と詰め寄った。追及で当時の県水側安西直一会長と房総漁業山越大介社長の間で冷凍設備を一〇万円と云う安価で譲渡し、かつ工場の建物を無償で貸し付けていたことが判明した。県水幹部はほとんどが同会社の関係者で、当時山越社長は同会専務理事であり、自分たちのお手盛りでの処分であった。また小谷三之助副会長、篠田栄吉専務理事は同社の取締役に就任していたのである。解散準備総会に同席していた曽根県協同組合課長も「協同組合法及び省令の主旨からいっても、当時の譲渡契約は不当で、是正されるべきで、水産業会の資産は当然協組連合会の成立を待って引き渡されるべきである」とした。結局「平館冷凍工場設備一切は当時の譲渡価格で協組連合会に引き渡す」ことが総会決議となったのである。(13)

第二回解散準備総会が五月三十一日に千葉市の県水産会館で開かれ、第一回で問題となった千倉町平館冷蔵庫、小湊町製氷工場、東京出張所の不当処分等が次々に槍玉に挙げられ、役員側は提出した資産目録を強引に承認させようとしたが、理事間にも相違が生じ、議場が混乱した。「資産委員の公正な態度に一任する」との採決を行い、資産処理委員が選出されたのである。

（2）漁協成立と二つの県漁連

千葉県の漁協設立は他府県に比して遅れていて、設立予定一三〇組合であったが、一九四九年（昭和二十四）八月三日の段階で認可申請三二件のうち認可済みは木更津市久津間《くずま》組合他一四しかなかった。低調であった漁協結成は十月二十二日段階で認可一〇〇、創立総会終了二八、計一二八団体に達した。そこで十一月四日に千葉市の県水産会館で第一回県下漁協組合長会議を開催して連合会結成の下準備を行った。第二回会議は十一月十二日に同場所で開かれたが、内湾側の千葉、浦安、検見川等の組合長は「内湾だけで連合会をつくることにしたい」と主張した。これに対し外房側の千倉、和田等の代表は「単一連合体をつくるために再考してもらいたい」と要望、県当局も「県水産振興のため、連合会は一本に纏まって欲しい」と意向を明らかにしたが、折り合いがつかず物別れとなった。十一月中に三回の設立準備会を開いたが、内湾側の反対が強く、遂に外房側は十一月三十日に、内湾側は十二月三日に設立準備会を開くことになってしまい、ここに県下六万余名の漁民は内湾二万名、外房四万名と二分されることになったのである。纏まらなかった要因には、①今までの県水産業会では内湾業者（小晒網《こざらしあみ》、海苔）等の零細漁民の存在が等閑視されがちで、経営規模が小さいため、外房アグリ（揚繰網漁）、サバ漁、サンマ漁が莫大な融資を受けていたにも拘わらず、全然融資が認められなかった、また役員も会長は常に外房側に抑えられてしまっていた、そして県水産業会が解散期に際し、稀な乱脈ぶりを暴露したため、憤懣が頂点に達したこと、②内湾アグリ業者は常に外房アグリの圧迫を受けてきたこと、一九三八年（昭和十三）の岡水産課長時代に外房アグリが千葉市にまで侵入し、内湾アグリのみならず小晒網業まで煽《あお》られ、両者間は流血の惨事勃発寸前まで行き、やっと調停となった例があり、以来小規模な内湾漁民は常に外房業者に漁場を荒らされがちであること、③外房漁民と内湾漁民の気風が全く異なることの三点があったと云われていたのである。[14]

一九五〇年（昭和二十五）二月十五日は水産協同組合法が施行されて一周年であった。県下の漁協団体は総計一七三団体、そのうち漁協一三〇、水産加工協組三一、生産協組一、業種別組合六、漁協連合会三、加工協組二であった。

漁協では千葉市の水産会館内に同じく事務所を置きながら、県漁協組連合会（外房側会員八九団体）と内湾漁協組連合会（会員四一団体）に分かれていた。新漁協組は資本金が少なく、事業推進のガンになっていた。また旧漁業会の資産分割が進捗せず、処理が済んだのは一一二団体中二六団体に過ぎなかったのである。

改正漁業法は一九四九年（昭和二十四）十二月十五日に公布となった。漁業権は全部新法により政府に買い上げられ、一九五二年度（昭和二十七）までの二年間に再配分が行われることになった。漁業権が切替られる時までこれを保障する漁業権保障委員会、知事の任命で内水面漁場管理委員会が発足する。海区漁業調整委員会が漁民の選挙で六月から八月までの間で発足することになった。ちなみに千葉県の漁業権は専用漁業権一九二、定置一六二、区画二〇一、入漁権四二〇、他に三〇種以上の許可漁業約三〇〇〇件があった。また海区は四海区、東京湾東（富津以北）、房総西南（富津から洲崎）、房総東南（洲崎から太東岬）、九十九里浜（太東岬以北）に区分されたのである。

（四）ギャンブルの誘致

（1）県営競馬場の位置

戦後千葉県での地方競馬が最初に開催されたのは、一九四六年（昭和二十一）十一月十七日開幕の柏競馬である。これは一九四七年（昭和二十二）十一月も引き続き開催されたが、県馬匹組合連合会が主催してのものであった。ところが一九四八年（昭和二十三）七月十三日に競馬法が改正となり、新競馬法では独占禁止法の関係から地方競馬は各馬匹連合での経営が認められなくなり、都道府県営に移されることになった。そして競馬場の設置は北海道は六か所以内、都府県は各二か所以内の設置となったのである。

千葉県では柏町、千葉市、船橋市が名乗り挙げた。柏市は常磐線松戸、我孫子間の電化を利用し、既設の競馬場を関東一の県営競馬場にしたいと運動を起こした。千葉市は市議会を中心に戦災都市復興を掲げ、市内稲毛町の旧加藤製作所敷地二〇万坪への誘致を、また船橋市は市議会に誘致委員会をつくり、日本スポーツ社と提携して市内宮本町の海岸埋立地一一万坪への誘致を目指し、猛烈な誘致競争が起こったのである。[15]

県議会では二つの県営競馬場を選定するために七月二十八日に臨時県議会を開き、まず郡司幸太郎議員から「競馬場設置対策特別委員会を民自党五名、民主党三名、社会党二名の委員を以て設置したい、委員は議長の指名としたい」との動議があり、満場一致の賛成で、福地議長から江口七、石崎輝治、郡司幸太郎、林英一郎、堀越英次（以上民自党）、伊藤與市、萩原村次、青木弘（以上民主党）、元吉重成、寺光教信（社会党、無所属）の一〇名の指名があった。次に当時三〇〇万円の赤字を抱えていた柏競馬場を県馬匹連合会から継承することの有無が議論され、委員会は六対四で、本会議では三一対一四で否決した。有力候補であった柏競馬案は白紙となり、三者の競争はますます激化することになったのである。

県議会では十月十六日に招集された定例県議会最終日の十月二十日に全員協議会が開かれ、二か所連記の無記名投票が行われることになった。川口知事の意向は「千葉、船橋」であったと伝えられていたが、意外にも投票の結果は柏三二票、船橋二九票、千葉二八票となり、柏、船橋が県営競馬場予定地として本会議に上程されて、可決となったのである。

（2）柏競馬開催と船橋競馬、オート・レース場の建設

一九四九年（昭和二十四）五月二十五日の東京都競馬事務所で開かれた関東競馬組合総会は七月以降年末までの地方競馬開催日程を決めた。千葉県では県営は三回、市営は二回の開催となった。[16] また千葉市では柏競馬場を借りて市営競馬を行うことになった。これは県が市の開催権を代用するもので、県に執行を委任し、市としては会計面を担当するものであった。

県営船橋競馬場の建設は、九月七日に建設省から正式な建設認可があり、日本スポーツ社による着工を待つ

ばかりであったが、十月に日本スポーツ社が日活に吸収合併され、一九五〇年（昭和二十五）三月には会社解散が決まり、競馬場建設に着手出来ない事態になった。同社は既に競馬場建設資金として県下から株式募集で二〇〇〇万円を集めていたが、これを東京スポーツセンター建設資金に注ぎ込んでいると云う不明朗な状態であった。

堀久作日活社長は「新会社をつくって設立する」との意思表示を行ったので、船橋市競馬場建設委員会は「地元としては飽くまで市の面目の立つ条件を加味せぬ新会社は認めず、万一にも会社独自の方針で新会社を設立するのであれば、日本スポーツ社と手を切り、市直営の建設を行う」と云う強硬な方針を決定し、日活側に伝えたのである。しかし日活側では新会社による独自方針で進む気配が濃厚であった。十一月二十六日の市議会では「競馬場は市営によるべし」との決議案が附帯決議で可決となった。付帯決議では何等かの打開策を見付け、最善の努力をはらい、万策つきた時に市営を」と云うものであった。そこで市長以下地元建設委員と日本スポーツ側との折衝には川口知事、吉田京成社長、中村勝五郎の三者が仲介に立ち、十二月二日午後三時半から京成本社で行われた。午後五時過ぎに至り二つの妥協案に到達した。第一案は日本スポーツが二月一日の会社解散までに建設を行い、建設では県と市に協力する、第二案は市が直営し、そのためには敷地を提供すると云うものであった。

十二月三日に船橋市競馬場建設委員会は第一案の採用を決定した。そして同日夕刻に京成本社で契約調印の運びとなったが、土壇場で会社側から発起人の顔触れが決まってから調印したいとの申し入れがあって、再び決裂状態に陥った。十二月七日に松本市長、多賀県農林部長、斉藤同畜産課長の三名が日活本社で堀社長と会見し、新しく第二会社を創設し、日本スポーツから事業を継承して着工することで契約調印となった。多賀農林部長はその足で農林省競馬部長を訪ね了解を求めたのである。

十二月十三日に日活本社で発起人会が開かれ、堀日活社長、吉田京成社長、古荘千葉銀行頭取、中村庸一郎、川名保、斉田日本火災海上社長、柴田副知事、斉藤畜産課長等が出席、協議の結果、堀社長を発起人代表とする資本金五〇〇〇万円の新会社を創設した。新会社には田辺宗英後楽園スタジアム社長、正力松太郎川崎競馬社長、永田雅一大映社長も参加した。三月十二日には川崎競馬場に関係者が集まって建設契約が行われ、二年余にわたって揉めた船橋競馬場建設は六月十六日に起工式となったのである。[17]

県営船橋競馬第一回開催は八月二十日に行われた。国営中山競馬を凌ぐ関東三大競馬として華々しく登場した船橋競馬であったが、第一回の入場は意外に不入りで、千葉市営、松戸県営競輪に較べて三分の一に過ぎなかった。

第二回では一五〇万円の赤字であり、その一回、二回の赤字分を取り戻したのは十月開催の第三回目のことであった。県は船橋競馬場建設と併行して競馬場の内側にオート・レース（小型自動車競技）場をつくる計画を進めていた。ところが六月県議会で提案すると、柏町選出の松本清県議は「かねて柏競馬場を利用して小型自動車競技を実施する計画があり、既に県当局に対し、希望申し出をしているにも拘わらず、県は柏側に何の話もなく、船橋競馬場を目標にして計画を進めたのは不明朗、この計画には賛成出来ない」と反対を表明した。県は「開催場所については未だ正式決定を見たわけでなく、あながち船橋とは限らない、全国に先手を打って有利に実施するには、急を要するので、決議をこの県議会で挙げて欲しい」と要請した。本会議での決戦投票では二五対二三の際どいところで実施の決議となった。反対は社会、民主両党だけでなく、自由党内にもあったことが分かる。

八月八日に県小型自動車競争会（会長は式場隆三郎国府台病院長）へ通産省車両部から東京、山口と共に船橋に設置許可が下りたと通知があった。千葉県では船橋競馬場の内側を使用することに決まっていたので、九月下旬には全国に先駆けて第一回レースが行われるチャンスがあったのである。

小型自動車競技法の目的は競輪と同様に小型自動車の性能向上、品質の改善、海外宣伝、自動車工業の振興、そして地方財政の増収を図るところにあり、小型自動車競争は競馬、競輪と違って主催者が各都道府県と京都、大阪、横浜、神戸、名古屋の五大都市に限られたことであった[18]。

船橋競技場では十月二十九日から開幕となったが、県営競馬が予想に反して低調不振で、県営競馬の前途に懸念の声が上がっており、この赤字補填の起死回生策として期待がかけられていた面があったのである。

(3) 公営ギャンブルの主体・競輪の登場

① 千葉市営競輪の出現

一九四八年（昭和二十三）八月一日に自転車競技法が施行となった。戦災都市の復興と窮乏する地方財政の充足を目的としていた。競馬、オート・レースと共に競輪の登場であった。自転車競技法は議員立法であり、法案審議が開始されると各地で競輪場の設置を求める動きが活発となった。千葉県で県営競馬場設置に失敗した千葉市を筆頭に木更津、銚子、松戸、市川、館山、船橋の七市と野田、成田の二町が名乗りを上げ、自転車競技法では県営二か所、市営一か所であったので猛烈に誘致合戦を展開したのである。成田町では七月二十日に町商工会が中心となって四〇名の準備委員会を立ち上げ、委員長には萩原村次県議を推して、設置認可申請書提出の準備を始めた。しかし競輪場設置の候補地は成田町の囲護台か、町近郊地にするか絞り切れないでいた。

松戸市では財政一助として市内に総合グランドを兼ねた自転車競技場の新設を計画し、敷地を物色中であった。十月十二日に松戸市議会は競輪場誘致問題に関する協議会を開き、資金一〇〇〇万円を株式会社組織にして調達する、また敷地は市内上本郷の味の海工場設置予定地八〇〇〇坪を買収することにして、十月十三日には川口知事に請願を行ったのである。

千葉市では十一月二日に市議会全員協議会を開催、十月二十五日に市議会で選出された五名の競輪場設置委員会の提案である「敷地は市内荒木山公園に一万五〇〇〇坪、コース五〇〇メートル、観客収容人員一万人、総工費一四〇〇万円」とする設置案を全員一致で可決した。そして早速十一月四日川口知事に請願を行い、同八日には商工省へ設置認可申請書を提出した。(19) 十一月二十九日に商工省政務次官室で開かれた自転車競技法運営委員会は全国一八都市から申請された自転車競技場の設置を審議し、千葉市を指定市として設置を認めたが、他の一七市はいずれも不適当として却下したのである。

千葉市では競輪場設置促進のため、一九四九年（昭和二十四）一月二十九日に県自転車振興会と共同委員会を開いて、①競輪場建設工事を四月一杯に完了させる、②五月二十、二十一、二十二、二十七、二十八、二十九日の六日間に初競輪を開催する等を決め、商工省自転車競技場運営委員会に提出する書類を整えた。その後、商工省から正式認可があって、開催が本決まりとなったことから、県自転車振興会では管理の千葉市側の意向に基づいて六月十五日に理事会を開き、「千葉市営第一回千葉競輪」でデビューすることにし、開催日取りを第一節が七月三十、三十一、八月一日、第二節を八月五、六、七日の六日間と決定したのである。

ところが七月十一日に市議会競輪運営委員会が開かれて、①市に事業課を特設する、②振興会と市当局との連絡会議を週一回定期的に開いて競輪開催の最終的な結論を得るまで行う、③開催の正式な日取り変更は商工省の承認を待つとし、開催は延期となってしまったのである。

千葉市営競輪場建設予算は一九四八、四九年度分の継続事業であり、一九四八年（昭和二十三）十一月市議会で八〇〇万円が決議され、一九四九年度分は当初予算に六〇〇万円を見積もり、これで完成予定のところ、さらに工事費等の追加で六月市議会に四六〇万円を追加計上して建設予算総額は一八六〇万円になったのである。これに対する財源は一九四八年度分を市有財産費払いで充て、一九四九年度当初分は起債で、追加の四六〇万円は競輪特別会計から一般会計の繰入金としていたのである。しかし当時起債は未だに認可されておらず、競輪特別会計は第一回を六月から開催して、一九四九年度中に六回開き、それから上がる利益を一〇〇〇万円以上と見て、その利益の中からの繰入を見積もっていたのである。即ち合計一〇六〇万円の財源は架空のもので、諸種の事業費からの流用や銀行からの一時借入で間に合わせるものであった。このことは復興事業を遅延させることにつながり、予算流用が理事者の道義的責任となるものであったから、一部の市議や市民からの批判が起こったのである。しかし紆余曲折の上、一九四九年九月十六日に千葉県初の競輪である千葉市営競輪第一日を迎えたのであった。[20]

② 松戸県営競輪開催の経緯

一九四九年（昭和二十四）十二月県議会最終日に県は県営競輪場二か所の位置に松戸市と成田町を提案し、決定をみた。県議会可決を受けて松戸競輪株式会社は工事に着手したが、完成間近になって市農地委員会の承認がない工事を行っていたため、問題化していた。七月二十九日に突如、通産省から県に松戸の不許可通知が届いた。驚いた県は通産省機械局車両部に不許可の理由を問い質した。車両部では「松戸市の方は当方に許可の意思表示は勿論手続きもせず、勝手に農地五〇〇〇坪を潰して着工したのは一方的に過ぎる。もし含みを持たせるとすれば、農地問題が片付いたら考慮してもいいと云う程度だが、現在では以上の理由で不許可はやむを得ない」と含みのある回答であった。一方農林省農地部農地課は「三月初旬水田五〇〇〇坪を潰して着工したものに対して、四月八日に知事は農地調整法による許可書を交付している。これは明らかに農地調整法第四条違反を構成するばかりか、一九四八年（昭和二十三）十二月九日と一九四九年三月十六日の二回にわたって発した〝競馬、ゴルフ、競輪等娯楽施設のために農地を改廃することは、日本の現状から許可せぬ〟との次官通達にも抵触し、一九四八年二月四日の〝農調法違反者は厳重に処分せよ〟とのGHQ覚書の趣旨に照らしても判定は明瞭だ。農地局長の指示に基づく千葉県知事の六月三十日付の報告書では〝責任者を千葉地検松戸支部に農調法違反で告発し、農地復旧については関係者に指示した〟とのことだが、当方の既定方針に変わりはない」と強硬な対応であった。川口知事は「農地問題がまだ了解に至らないうちに工事に着手したことは遺憾で、やむを得ず告発の手続きをとった。しかしこれは競輪場の許可とは別問題だ。今更原形に復せと云われても、既に八〇〇万円からの工費を注ぎ込んでいるので、今後原形に復するには一〇〇〇万円以上かかるだろうから、県としても最善の努力を傾けて許可を得るようにしなければならない」と飽くまで推進の方針であった[21]。

競輪場不許可の問題は松戸市の関係者たちには寝耳に水のことで、八月一日に松戸市長、同競輪会社社長や常務等は出県し、「既に五〇〇万円の募集株金も使い果たしている、不許可となれば設備も取り毀し、株金払戻は不可能である。その上、反対陳情を行った一三名の市議と賛成市議の対立が起こり、市議会の紛糾が予想される」と善後策の打ち合わせを行っていたが、果たせるかな八月五日に発表となった全国二二か所の認可の中から松戸県営競輪場は除外となっていたのである。そもそも松戸市では一九四八年（昭和二十三）秋の臨時市議会で誘致実行委員会を立ち上げたが、誘致運動は市議会議事録にも記録されず、一九四九年（昭和二十四）一月の模擬競輪では、追加予算一一万五〇〇〇円が支出されたが、これを繞《めぐ》って一部株主間に責任糾明の声が挙がっていたのである。

松戸県営競輪場許可の風向きが悪くなったと云う情報を受けた成田町では、松戸市に代わって競輪場を設けようと運動を始め、特に政府が「三年間に全国二〇か所に許可を出す方針」と決定したことを知り、是非その中に入ろうと、寺島隆太郎代議士、勝田友三郎県議等の地元代表は七月二十九日に出県し、関係方面に陳情を行った。しかし設置場所を繞って運動内部で対立が解消せず、成田町への可能性は遠のいたのであった。

一時取消措置となって慌てた松戸県営競輪場問題であったが、懸案の農地問題に了解がつき、一九五〇年（昭和二十五）三月二十四日には通産省から県に正式許可の通知があり、同時に建設省から建築許可も下りたので、三月二十九日の臨時県議会に競輪特別会計二億二〇〇〇万円の予算案が提出となったのである。一年有余にわたって揉めた松戸県営競輪の開幕は四月二十日であり、三〇〇〇人の観衆が集まって行われたのである。

③ 全国的競輪停止の影響

四月二十日に開幕を迎えた松戸県営競輪では、五月二十四日に第四レースで八百長事件が起こり、全額払戻を行った。しかし今度は的中者が承知せず騒ぎが拡がったのである。通産省では二月五日の川崎競輪八百長騒動以来、各地で暴動が頻発したことから、二月二十八日に「今後八百長事件に関し、不正払戻を行った場合は、開催停止処分にする」との通達を厳達していたので、全国初の適用となる開催停止処分を受けたのである。(22)

ところが九月に鳴尾（兵庫県西宮市）競輪（今日の甲子園競輪）騒擾事件勃発を契機に相次ぐ競輪の暴動騒ぎが発生したことから、通産省内の一部から「競輪廃止、または全国的に一時停止せよ」との声が高くなり、競輪の前途が危うくなったのである。九月十二日の閣議で横尾龍通産相は競輪事件の報告を行い、続いて増田甲子七建設相や天野貞祐文部相は競輪の及ぼす社会風致上の悪影響や、これまでの経過から見て、競馬より比較的事件の発生が多く、一旦問題が起これば、放火、破壊、強奪等の悪質犯罪が行われ、また一部にこれを利用する煽動者も認められる旨を述べ、競輪の全国的停止の必要性を強調した。さらに他の閣僚も大体同意見であったと云う。この結果、競輪は全国的に停止される傾向が強まったのである。けれども当時地方財政にとっては競輪は重要な財源であったから、停止となれば致命的な痛手となるものであった。千葉市では九月十五日から六日間開催される「関東ダービー」を控え、既に宣伝費一五〇万円をかけ、六日間の車券売上一億五〇〇〇万円、収益一三〇〇万円を見込んでいた。千葉市では一九四九年（昭和二十四）九月に開場してから開催一一回、収益八二〇〇万円、一回平均六八〇万円を上げ、工事費を差し引いても純益三三〇〇万円で、この収益で戦災を受けた学校の復旧、市営住宅の建設等を行っていたので、「これが停止されると、今後の六・三制学校建築等に大影響だ」と小笹助役は頭を抱えていたのである。また松戸県営競輪場は四月から始まり、四、五月の両月を開催、五月は八百長騒ぎがあったため、六月開催予定の第三回は通産省から一か月の開催中止を命じられ、七月に四回目を行い、八月は松戸市営で開き、事実上の県営競輪は三回、純益は七〇〇〇万円であったが、施設費その他で七〇〇万円出費していたので、トントンであった。県の一九五〇年度（昭和二十五）の当初予算は同競輪特別会計からの繰入金一八〇六万円を計上、八月の定例県議会でさらに事業税収の減額修正による代わり財源として一〇二三万円の繰入増額を行ったので、合計二八三〇万円が県予算上の赤字であった。川口知事は「県営船橋競馬場が思わしくなく、赤字続きだったのを、松戸県営競輪で何とか埋め合わせしてきただけに、今後は大いに困る。競輪が停止されれば、県財政の赤字埋め合わせについては、今のところ見当がつかない」と悲観的であった(23)。

通産省では九月十三日の首脳部協議の結果、具体的改善案を作成の上、競輪は続行することに決定した。横尾通産相は競輪続行の理由を「競輪は法律によって決められているもので、軽々にこれを廃止することは出来ない。競輪場は各地方自治体によって相当な施設が造られており、これを廃止する場合には十分な対策を考え、施設に対しては、賠償を考えねばならない。今回の不祥事だけで直ちに全面的に廃止することは慎重に考慮しなければならぬ。問題が起こった場合には原因を研究し、施設の改善、環境の整備等をして対処することが必要である」と語った。また山本通産次官は「全国の競輪場を審査して再発足させる考えである。この場合も現行法では当局として全面的に出来ない面もあるので、自発的にやらせるよう強硬な手段をとる。この勧告に従わない不良競輪場は閉鎖ということになってもやむを得まい」と語っていたが、法律によって公営でギャンブルをしているものであり、国が責任を負うべきものを、地方に自発的にやらせる方針には首肯し難いものがあった。通産省の存続を前提とした対応に対して、天野文相は「競輪は倫理上由々しい問題である」として「私は今度の鳴尾の事件が起きたから競輪に反対したのではなく、以前から次のように語っていた。競輪はじめ宝くじのような一切の賭博的行為に絶対反対である。一体現在の社会生活で正しく働き、正しく生活することが大切であるのに、政府や大銀行が率先して一攫千金の賭博行為を奨励することは、国民を毒するも甚だしいことだ。これら一連の行為の先端を行くものが競輪である。このためどれだけ国民を堕落させたか、当事者は考えるべきだ。国民を堕落させた金で学校をはじめとする公共施設を作る等は本末転倒も甚だしく、正しい教育等が出来るものではない。その上人間を走らせて賭をする等と云うことは倫理上も由々しい問題である」と語っていたが、倫理学者であり、文相に相応しい発言であった。(24)

通産省は九月十四日に各地方通産局、競輪施行者、自転車振興会の代表者三〇〇名を招集して全国競輪連絡会議を開き、特に全国競輪場の設備を再審査し、設備の悪いものは十一月末日までに改修させることにした。それまでに改修しない場合は完成するまで開催を停止することにしたのである。この会議の決定を受けて千葉県では松戸県営競輪は九月から改善まで中止となった。千葉市営競輪は関東ダービーが開催中であったので、最終日の九月二十日まで続行し、その後改善を行う事にしたのである。ところが九月十八日夜一一時に通産省から「去る十五日の全国競輪施行者協議会の主旨により、競輪開催を直ちに自粛するよう希望する」旨の電報が千葉市に届いた。これは九月十二日に閣議で競輪廃止論が飛び出したが、通産省では閣議の強硬な廃止論に対して「地方財政に寄与する点があり、そう簡単には廃止出来来ぬ」として存続を決め、十五日の通産省、施行者協議会、振興会連合会の三者合同会議では「全国的に当分の間、自粛の意味で中止し、目下開催中の所はその期間中だけの開催を認める」とした通産省の二転三転措置の結果であった。そして自粛の主旨が徹底せず、京王閣、花月園のように直ちに中止した所もあったが、伊東、松山、別府、千葉は強行策に出ており、マチマチの状態であった。そこで通産省は十八日に緊急会議を開き、強行開催している五か所に自粛要望を突き付けたのである。

千葉市の小笹助役と平川自転車振興会事務局長は十九日朝八時に通産省に出頭し、首藤政務次官、森車両課長に面会した。そして関東ダービーの最終日まで続行させてもらいたと了解を求めたが「全国競輪界のため、大きな見地にたって直ちに中止されたい」との通告を受けたので、直ちに帰葉、午後二時から市と振興会の連合会議を開き、結局関東ダービーは第五日（十九日）をもって中止することに決定したのである。

全国一斉中止で揉めた競輪は九月二十一日の伊東競輪を最後に、当分の間、全国から姿を消すことになった。通産省では九月二十一日に参院地方行政委員会で首藤政務次官は「廃止する考えはない」と答弁し、競輪場施設の改修、自警力の強化等の緊急対策を推し進めることにしたのである。

千葉市営競輪委員会は九月二十八日に競輪場で開かれ、①十月中に施設を改善する、②今後競輪場はＡＢＣの三級に分けられるが、Ａ級かＢ級に入るように改善するとしたが、施設改善費は約五九五万円を要するものであった。社会党の篠崎委員から「競輪開催の見通しも不安定なのに多額の支出は早計だ」との異議が出されたので、市議会全員協議会で結論を出すことにした。また松戸県営競輪でも一〇〇〇万円の予算で通産省の勧告通りに施設を改善して続行すべきか意見が分かれた。施設を直さず、このまま廃止することになれば、現在七〇〇万円の借財の返済方法がたたなくなるので、一両日に重役会議を開いて最後の肚を決めることにしたのである。

千葉市議会全員協議会は九月二十九日に開催、検討の結果、工費八〇〇万円で建設改善工事の実施をきめ、引き続いて開催の市議会に上程し、予算案を可決した。そして十一月までに改修を実現することになったのである。

国警県本部防犯課では県下の国家地方警察、自治体警察各五九署に対し、一九五〇年（昭和二十五）一月以降賭博行為に伴う犯罪調査を行った。競輪、競馬の資金集めのための犯罪が四〇〇件（内検挙二〇〇件）、被害額は五〇〇〇万円に上がっていたことが判った。賭博犯罪の四割が競輪によるものであるとしていた。[25] 公営ギャンブルは地方財政の窮迫を補充するものではあったが、決して人々を幸せにしているものではなかったことを示していた。

（注）
（1）前掲県立図書館蔵「読売新聞千葉版」一九四九年三月十三日付
（2）前掲県立図書館蔵「読売新聞千葉版」一九四八年二月二十九日付
（3）前掲県立図書館蔵「千葉新聞」一九四九年三月三十日付
（4）前掲県立図書館蔵「読売新聞千葉版」一九四七年九月十一日付
（5）前掲県立図書館蔵「朝日新聞千葉版」一九四八年八月三十一日付
（6）前掲県立図書館蔵「千葉新聞」一九四九年六月十四日付
（7）前掲県立図書館蔵「朝日新聞千葉版」一九四九年七月十七日付
（8）前掲県立図書館蔵「千葉新聞」一九四八年三月十日付
（9）前掲県立図書館蔵「朝日新聞千葉版」一九四七年十月三日付
（10）前掲県立図書館蔵「千葉新聞」一九四八年六月十一日付
（11）前掲県立図書館蔵「千葉新聞」一九四八年五月二十三日付
（12）前掲県立図書館蔵「千葉新聞」一九四九年五月十二日付
（13）前掲県立図書館蔵「朝日新聞千葉版」一九四九年四月十五日付
（14）前掲県立図書館蔵「千葉新聞」一九四九年十一月二十三日付
（15）前掲県立図書館蔵「読売新聞千葉版」一九四八年七月六日付
（16）前掲県立図書館蔵「千葉新聞」一九四九年五月二十七日付
（17）前掲県立図書館蔵「読売新聞千葉版」一九五〇年六月十七日付
（18）前掲県立図書館蔵「千葉新聞」一九五〇年八月十日付
（19）前掲県立図書館蔵「千葉新聞」一九四八年十一月九日付

(20) 前掲県立図書館蔵「千葉新聞」一九四九年九月十七日付
(21) 前掲県立図書館蔵「毎日新聞千葉版」一九四九年七月三十一日付
(22) 前掲県立図書館蔵「千葉新聞」一九五〇年五月三十一日付
(23) 前掲県立図書館蔵「読売新聞千葉版」一九五〇年九月十三日付
(24) 前掲県立図書館蔵「千葉新聞」一九五〇年九月十四日付
(25) 前掲県立図書館蔵「千葉新聞」一九五〇年十一月二十七日付

四、激化する社会矛盾

(一) 疑獄の頻発

(1) 千葉合同無尽会社の不正融資

一九四八年(昭和二十三)九月二十五日に千葉検察庁は千葉合同無尽会社を不当貸出、公文書偽造で押収捜索を行った。同社は玉屋喜章社長派と遠山七郎専務派とに分かれ、両者共に相手方の不正を暴いて泥試合を行っていた。玉屋社長は二〇歳の頃まで四国で漁師をし、次いで神戸を中心に金融関係に就き、一九二一年(大正十)頃に千葉県に至り、東武銀行の頭取や保険会社に関わった。しかしこの間に東武銀行と保険会社から六〇~七〇万円を横領して東京で検挙された。その後、大阪で高利貸の乾新兵衛の大番頭を務め、一九四〇年(昭和十五)頃に知り合いであった古荘四郎彦千葉銀行頭取から一〇〇万円を無利子、無担保で借り受け、その資金でノルウエー汽船会社から船三隻を買い受け、太平洋戦争開始になるや、その船を三〇〇万円で売却し、古荘頭取に借金を返済すると同時に、約二〇〇万円の資金を持って再び来県、戦時中の統制経済による金融機関整理のうちに各無尽会社の株を買い占めて千葉合同無尽会社の社長となった。そして一九四七年（昭和二十二）の参議院選挙で当選し、現職の参議院議員であった。一方遠山専務は一九四五年（昭和二十）七月に千葉合同無尽会社に合併した共済無尽の社長で、合併と共に同社重役に就任したもので、引き連れて来た社員を擁して同社内に根強い勢力を保ち、玉屋社長一派と抗争を続けていたのである。(1)

十一月二十二日に千葉地検特捜班は玉屋社長を一〇〇〇万円の業務上横領で起訴した。事件は十二月十七日に一段落したが、玉屋社長は背任、横領で追起訴分を合わせて総額は一六八三万六七三〇円であった。この中には前年の総選挙時に無担保無利子で片岡伊三郎代議士に一〇〇余万円、川口知事に二〇万円を含めて七名に一九七万円を不当貸付した分も入っていた。なお川口知事は一九四八年（昭和二十三）十月十日に返金していた。また遠山専務は横領、背任の総額は三三四万三七〇〇円であった。同社経理部長の稲生清は玉屋社長に命じられた有価証券関係の二四二万五五二五円の横領幇助であった。

一九五〇年（昭和二十五）五月一日に千葉地裁で判決があり、玉屋は背任では無罪であったが、金融措置令違反、業務横領が有罪で懲役二年の実刑であった。遠山、稲生両名は経済罰則として懲役一年（執行猶予二年）であった。(2)

（2）止まらぬ汚職

県土木部鴨川出張所では一九四九年（昭和二十四）四月に出張所長等五名の技師と事務員一名が公文書偽造、印鑑偽造、背任、食糧緊急措置令違反で検挙された。同出張所は鴨川、小湊、天津、和田の各漁港工事、大山村砂防工事、太海《ふとみ》採石工事等の事業を行っていたが、期間や賃金等の制約で充分な人夫の動員も出来ず、資材導入にもヤミ買い入れが認められないため、一二一個の偽造印で幽霊人夫をつくり公文書を偽造して得た金で人夫賃やヤミ資材の購入に充てていた外、労務加配物資をピンハネして職員用に横領していた事件であった。

五月二日に衆議院考査特別委員会では国警県本部に調査員を派遣して合同無尽不正融資、職員疑獄、澱粉疑獄、競馬場疑獄、縄疑獄（県農務課職員が県外用藁工品の縄出荷を県外用の枠にも拘わらず県内用として縄二万五〇〇〇万貫の注文書を発行した事件）の五大事件について取調と送検状況を調査しており、中央でも千葉県で続発していた疑獄に注目していたのである(3)。

国警県本部では六月中を公務員犯罪の一斉取締月間として不正摘発を行った。千葉、木更津、佐原の各税務署の取引高税及び更正決定に絡む二六万七〇〇〇円の収賄をはじめ、県庁内の汚職その他で収賄者は二五名に及び、これを幇助した者三八名、贈賄者三二名、総額は六〇万円に上った。また不正融資は二〇〇万円以上であった。

続発する県庁職員の汚職事件に驚いた川口知事は七月一日に「相次ぐ不祥事を起こしたことはまことに県民に申し訳ない、県民の心が県庁職員から離れたならば、到底行政の円満な遂行は期待出来ない、われわれは庁員と心を合わせて一層綱紀粛正と事務能率の向上を期し、県民に応えなければならない。今後は庁員の配置転換を行い、心機一転したいつもりである」と訓辞を出して自戒を要請したのである(4)。

しかし知事の訓辞にも拘わらず汚職は止まらなかった。県経済部失業保険課員の大塚良平は八月五日に業務上横領で摘発された。大塚は一九四八年（昭和二十三）九月以来、各事業所に無償で配布すべき失業保険申告用紙二万枚を一枚三円で売り渡し、約六万円を受領、うち二万円を横領して遊興費に費消したものであった。

これらの汚職事件に共通していることは公務員の絡まる犯罪であったことである。公務員の犯罪はこの時代に限ったことではないが、当時は一般庶民が日々の糧にも汲々として生きていた時代であり、役人は天皇の公吏から国民の公僕に転換しなければならない時代であったが、彼等は飢えに苦しむ庶民を見ながら横領や収賄で得た金を湯水の如く費消していたのである。敗戦によってそれまでの価値観が大きく転換したことも影響したと思われる。しかし戦後復興期でこれまで見てきたように汚職が集中して発現していたのは川口県政期の一つの特徴であった。

（二）繰り返される天災と伝染病の蔓延

（1）四つの大型台風の来襲

戦争中に日本の国土の山野は乱伐が行われ、荒廃して保水力が極めて劣化していた。一九四七年（昭和二十二）九月十四日に来襲したキャスリーン台風は房総沖を抜け、三陸地方へ向かった雨台風で、関東地方は大水害を被った。関宿町（野田市）付近の水位は利根川七・七四メートル、江戸川六・八二メートルとなった。小見川町で床上浸水三三九戸、佐原町（香取）で冠水田二〇〇町歩、松戸市で冠水田二〇〇町歩が見られた。県全体の被害状況は死者一名、行方不明者三名、浸水家屋九一七戸、冠水田八五四町歩であった[5]。しかし被害の大きかったのは東京都葛飾、江戸川両区で、約五万人の避難民が千葉県に避難して来た。市川市六八七四名、船橋市一二八名、松戸市に三二七二名、流山町三三五名、野田町四一名の合計一万六四〇名で、この外に縁故先避難者が約三万人であった。県では市川、松戸、野田に救護本部を設け、総て市民並みに配給することにし、小麦粉七九トンで二八万個のパンをつくり、五日分の主食として避難民に配給したのである。

一九四八年（昭和二十三）九月十五日夜半に来襲したアイオン台風は雨が一日中降り続き、銚子で瞬間風速四八メートルを記録した猛台風であった。県内では銚子市、八日市場町（匝瑳市）、成東町（山武市）に被害が多かった。銚子市の被災家屋は全壊一二三戸、被災者七六〇名で、学校が全壊状態であったので、各寺院で収容した。水害救助法が銚子市に初の適用となったが、同法では収容は十日間、炊き出しは六日間が無料で、家屋全壊者は一戸当たり三一九五円の見舞金が支給となる規定であった。県内では死者二二名、負傷者三四五名、家屋全壊三一九〇戸、半壊九六二四戸、床上四〇二戸、床下三四〇七戸、田畑冠水二〇八八町歩、沈没船舶二八隻であった。この被害は被害県の中では最大の岩手県に次ぐものであった。

一九四九年（昭和二十四）八月三十一日にキティ台風が関東を襲った。台風は神奈川県に上陸し、新潟県から日本海に抜けていったが、東葛地方で瞬間風速五〇メートルを記録する大型台風であった。県内では死者八名、負傷者四名、家屋全壊六九戸、半壊四四一戸、床上三五二〇戸、床下六五〇戸、田畑冠水一三九八町歩、沈没船舶三隻であった。アイオン台風の作物被害は約四一万石減収であり、キティ台風では約三九万石減収であった。[6]

ところが約二か月後の十月二十八日に房総沖をパトリシア台風が通過した。最大風速四三メートルの大型で、銚子市、館山市の二市と海上、匝瑳、山武、長生、夷隅、安房の六郡の被害が酷かった。特に銚子、館山の船舶被害は一億円を上回った。行方不明二名、住宅全壊一四戸、半壊三六戸、床上三七戸、床下四五九戸、田畑冠水一三七九町歩、船舶沈没一一隻であり、稲作の被害は七万六千石の減収で、キティ台風の被害と合計すると四六万六千石となり、過去最大の被害となった。このように連年にわたって繰り返された大型台風の来襲は復興に大きな障害を与えたのであり、戦火に怯えてきた人々に、新たな悪夢の招来を感じさせるものとなったのである。

（2）伝染病の恐怖

天然痘は戦争終結による海外からの引揚者に起因して一九四六年（昭和二十一）に全国で大流行し、患者数一万七九五四名、うち死亡者三〇二九名、死亡率一六・九％であった。千葉県では三月段階で死亡者五一名となり、前年が戦争のため定期種痘（牛痘を人体に接種し、天然痘に対する免疫を体に付けさせる）が徹底しなかったので、例年よりも死亡率が高いものであった。県衛生課では厚生省から毎週一一万五〇〇〇人分の痘苗割当を確保し、発生市町村に対しては全員に臨時種痘を行い、五月中に全県民の臨時種痘を完了させることにした。種痘と衛生課の注意喚起によって一九四七年（昭和二十二）には発症はあったが、全体としては落ち着いたのである。

腸チフスも一九四六年から一九四七年に県内で広がった。一九四七年九月八日から腸チフスの予防注射の未済者は汽車や電車に乗車出来ない措置をとった。県下二九駅には関所が設置され、どこも長い行列が出来、千葉、本千葉、京成千葉の三駅では強制的に注射された者は一〇〇〇名を突破していたのである。

赤痢は飲食物に混じって摂取された赤痢菌が大腸の下部に感染して下痢を発症する伝染病であり、戦前から腸チフスと並んで伝染病の両横綱と云われていた。一九四六年は例年に劣らず八月に入って腸チフス二九名、赤痢四一名あった。アサリが罹病の原因と云われた。(7)

発疹チフスは病原菌がシラミの媒介で人から人へ伝染する悪性の伝染病であり、発症の流行は戦争や生活の不衛生、飢餓と密接な関係があり、別名戦争チフスと云われた。我が国でも一九四三年（昭和十八）から患者が急増し、一九四六年（昭和二十一）は大流行で患者三万二三六六名、うち死者三三五一名であった。市川市では一九四七年十二月二十日から一九四八年（昭和二十三）三月まで発疹チフスの絶滅を図るために市川駅構内と市役所衛生課内にＤＤＴによる人体荷物の消毒所を設置したのである。

終戦後に猛烈な勢いを示した伝染病は、一九四七年以降急激に減少の傾向を辿った。一九四八年三月までの過去三か年の法定伝染病患者数を比較して見ると、赤痢（四六年一〇名、四七年一三名、四八年三名）、腸チフス（同六七名→八六名→四四名）、発疹チフス（同一七名→一八名→二名）、ジフテリア（同二七八名→二〇五名→四四名）の状態であった。この減少の原因について県予防課では、①予防注射の徹底（腸チフスの例では該当者一五〇万九七〇名中四七年中に注射を実施した人員は三回完了者六七万五二七名で、注射率六七・二％であった）、②復員、引揚者が減ったこと、③県では一九四七年に七市三六町村を特に指定して環境浄化に積極的に乗り出したこと等を挙げていたのである。(8)

亡国病と云われた肺結核も死亡率は患者一万名に対し、一九四五年二二・三％、一九四六年一六・八％、一九四七年一四・八％と漸減していた。特に死亡率が最も高いとされた二〇歳から二九歳では一九四五年六三・四％、一九四六年三七・一％、一九四七年三二・八％と半減していた。県保健課ではこれは一九四三年から全面的に実施してきたBCGの効果であるとしていた。それでも県下には約三万人の患者が存在しており、教職員の結核問題は深刻であった。一九五〇年（昭和二十五）七、八両月に全県下教職員について強制的に精密検診を行ったところ、要注意以上者三八四名、すぐ休職を必要とする者二三五名、現職療養中者二六〇名であって、教職に耐えないものは八八四名であり、小中全教員数一万三八五八名の約五％で、文部省調査の全国平均一・三三％の三倍強であり、全国で最高の率を示していた。しかも未検診者が約二四〇〇名もいたのである。[9]

戦前は夏期脳炎等と呼ばれていた日本脳炎は、蚊の媒介で人体に侵入した日本脳炎ウイルスによって発症するもので、一九四六年（昭和二十一）の流行から法定伝染病に指定されたものである。県下での発症は一九四六年に七名あったが、一九四七年（昭和二十二）にはなかった。しかし一九四八年（昭和二十三）には急速に広がり、九月八日段階で患者数累計三三一名、うち死亡六六名（死亡率一九・九％）であった。[10]

寄生虫の一九四八年度の検査報告では検査人員二万八〇〇〇名中、寄生虫保有者は一万四五〇七名で、五一・八％の保有率であった。市町村別では市部一四・五％、町部五〇・一％、村部五六・四％となっていた。県予防課では「都市部の数字は検査人員を保健所から提出させたもので、実際の数字とかなり食い違いがあり、正確を欠いている、少なくとも全体では八〇％はある」とコメントしていた。寄生虫の種類は回虫が八・四％で最も多いものであった。また鴨川保健所の長狭一二か町村調査では検査人員七九二九名で、保有者四九五五名、保有率六二・五％、一〇六名の清澄村は九二％で最高、九七九名の大山村は四八％で最も保有率が低かった。寄生虫の種類は回虫が七二・九％で圧倒的であった。[11]

公衆衛生向上に重要な役割を果たす保健所は、千葉県下に一五か所存在していたが、厚生省は一九四八年一月の保健所法改正で機構を強化することにし、全国都道府県に一か所ずつ標準保健所を設置することにした。

千葉県では千葉市の中央保健所が県下の標準保健所として発足となった。機構は所長を含め医師四名を一〇名に、保健婦は九名を二〇名に、その他事務員、技術員等一七名を二四名に増員、係制を課制に改め、総務、保険予防、衛生、事業の四課を設け、この中には口腔衛生、栄養、環境衛生、食品衛生乳肉等の一七係が置かれたのである。そしてこの機構改革は、管下一四保健所も順次これと同等のものに切り替えることになると云う画期的なものであった。

　消費者のカロリー摂取量は配給で一二〇〇キロカロリー、物交で三〇〇キロカロリー、ヤミで一〇〇キロカロリーの一六〇〇キロカロリーを維持していたが、農村では順次カロリーが向上し、一九四七年（昭和二十二）六月には二八三〇キロカロリーを摂取していた。県栄養課の一九四八年（昭和二十三）調査では県民の栄養摂取状況は一日一人当たり都市部一八〇〇キロカロリー、農業地二二〇〇キロカロリー、漁業地二〇〇〇キロカロリーであった。[12]

　このように世の中の落ち着きと保健所の公衆衛生指導や栄養状況の改善、新薬石の普及によって県民は伝染病の恐怖から解放される道を歩み始めたのである。

（三）冷戦の影響と労働運動

（1）劣悪な労働条件

労働三法（労働組合法、労働関係調整法、労働基準法）のうちで最も遅く制定されたのが、労働基準法で、一九四七年四月七日であった。施行は九月、女性については十一月であり、いずれも六か月の猶予期間が設けられたので、完全実施期は一九四八年五月からのことで、同法に基づく申請、届出を完了したものは千葉労働基準監督署管内（千葉市郡、市原、印旛両郡）では一般会社、工場関係のみで、商店と官公庁関係は非常に悪いものであった。千葉県庁は就業規則の提出はおろか原案すらなかった。同法では日直五〇円、宿直四〇円を支払うことになっていたが、千葉県庁では一九四二年（昭和十七）の県令で手当は一回一円ないし五円を県費で支出していた。これは川口県政の怠慢であった。

千葉労働基準局は一九四八年（昭和二十三）二月に開設、以来同年十二月末までに摘発した労働基準法違反は、二九七〇の工場、事業所に対し、形式、実質を合わせて九四五四件であった。うち形式違反は六八八三件で、トップは賃金台帳なし一六九一件、次いで労働者名簿不備一六四〇件であった。実質違反二五七一件では八時間労働制無視六六四件、一五歳未満の年少者無許可使用五五二件、週一回の休日無視四七一件が主なものであった。県職業安定課では一九四九年（昭和二十四）はじめから労働の民主化を阻むものとして労働ボスからの解放保護（同法第六条中間搾取の排除）を図り、四月末までに労働ボス一〇八七名から所属労働者九九五一名を解放してきたのである。[13] 千葉労働基準監督署管下の一九四九年四月での労働基準法違反は四四六事業所で一四二五件であり、実質違反の工場機械安全不備は一三六件増、賃金不払いも三月に比し八件増の五一件であった。

ドッジデフレの影響で中小企業の倒産、企業合理化に伴う失業者は急増していた。一九四七年（昭和二十二）十一月三十日公布の失業保険法が施行となって初めて給付した一九四八年五月の保険金は五万二七〇九円であったが、満一年を迎えた一九四九年五月は一八四万八六二〇円で三七倍となっており、失業者急増を示していたのである。[14]

（2）地方労働委員会労働者委員の知事職権委嘱を強行

前項で見たように劣悪な労働条件で働く人々にとって地方労働委員会（地労委）が労働者の立場に理解を示すことは大変に貴重なことであり、労働組合法制定で生まれた地方労働委員会の労働者委員選出は労働組合には強い関心があり、その選出方法には争いがあった。第三期委員の選出をめぐっては一九四八年四月十日の候補者選考委員会は県労会議関係で萩原中、美濃部晴三、柴田照治の三名、県官公労から土屋武一、山口尚、大矢有の三名、総同盟県連から大迫栄治、小林利、根本真行の三名、計九名の候補者を決定、そして四月十七日に五名完全連記制で投票を行うことを決議した。これに対し知事は九名の他に一万四〇〇〇名の組合員を擁する国労からも候補者一名を選ぶこと、五名完全連記制を単記制に変更することを申し入れたが、選考委員会は応じなかった。

総同盟県連は知事と同意見を選考委員会で主張したが、多数で押し切られたので、四月十二日に執行委員会は「総同盟及び支持団体は不参加を決議し、単記無記名投票を要望する」との決議文を知事に手交した。また国労も「県労会議の主張する独断的な五名完全連記制には反対」を主張し、単記制でなければ棄権すると表明した。さらに県労会議所属の日通労組も国労に同調したので、実質的に選考委員会は解体し、選挙不能に陥ったのである。この事態に知事は「一方的職権委嘱になることもやむを得ない」と談話した(15)。千葉軍政部労働課長ハークロー大尉も「現在の状況からみて知事の態度は適当な処置」と支持した。しかし県労会議側は選挙を主張して応じず、「そうでなければ候補者を出さない」と強硬であった。

四月十九日に県労会議議長団と推薦人の合同会議で県労会議側は「あくまで職権委嘱には反対するが、県労会議・官公労・総同盟県連の二・二・一の比率による場合は、県労会議は美濃部晴三、萩原中の二名を推薦する」と一部妥協の態度に変わったのである。しかし県は二十三日付で官公労から土屋武一（教組）、山口尚（県職組）、総同盟県連から小林利（日立茂原）、県労会議から渡辺七郎（京成）、佐々靖（日通）を強行委嘱したのである。

四月二十五日の地労委定例総会は県労会議からの「知事の職権委嘱は労組法第一一条違反なり」を審理し、出席委員の無記名投票の結果七対三で「違反に非ず」と裁決した。県労会議は地労委から却下されたので、第二手段として千葉地裁に行政訴訟で訴えた。当時全国で労働者委員選出をめぐり紛争が起こっていたが、提訴は全国で初のことであった。しかし十月十六日に千葉地裁は「知事の行為は適法である」との判決で県労会議側の主張は棄却となった。県労会議側は最高裁に上告したが、一九四九年（昭和二十四）四月二十日に最高裁大法廷は全員一致で上告棄却の判決を下したのである[16]。

第二期選出を投票で行ったのに、何故に第三期委員選出に県は選出方法を変更したのであろうか。当時労働攻勢が活発化しており、地労委の態度は極めて重要なカギを握る立場にあった。県は教員待遇改善問題で地労委の調停案が労働者側委員の意見に影響された「過大案」で、事態を悪化させたと見ていた。そこで任期満了となった労働者委員の選考方法を変更しようとしたのである。当時県労会議内では主流派と反主流の対立が顕在化しており、県はその対立を利用し、特に共産党の萩原中、美濃部晴三の選出を嫌ったのである。一方県労会議側も第二期選挙で主導権を取れなかったので、柔軟に対応すべきであったが、対応が硬直していたことは否めないものであった。

（3）右傾労組の台頭

戦後労働運動の第一の転機となったのは、一九四七年（昭和二十二）二・一ゼネストに占領軍が中止の圧力を加えたことであった。それまで占領軍は労働組合の民主化を率先していたのであったから、関係者には衝撃的な出来事であった。占領軍の二・一ストへの対応を見て、風の流れの変化を感じた反産別系の労働運動関係者はストの指導をめぐって共産党への批判を起こし、反共運動から民主化同盟運動（民同）を展開していったのである。千葉県の主な労組での民同派台頭の動向を見ておこう。

加藤製作所労組は一九四五年（昭和二十）十二月七日に結成され、県内では戦後いち早く立ち上がった労組の一つであった。産別会議の全日本機器労働組合千葉支部加藤製作所分会として活動した。しかし二・一スト後に民主化同盟運動が台頭するにともなって、一九四七年三月頃に一部の組合員が民主化同盟を組織し、四月の役員改選では民主化同盟で委員長、副委員長、書記長を独占した。しかし七月の大会で民主化同盟の三役は後退して、民主化同盟も一旦は解散となったのである。ところが十月に全日本機器労働組合は解散し、全金同盟を形成することになり、加藤製作所分会は十月七日に大会を開いて参加を決定することにした。大会では「全日本機器は十月十日に解散するので保留すれば中立になる」と参加保留者が多数であった。議長が点呼を行って採決の準備を始めたので、民主化同盟派は退場し、十月十日に分会脱退を声明して十三日に従業員組合の結成大会を開いた。そしてその後に従業員の三分の二を占め、会社に対し新組合を認め、団体交渉を要求した。ここに加藤製作所では第一組合と第二組合が並立することになった。分会側は地労委に提訴したが、地労委は一九四九年（昭和二十四）二月五日の地労委総会で八名対四名の投票で第二組合を「適格組合」に認定した。会社は二月十七日に第一組合員全員を解雇したのである。(17)

二・一スト後の三月に開かれた国鉄労働者組合の臨時大会では国鉄労働者の組合は六月に単一体の国鉄労働組合（国労）となり、初代委員長には千葉出身の加藤閲男（両国駅の運転主任）が就任した。国労では一九四七年十二月の中央委員会で共産派の伊井弥四郎、鈴木が執行部から除かれ、加藤、菊川、星加要の三役を中心とした反共連盟が過半数を占めた。加藤委員長を出していた千葉の国労は国労〝御三家〟の一つと云われたほどに県内は勿論、全国的にも右派の拠点となっていたのである。

一九四九年六月一日に国鉄は公共企業体として発足すると同時に、車掌の一割削減を計画して乗務時間を延長した新交番制の実施を通達した。千葉車掌区は三八一名であったが、新制度実施でまず二四名、将来はさらに削減されると云う問題に直面した。千葉車掌区は山本長之助分会長の下に国労千葉支部の中では最も戦闘的な職場であり、業務命令を拒否して旧交番制で乗務していた。当局は六月五日に業務違反者への処分警告を出し、九日には山本長之助以下九名に解雇を通達した。この解雇に国労では行政整理反対闘争の前哨戦としてストを指令して闘ったが、当局は「中止しない時は全員処分する」と強硬であった。国労千葉支部委員会は五一名対三〇名で実力行使延期を決定したのである。(18)

七月一日に定員法に基づき運輸大臣と国鉄総裁は九万五〇八五名の人員整理（行政整理）を発表し、四日に第一次、十二日に第二次の解雇を通告した。千葉管理部では第一次八二五名、第二次で五〇二名が解雇となった。大量の解雇と云う事態に国労は当局との団体交渉を五回も拒否され、本部内は民同派と共産、革同派が激しく対立していた。七月十八日には中央闘争委員会の共産、革同派一七名が解雇となったが、民同派は二十二日に民同派だけで中央闘争委員連絡会を開き、「解雇者は公労法及び規約によって組合員の資格がない」とし、解雇者を排除して中央委員会を開催し、新執行部を結成すると云う方針を決定した。これが世に云う〝指令ゼロ号〟である。八月十五日には〝指令ゼロ号〟による中央委員会が成田で開催され、十月には臨時全国大会で成田での中央委員会の諸方針を再確認して国労は民同派路線に統一されたのである。

全逓は二・一スト以後、地域的、分散的小規模闘争を全国的に広げる共産党系の闘争方式に従い、一九四七年（昭和二十二）九月に千葉地区協議会大会は「地協本部に闘争委員会を置くが、各支部の要求は各支部で処理する」との「地域人民闘争方式」を承認した。全逓の地域闘争は一九四八年（昭和二十三）三月になってストの規模を各県単位に広げた。これに対し三月二十九日にＧＨＱ経済科学局長マーカットはスト停止の覚書を加藤労相等に手交した。マ覚書を受けて千葉ではストを中止した。この闘争の終息を契機に中央でも、千葉でも民同派は革新同盟として台頭したのである。八月三日、四日に全逓千葉地協は臨時大会を開催した。中心点は七月二十二日の政令二〇一号に関するマッカーサー書簡の扱いであった。共産派の主張は「マ書簡には権威はないから聞く必要はない」とし、地域人民闘争の継続を主張した。革同派は「占領下にあってマッカーサーから出たものは命令と同様の権威を持っている」と主張して論争になったのである。採決では絶対多数でマ書簡を命令と解することに決定し、中闘指令第四号を拒否することになった。[19] 当局は八月十二日に全逓左派役員二七〇名と云う大量の行政整理を行った。この中には柴田照治千葉地区本部委員長（県労会議議長）を含む地区執行委員、共産派支部役員五名が含まれていたのである。十月十八日に全逓の再建を目指す正統派全逓千葉地区結成大会が開かれ、十九日には新役員選挙が行われ、執行委員長に野上元、書記長に赤桐操が選出され、民同派の体制が確立したのである。また大会では産別・県労会議からの脱退を満場一致で可決した。全逓の県労会議脱退は県労の衰退に大きな影響を与えるものであった[20]。

県下の電気産業に働く労働者は一九四五年（昭和二十）十一月四日に関東配電従業員組合千葉県支部を結成した。一九四六年（昭和二十一）一月に一週間に及ぶ業務管理闘争で勝利した関配従組は四月に全国の電気産業労働者と共に全日本電器産業労働組合協議会（電産協）を結成した。八月には産別会議の結成に加わり、産業別統一闘争であった十月闘争を果敢に闘った。この闘いで電産協は電産型賃金体系を獲得した。従来の我が国の賃金の場合、手当の部分の比重が大きく、逆に基本給が全体の三割前後に過ぎなかった。これに対し電産型は労働者とその家族の最低生活を保障する年齢別の生活保障給と能力給、勤続給の三つで基本賃金を構成するものであった。家族数と勤続年数に基づく生活給部分が賃金全体の八割を占めており、また労働者の技術と熟練度によって正しく評価されるはずの能力給の原則を設定していたので、賃金や労働条件の画一化と職能上や熟練上の格差を無視する誤りに陥って、労組内で職能別の対立や職員層の組合からの脱落や分裂を回避する上で、これは画期的な内容を持つものであった。そしてその後は我が国の賃金要求のモデルになったものである。このような闘いの成果に立って電産協は一九四七年（昭和二十二）五月に電産協を解散し、単一組合の日本電気産業労働組合（電産）を結成したのである。しかし片山内閣の新物価体系や暫定業種別賃金等の賃金釘付け政策で賃金問題に前進が見られなかったことから、一九四八年（昭和二十三）五月二十七日の電産第二回全国大会でスト方針を決定し、六月には猪苗代等で電源ストを行った。しかし当時は電力再編計画が発表され、配電会社は過度経済力集中排除法の適用から除外される等、日本の独占資本の復活・育成に占領政策が大きく転換していたので、会社側の態度は強硬となり、電産の要求を拒否し続け、八月にはＧＨＱのヘプラー労働課長が「停電ストを中止せよ」と電産争議に直接介入した。加藤勘十労相はヘプラー労働課長や中労委会長と協議の上、強制調停を行った。また法務総裁や検事総長が相次いで「電産スト違法」の声明を出し、北海道や福岡のストでは検束を行った。千葉県では九月末の支店長交渉が決裂し、電産支部は地労委に提訴し、十月十日に一〇分間の停電ストに突入することにしたのである。しかし千葉地検が「参加者は全員検挙」と警告したので、ストを延期し、十月十八日に千葉市の教育会館で臨時大会を開き、対応を協議した。徹夜の大会となり、中央本部のスト指令を採択したが、細田信次郎委員長以下三役はスト延期の責任をとって辞任し、篠塚県治等の新執行部が登場してスト体制を維持し、十二月十五日から十七日まで三日間連続の大口工場四時間、私鉄への一時間の停電ストを敢行したのである。この激しい電産ストも十二月二十三日にヘプラー労働課長が「なぜ電産だけが中止出来ないのか、解散させるかもしれない」との脅迫的な勧告で終息させられてしまった。中労委の当初斡旋案は七〇九九円ベースであったが、六八〇〇円ベースと云う屈辱的な内容を受け入れさせられたのである。

これに対し電産千葉支部では一九五〇年（昭和二十五）三月十八日に千葉市の教育会館で臨時大会を開き、本部の指令をめぐって激論を展開、徹夜となって、翌朝六時半に中央本部の一八号指令（電源ストと野放し放電の指令）を可決した。同時に支部三役の福田、根本正副委員長、富永書記長の辞任を承認し、千葉支部の闘う態勢を確立したのである。

このような電産労組をめぐる厳しい環境の中で一九四九年（昭和二十四）十一月に民同派の関東配電従業員は電産労組を脱退して関東配電労組を結成した。千葉県では一九四九年十一月十三日に最初に木更津分会が電産を脱退し、翌一九五〇年三月の臨時大会直前に館山、鴨川、市川、千葉支店の各分会も脱退した。大会後には茂原、船橋、佐原、東金、成田、十月十九日に銚子分会が脱退し、いずれも関東配電労組に加盟した。そして十一月一日には電産千葉支部は解散となり、県内の電気労働者は関東配電労組一本となったのである。電産は占領軍、政府、電力資本の三者が一体となって攻撃を集中してきたことに的確に対応出来なかった。また当時の電力不足から各地で頻繁に繰り返された停電を、国民の多くに電産ストの影響と誤って受け取られてしまい、世論の力を電産側に引き付けることに失敗した。この弱点を民同派に付け込まれ、組合の主導権を奪われてしまったのである。[21]

(4) 民同派の結集・県労協の誕生

一九四八年(昭和二十三)二月の時点で、県内の労働戦線は県労会議が四万一五八八名、県官公労が三万四九八五名、中立が一万三七二五名、総同盟県連が一万三五一四名となっていた。[22] 一九四九年(昭和二十四)に国労の呼びかけで、国労、総同盟県連、千教組、小運送労組、職安千葉職組、全逓革新同盟では数次にわたって民主労働戦線懇談会を開き、八月四日には六団体の労働者代表四〇〇名を千葉市の教育会館に集めて県労働組合協議会(県労協)の結成大会を開催した。大会来賓として出席した荒木日教組委員長は「今、労働運動は極めて困難な事態に直面している。これを克服するためには、反動吉田内閣と強力に闘うと共に、共産党の革命戦術とも戦わねばならない。この時に全国に先駆けて極右、極左を排除した、いわゆる民主的労働戦線の統一をしたことは意義が大きい」と挨拶していた。また当面の運動方針も「左翼組合主義を排撃する」としていたのである。役員には協議会議長に長島一(国労)、副議長に横銭重吉(総同盟県連)、佐久間孝一(千教組)を選出した。県労協は反共主義を掲げた民同派路線の結集であった。少し遅れて八月中に日通、千葉大職組、全電通も加盟し、県労会議一万四五〇〇名に対し、四万五〇〇〇名を擁し、県内最大の組織となったのである。

(5) レッド・パージの強行

アメリカの対日占領政策の転換と共に、占領軍は追及の矛先を共産主義者に向け、レッド・パージは教育の分野で一九四九年七月にGHQ民間情報局高等教育顧問イールズが共産主義者の大学教授を大学から排除する呼びかけで始まったものである。一般には一九五〇年（昭和二十五）六月二十五日の朝鮮戦争勃発直前に日本共産党中央幹部の公職を追放、機関紙「アカハタ」関係者の追放、発行の無期限停止を行い、戦争勃発後はパージを報道機関、労働組合、官公庁、民間企業に広げ、八月三十日にGHQの指示で法務省特別審査局が全労連の解散を命じ、九月一日の閣議で公務員のレッド・パージを決定したことで多く知られている。

しかしレッド・パージは一九四九年の行政整理や企業整備の中で既に始まっていたのである。千葉県の場合で見ると、全逓では八月十二日に柴田照治千葉地区本部執行委員長や日下部良夫佐原支部副支部長等七名の共産党所属幹部が解雇となった[23]。国労では九月二十六日に第三次行政整理一〇名中七名が共産党員であった。

また前項で触れた県職組幹部八名の解雇も同じであった。さらに一九五〇年三月に県教委が県立佐原高校の小島一仁教諭に辞職勧告を行い、七月には休職辞令を発したのもレッド・パージであった。これらは第一次レッド・パージと呼べるものであった。

一九五〇年の第二次レッド・パージは千葉県では八月三日の千葉新聞三名に始まり、八月二十六日に電産千葉支部二八名、十月二十三日京成電鉄一一名、十月二十六日日本建鐵九名、十一月三日農林省千葉統計事務所二名、全逓一名、日本毛織中山工場女子五名、国労千葉一〇名であった[24]。これらのパージにあたってはいずれの組合も当時の「客観情勢上やむを得ない」とし、組合として使用者側に解雇取消しとか、復職のための闘争を行うものはなかったのである。

（注）

（1）前掲県立図書館蔵「読売新聞千葉版」一九四八年十一月十六日付

（2）前掲県立図書館蔵「千葉新聞」一九五〇年五月一日付

（3）前掲県立図書館蔵「読売新聞千葉版」一九四九年五月三日付

(4) 前掲県立図書館蔵「読売新聞千葉版」一九四九年七月二日付
(5) 前掲県立図書館蔵銚子測候所編『千葉県気象災害史』一九五六年、九七頁
(6) 前掲県立図書館蔵『千葉県気象災害史』九九頁
(7) 前掲県立図書館蔵「千葉新聞」一九四六年八月三十日付
(8) 前掲県立図書館蔵「朝日新聞千葉版」一九四八年三月二十四日付
(9) 前掲県立図書館蔵「千葉新聞」一九五〇年八月二十七日付
(10) 前掲県立図書館蔵「読売新聞千葉版」一九四八年九月九日付
(11) 前掲県立図書館蔵「千葉新聞」一九五〇年十月十九日付
(12) 前掲県立図書館蔵「千葉新聞」一九四八年六月九日付
(13) 前掲県立図書館蔵「千葉新聞」一九四九年五月九日付
(14) 前掲県立図書館蔵「千葉新聞」一九四九年六月一日付
(15) 前掲県立図書館蔵「千葉新聞」一九四八年四月十五日付
(16) 前掲県立図書館蔵「朝日新聞千葉版」一九四九年四月二十一日付
(17) 前掲県立図書館蔵「千葉県地方労働委員会五年史」一九五二年、二七八頁
(18) 前掲県立図書館蔵　山崎渡『国労千葉３０年のあゆみ』一九七七年、九五頁
(19) 前掲県立図書館蔵『全逓千葉地区四〇年史』一九八六年、一三六頁
(20) 前掲県立図書館蔵　千葉県労働組合連合協議会『千葉県労働運動史』労働旬報社、一九六七年、五二四頁
(21) 前掲県立図書館蔵『はたらく者の現代史』統一戦線促進千葉県労働組合懇談会、一九八八年、六五頁
(22) 前掲県立図書館蔵『現代千葉県労働運動史年表』自治労千葉県本部、一九八九年、二三頁
(23) 前掲県立図書館蔵「読売新聞千葉版」一九四九年八月十三日付

(24) 前掲県立図書館蔵前掲『現代千葉県労働運動史年表』五二頁

五、おわりに

川口知事は県民の多くが選んだ公選制初代の知事による県政であったが、任期四年を全う出来なかった。最初の半年間は腹心の石橋信を副知事に登用する問題で費やし、強引に与党単独で実現させていた。県民の利益よりも、知事自らの考えや利益を重視し、県政への目配りが届かず、乱脈な県政となった。折しも時代は世界的に冷戦が開始となり、占領軍の軍政も民主主義の尊重よりも、反共主義を前面に押し出すように大きく変化した。川口県政はこの風向きの変化に乗じて、古い保守主義を蘇らせようとした。戦後県庁職員の中核として行政の民主化に取り組んできた県職組の幹部をレッド・パージして、自らの反動性を明確にした。任期二年を過ぎると、四回も辞任説が流されるなど、県政への熱意を喪失し、ひたすら腹心の石橋副知事へのバトンタッチに汲々としていた。「病苦老齢、その任に耐えず」と県議会議長に辞表を提出したが、県議会では辞任理由の妥当性に疑問が強く、採決では可否同数となり、林英一郎議長の一票で辛うじて辞職が認められることになったのである。知事辞任後には参議院議員に転じ、二期務め、自民党県連会長を歴任するなど、知事辞職理由に全く説得力のないものであった。県民にとっては大変に不幸な県政の展開であった。

匝瑳郡八日市場町の町議会リコール問題は、新制中学校の敷地問題に端を発していたが、住民は地方自治法に認められた権利を行使して闘った。しかし第一次リコール運動は規定の署名数に達せず、失敗に終わった。それでも屈せずに闘い、第二次運動でリコールを成立させた。住民投票を前にして町長は辞任を表明し、投票は過半数を超えて町議会は解散となった。新町議選ではリコール派八名、反リコール派一〇名、中立八名であり、リコール派が必ずしも勝利したものではなかった。リコール騒動の責任をとって辞職した町長選が勝負であった。リコール派は町議選でトップ当選を果たした人物を町長候補に立候補させ、遂に圧勝し、騒動の発端であった新制中学校の建設問題を解決させたのである。この闘いは憲法と地方自治法に基づいた住民の闘いであった。

復興資金の調達や市町村財政の救済を大義名分として競馬、競輪等の公営ギャンブルが登場した。確かに経済復興には一定の役割を果たしたが、決して人々を幸せにしているものではなかった。

川口知事の訓辞にも拘わらず、公務員の汚職が止まらなかった。戦後復興期で公務員の汚職が集中して発現していたのは川口県政期の一つの特徴であった。

知事が部下にあたる県職組の幹部をレッド・パージしたのも、この期の特徴である。レッド・パージでは県内でも民間を含めて多くの労働者が解雇された。二〇一八年（平成三十）四月九日にレッド・パージの犠牲者で国家賠償請求訴訟を闘っている人々の記者会見があった。同訴訟は神戸地裁、大阪高裁、最高裁でいずれも原告の主張を退けてきたが、大阪高裁の判決では「講和条約発効後に日本政府が救済すべき作為義務が発生するのは、日本政府が実質的にレッド・パージを主導し、連合国最高司令官の強大な権限を積極的に利用したような場合に限られる」としていた。これは国の救済義務が発生する場合があることを認めたもので、これからの闘いの足掛かりになるものであった。それにしても事案発生から六十八年経った今日でも屈せずに闘い続けている人々が存在していたことを知り、認識を新たにすると共に不当なレッド・パージなどは二度と繰り返させてはならないと思った。

第三章　冷戦激化の中の柴田「民主」県政と社会運動の諸相

一、はじめに

本章が取り上げる期間は、一九五〇年（昭和二十五）十月の川口知事辞任から柴田等《ひとし》知事の在任第一期の一九五四年（昭和二十九）十二月までの四年二か月間である。この期間は冷戦が激化し、我が国内は憲法体制を歪める戦後第一の反動期であった。しかし県民はそれに籤《ひ》るまず知事選において柴田知事を当選させ、千葉県初の「民主」県政を誕生させたのである。柴田県政を「民主」県政と評価している研究は少ない。その「民主」県政の内容を検討したい。一九五一年（昭和二十六）九月、日本はサンフランシスコ平和条約を結び、占領政治に終止符を打ち、日米安保条約を結んで米ソ対立の中で米国陣営の一員となった。それに伴ない国内では逆コースと云われる反動化現象が目立つようになる。その反動化現象を県内の社会運動はどのように克服しようとしたのかを追究したい。

この期の参考文献の主なものは『千葉県議会史』(1)、『千葉県の歴史』(2)、『自治労千葉の三十五年』(3)、柴田等『三寒四温』(4)、個人研究では前掲山村一成「戦後地方政治の確立過程」(5)、中村政弘「戦後千葉県議会の動向――柴田県政と千葉クラブ――」(6)があり、柴田県政を考える上で参考になるものである。

（注）

（1）県立図書館蔵『千葉県議会史』第五巻、一九八八年

（2）県立図書館蔵『千葉県の歴史』通史編近現代2、二〇〇六年
（3）県立図書館蔵『自治労千葉の三十五年』一九八四年
（4）県立図書館蔵　柴田等『三寒四温』隣人社、一九六五年
（5）県立図書館蔵　山村一成「戦後地方政治の確立過程」
（6）県立図書館蔵　中村政弘「戦後千葉県議会の動向―柴田県政と千葉クラブ―」（千葉史学叢書4『千葉県近現代の政治と社会』所収、岩田書院）、一九九七年

二、「民主」県政誕生と「逆コース」の出現

（一）千葉県初の「民主」県政成立

（1）柴田等副知事の当選

一九五〇年（昭和二十五）十月二十四日に川口知事は辞任し、後継候補を石橋副知事にしたかったのであるが、すんなりとは決まらなかった。二十五日に千葉県選出の自由党代議士会が開かれたが、石橋と林英一郎県議会議長のどちらにするか纏《まと》まらなかった。自由党幹事の六県議は山村新治郎、片岡伊三郎両代議士に一本化するように要請した。水田三喜男自由党県支部長等四代議士は党分裂回避策として第三候補に小野哲参議院議員、井手成三、加納金助、伊能繁次郎等を挙げたが、本人たちに断られてしまった。水田、片岡両代議士は石橋支持であったが、纏められず、十一月四日に自由党総務会で投票によって決定することになった。総務会は衆議院議員一三名、参議院議員二名、県議三四名、青年部代表一一名、一般代表二七名の八七名であった。代

議士で林支持は山村、森、柳沢、佐久間、小高、寺島の六名、石橋支持は片岡、竹尾、田中、渋谷の四名、県議は林派一八～二〇名、石橋派一四～一六名、青年部の多くは林支持、一般代表では石橋一九名、林一六名の支持と云われていた。投票の結果は石橋四三票、林三五票、白票三、無効一で予想に反して石橋が勝利し、自由党の候補となったのである(1)。

一方野党側では民主党は社会党と交渉は持ったが、与党の公認決定を見て対応するとし、明確な方針は決めていなかった。社会党は吉川兼光、小川豊明、加藤閲男、長谷川進一等を候補に挙げたが、いずれも断られてしまった。社会党の元吉重成県議は同志クラブの伊藤與市県議と共に柴田副知事と会談を持ったが、社会党県連の執行委員会では結論が出なかった。また民主党の一部は千葉三郎民主党幹事長を推していたのである。

民主党は七日の幹部会で、社会党は八日の執行委員会で連合して柴田を推すことを決定し、野党作戦は、①野党間の連絡は緊密にするが、連合体は形成しない、②柴田には条件を付けず白紙で臨む、と云う消極的なものであった。

柴田は十一月七日に立候補宣言を行い、野党三派（民主、社会、同志ク）の推薦を受諾したのである。

病気入院中であった土屋俊三参議院議員が十一月六日に死去し、その補選を知事選と同一日の十二月十三日に実施することになり、選挙情勢は与野党共に一挙に複雑となったのである。

これまでの研究では石橋対柴田の知事選について、両者の主張の違いは余り問題にされていない。両者は川口県政を支えた第一副知事と第二副知事であり、石橋は、①「川口の仕事をここで挫折させたら大変だ」と川口県政の継承を主張、②「色々な工業を積極的に誘致し、県下産業の面目を一新する」とし、③「資本をどんどん千葉県に持ち込む」と工業中心の産業政策を掲げていた。一方柴田は、①「明朗で民主的な県政運営をやりたい」、②県と市町村の連携を密にし、「地方自治体の根幹である市町村の発達を図りたい」、③「全国第三位の農業県であるが、農業資源開発の遅れがありそれを取り戻したい」と民主的施策の推進を掲げていた。両者では進むべき方向が大きく異なっていたのである。

野党三派は八日、県庁の民主党控室で三派代表者会議を開き、柴田擁立運動の名称を全会一致で「県政革新連盟」と決め、その代表委員を伊藤與市（同志ク）、小川豊明（社会）、脇田三千雄（民主）、石井壱郎（農協）、山崎恒（参議院議員）、富塚敏信（農青連）の六名とし、本部を千葉市長洲町長洲寮とした。そして県政の大刷新を企図、この旗の下に県下の労農商工並びに市民各種の団体を結集して必勝の布陣を形成することにした。

そのため各勢力の分散を防ぐため、参院補選には一切候補者を立てないことを決めたのである。二日前の方針とは大きく異なるものであった(2)。

自由党では参院選候補の人選が難航し、十四日午前一一時からの代議士会では当初一八名もの自薦他薦があった。しかし知事候補選考に敗れた林に同情して山村代議士は強く林を推し、森代議士、佐川、荘司両県議は春の参院選以来名乗りを挙げていた安西浩東京ガス常務を強く支持したので、暗礁に乗り上げた。けれども午後七時に安西に決め、十五日に再度代議士会を開いて経過報告し、十六日の総務会で決定することになった。十六日の代議士会では「安西は当時渡米中で、当て込むことは無理であり、党内結束のためにも林に決めるべき」との意見が強く、安西候補案は撤回されて林が候補になり、総務会で正式決定となったのである。

一方野党側では結束を図るため、参院選候補を立てぬ決まりであったが、社会党では吉川、小川、寺光、金田範俊書記長等は十四日に参院選候補を協議し、知事選出馬の柴田は労働者間にあまり支持者がないが、春の参院選で惜敗した国労の片岡文重は予想外に票を集めたことから知事選に有利になるのではと候補に浮上したのである。しかし党内では加瀬完県議が反対し、民主党の一部にも反対があった。社会党中央本部は「社会党の公認候補のいない選挙は応援出来ない」との態度であり、二十日に片岡を社会党公認候補と発表したのである。民主党や同志クラブでは、参院候補は自由党林支持の意向が強かったことから、県政革新連盟にとっては一つの危機であった。川口県政によって委員長等幹部を解雇されていた県職組は二十一日、臨時大会を開催して柴田候補を推薦し、選挙対策本部を設置し、強力に運動を進めると共に、資金カンパを行うことを決めたのである。

共産党は野党が一体となって統一候補で闘うことを望んだが、三派連合は「共産党からの統一候補の申し入れがあっても拒否する」との態度であったので、十六日に萩原中が立候補を届け出たのである。知事選は石橋、柴田、萩原の三者で争われることになったのである。(3)

投票日まであと十日となった終盤戦に石橋、柴田両候補陣営の一八郡市別での票読みでは、石橋側の形勢は四割が海上、匝瑳両郡のみで、五割二地域、六割七地域、七割四地域、八割五地域で、選対本部では一〇万票引き離すと見ていた。柴田側では四割は市原郡だけで、他は八割こそなかったが五割六地域、六割一一地域、七割一地域と手堅く読んでいる状況が見られたのである。

石橋側は市町村長の八割の支持、農協の幹部級、漁業組合、海区調整委員の人気は圧倒的と云われ、医師会、歯科医師会も支持を表明していた。柴田側では県職組四千、教組二万、農地委員三千、総同盟県連三万、国労一万五千、私鉄総連二千、関東配電労組一万、日農県連三万、全農県連二万、農調委員三千、農業改良普及員三千、農林統計事務所員五〇〇、全財務二千、食糧検査員一千、農青連一万、全銀連二千、開拓連一万五千、その他に労農諸団体や農協連、青年団が圧倒的に支持してくれていると見ていた。情勢は五分五分であったと云える。

十二月六日午後四時、共産党の萩原候補は選挙管理委員会に立候補辞退届を提出し、共産党県委員会は「われわれは千葉県民の統一への要望にこたえて萩原候補を辞退させ、柴田知事候補、片岡参議院選候補を全力を挙げて推薦する」との声明書を発表したのである。萩原は一九四七年(昭和二十二)の知事選で約五万票の得票があり、当時県下の党員は三千名と云われ、県教育委員選挙では約二万票を獲得していたので注目されていた。社会党の金田、戸田選対委員は「統一戦線の結成は党の根本方針に反する」と否定的で、脇田三千雄県政革新連盟選対本部長も「萩原氏が辞退したとしても何ら関係ない」としていたのである。

県内各社の県政記者座談会では「天王山は浮動票の行方」と見て、「浮動票の大部分は婦人で、柴田派は婦人に相当働きかけているから、この点からも柴田が有利だ」と見ていた。柴田派選対では「県下初の連合体選挙戦」と位置づけ、「組織団体、政党関係で約一〇万の運動員を動員、郡と市で三〇〇～六〇〇組の自転車隊を動員」していたと云う。

開票の途中の段階で柴田は二八万票、石橋は二一万票と柴田が断然優勢であることが判明した。しかし参院選では林が開票の途中まで六二〇〇票余もリードしていたのである。最終結果は柴田四〇万一七七六票、石橋三一万九九七二票で柴田が八万一八〇四票の差を付けての大勝であった。参院選は片岡三六万四四一五票、林三五万六一一〇票で片岡が逆転勝利した。その差八三〇五票であり、共産党の二万票の重さが働いたものであった。[4]

知事選の投票率は六六％（男七〇・三、女六二・三）、四年前の場合は六〇・六％（男七〇・七、女五〇・四）であり、男性は変わらなかったが、女性の投票率が一二％もアップしていた。大いに柴田に有利に影響したものと思われる。また郡と市別の得票率では、柴田が石橋に負けた所は東葛飾郡と香取郡の二郡だけであった。

柴田の勝因について元吉重成県政革新連盟選対本部次長は「革新連盟が生まれ、総力を結集して県民の世論を喚起したのが、今日の勝利となった」としていたことは正しい総括であった。県政革新連盟に結集した勢力は足並みをそろえることがやっとで、柴田に条件を付けたり、政策協定を求めることをしなかった。共産党を革新連盟に加入させないと云う団結力に不充分さがある等の弱点があったが、追い詰められた県民の期待に応えるために果敢に闘ったことが勝利させたものである。闘いの参加者が「正義、房総の野は亡びず」を実感したと述懐していたが、この知事選は県政史上かつてみない壮観さを示したものであった。[5]ただ自由党の候補者選定に絡む内部対立が敵失となって、野党側の流れを促進させた側面は見逃してはならないことであった。

（2）優柔不断と党略を露呈した副知事起用

選挙で勝利した柴田知事と与党三派は、県議会で多数を占める野党自由党にまず一九五一年（昭和二十六）の二月定例県議会で対峙することになった。知事はこの県議会に副知事一名の採用を提案するつもりであった。ところが与党三派では県議会を前に社会党が主体性を確立するために県政革新連盟の解散を与党の他の二派に申し入れた。これには民主党も同意し、社会党県連は解散を決議したのである。県政初の連合体による知事選勝利であり、その実現の上で大きな役割を果たした県政革新連盟を何故解散する必要があったのか、理解に苦しむ措置であった。それは与党三派が統一して柴田県政を支えるのでなく、各派の利害を優先させて争うことに道を拓くものであり、その最初の現れが副知事選任問題となったのである。

知事は副知事二名のうち一名を坂本官蔵出納長の起用を考え、二月県議会に諮《はか》ろうとした。坂本出納長は香取郡出身で、日大卒、朝鮮で永く道庁の幹部を務め、終戦と共に帰郷、その後民主党の長老福地新作県議の推薦で川口知事のもとで出納長となり、事務手腕を認められてきた人であった。ところがどのような事情であるのか不明であるが、民主党内では福地県議等が強硬に反対した。同志クラブのリーダーである伊藤與市県議は坂本案に賛成であった。社会党は人選に関与しない方針であった。一方自由党は事務練達であり、政党色もなく庁内刷新となり、これまで職員は部長までであったのに道を拓くものとして拒否の態度はとらなかった。

「千葉新聞」では副知事選任で各地域の知名人に世論調査を行った。鶴舞、茂原、野田では積極的に賛成、木更津、鴨川、館山は賛成の上に注文がついた。東金、八日市場ではよくわからない、関心がないとの意見であったが、全体としては坂本案の受け入れを表明していたのである。

知事は、民主党の一部の意見を容れて坂本案から木村行蔵国警隊長案に乗り換えたのである。これには社会党が猛反対したが、木村隊長は交渉を受諾したのである。木村隊長は仙台市出身で、東大法科卒、内務省に入り、皇宮警察本部長代理を経て、一九五〇年（昭和二十五）五月に国警県本部長に就任した。木村隊長は「私の一生の念願として青少年の補導に尽くしたいと思う」と前向きに語っていたのである。知事は十五日に上京して斉藤国警長官を訪問、「木村隊長を副知事に起用したい」旨を述べて承諾を求めたが、確約を得られぬまま帰県した。木村隊長は十六日に上京して斉藤長官等関係者と会見し、猛烈な反対を受けて帰県、知事に就任辞退を伝えたのである。[6]

「千葉新聞」は論説で「柴田県政において最も警戒を要することは、ともすればこの県政は八方美人的になり易いということである。八方美人的県政はやがて総スカン的県政となるであろう」と警告していた。知事は「今会期中に副知事一名の承諾を求める」と言明してきたので、坂本案に戻して与党三派から白紙委任をとって事態の収拾を図ることを考えたが、民主党は極めて感情的に反対したのである。この混迷した事態を柴田県政を支えるために尽力していた県職組は「今後の柴田知事の県政執行上に重大な暗影を投ずるであろう事は見逃し得ない」と失望の色を強くしていた。

二月県議会最終日を迎えて「千葉新聞」は論説で「進退窮《きわ》まった柴田知事が苦し紛れにどのような手に出るか、また与党三派がどのような妥協点を発見するか、万一、一時逃れに今県議会を見送ろうということにでもなれば、知事の公約不履行で、反対党はもちろん県民の猛烈な非難を浴びることは疑いなく、柴田県政は生死の関頭に立つというも過言でない」と指摘していた。危惧した通り二月県議会を見送り、三月二十八日からの臨時県議会へ持ち越したのである。

知事と与党三派は三月十八日、七時間にわたってもめた末に、鈴木斗人千葉経済調査局長に落ち着き、本人に交渉したところ即座に内諾したので、三派の代表が自由党に協力を求めたが、「機関に図る」との返事しかなかった。鈴木斗人は印旛郡大森町出身で、東大法科卒、台湾総督府に入り、戦後は香川県経済部長、千葉県経済部長、同農地部長を経て一九四八年（昭和二十三）三月に千葉経済調査局長に就任していた人であった。[7]

しかし知事から鈴木副知事起用の了解を求められた自由党県議総会は十九日、「これまで知事のとった選考方針には一貫性がない」として見送りを決定したのである。しかし知事は県議会本会議に上程したので、三月二十九日に無記名投票が行われることになった。与党側出席者は社会九名、民主七名、同志クラブ九名の二五名、野党自由党二六名、無所属一名の伯仲状況であった。自由党の投票直前の県議総会では、鈴木を可とする者一二名、否決一三名で否決の方針を決定したのである。しかし本会議の投票結果は五二票のうち、鈴木を可とする者二八票、否とする者二四票で自由党が敗北し、鈴木副知事が実現したのである。二転三転の後に漸《ようや》く決まった副知事問題であったが、県民の多くは「柴田県政の黒星」と見た様である。その中味は「優柔不断の柴田知事と判らず屋の民主党長老」（千葉新聞見出し）に象徴されていた。その根本は県民のために「民主県政」を守ると云う姿勢が欠落していたことであり、県政革新連盟を解散した付けが回ったのである。

（3）県の機構改革と地方事務所存続

知事は一九五一年（昭和二十六）二月七日の記者会見で「県財政が苦しく、また各所で仕事がダブついている所や新設の必要があるものもあり、二月県議会後に県議会の委員会の議を経て機構改革を実施したい」と語り、「その際は商工部、労働部の独立も考える」としていた。当時「千葉新聞」では労働部設置について「労働者保護の点に止まらず、労働力の再生産の点からしても（略）殊に京葉地区の工場地帯の発展が実現されるとなれば」とその必要性を強調していた。

柴田知事、鈴木副知事、友納武人総務課長等は七月二十四日、機構改革案を発表した。現行の八部制（総務、民生、経済、土木、農地、農林、水産、衛生）とし、一一課を廃止する。知事直属機関として企画審議室を新設するとした。新設の企画審議室は国土総合開発事業、企業誘致、行政監察等を所管するものであった。改革案は課の配分が中心で、部の廃合は地方自治法の制約があるので、改正を待って行うことにしたのである。[8]

自由党では八月九日の県議総会の結論に従い、「機構改革の趣旨には賛成であるが、目下中央政府で研究中なので、その結果を待って行うべき」と県に申し入れた。県は十月一日から社会福祉主事その他二百数十名の増員を行わねばならず、現行定員の増員は財政上困難なので、機構改革で余剰職員を増員に充てようとした。八月十三日に鈴木副知事が急逝したため、九月一日に友納武人総務課長が副知事兼務となって機構改革の担当者となったのである。

三月十九日に公布となった社会福祉事業法で十月一日から地方事務所に福祉課が設置され、民生委員の行っていた生活保護、児童福祉、身体障碍者福祉事業を福祉主事があたることになった。千葉県内の生活困窮者は郡部一万二〇〇〇世帯（五万名）、市と郡で四〇〇〇世帯（二万名）あり、郡部は福祉主事を六五世帯に一名置かねばならならず、約一八五名の主事が必要であった。この他に課長、係長、事務員を含めると二三一名必要であったが、財政難のため一〇名で発足となったのである。

県の第一次機構改革は十月八日に発表となった。それは一局（出納局）四四課を、一局一室（秘書室）三五課とし、総務部に総務課を新設し、川上紀一地方課長を新課長に任じたのである。

八月十五日、地方自治法の大幅な改正があり、標準部局ではおおむね人口段階別に最小四部、最大一〇部に規定し、各都道府県は条例で自主的に設置することになった。

この地方自治法の改正で人口一〇〇万以上二五〇万以内の府県は、機構を総務、民生労働、衛生、商工、農林、土木の六部に改編しなければならなくなった。千葉県は総務、衛生、経済、農林、農地、水産、土木、民生の八部であり、改編の基準に従えば二部超過であった。県の改正試案は、総務、衛生、土木の三部は現状通り、残りは民生労働、農林、水産商工の三部に改編するものであった。この試案に県水産協同組合長会議、全千葉漁連、県漁連、内湾連、信漁連、加工水産連、漁港協会等の漁業団体は、県と県議会に対し反対を申し入れた。反対理由は、「県は二年前に水産部の必要を認め設置したものであり、沿岸漁業の乱獲による不漁、九十九里浜の演習場による不漁対策、東京内湾の防潜網、水中聴音機の設置等重要問題が山積している」としていたが、当然の主張であった(9)。

県は十月の臨時県議会への提出が間に合わず、十二月の臨時県議会へ改革案を内示したが、それは七部案であった。大筋異論はなかったが、水産商工部に批判が集まった。自由党は水産商工部では商工の軽視であると反対し、社会党は労働部新設を要求した。与党三派は県案に賛成であったが、自由党県議総会では水産商工部に反対が強く、現状の八部制を主張した。結局一九五四年（昭和二十九）三月一日、知事は全国の類似一八府県と対照した場合平均八・八部制をとっているので、千葉県の八部制はそのまま存続させることにしたのである。

一方地方事務所の存続については、川口県政は一九四八年（昭和二十三）二月には「廃止を望まず」とし、県議会では権限を拡大すらしていたのである。しかし新憲法、地方自治法制定の時代となり、十月には行政整理の対象となり、一九四九年（昭和二十四）五月には県町村長会が廃止を決議していたのである。

県議会総務委員会は一九五一年（昭和二十六）二月、全国に先駆けて地方事務所を廃止した宮崎県へ行政視察に出かけていた。そもそも地方事務所の登場は戦時中の一九四二年（昭和十七）七月のことで、国策の浸透と戦争態勢の強化を目的として設置されたものであり、地方分権への流れに逆行するものであった。

千葉県では郡毎に一一か所設けられ、職員定数八四〇名、一か所平均六八名、うち最も多い事務は税務関係の三七二名であった。県は税源の町村への移譲から財政は困難となり、県議会では県費縮減のために地方事務所の廃止に着目したのである。地方事務所費として年間約一億円の支出となっており、税務関係は当分存置し、他の部門は町村議会事務局の拡充を要請して、その中に吸収、供米督励等の事務は食糧事務所に委託すれば約五〇〇〇万円節減出来るとしていた。そして二月県議会は廃止を前提としたモデル・ケースを設けることを勧告したのである。

県はモデル・ケースとして千葉地方事務所の廃止案を検討した。柴田知事や白鳥儀三郎全国町村長会長（津田沼町長）や有力町村長は廃止論に賛成であったが、友納総務部長、川上地方課長は事務煩雑化を理由に反対であった。これは単なる事務削減の問題ではなく、地方分権をめぐる考え方の違いであり、柴田知事は推進派であったのである。

六月十三日の地方事務所長会議では、①町村吏員の事務能力の向上、②町村財政の強化、③町村長会事務局の拡充の三条件が揃わなければ時期尚早と云う意見であったが、県は六月二十五日に千葉郡下の町村長を招き、千葉地方事務所廃止案を示すと賛成であったので、廃止の見通しがつき、九月定例県議会でまず千葉地方事務所を十月一日に廃止した。

柴田知事は一九五三年（昭和二十八）五月二十五日の定例部課長会議で、地方事務所の機構改革問題では七月一日までに各部の原案を提示することを命じた。地方事務所の定数は七五二名だが、廃止しても実際に減員出来るのは九一名に過ぎず、逆に廃止によって事務分量の多くなる本庁の各課では増員せねばならなくなってしまうので、廃止は時期尚早となり、漸次機構を縮小する方針としたのである[10]。

県町村議長会では六月末に地方事務所を廃止した静岡、栃木両県を視察し、「廃止しても差し支えない」との結論に達したと発表した。県では県町村議会、議長会等が廃止の傾向に進んでいたので、七月七日に一九五四年度（昭和二十九）から廃止する方針を内定するに至った。一方、町村合併の推進に伴って県下各地方事務所の存廃論が台頭したので、県首脳部では一九五五年度（昭和三十）には地理的に安房地方事務所を除く全部を廃止することにしたのである。

（4）四つの政策を展開

柴田県政は政策的に川口県政を引き継ぐ面と同時に独自策を採用した面がある。そのいくつかを取り上げる。

①信用保証協会の発足と中小企業振興策

川口県政は中小企業対策として中小企業対策本部を発足させ、信用保証協会の設立、協同組合の指導、企業診断、金融斡旋を行ってきた。柴田県政はその政策を引継ぎ、一九五〇年（昭和二十五）十二月十八日に千葉市の経済会館で中小企業対策本部の委員会を開き、当選直後の柴田知事を本部長に迎え、委員の再組織を行い、信用保証協会による企業診断、中小企業の経営相談を推進することにした。一九五一年（昭和二十六）六月二十七日の委員会では対策の第一重点に金融対策を置き、①前年度見返り資金で県下の中小企業には三一件八〇〇〇万円が融資されたので、この融資斡旋を活発化させ、目標を一億円とする、②信用保証協会を活用するため、県予算の二〇〇〇万円のうち一〇〇〇万円を保証協会に貸し付けて保証能力の向上を図る、③商工組合中央金庫の財政資金融資を考えて、県は四〇〇〇万円を預託する、④少額資金に困る小業者のために国民金融公庫千葉出張所を誘致するとした。対策の第二重点は内外販路の開拓、斡旋である。①東京銀座の県内物産斡旋所の強化、②見本市、展覧会、博覧会等に積極的に参加する、③優良試作品の補助育成のため補助金を交付する、④内外の経済情報を提供するため機関誌「千葉県商工」を発行する。対策の第三点は、①中小企業の協同組合組織化が三割であり、組織化の啓蒙を図る、②既設組合の共同施設維持には県費補助を行う、③中小企業の設立から経理、技術面等の経営全般について相談に応ずる県中小企業相談所を県対策本部（県庁商工課内）や各商工会議所、中小企業協同組合連合会に置くと云うものであった[11]。

一九五二年（昭和二十七）十一月二十四日の県部長会議では、中小企業の歳末金融対策として県信用農協連（県信連）に預託してある六〇〇〇万円のうち三〇〇〇万円を引き出して一般企業に回すことを決定した。当初横内経済部長は県金庫の余裕金の中から回す案を立てたが、坂本出納長は年末ボーナス支給等で財源が枯渇していたことから拒否したので、県信連から引き出すことにしたのである。一九五二年供米代金の六〇％が県信連に預託となっていた余裕からであった。柴田知事は二十五日に奥信連専務に申し入れ、了解が成立して歳末金融対策が本決まりとなったのである。これは柴田県政以前にはなかったことであった。

② 漁業信用基金の創設

漁業法の改正で旧漁業権取上げ、漁業権の八〇％は漁業協同組合に引き継がれ、漁業証券の交付となった。政府は漁業者の資金不足緩和のため、中小漁業融資促進法で漁業信用基金制度の下準備を進めようとし、一九五二年（昭和二十七）七月二十二日に法案を閣議決定したが、国会の抜き打ち解散で棚上げになってしまった。このため県では法案実施と同時に漁業基金制度が順調に運営出来るようにするため、県から三〇〇〇万円、漁協から七〇〇〇万円で最低一億円の基金を準備する計画を立てた。漁協の出資は漁業証券（交付総額六億八〇〇〇万円）の一部を振り向けるものであった。

一九五三年（昭和二十八）二月二十四日、県は千葉市内の水産会館に漁協組強化対策委員三〇名を集めて、漁業信用基金の運営基本要項を提示し、出資金を一億一二五〇万円に決定。発起人役員と基本原案を説明し、各県のトップを切って六月六日から営業を開始した。借入申し込みは二億円を超えて漁業近代化に意欲盛んであることが示されたのである。(12)

③ 社会福祉への取り組み

児童福祉法が施行となったのは一九四八年（昭和二十三）一月一日であったが、県下第三回児童福祉大会は一九五一年（昭和二十六）五月十四日に千葉市の教育会館で開かれ、県からは柴田知事、鎌田民生部長が出席した。討議では「児童福祉法が制定されてから三年になるが、その間少しも実績が伴わなかった」とか「当局は貧しい家庭など実態に注意を注いでもらいたい」との意見が出されていた。社会福祉事業法の一九五一年六月一日施行に先だち、県は各地方事務所単位に社会福祉事務所を新設することにした。それは生活保護指導、身体障害者の更生等、これまで民生委員が認定した一切の仕事を取り扱うものであった。千葉県の機構定員は所長、戸別指導員、集団指導員、児童福祉司各一名の計四四名に訪問員一八四名、事務員二二名で合計二五〇名の陣容となるものであった。しかし県財政が火の車で定員通りの増員は不可能なため、八〇名にとどめ、県庁各課の人員を整理し、なお不足分は県定員条例を改正して増員することにしたのである。(13)

社会福祉事業法制定後初の県下社会福祉大会が九月十九、二十日の両日、野田市の興風会館で開催となり、柴田知事をはじめ一五〇〇名が出席、児童福祉の振興、母子福祉対策の拡充強化等を具体的に協議した。野田市では中央大通りは軒並みに紋幕を張り、角行灯《かくあんどん》をつるして受け入れに張り切っていたのである。

旧法の生活保護法は憲法制定前の一九四六年（昭和二十一）十月一日に施行となったものである。この法は国家の責任による総合的な最低生活保障の法制としては画期的な意義があったが、国民の権利の保障及び実施責任体制に関する規定に不十分な点があったため、一九五〇年（昭和二十五）五月四日に改定され、現行の新法となったのである。新法施行に伴って県は一九五二年（昭和二十七）五月、新生活扶助要綱を決定し、生活扶助の算定基礎を同年五月の物価に合わせて改訂した。今までの扶助費は食費に充てられ、入浴はもちろん衣類も買うことが出来ないものであったが、改定で教育費や下着類の購入費が認められ、子供のある世帯には月四〇円を限度に育児諸費を認め、月二回であった入浴料を三回に、また薬購入費五円を四〇円に引き上げたのである。住宅扶助は二・五倍に引き上げられ、二級地（市川・船橋）では二五〇円が六一〇円となった。出産扶助では七夜まで入浴が認められ、教育扶助では教科書、鉛筆、ノートの全額が扶助され、小学校六年生の場合では二二六五円が二六五〇円となった。生活保護法の適用範囲が六〇六〇円であったものが、六七四〇円に引き上げとなり、県下の要保護者一万七〇〇〇世帯の耐乏生活もいくらか緩和されることになり、県の生活扶助予算は四億円から四億四〇〇〇万円へ増額となったのである。(14)

身体が悪いため就職も出来ず、商売したくも資金がないと云う身障者を保護して生活の安定を保障しようと九月二十三日から身障者雇用促進週間が県下一斉に展開された。身障者で登録台帳に登録した者は五二〇名

（うち女子四三名）であったが、実際には一万三五〇〇名に及ぶと推定され、うち二九七〇余名は無職者、なかでも一九〇〇余名は妻子や両親をかかえて生活の中心とならなければならないのに就職先がなく、内職や妻、両親の収入で悲惨な生活を続けているものであった。週間中の重点は、雇用主の啓蒙宣伝に置き、具体的な就職斡旋は週間後に継続して行うことにした。週間中の主な行事は、①一九五二年（昭和二十七）九月二十七日に県庁に事業主を招いて懇談、身障者の雇用を依頼する、②各安定所の職員が事業場を巡回して求人開拓を行うと共に、各市町村に出張、身障者の相談に応ずる、③広報車「ひばり号」が県下を巡回、知事の談話を録音放送する、④主要な街頭、会社、工場、官公庁にポスターを配布する、⑤立看板や駅、劇場で主旨のアナウンスを行う等であった。

県下には精神薄弱児の教育施設は私立経営の市川市八幡学園しかなかった。昭和天皇の同学園視察や映画「忘れられた子等」によって社会的に関心が高まり、県立精神薄弱児童収容施設が千葉市生浜町の県立生実学校の中に建設され、十一月十七日に柴田知事をはじめ関係者多数が出席して落成式が行われた。精神薄弱者の子供たちは県下に一〇〇〇名存在していたと云われ、県立生実学校の塚本校長の尽力で同校校庭に八〇坪の特別校舎が建設されたのである。塚本校長は「このような子供たちでも適正な教育を行えば、立派に生活出来るような人になることが出来る」と語っていたが、敬服される言葉であり、新しい児童福祉の面に明るい光明をもたらすものであった。柴田県政期は国の社会保障制度改革の影響が強いものであったが、これまでの県政に見られない努力もあったのである。

④ 馘首《かくしゅ》された県職組幹部の復職実現

川口県政は前項で触れたように一九四九年（昭和二十四）八月二十六日、県職組の山口委員長、二宮書記長等の幹部六名を馘首した。一九五一年（昭和二十六）二月五日、地労委は「申立人（山口等）が昭和二十四年八月二十五日付の退職願いを本年二月十二日までに提出した時は、被申立人（知事）はこれを受理し、申立人の免職辞令を撤回し、同日付の依願退職の辞令を交付する」との和解条項を提示して双方に受諾を勧告したのである。そして六名については「知事が改めて再雇用する」との和解案を県職組が了解し、二月七日には柴田知事も受け入れを回答したので、一年半に及んだレッド・パージ問題はそれぞれが職場に復帰して終息となったのである。[15]

しかし六月定例県議会で自由党の山木善之亟《ぜんのじょう》県議から特に山口委員長等の復職にはクレーム発言があった。柴田知事は「私の責任において各種事情を総合し、特別に採用したものであるから、了承願いたい」と答弁した。この答弁に納得しなかった自由党の菅野儀作県議は九月定例県議会で再び取り上げ、「赤色パージに等しかった山口君を再び採用したこと」で「柴田知事の思想は共産主義的思想への共鳴があったのではなかろうかとの疑念が生じやすい」と追及した。知事は「山口は共産党員ではなく、むしろ民主的な人であるとの断定のもとに採用し、今日でもその見解を変えていない」と答えて押し切ったのである。[16]

（二）「民主」県政の行き詰まり

（1）逆コースの影響

①県議選で知事与党敗北

戦後二回目、柴田県政最初の県議選（定数が六〇名から六二名に増員となる）が一九五一年（昭和二十六）四月三十日に行われた。[17]選挙直前の県議会の状況は、知事与党の民主党七名、民主党系の同志クラブ九名、社会党八名の二四名に対し、野党の自由党は三〇名であったが、一九五〇年（昭和二十五）十二月二十六日に反主流派県議一〇名（鎌田七右衛門、郡司幸次郎、中沢恒夫、江口七、蓑輪義政、石崎輝治、市川得三、田中幸之助、堀越英次、石橋市作）が自由党を脱党し、自由クラブを結成していた。

民主党は一九五一年（昭和二十六）二月に同志クラブとの一本化に成功した。しかし自由党では自由クラブの復党が難航し、自由党では復党がない場合は鎌田、蓑輪、郡司の三県議以外は対決して落選させる方針を決め、その後鎌田は離党し、蓑輪、大野、藤代を除名したのである。

投票前日の各党の「皮算用」では民主党は二〇名、社会党は一八名、自由党は二八名を確実としていた。また共産党は「印旛、長生両郡と千葉市では当確、圧倒的に延びる」としていた。

選挙結果は自由党三二名、同党系無所属一名を合わせて三三名で過半数を確保し圧勝した。民主党九名、同党系無所属三名の一二名、社会党は八名、同党系無所属六名の一四名、共産党は議席を獲得出来なかった。民主党では長老の伊藤與市、幹部の柴弘志、山倉由三、秋山有等が落選し、第二党の地位を社会党に抜かれた。社会党は議席増となったが、篠崎長次県連会長、金田範俊副会長、寺光教信《てらみつきょうしん》書記長の党三役が落選であった。県議選の一週間前であった四月二十三日の市町村長と議員選挙では民主党と共産党は共に退勢を示していたのであり、その傾向をくい止めることが出来なかったのである。

各紙は「柴田県政憂色深まる」「知事苦悩の色濃し」「最悪の事態に追いやられるかも」と報じていた。与党の民主党と社会党で過半数を確保できなかった敗因は、①県民のために柴田県政を共同して守ると云う姿勢が欠如しており、社会党県連は二月二十二日に会長が吉川兼光代議士から篠崎長次県議、副会長に土田昇県議、金田範俊、書記長に寺光教信、会計に加瀬完県議と新体制となったが、民主、同志クラブと連携して県政革新連盟の精神を県議選にどう生かすかの方針が曖昧であった、②与党の政党が「自己の力を過信した」と指摘があったように、権力に胡坐《あぐら》をかき、民衆から背を向けられた面があったことである。

②追放者の政界復帰と国政選挙の影響

一九五一年（昭和二十六）六月二十日、吉田茂政府は公職追放中央指定者の解除を、七月二日には地方指定者の解除を発表した。千葉県では中央指定二五九七名、知事指定二三二一四名であった。大幅な追放解除であり、政界をはじめ各界に大きな影響を与えるものであった[18]。

自由党中央では吉田茂首相と追放解除で復活した鳩山一郎の両派閥が対立したが、吉田首相は党内の反吉田派の選挙準備が出来ないうちにと先手を打って、一九五二年（昭和二十七）八月二十八日に総選挙へ踏み切ったのである。

県内追放解除組では臼井壮一、川島正次郎、小高長三郎、中村庸一郎、篠原陸朗が十月一日の総選挙に立候補し、川島（自由党）、臼井、中村（以上民主党）の三名が当選した。自由党は八議席であったが、鳩山派は二名にすぎなかった。しかし一九五三年（昭和二十八）二月の吉田首相の「バカヤロー」発言を契機に吉田内閣の不信任案が可決して総選挙となり、県選出の自由党代議士は吉田派四名、鳩山派四名に均衡し、自由党内の吉田派と鳩山派の対立は激化することになった[19]。

また民主党では県選出代議士は千葉三郎、臼井、中村の三名で、そのうちの二名が追放解除組であった。民主党を中心として改進党に再編となり、一九五二年七月二日の同党県支部結成大会で追放解除組の中村庸一郎が支部長、脇田三千雄が幹事長に選出となって革新的でない古い要素が加わり、野党の自由党吉田派の揺さぶりに動揺しやすくなったのである。社会党は右派の吉川兼光代議士一人であったが、一九五二年十月一日の総選挙で左派の小川豊明が当選し、左派のウエイトが高まり、十月二十三日の社会党本部大会に臨む県連の態度を決める十月二十一日の拡大執行委員会では六時間にわたる大論争で平和、安保両条約には一三名対一二名で反対の態度が決まったのである。「中央でどう決まろうとも県連は割れない」との条件は確認したが、「左派が優勢」であった。

社会党中央では両条約をめぐって左右に分裂し、右派社会党と左派社会党に分かれたが、その後も千葉県連は全国で唯一統一を守っていた。けれども一九五三年（昭和二十八）十一月二十五日に左派中央本部の指示で千葉県にも左社県連が結成されることになったが、加瀬完参議院議員や社会党県議団は統一を確認し、柴田県政支持を維持したのである。

③ 自由同志会分裂の影響

自由党中央で吉田派と鳩山派の抗争が起こると、県内の自由党県議団では統一を維持するために、一九五三年三月に統一会派である自由同志会を結成して分裂の回避を図ったのである[20]。当時県議会分野は、六二名中自由同志会三四名、社会七名、改進七名、千葉クラブ一〇名、吉田派一名、欠員三名であった。

しかし五月の臨時県議会を迎えて自由同志会は吉田派自由党県議団一六名と鳩山派自由党さつき会一七名、中立派二名に分裂したのである。鳩山自由党は与党三派（社会、改進、千葉クラブ）と提携した。一方吉田派自由党は鳩山派県議七名を除名処分にして、動揺県議の切り崩しを図った。まず中立の一名（松本清副議長）を入党させた。これで吉田・鳩山両派は一七名対一七名となった。千葉クラブは二年生県議の郡司幸太郎以外は一年生県議であり、一〇名中七名は教員であり、与党の中では社会と改進の間に挟まって中間色を示す存在であった。けれども政党入りを望む者が出ており、相川久雄は吉田派へ、奥主計は鳩山派へ入党し、瓦解の危機に直面していたのである。また与党三派と鳩山派の提携には感情的な溝が残っており、吉田派はこの溝を衝いて攻勢に出たのである。鳩山派内では杉野竹松、竹内郁太郎、小高艶三の三名は吉田派に接近の動きを見せた。これに対し佐川四郎、渡辺昇司、山木善之亟の三県議は是々非々の立場であった。この吉田派の攻勢に対して与党三派の幹事は、①松本副議長の不信任、②県議会役員の独占を申し合わせ、「今回の闘争は柴田県政に筋金が入るかどうかの試金石」と闘いの決意を示したのである。

十一月十七日、吉田・鳩山会談が行われ、鳩山は鳩山自由党の大部分と共に自由党に復帰した。吉田は音羽の鳩山邸を訪問して「君さえ帰ってくれればそれでいいんだ」と云った。残留組の三木武吉、河野一郎、山村新治郎等八名は十二月に日本民主党を結成したのである。[21] 県内の鳩山派自由党では合同反対の声が強かったが、さつき会一七名のうち自由党へ六名、自由同志会へ八名、無所属へ三名とに分かれ、さつき会は解散となり、自由同志会が県議会のキャスティング・ボートを握ることになったのである。[22] 与野党の中間にあって是々非々を唱えてきた県議会の自由同志会は一九五四年（昭和二十九）三月十六日に政策協定をして三月県議会に提出された議案を修正する態度に出ることを自由党幹事と話し合ったのである。この事態が進めば、知事が窮地に陥る恐れが出てきたのである。

三月二十八日、緒方竹虎副総理が保守合同構想を発表し、改進党に対して提唱した。この中央の保守新党結成への動きには、県内の改進党は「たとえ中央がどうなろうとも、県内は県内で独自の態度を決める」と批判的であった。改進党の真意は柴田知事を擁立して柴田再選を勝利するため、自由党とは対決したいと云うところにあった。一方自由党は第一党でありながら過半数を占めていないので、中央で新党が出来れば、当然に県内の保守勢力も結集され、柴田県政に対する強力な野党となり得るとみて新党を歓迎したのである。

八月二十一日に改進党の土屋留治と自由党の松本清の間で合同話が進み、自由党は二十四日に緊急総会を開き、改進党も個別に了解を求めて、八月二十五日に両党合同会派の県政倶楽部が誕生した。これは年末の知事選挙に自由党は有力候補がいないことから、柴田知事を推すための工作であったと云われていたが、知事選に備えるための県政倶楽部であるとすると、果たして自由党主流派が納得したものであったのかは多分に疑問視されるものであった。この保守派の先手に対して社会党は右社県連が八月三十一日に選対委員会を、二十九日には左社県連が躍進大会を開いて、それぞれ知事選対策を具体的に協議したのである。一方自由、改進両党から仲間外れされたような自由同志会は二十五日に山村代議士と自由同志会の菅野、鎌田等六県議が柴田知事を訪れ、「事前に交渉があったのか、知事は県政倶楽部に同調するのか」と打診を行った。知事は「内交渉は全くなかった。今後も中立の立場をとる」と回答した。このため同志会は二十六日に議員総会を開き、県政倶楽部の呼びかけに対する態度を協議したが、応じなかったのである。

九月八日に同志会の菅野儀作県議は川口為之助自由党県支部長宅を訪問、前夜の議員総会で決まった合同への二条件（①反吉田での保守合同、②柴田県政の与党になる）を説明し、合わせて川口・山村会談を申し入れた。川口は会談には応ずることになったが、与党化には応じられないことを明らかにしたのである。

④ 柴田再選への道

柴田知事は九月六日の定例記者会見で、再出馬を表明し、「共産党は一寸別のことになろうが、その他の党派はどこでも支持して下さるなら、お受けしても一向に差し支えないのではなかろうか」と答えた。さらに二十日の記者会見でも「今まで通りどこまでも絶対中立の態度を変えないつもりである」と答え、保守派の誘いには乗らない姿勢を明確にしていたのである。

九月十九日に改進党は役員総会を開き、「柴田を無条件で支持する」と決定し、秘密会に移り、自由党選挙対策委員会と連絡をとり、両党は千葉市「ほてい家」で初の支部長会談を行った。出席者は自由党側川口支部長、川島正次郎代議士、逆井、勝田両県議、改進党側は中村庸一郎支部長、臼井壮一代議士、土屋県議の七名であった。改進党中村支部長から「保守新党は乗る候補者として柴田知事を支持したい」と申し入れを行った。川口支部長は一旦拒否したい意向を示したが「諸事実によって柴田氏は保守主義者である」と認め、保守派の県政に同調出来るものと断定して翻意し、支持を決めたのである。会談終了後に両党は「柴田知事が両党の政策に同調する限り、両党支部は柴田知事を支持することに意見の一致を見た」との共同声明を発したのである。(23)

九月二十五日に改進党の中村支部長以下福地、土屋、渡辺良雄県議は自由会館に川口支部長を訪ね、「先の合同協議会決定通り柴田支持に同調してもらいたい。それが不可能ならば今回は候補を見送って欲しい」と要請した。これは前日に「柴田氏が保守派の政策に立って、社会党から手を切れるかどうか」との自由党からの依頼を受け、改進党が知事の意向を打診、その結果を報告するかわりに要請したものであった。自由党としてはあくまで社会党と一線を画さない限り、柴田を支持出来ないとの基本線を変えないので、会談は結論が得られなかったのである。

九月二十七日に自由党選挙対策委員会は、改進党が知事を社会党と絶縁させることが出来なかったので、自由党と改進党の共同声明破棄を決定した。ただ逆井、勝田、松本県議等から「結論を出すのを待ってもらいたい」との意見があり、結論は保留となった。しかし九月二十八日午後に衆院第一議員会館で開いた県選出国会議員団会議では「党独自の候補を立てる、人選は川口支部長に一任する」ことが決定となった。これには自由党県議団も決定に従うことになったのである。

一方知事与党の一角である社会党では九月十一日に右派社会党県連が柴田支持を決定して、左派社会党に共闘を申し入れた。けれども十九日の左社県連執行委員会では、強く柴田支持を主張したのは顧問の加瀬完参院議員だけで、他の人々は批判的であったので態度を保留し、労組関係と協議の上、三役、顧問団、四局長の役員合同会議で討議した上で、執行委員会が決定することにした。そして九月二十四日に支持決定となった。また千葉県労働組合連合協議会（県労連）も二十五日に支持を決定したのである。

共産党県委員会は九月三十日、萩原中を公認候補と発表した。スローガンには反米、反吉田、再軍備反対、軍国主義反対、郷土の軍事基地化反対とあった。郷土の軍事基地化反対は県政に直接関係あるものであったが、県政を巡る知事選挙のスローガンとしては不十分なものであった。

自由党では十月四日、知事候補に斉藤三郎元県議を内定した。斉藤は「国会議員、県議会議員の方々が一致して推薦し活動してくれれば、私も党人であり立候補をお受けする」としていたが、十月八日に辞退した。辞退理由には「赤字財政克服に自信がない」と云うものであった。

十月十一日の自由党選挙対策委員会は、斉藤行蔵君津郡大貫町長を候補に推した。斉藤行蔵は元代議士一期、県議一期を務め、内科小児科医でもあった。しかし十七日に辞退の回答があり、候補は振り出しに戻ってしまった。そして自由党では斉藤が推薦してきた逆井隆二県議に三度目の立候補交渉を行った。けれども逆井も辞退したので、二十二日に選対委、党役員の合同会議を開き、「立候補見送り」を決定し、支部長等関係者は引責辞職することになったのである。(24)

十二月十三日に柴田対萩原の一騎打ちによる知事選挙が行われることになったのである。

(2) 町村合併の推進

一九四九年（昭和二十四）七月に県町村長会は、六・三制の小中学校校舎建築等で財源に乏しい小自治体の財政難が深刻であることから、人口五〇〇〇人位宛《ずつ》で一〇〇か村前後を目標に町村合併へ乗り出した。折しも同年九月にシャウプ勧告が行われ、地方自治について二つの勧告があった。それは地方財政平衡交付金制度の提唱であり、また市町村に大幅に事務委譲すると云うことであった。十一月二十六日に県町村長会と町村議長会の合同審議会が県庁で開かれ、県側は各町村の合併を積極的に応援するとの意志が表示され、町村側も「シャウプ勧告により町村事務が過重になり、且つ財政負担も重くなってくる折から、出来る限り町村合併を促進したい」と両者は意見の一致を見たのである。

当時全国の町村平均人口は五〇九四人、面積は三五・一一平方キロメートル《キロメートル》であった。千葉県の町村人口の平均は五三四一人、面積は一六・一二平方キロメートル《キロメートル》と著しく狭く、県としては適正規模を栃木県の平均人口七七七三人、面積三七・四二平方キロメートル《キロメートル》に近づけたいと腹案を考えていた。

自治庁は一九五一年（昭和二十六）一月十三日、「来る地方選挙を前に町村の廃置、分合等によって市町村の規模を合理化し、強力な公共団体の態勢を整えることが緊急と考えられる」との通知を各府県知事宛に出した。(25)千葉県では町村の適正人口が七〇〇〇～八〇〇〇人以上、面積三〇平方キロメートルに達していた町村は四一か町村に過ぎず、二四三町村は適正規模以下であったので、県は一九五二年（昭和二十七）四月に知事の諮問機関として町村適正規模委員会を設置し、八月二十二日に第一回の委員会を開催し、合併モデル地区を設定した。しかしモデル地区での合併が八地区のうち三地区しか実現しなかったので、一九五三年（昭和二十八）五月に前年度のモデル地区を解消し、新モデル地区を選定して、平均人口を一万人に引き上げたのである。

政府は一九五三年十月一日に町村合併法を施行し、本格的な実施段階に入った。同法は三か年の時限立法で、人口八〇〇〇人未満の町村を対象とするものであった。町村合併には個別的な合併と地方自治制度整備の合併との二つの要素があったが、同法制定の目的は後者で地方自治体の行財政的な基盤を強化し、地方行政制度の整備を目指す国家的要請にあった。このため県職組は八月二十日から九月初めにかけて県下の各地方事務所に対して「行政費削減は軍事費の増加のためで、再軍備に連なり、また県、市、町村吏員の首切りを招く」と町村合併反対運動を展開していたが、これは決して過剰に反応したものではなかったのである。

千葉県の市町村は、一九四五年（昭和二十）八月に七市八一町二二六村の計三一四市町村であったが、一九五四年（昭和二十九）四月では一三市、七三町、一五四村の計二四〇となり、町村合併の成績は全国七位であった。千葉県は他府県に比して平地が多く、交通網が発達していたためであった。しかし一方で合併の進捗を阻害する要因としては、①合併で議員が辞職となる、②平衡交付金が合併前より減額となる、③地方税の税率が各町村で異なる、④役場の位置が遠くなる等が挙げられていた。そして同法基準の人口八〇〇〇人以下の町村はまだ一八二も残っていたのである。県は合併法期限の一九五六年（昭和三十一）九月までに一三市六七町村にする方針であった。

「千葉新聞」同年八月三日の社説は、①県は次から次へ試案をつくり「十年後、二十年後の町や市はこうした方がプラスになるのだ」と説明するだけで、住民多数を納得させる指導をしないまま、町村議会の議決を急ぐ、そして本県の合併は全国で七番目の成績を収めたと云う。計算上の数で成績を決め、混乱したことは少しも触れないところに官僚的な方法が感じられる、②町村合併を急ぐようになったのは、国の方で町村合併促進法をつくり、各県に合併を指導するための経費を出させるようにしたからである、③住民が反対しているのに議決したからといって、そればかりを絶対視することは、民主主義に名をかりた議会ファッショではないか、④住民の反対と合併推進をどう調整するか、ここに地方議会の重大な責任がある、⑤基本は住民でなければならない、形だけ議決を尊重したといっても何の役にもならない、⑥執行機関は民衆を納得のゆくように指導することが必要であると指摘していたのである。(26)

(注)

(1) 前掲県立図書館蔵「千葉新聞」一九五〇年十一月五日付
(2) 前掲県立図書館蔵「千葉新聞」一九五〇年十一月七日付
(3) 前掲県立図書館蔵「千葉新聞」一九五〇年十一月十七日付
(4) 前掲県立図書館蔵「千葉新聞」一九五〇年十二月十五日付
(5) 前掲県立図書館蔵『自治労千葉の三十五年』八〇頁
(6) 前掲県立図書館蔵「千葉新聞」一九五一年三月十七日付
(7) 前掲県立図書館蔵「千葉新聞」一九五一年三月二十日付
(8) 前掲県立図書館蔵「千葉新聞」一九五一年七月二十八日付
(9) 前掲県立図書館蔵「千葉新聞」一九五二年九月三日付

(10) 前掲県立図書館蔵「読売新聞千葉版」一九五三年五月三十日付
(11) 前掲県立図書館蔵「千葉新聞」一九五一年六月二十九日付
(12) 前掲県立図書館蔵「千葉新聞」一九四八年三月二十五日付
(13) 前掲県立図書館蔵「読売新聞千葉版」一九五一年八月十七日付
(14) 前掲県立図書館蔵「千葉新聞」一九五二年五月六日付
(15) 前掲県立図書館蔵『自治労千葉の三十五年』九九頁
(16) 前掲県立図書館蔵「特報第一編輯」世味調査研究所、一九五一年、五頁
(17) 前掲県立図書館蔵「千葉新聞」一九五一年一月四日付、民主党は一九五〇年六月の参院選挙直後に分裂があり、九名の県議（伊藤與市、佐藤実、水野敬治、土屋留治、清水巌、柴弘志、青木弘、向月基、福原実）が同志クラブを形成していた。
(18) 前掲県立図書館蔵（中村政弘「千葉県の戦後政治の連続と非連続」（『地域と占領』所収、日本経済評論社、二〇〇七年）、一九七頁
(19) 前掲県立図書館蔵　山村一成論文三一一頁
(20) 前掲県立図書館蔵　中村政弘論文三一四頁
(21) 前掲県立図書館蔵　升味準之助『日本政治史4』東京大学出版会、一九八八年、二〇〇頁
(22) 前掲県立図書館蔵　中村政弘論文三一六頁
(23) 前掲県立図書館蔵「千葉新聞」一九五四年九月二十日付
(24) 前掲県立図書館蔵「読売新聞千葉版」一九五四年十月二十三日付
(25) 前掲県立図書館蔵「読売新聞千葉版」一九五一年一月九日付
(26) 前掲県立図書館蔵「千葉新聞」一九五四年八月三日付

三、工業化の土台形成

（一）県総合開発審議会の構想

政府は戦後の経済復興を図るために、一九五〇年（昭和二十五）五月二十六日に国土総合開発法を制定し、この法にしたがって各都道府県は開発審議会を置き、開発を進めることになった。千葉県では一九五一年（昭和二十六）三月に全県を五つ（京葉、大利根、東京内湾、安房、九十九里）に区分する構想を発表した。京葉地区（東葛飾郡、千葉郡、松戸市、市川市、船橋市、千葉市）は東京都の衛星都市の性格を持ち、工業地として発展を図る。大利根地区（印旛郡、香取郡）は利根治水に特色付けられているので、治水の完備と農業地として開発。東京内湾地区（市原郡、君津郡、木更津市）は農業地と共に軽工業地として開発。安房地区（安房郡、夷隅郡、館山市）は観光地、漁業地として開発。九十九里地区（長生郡、山武郡、匝瑳郡、海上郡、銚子市）は天然ガスと漁業の開発を図ると云う構想であった。[1]そして関係条例案は二月県議会に上程されたのである。一九五一年十一月二十七日に学識経験者一四名、県議五名、県職員八名、市町村代表二名の二九名の審議委員を決定、初の審議会が開催となった。審議会会長には古荘四郎彦千葉銀行頭取が選任された。審議会は一九五二年（昭和二十七）六月までに五回開催し、①利根放水路をどうするか、②天然ガスの開発及び利用計画、③京葉工業地帯の計画上内湾浅海漁業をどうするか、④鉄道計画を総合開発上どう考えるか、⑤京葉工業地帯の用水をどうするか、⑥道路計画の構想、⑦利根下流地域舟運の処置の七つについて調査研究を進めた。七月二十五日の審議会は、鉄道の新設路線と国道認定の増加案を決めた。十月八日の審議会は主要幹線道路計画を決定した。十二月三日の審議会は京葉工業地帯建設に伴う一二〇〇万坪（一坪は三・三平方メートル）の埋立と千葉、船橋港の建設計画を取り上げた。埋立計画では船橋から五井町に至る海岸を一期二〇六万坪、二期二〇七万坪、長期七八七万坪とし、二〇〇万坪を商業地帯に、八〇〇万坪を工業用地、残りは緑地帯、同地域の人口五三万人をさらに五〇万人増加させる。千葉港は工業港として一万トン級の船舶を着ける岸壁と三〇〇〇トンの商業用岸壁を建設。船橋港は商業港として一期三〇〇トン級、二期三〇〇〇トン級の岸壁を建設するものであった。さらに審議会は十二月二十日に安房地区の館山港他一〇漁港の増改修計画を纏めた。特に館山港は関東随一の遠洋漁業基地としての立地条件を備えているので、漁港を改修し、三〇〇トンから五〇〇トンの船を使う沖合漁業を兼ねて遠洋漁業基地にする方針を決めた。また千葉港は将来大型母船基地として北洋漁業のサケ、マス漁船、遠洋カツオ、マグロ漁船や県内の大型漁船を停泊させる大漁港の構想があった。一九五三年（昭和二十八）六月二十七日の審議会では都心と直結する京成電鉄の延長計画を審議し、知事に工事促進を建議した。このように審議会は様々な開発構想を審議したのであったが、昭和放水路問題では負担過重問題から審議の入り口で賛成派と反対派による激しい論戦が行われ、結論を得るに至らなかったのである。

（二）川鉄千葉工場と千葉港の建設

ドッジ不況が吹き荒れ、地方財政が窮迫する中、農業や水産業中心であった千葉県では、アメリカが東南アジアでの衣料不足の緩和を図るために、日本の紡績業を重視していたことから、紡績会社の誘致を図ろうとした。特に千葉市では旧日立航空機跡地の蘇我埋立地七〇万坪に誘致を計画した。当時紡績の三大メーカー（日東紡、鐘紡、東洋紡）に続く大日本紡績は関東地方に適地を物色していた。千葉市当局は会社側に呼びかけ、県商工課でも係員を大阪本社に派遣し意向を確かめていた。一九五〇年（昭和二十五）八月二十六日、大日本紡績白石調査課長は宮内三朗千葉市長、横内県経済部長等と共に現地を二時間にわたって視察し「工場には好適である、しかし生産要件が揃っておらず、織物工場が少なく、製品の需要が少ないことが難点」として結局契約にいたらず、八月三十日には会社側が「立地条件に適せず」と正式に断って来て、千葉市側の誘致は失敗したのである。(2)

紡績工場の誘致に失敗した千葉市と県は工場誘致に躍起となっていた折柄、東京通産局の紹介で川崎製鉄（川鉄）との誘致交渉が始まることになった。川鉄は川崎重工の製鉄部門が独立した平炉メーカーで、薄板では日本一の実績を持つ会社であった。川鉄は第一候補地として山口県に白羽の矢を立てた。しかし製鉄工場の分布では関東は川崎市の日本鋼管だけであり、また東京の大消費地を控えており、関東進出を考えていた。また国際情勢の急変も影響した。戦後に中国大陸との貿易が復活し、一九四九年（昭和二十四）から製鉄原料の中国産である開灤炭《かいらんたん》の輸入が鉄鋼製品とバーター方式で始まったのであったが、朝鮮戦争を契機にアメリカが対中国戦略物資禁輸政策を展開したことで、この方式は断ち切られ、製鉄原料の輸入先が中国からアメリカに転換せざるを得なくなり、長距離の海上輸送からの輸入コストの切り下げと輸入に便利な太平洋岸の臨海地域が立地条件として浮上したのであった。(3) さらに千葉市の破格的な誘致条件も大きかったのである。川鉄は県と千葉市へ、①工場敷地に旧日立航空機跡地六〇万坪の無償譲渡、隣接する三〇万坪の埋立権保障、従業員用宿舎と福利厚生施設用地五万坪の土地確保、②港湾、水路、防波堤の整備、③工業用水一日一五万トン使用保障、④一九五一年（昭和二十六）一月までに一万キロワット、操業開始後三万キロワットの電力確保、⑤工場完成後五年間の固定資産税と事業税免除、⑥鉄道引き込み線の使用権譲渡、複線化と新たな引き込み線設置の用地買収、⑦砂利、砂等の工事材料の採取権確保等の要望書を提出した。県と市はこの要望を全面的に受け入れ、十一月十三日に東京通産局で川鉄との誘致条件の確認が行われた。(4) 翌十四日、千葉市議会全員協議会は満場一致で誘致を決定し、十五日には県議会常任委員長と当時県議会に議席を持っていた各政党代表者の合同会議を開催、二十日には県議会でも全員協議会で決定となったのである。

一九五〇年（昭和二十五）十一月に川鉄が銑鋼一貫の新製鉄所計画を発表すると、「溶鉱炉の約三分の一が稼働しているにすぎず、新設は二重投資だ」と八幡、富士、日本鋼管の先発鉄鋼独占の政治的圧力や、一万田日銀総裁の「川鉄への融資は認めない、工場にペンペン草が生えても知らない」との発言が伝えられる状況があり、当初計画では一六三億円の資本投下のうち八三億円を見返り資金（対日援助物資の払下げ代金の積立金）として頼るつもりがダメになり、計画を一年半延長し、六八億円の社内留保の再投資や借入金で賄うことになったのである。

一九五二年（昭和二十七）三月四日の日銀政策委員会では、川鉄千葉工場建設問題が取り上げられたが、「自己資金八五億円の大部分を賄う収益が今後も維持出来るかどうか疑問」とし、融資の結論が出なかった。しかしコスト引き下げをはかって国際競争に備えるためには、新しい設備の建設を必要とする点から、川鉄を支援せざるを得ない情勢になり、日銀の風向きが変わり、八月二十二日の日銀政策委員会では、同社の新資金計画（一一四億円）を了承、社債一二億円、外貨貸二〇億円についても了承したのである。これで一年余にわたった資金問題は漸くケリが付いたのである。県、市と東京通産局の三者を一体とする川鉄千葉工場建設促進対策本部（柴田知事が会長）では差し当たって三つの課題に取り組んだ。第一は電力の獲得で、川鉄の電力需要予定表では、一九五二年度まで約一万キロワット、工場完成後は約六万キロワットが必要であった。一日約六万キロワットは県下全需要量に匹敵するもので、それでなくても千葉県は電力事情が貧困であったから、県外から新電力線を引っ張る以外になく、関東配電との交渉で花畑発電所から一五万ボルトの高圧線を市川市経由で千葉市に引く計画が纏まり、一九五一年（昭和二十六）四月着工の予定となった。しかし日本発送電、関東配電の再編成と朝鮮戦争特需のため、四月末の工事完了の見通しは困難となった。宮内千葉市長、浮谷県電気協会会長（県議）等は五月八日、福島県猪苗代電源地帯を視察すると共に、東京電力会津若松支社と交渉したが、打開しなかった。五月十二日には柴田知事、宮内市長等は片岡、多田両代議士と共に東電本社に陳情を行って電力確保に努力を続けたが、楽観は許されず、工場建設の大きな課題となっていたのである。川鉄では四万キロワットの受量能力を持ち、一万五〇〇〇キロワットの自家発電設備を備える計画であった。五月三十日に衆議院経済安定委員長等が、六月一日には参議院副議長、同安定委員長等一行が川鉄千葉工場の視察に訪れ、電力問題解決への期待が示されたのである。十一月二十九日に柴田知事が菅東電副社長に陳情すると、「電柱、変電所施設等、既に発注済みで、今月早々着工の予定」と語った。一九五二年（昭和二十七）三月八日に送電線と変電所の起工式が行われ、落成式は八月一日のことであった。(5)

第二の課題は工業用水問題であった。川鉄宮本工場長代理一行は一九五一年（昭和二十六）七月四日に印旛、手賀両沼から千葉市検見川に至る疎水路の工事状況を視察し、当時の農林省印旛沼干拓事務所長に打診すると「毎秒一・八トン位の水なら」と簡単に引水を了承したので、明るい見通しを持ったのである。けれども川鉄の工事が完成すると、日量一五万トンの用水が必要となるものであったが、印旛、手賀両沼の完成後は下志津原の畑地灌漑に要する水を供給するだけで手一杯であり、工業用水にまで回ることが難しい状況が明らかとなったのである。

一九五三年（昭和二十八）に川鉄側は印旛郡臼井町（佐倉市）地先で取水し、直径一メートルの鉄管で工場まで送水する案を県に提示した。六月四日に友納副知事も「川鉄を事業主体として工事を行わせる」と県の意向を明らかにし、柴田知事は一九五四年（昭和二十九）一月五日に「工業用水は条件付で民営にしたい」と言明したのである。そして三月十九日に戸嶋東京農地局長が来県し、柴田知事、川鉄千葉工場上野土建部長等と会談、県側の資料を中心に協議した結果、「一・八トンの水利権を全面的に川鉄側に移譲すること」を内定した。柴田知事は十月十四日に通産、農林、建設三省を回り、深夜に至って各省間の意見が一致して用水問題が解決に向かうことになった。しかし印旛沼土地改良区との調整は未解決であった。(6)

第三の課題は一万トン級船舶を収容し得る大千葉港の建設であった。計画では埋立地の前面に延長約一一・六キロメートルの防波堤を築き、水路は海面から約七メートル（二〇〇〇トン級出入水路）、九メートル（一万トン級出入水路）の深さで幅二〇〇メートル、延長二キロメートルを浚渫《しゅんせつ》する。防波堤建設と水路浚渫は三億八〇〇〇万円で、うち一億三〇〇〇万円は国庫補助の見通しであった。一九五一年（昭和二十六）四月に着工、一九五三年三月までにいずれも県営工事で、幅一〇〇メートル、長さ四〇〇〇メートル、深さ八・三メートルの水路を浚渫、一六〇〇メートルの防波堤を築造した。さらに五月には長さ五〇〇メートルの川鉄専用岸壁の築造工事も完成したのである。六月十三日には一万トン級の外航船高栄丸（大同海運、一万一〇二トン）が初入港した。一九五四年（昭和二十九）三月三十日には大蔵省税関部長から宮内千葉市長と千葉港振興会に「国会で開港指定（直接外国船が出入り出来る）が承認された」との通知があり、この他に特定港指定（海上保安庁の出先機関が設置される）と入国管理令による港湾指定（外航船の乗員、船員の上陸、乗船が自由となる）が国会を通過したので、残るは重要港湾の指定だけとなったのであった。それは一九五七年（昭和三十二）五月二十日に指定となった。

一九五三年（昭和二十八）四月から一九五四年三月までの一年間の入出港は一四〇九隻、総トン数は七九万九九四九トンで、千葉港に積揚げた貨物量は六三万三八一〇トン（石炭、コークス、鉱石類）、また積出し貨物の総量は一二万六八七一トン（鉄鋼、金属類）であった。

(三) 東電千葉火力発電所の建設

一五万ボルトの送電線工事が進捗していた折、東電は予算七〇億円で千葉県内に火力発電所の建設を計画し、川鉄を訪問して敷地の分譲を交渉した。しかし川鉄は難色を示し、これを知った県当局では川鉄寄りに埋立地を造成して東電に提供を考えたのである。[7]

九月十一日に宮内千葉市長、横内県経済部長等は上京して東電の方針を質した。東電では、①日量二〇万トンの水の供給、②石炭輸送で七〇〇〇トン級船舶の入港出来る港近くの敷地を要請した。県側ではこの条件に相応しいのは千葉市蘇我海岸が最有力候補地と判断したのである。

一九五四年（昭和二十九）三月十日、東電社長一行が来県し、柴田知事と敷地決定の打ち合わせ会を行った。東電側は東洋一の火力発電所を建設、その第一段階として総工費八二億円で、一台一二万五〇〇〇キロワットを二か年計画で完成したいとした。県側は敷地約六万坪を千葉市海岸埋立地に斡旋するとし、早急に漁業権問題解決を図ることになった。

八月に東電は、火力発電所建設計画の全容を発表した。それは、①敷地は千葉市蘇我海面約八万五〇〇〇坪を埋め立てる、②主要機器は出力一二万五〇〇〇キロワット一基、アメリカのＧＥ社と提携、斬新なものを備える、③総工費八〇億円で、半額は外貨に頼る、一〇六九万二〇〇〇ドルの借款（八か年賦）であった。

東電敷地となる千葉市蘇我海岸の漁業組合に千葉市当局が話をもっていったのは八月二十二日のことであった。四〇〇名で構成する漁協は二十三日に反対漁民大会を開催し、漁民三〇〇名は幟を押し立て市役所に押しかけた。宮内市長は「千葉市の発展に協力」を要請した。また二十九日に市役所と県庁に押しかけ、柴田知事にも陳情したが、話し合いは並行に終わった。五月二日に県当局は「火力発電所建設に伴う蘇我地北埋立及び補償に関する方針」を発表した。この埋立構想は東電敷地約七万坪と八〇〇〇トン級の貨物船航路の浚渫、五万坪の進路用地の埋立を一九五五年（昭和三十）一月までに終わらせ、直ちに火力発電所本館建設工事に着手する。また同年三月頃海苔養殖が終わるのを待って川鉄の岸壁に並行の線まで埋立、貯炭場及び岸壁を造成する。この埋立で総計二〇万坪の土地が造成されるものであった。この方法であれば、海苔の養殖に支障がなく、将来は埋立地の沖合で約七〇〇～八〇〇柵の海苔柵が立てられるとしていた。漁業補償については「電源開発の実施に伴う水没その他による損失補償要綱」に規定された漁業権価格算定方法によるとした。この方法は漁業権そのものの財産としての価値を計算し、その金額を補償額とするものであった。計算方法はその漁業権から挙がる年間の純生産額から経費を差し引いた純収益を五か年以上平均して年収益額を出し、これを平均利回り率（八％）で割って出た額の八〇％の額を漁業権の価値とするものであった。県水産部の計算した同所の漁業権の価値は海苔約一億円、貝類三〇〇〇万円、その他約六〇〇〇万円を併せて一億一六〇〇万円と見ていた。代替漁場、新漁場として川鉄前面防波堤の外側に浚渫土砂で生じた浅瀬を利用し、三〇〇〜四〇〇柵の海苔作が可能とした。また転業漁民には新たな生業を斡旋する。さらに海苔作用の機関付小型船の建造を考慮するとしていたのである。

（四）開発に伴う公害の発生

公害とは事業活動によって引き起こされる生活環境や自然環境の人為的な破壊を指すものであり、戦前にも見られ、住民を苦しめたが、戦中から戦後にその歴史の教訓が忘れられ、公害無策の状況が広がった。千葉県では一九五一年（昭和二十六）十二月、千葉市蘇我海岸に建設中の川鉄千葉工場で溶鉱炉冷却水用に掘った井戸のため、工場周辺の稲荷町一帯二八〇世帯の井戸水が枯れてしまった事例があった。川鉄では一日二五万トンを印旛疎水から引く予定であったが、印旛沼干拓工事が遅れていたため、さしあたり四年間は井戸水でまかなうことにし、一日二〇〇〇トンの水が取れる二五〇メートルの井戸一〇本を掘ることになり、その一本目が完成して十二月二十六日から揚水試験を開始したところ、周辺一帯の井戸水が枯渇となり、住民は飲料水にも困り、また海苔業者や澱粉業者も商売が出来ない状況となった。二十七日に地元代表が揚水中止を申し入れた。川鉄では「揚水試験であり、三日間継続する、あと九本の井戸はもっと海岸寄りに掘ることを考える」と答えていた[8]。ところが一年たった一九五二年（昭和二十七）十二月十五日の朝に吸い上げ試験を行ったところ、たちまち蘇我町、今井町、稲荷町一帯の八〇世帯の井戸が全部干上がり、夕飯を炊く水もないと云う状況となった。

川鉄側では「掘削井戸は了解済みであり、試験中なので我慢して貰いたい」として取り合わず、そのため地元市議や代表三〇名が市役所に押しかけた。しかし宮内市長は「困ったことだ、早急に散水車で飲料水の補給を行う」と云うだけであった。社会党千葉支部では一九五三年（昭和二十八）六月十二日に柴田知事、宮内市長に「川鉄の揚水のため、蘇我町付近三〇〇世帯の井戸が枯渇している、早急に対策を講じて欲しい」と申し入れを行い、住民は十三日に今井荘広場で居住者大会を開催していた。この飲料水問題は川鉄が印旛沼から取水するまで繰り返されたのである。

工場の廃液も住民を悩ました。東葛飾郡行徳町（市川市）の稲荷木《とうかぎ》、大和田、田尻地区の農民一〇〇余名は一九五二年（昭和二十七）三月十一日朝に本行徳の北越製紙工場に押しかけ、工場の汚水口を土嚢で塞いで引き揚げた。葛南警察署では法的違反の疑いがあると警告したので、農民は撤去した。関係農民は三月はじめから同工場に対し汚水放流での稲作被害補償を要求していたが、満足な回答が得られていなかったので、この挙に出たのである。市川市、行徳町方面の農民は毎年春先になると工場汚水の完全処理と補償を叫び、交渉を続けていた。農民等は北越製紙、葛飾ガス、市川毛織、中央酒精に要求書を提出したが、これは関係工場、市、町当局、農業委員等が汚水問題を折衝中の出来事であった。この問題は四月十五日に関係会社、市川市、行徳町の各代表協議の結果、灌漑水路浚渫《しゅんせつ》は三団体で責任を持つ、工事は市川市、行徳町の農業委員会長が担当する、三団体協議会は今後汚水問題が起こらぬように事前処理をすることで円満に解決したのである(9)。

川鉄が本格的操業に入ると、大量の工場汚水が海面に流れることで付近の魚、貝類、海藻等が被害を受けるのではと、県水産部では一九五三年一月十九日に河野部長名で川鉄の廃水計画を質した。また衆議院水産委員会でも二月に内湾一帯の海苔業者が全滅する恐れはないかと問題が取り上げられたのである。汚水処理をどうするか、その対応を求められていた川鉄では五月二十三日、宮本総務部長が河野県水産部長を訪ね、「汚水は完全に処理してから流すので被害はない」と計画書を提出したのである。新聞では「漁業無害、日本で初の脱石炭酸設備」と大きく報じていた。

県水産試験所では五月二十六日以来、川鉄の廃水調査を行っていたが、六月六日に、①廃水水温が海苔に被害を与える可能性がある、②有毒水処理施設が未完成である、③煙害、鉱滓《こうさい》処理対策に不安があるとの報告書を提出し、諸施設の完備を要望すると共に、今後十分な監視を行うことを明らかにした。特に鉱滓の粉末が飛散し海陸生物に影響を与える恐れと煙害で亜硫酸ガス、アンモニア等が冬季雨、霧の中核となって降ると、露出した海苔及び海水に溶けて貝類、また植物等にも甚大な被害を与えると指摘していたことは重要であった(10)。川鉄は新施設によって「被害はない」と断言していたが、十二月二十二日になって工場汚水が流出し、海苔場で二〇〇柵が全滅する被害が起こった。川鉄の説明では「鉄のサビを落とすために硫酸を使い、その汚水は石灰で処理し、うわずみだけを流しているが、二十日はその汚水処理場の沈殿物も一緒に流したため」と云い、「県水産試験所で調査してもらい、それによって補償する」としていた。全滅した二〇〇柵は、二〇〇〇柵中の一部が直ちに変色し、食用にならなくなった柵の海苔であった。

長生郡関村（白子町）では日本天然ガスがヨード生産を行っていたが、一九五一年（昭和二十六）十二月ころからそれに用いる塩素、硫酸が樹木、蔬菜《そさい》類に大きな被害を及ぼし、県へ陳情が起こっていた。県商工課では「劇性ならびに毒性物質による被害防除に関する条例」を県議会に提案する準備を始めた。同様の塩素ガスによる被害は長生郡八積《やつみ》村（茂原市）の伊勢化学ヨード工場でも発生していたのである。類似の事件は夷隅郡千《ち》町《まち》村（いすみ市）、東葛飾郡浦安町、船橋市でも起こっていた。県当局は伊勢化学に設備改善と被害補償を勧告した。

しかし県商工課では「ほかの都道府県でも例がない、世論が高まれば条例をつくるが、技術的に問題もあるし、迷っている、今のところ設備改善を勧告する以外に方法はない」と条例制定にも消極的であったのである(11)。

（注）

（1）前掲県立図書館蔵「千葉新聞」一九五一年三月十五日付

（2）前掲県立図書館蔵「千葉新聞」一九五〇年九月四日付

（3）前掲県立図書館蔵『自治労千葉の三十五年』一三一頁

（4）前掲県立図書館蔵「私たちの青空裁判」編輯委員会『私たちの青空裁判―千葉川鉄公害訴訟のあゆみ―』一九九四年、五二頁

（5）前掲県立図書館蔵「千葉新聞」一九五一年七月六日付

（6）前掲県立図書館蔵「読売新聞千葉版」一九五四年十月十六日付

（7）前掲県立図書館蔵「朝日新聞千葉版」一九五二年七月二十三日付

（8）前掲県立図書館蔵「読売新聞千葉版」一九五一年十二月二十八日付

（9）前掲県立図書館蔵「毎日新聞千葉版」一九五二年四月十五日付

（10）前掲県立図書館蔵「読売新聞千葉版」一九五三年六月七日付

（11）前掲県立図書館蔵「読売新聞千葉版」一九五二年三月二十五日付

四、農漁業の新動向

（一）揺らぐ農地改革の成果

（1）改革成果に逆コース

農地改革で県下では六万五〇〇〇町歩（一町歩は一ヘクタル）の買収が終わった。買収は地主の申告と土地台帳によったため、洩れた農地が相当あり、その後、供出割当等の際に買収漏れを発見しては追加してきた。しかし県では農林省が講和発効（一九五二年四月二十八日）までに買収した農地は全部買収令書を発行し、訴願中のものは、それまでに県農業委員会が裁決を下すようにとの指示に従い、一九五二年（昭和二十七）に入って三回追加して一五〇町歩の買収を行ったが、まだ約三〇〇町歩の買収洩れがあった。この解放についてはこれまの強い措置を取ることは出来ず、七月十五日公布の農地法で解放する場合は、一か月間公示し、その間に売り渡しを行う。もし売渡が済まない場合は、水田は賃貸価格の四〇倍、畑同四八倍となっていたが、実際は夫々《おのおの》その七倍で譲渡させることになった。しかし一九五二年五月段階の自由価格は水田一反歩（一反歩は一〇〇〇平方メートル）の県内平均が一万五〇〇〇円、同畑は一万三〇〇〇円もしており、東京近郊では畑は反当り一七万円近くであり、こうした事態になれば、農地改革以来維持してきた農地公定価格は崩れ、農地を手放す自作農が増えている現状があり、価格面から農地改革が逆コースを辿るのではないかと危惧されていた[1]。

農地改革で創設された自作農は全国四二一万戸、千葉県では全農家戸数一九万戸中の一二万戸（六三％）の成果を挙げたが、その後の農村では農村人口の過剰から来る耕作面積の零細化、金詰りが目立ち、人身売買、青田売り、耕地放棄等の忌まわしい現象が現れ、全国的に見ると農家の四一・五％、千葉県では約六〇％が転落農家であった。五反未満五万八二五一戸、一町歩未満五万六三二七戸もあり、これは増加傾向で農地改革の危機を示していたのである。

県が一九五三年(昭和二十八)九月五日に農林省へ提出した調査では、一九五二年度の農地移動は移行(売買、譲渡)が五〇〇町歩、改廃は(工場、病院、学校の敷地や住宅地)四五町歩であった。零細的農民の間では食糧事情の好転から積極的に農地獲得の現象が見られず、中農では生活の安定を希望し、耕地一町歩ないし一・五町歩の農家の増加が目立っていた。移行、改廃の価格は農地一反歩当たり水田が三万円から五万円、畑は二万一〇〇〇円から四万円程度であったが、特殊なものとして安房地方で八万円から一〇万円、花卉、洋果樹畑は二〇万円から三〇万円、東葛及び総武沿線では反当たり六〇万円から九〇万円の高値であった。また農民運動は農地改革の一段落と指導者の欠如から自然消滅の傾向にあった。さらに土地改良事業への関心の増大、旧地主の返り咲き、農地行政を推進すべき農業委員会は無関心な場合が多く、法の擁護者としての態度が消極的である点が痛烈に指摘されていたのであった。

一九五四年(昭和二十九)三月十八日の時点で、県農地部が纏めた一九五三年中の農地の改廃状況は、住宅、学校、公園等に身売りした農地は二六万一〇〇〇坪、県営住宅を含めると五〇万坪近くになるものと見られた。トップは農家の住宅地で電車沿線の市川市、稲毛、西千葉の他、船橋市に合併した二宮町が目立ち、総武線沿線は川鉄、千葉港の開港に伴い、京葉工業地帯造成とともに住宅に移り変わる傾向にあった。農地が住宅地に変わり、反当り五万円から一〇万円の農地が坪当たり四〇〇〇円から八〇〇〇円で売買され一朝にして数百万円を残したと云う話は珍しくないものであった(2)。

県農地開拓課では一九五三年中の農地事情を纏めたが、特徴は末端農業委員会の実権を握った地主勢力の一部が、逆コースの波に便乗して旧勢力を取り返そうとする動きであった。農地の賃貸借の解約(小作地の返還)で県に申請して許可されたものは、四五三件、五三・八町歩であった。農事調停のために裁判所に持ち込まれた件数は一九五二年（昭和二十七）度は一七件であったが、三一件に増加していた。それだけ紛争が深刻になっていたことを示していたのである。

一方自作地の売買は、一九五二年二九七件、五五・九町歩から一四八〇件、一八六・一町歩の急増であった。この売買しているのは、農地が三反歩から一町歩未満の経営不安定な農家がほとんどであったと云う。この売買農地のうち二〇八五件、八九・三町歩は住宅や学校の敷地、道路、河川改修で潰れたものであったが、なかでも住宅敷地が最も多く、住宅不足と農家の金詰りが重なっていたのであり、農地改革の成果が大きく揺らいでいたのである。

(2) 農地を潰すゴルフ場問題の発生

県下では農地を潰し、農地法を歪めるような計画が次々と登場していたが、最も大きく取り上げられていたものは、鷹の台ゴルフ場（千葉郡犢橋町《こてはし》）、津田沼競馬場、市川競馬場、検見川ゴルフ場、誉田ゴルフ場、野田ゴルフ場等であった。ここでは誉田ゴルフ場問題を取り上げることにしたい。

千葉郡誉田村（千葉市）の明治大学（明大）所有の誉田農場約一五万坪は戦後に所有者の明大でも運営不振から手を焼き、一時は七〇〇万円で売りに出す話もあった。その後、高まってきたゴルフ熱に目をつけ、同農場はゴルフ場の好条件を持っているとし、特に外国人観光客による外貨の獲得と地元労務者の失業救済を目的にゴルフ場設立の計画を立て、川口為之助、高石真五郎、春日井潔、藤田欽哉等が発起人となり株式会社千葉カントリークラブ（清水建設内）を設立したのである。(3)

これに対し地元農民は、同農場が戦時中に半強制的に買い上げられたことへの憤懣《ふんまん》と、同村でも屈指の肥沃な地であることから旧地主が村に返還すべき農地であると強く主張していた。一九五二年九月頃に明大農場約三五町歩（畑二〇町歩、山林一〇町歩、水田若干）について東京方面の有力者や明大当局が島田実村長、高橋与一村議会議長と相談した。村当局は村議会にも諮らずに誘致運動を開始し、第二次計画として付近五〇町歩の農地を買収しようとするものであった。このため一〇〇戸の農家では耕地を潰され、三五戸の農家が立ち退きしなければならなかった。誉田中学校も同地域に接近していたので、農民代表の同村高田の井上信義、桑原信安等は一月二十七日、全村ＰＴＡに対し世論調査を行った。調査数八六二名のうち賛成二四名、反対七二九名、保留二七名、不明八二名であった。島田村長は「俺に聞いても仕方がない、県には話をつけてある」と語り、県は「全然相談を受けていない」との回答であった。そこで農民代表は一九五三年（昭和二十八）一月三十一日に県庁を訪れ、友納副知事に会見、県の強力な援助を申し出た。副知事は「絶対に誘致には反対である」旨を述べたと云う。また二月三日には同村高田、中芝両部落二八〇戸の代表三名が県庁に行き、両部落の反対決議書を手渡したのである。

農民代表等は二月七日、明大石井専務に面会したが「知らない」と突き放された。そこで十七日に明大学長、春日井教授等に面会した。大学側は「学校としては千葉カントリークラブがやっているので、責任は負えないが、関係がないとも云えない」との曖昧な態度であった。ところが現地の誉田では既に測量が進み、予定地には農民に無断で杭を打つ等の不法行為が行われていたのである。そこで急遽十九日、地元農民代表二〇名は県庁に出向き、柴田知事に面会を求めた。しかし知事不在のため戸川農地部長に面会した。同部長からも「絶対反対」の回答を得たのである。

二月二十二日午前一〇時から同村十文字の繭市場で六〇〇名が参加して村民大会を開催し、また直接関係部落（高田、中芝）では「予定地は絶対に売らない」と云う不売同盟を結成した。反対派大塚正勝村議によれば九八名が署名していたと云う。二十四日に設立計画者の千葉カントリークラブ（代表者高石真五郎）から同村島田村長を通じ、書面で設立中止を申し入れてきた。そして二十八日には農林省農地局管理部長名で「農地をゴルフ場にする許可は絶対に行わない」旨の通達が県に届き、これで同ゴルフ場問題は事実上終止符が打たれたのである。同日午後に早速県農業委員会は既墾小委員会を開き、県側から千葉郡犢橋村鷹の台、千葉市検見川町東大厚生農場、千葉郡誉田村明大農場の三ゴルフ場設置計画の経過や実情の説明があり、既にゴルフ場設置と決定した鷹の台以外は今後ゴルフ場に転用させない方針で臨むことを確認したのである。(4)

(二) 印旛・手賀両沼干拓汚職と印旛土地改良区の設立

印旛・手賀両沼八万町歩の干拓事業は国の食糧自給計画と失業救済の二つの目的で、一九四六年（昭和二十一）七月に閣議決定され、総工費約二億一五〇〇万円で農林省直轄事業として開始された。農林省は印旛沼湖畔の宗吾霊堂宝物館に国営干拓事務所を設置した。両沼沿岸三三町村は事業促進を支えるために印旛沼手賀沼干拓期成同盟会（岩井力三郎会長）を組織したのである。着工以来約一〇億円がつぎ込まれ、最初は直営工事であったが、途中から大手土建業者の請負となった。

一九五〇年（昭和二十五）当時は穂積建設が請け負っていたが、同年八月に幕張地区の疎水路工事に関わって農林省建設事務所庶務課長、同工事課長、幕張支所検見川工区長と穂積建設株式会社千葉出張所会計係等の不正事件が発覚した。そして同事務所長までが逮捕されたのである。彼等は本省検査官をごまかし、四五〇万円の工事費を着服した他、延べ四万人の幽霊人夫を作り、七六万円を横領し、さらに干拓用地買収の際に架空の名義で総額七〇〇万円を横領し、業者から連日、酒、女、金の収賄をしたものであった。(5)この疑獄事件発生で経済安定本部並びに大蔵省の中央官庁は、責任官庁の農林省に対し継続予算の打ち切りをほのめかしたと云われている。憂慮した印旛・手賀両沼干拓促進協議会と同治水開発協会は、連携して政府や中央関係官庁に陳情運動を展開したのである。

不正事のために実施不能となっていた一九五一年度（昭和二十六）の鉄筋コンクリート橋梁工事は二億五〇〇〇万

円で実施され、一九五二年度（昭和二十七）の工事は二億八九〇〇万円で着手された。干拓事業も本格的に進んできたので、農林省干拓事務所では付帯事業として国道並びに鉄道敷設総合開発計画を立てたのである。それによれば大運河の印旛疎水路始点の幕張町地先から終点の手賀村亀成揚水機場まで二三・五キロメートルの干拓事業をさらに国鉄布佐駅まで二・五キロメートル延長する。その右岸は国道に、左岸は鉄道とする計画であった。国道費の予算三億三〇〇〇万円、鉄道費九億八五〇〇万円、用地補償費二億五三〇〇万円、事務費三二〇〇万円の総計一六億円を予定した。その負担は建設省五〇〇〇万円、国鉄四億三〇〇〇万円、県二億六〇〇〇万円、農林省八億五〇〇〇万円、用地補償費は県費とするものであった。この計画が実現すれば、両沼に二一五九町歩の干拓田が出現し、沼周囲の既成耕地一九六二町歩が湛水被害から救われ、年一三万石の増産が期待され、また五二四立方メートルの掘削土から東京湾に一五〇町歩の埋立地が造成されると云うものであった。

しかし印旛・手賀両沼干拓事業は一九五三年（昭和二十八）の段階で着工以来一二億円を投資してきたが、工事完成には四十年一四〇億円かかると云われ、財源に困った農林省は、今まで予定していなかった地元負担金一一億円を徴収したいと県へ申し入れ、県と地元は大慌てとなったのである。

印旛沼手賀沼土地改良区創立総会が一九五三年六月十五日に佐倉町で開かれた。農林省は六月十二日付の官報で「単一の土地改良区を認可する」としたが、六三〇余名の異議申し立てがあった。負担金問題では地元関係農民の理解がある程度あり、政治的妥協がつけば、解決される段取りとなった。この問題の発端は長期化が予想された干拓事業の見通しをつけるために、寺島代議士が「特定土地干拓事業法案」（仮称）を法文化しようと運動したことが動機であったと云う。その後寺島派は干拓事業は国営、地元負担金はなるべく僅少にしてもらいたいとの意向を持ち、一方竹尾派は単一土地改良区には反対、負担金は受益面積による増産量と負担金の割合を勘案して徴収すべきと主張していた。

農林省では一一億円の地元負担金の再検討を約束したので、多少軽減される見通しとなった。農林省は当初の長期計画では完成年度の見通しが困難で、そのため農林省派（寺島隆太郎代議士派）と建設省派（竹尾弌代議士派）の紛争を長引かせる原因になるとして縮小計画を作成した。それによると、一九五四年度（昭和二十九）から一九五八年度（昭和三十三）までの五か年計画とし、総工費四〇億円を計上、これまでに投じた額を加算すると約五四億円となり、長期計画案の一三八億円と比すると大幅に縮小したものであった。開墾工事が完了した時には造成面積一八七三町歩、増産量は米換算で一一万八五二〇余石、入植戸数六一〇戸を予定したものであった(6)。

十一月二十七日、佐倉町の保健所で印旛沼土地改良区の理事選が行われた。同改良区関係二四か町村をはじめ単独土地改良区を主体とする六ブロックの総代一〇〇名が集まり、理事三〇名、監事二名を選出するものであった。ところが建設省派と見られる総代は全員が参加せず、総代一〇〇名中農林省派と見られる五八名が出席、理事、監事を選出して散会した。理事選直前に柴田知事、川口参議院議員、逆井県議の三名が調停に乗り出し、①受益面積、負担金問題は改良区役員選出後、地元と県が一体となって検討する、②理事選出問題は三者で打開策を講ずるから意見を尊重して欲しいとの妥協案を示したが、農林省派は一蹴し、建設省派は不参加の態度で妥協は成立しなかった。

そもそも農林省派の主張は「負担金は少ないに越したことはないが、反当り八〇〇〇円程度なら収めるべき、水害と闘ってきた農民は負担金等の紛争で工事が遅れることがなにより不満だ」と工事促進一本ヤリであった。一方、建設省派は「干拓工事は土地改良区を設けなくても出来るので、幹線水路は公有水面埋立法によって建設省に準用河川として認めてもらい、全額国費で出来るものだ」と主張していたのである。

印旛沼土地改良区内が紛糾していたさなかに、知事から川鉄工業用水問題が出されたのであり、最終的解決は次期知事選後に持ち越されたのである。

（三）漁業補償闘争に励まされて漁民労組が決起

一九五二年（昭和二十七）六月十日午前一〇時、夷隅郡大原町（いすみ市）の漁船労働会館に外房の漁業従業員一〇団体（大原、御宿、勝浦、興津、天津、鴨川、船形、銚子三の一〇組合、加盟人員三〇〇〇名）の代表四〇余名が参加し、千葉県漁民組合協議会を結成した。会長に中村一郎（大原漁船労働組合長）、副会長に加茂坂久男（鴨川アグリ網漁業従業員組合）、同八角鉄治（銚子アグリ網漁業従業員組合）を選出した後、①九十九里演習場と富津漁場の制限撤廃、②漁業補償委員会の民主化、③賃金の最低保障の確立、④失業傷病その他保険制度の確立、⑤未組織漁業従業員の組織化を決議した。彼等は自らの経済的条件の改善を求めただけでなく、前項で見たように、九十九里、東京湾共に被害補償の闘いが盛り上がっていたので、それに励まされての立ち上がりであった。全国で漁業従業員が府県単位で協議体を結成した所はこれまでになく、全国に先鞭をつけたものであった。加茂坂副会長は六月十六日に県庁を訪れ、友納副知事に決議書を手渡したのである。[7]

一九五三年（昭和二十八）六月四日に山武郡白里町（九十九里町）に漁民組合が結成されたのを口火に、七、八月中に南白亀《なばき》、白潟（以上白子町）、そして八月十九日には山武郡豊海町（九十九里町）にも漁民組合が結成となり、九月二十二日には九十九里漁民組合協議会が誕生したのである。協議会は二十四日に労働条件の改善を船主側に申し入れた。彼等はアグリ網労働者で、アグリ網漁は北海道から中国、四国に至る太平洋沿岸の至る所で行われていた漁法で、網主＝船主が二隻の網船（二〇〜三〇トン）、一隻の手船（指揮船、一〇トン）、二隻の運搬船（一〇トン）の五隻で一統を持ち、主としてイワシ漁であった。千葉県にはアグリは九十九里一帯に約一〇〇統あり、経営形態は網主一人の下に船子約七〇〜八〇名、オッペシ（女水夫）四〇〜五〇名、加工業者二〇〜三〇名が隷属していたのである。組合側の申し入れ書では、①月額二食付六〇〇〇円の固定給を認めよ、②水揚げの歩合は経費を差し引いた残りを船主六分、従業員四分であったが、今後は船主が経費負担で六分、従業員四分とせよ、③漁獲の建値（魚の取引価額）は組合員を立ち会わせる、④時化《しけ》の時の網干や農耕の奉仕には一日八時間二〇〇円、半日は一〇〇円を保障せよ等とあった。しかし船主側は「対等の立場」は船主の立場を侮辱するものであると反発した。組合側は三町村の九船主が理由なく交渉に応じないので、十月二日に地労委へ提訴し、直ちにストライキに打ってでたのである[8]。

ストは長期化の様相を見せたが、労使は労働協約に調印してスト十九日目で解決となった。このスト中に組合側は右派系の全日本海員組合の支援を受け、十月十一日には海員組合に加入したのである。封建性では全国でも稀であると云われていた九十九里アグリ漁業で漁民組合が生まれ、江戸時代以来の漁業経営に民主化の嵐が吹きまくり、圧制に喘いでいた漁民が各地で起ち上がる事態となったことは、県漁業史に新しい一頁を開いたものであった。

（注）

（1）前掲県立図書館蔵「千葉新聞」一九五二年五月四日付
（2）前掲県立図書館蔵「毎日新聞千葉版」一九五四年三月二十一日付
（3）前掲県立図書館蔵「千葉新聞」一九五二年十月十六日付
（4）前掲県立図書館蔵「朝日新聞千葉版」一九五三年二月二十八日付
（5）前掲県立図書館蔵「朝日新聞千葉版」一九五一年八月七日付
（6）前掲県立図書館蔵「毎日新聞千葉版」一九五三年十一月十日付
（7）前掲県立図書館蔵「朝日新聞千葉版」一九五二年六月十二日付
（8）前掲県立図書館蔵「朝日新聞千葉版」一九五三年十月七日付

五、社会運動の諸相

（一）米軍基地反対の闘い

（1）日本最初の米軍基地反対闘争

千葉県下には一九五二年（昭和二十七）十月の段階で米軍基地が九か所あった。その設置の経緯は、一九四五年（昭和二十）九月に旧日本軍の基地であった木更津航空基地と習志野演習地を接収したことから始まった。一九四七年（昭和二十二）三月には船橋通信隊を接収した。一九四八年（昭和二十三）四月に豊海《とよみ》演習場（基地）を建設。同年七月には蘇我宿舎を接収した。一九五〇年（昭和二十五）七月に柏飛行場を接収、同年九月に白井基地を接収、一九五一年（昭和二十六）一月に富津防潜網を設置した。同年九月に日米合同委員会で嶺岡レーダー基地の設置を決定したのである。(1)

九か所のうち、豊海演習場（基地）は一九四八年四月九日に高射砲八門と三〇〇名の米兵が進駐し、九十九里浜の中央部である豊海町の真亀《まがめ》川河口とこれに隣接する民有地約九〇ヘクタールを接収し、高射砲訓練基地を建設したのである。米軍の高射砲発射訓練は基地を中心に半径九・四キロメートルの海面で、土・日を除く連日正午から午後六時まで続けられ、同海面への出漁は一切禁止となった。このため関係漁民約二万八〇〇〇名の生活が脅かされることになったのである。

一九四九年（昭和二十四）十二月五日、世界民青連は全世界の青年、学生に対し、一九五〇年二月二十一日を「国際青年学生反植民地闘争デー」と位置づけ、決起を呼びかけた。この呼びかけを受けて日本国内でも、日本青年会議と共産党が闘いを訴え、共産党千葉県委員会もこれに呼応し、九十九里、木更津、松戸、船橋等の基地周辺で宣伝行動に立ち上がった。なかでも九十九里での行動は積極的であり、「全面講和・基地撤去」を公然と訴え、住民の「ドカンではジャミ（小魚）も寄らない九十九里」等のステッカーやポスターを貼り巡らし、県委員会、地区、細胞（現在は名称を支部に変更）の共産党活動家等が隊伍を組んで街頭演説を行ったのである。

四月十四日に占領軍は、この運動を占領目的阻害と侮辱罪に当たるとして共産党の奥野邦比古、石内茂吉、小松七郎、野口宗雄、上野富治、八幡政登、宮崎弘夫、森山忠蔵、山辺啓の九名を軍事裁判にかけたのである。軍事裁判は四月二十九日から埼玉県朝霞の米軍兵営内で開かれ、五月五日に小松、宮崎、上野、八幡の四名に対し重労働一年の判決を下した。この裁判は内外の注目を集め、県労会議等の多くの民主勢力が無罪の要求署名と宣伝行動を行った。全労連、日本平和を守る会、労農救援会、世界民青連等の国内外から支援と激励があった。そして十二月二十五日に小松七郎を最後に全員が釈放となったのである。[2] 当時は占領軍への批判はタブーであり、マスコミは一切報道しなかった。そのような中での闘いであったが、地元の人々の苦しみの一つを代弁するものであり、占領下の全国で最初の米軍基地反対闘争だったのである。

（2）米軍九十九里（豊海）基地と東京湾防潜網撤去の闘い

①九十九里演習場の闘い

桜井正仲山武郡豊海町長は「当初は占領下にあったため、何の文句も云えない状態だった。講和条約が成立すれば撤退あるいは移転するものと期待していたところ、五月一日に日米合同委員会で使用継続が発表されたため、泣き寝入りはもうご免だと云う声が町民間に盛り上がり、完全補償運動が展開されるようになった」と語っていたが、占領下では前項で触れたように米軍の弾圧に怯え、共産党以外は批判的な声が出せなかったのである。

九十九里沿岸漁場は地曳一五八、アグリ九五、雑漁六七九の各網元の下に二万八〇〇〇名の漁業者が生計を立てている全国三大イワシ漁場の一つであった。水揚高は一九四〇年（昭和十五）三六〇〇〇万貫で全国第一位であった。米軍演習場設置以後は一九四九年四二八万貫、五〇年五〇〇万貫、五一年八九〇万貫と激減となっていたのである。一九五〇年（昭和二十五）四月に銚子市、山武《さんぶ》、長生《ちょうせい》、匝瑳《そうさ》、海上、夷隅《いすみ》、安房郡の一市六郡漁業者（地曳、アグリ、雑漁）と水産加工業者は九十九里漁業対策委員会を結成し、県の支援を得て漁業損失補償として総額七億三四〇〇万円を纏め、関係各方面へ要請をした。(3)

水産庁では、一九五〇年分の全国分被害補償を三億八〇〇〇万円と見積もり、特別調達庁を通じて大蔵省に支出を要請していた。千葉県では衆参両院議長、大蔵、農林両大臣、水産庁長官、特別調達庁長官へ陳情書を提出し、補償額二億八〇〇〇万円の要求の全額獲得を目指す折衝を行った。

柴田知事は十二月十四日、田中豊代議士と大蔵省、水産庁を訪ね、懸案の九十九里漁業補償について協議を行った。その結果、一九四八、四九年度分として合わせて七五三六万八六四〇円が交付となったのである。

一九五三年（昭和二十八）二月三日、調達庁から県へ補償金交付の正式通知があった。それによれば平和条約発効の一九五二年（昭和二十七）四月二十八日から七月二十六日までの九十日間は見舞金、その後の分は補償金とし、合わせて二億円余であった。配分査定は調達庁、同千葉出張所、県の三者で二月五日から十二日までに大原地区、片貝地区、海匝地区と三班に分かれて支払うとしていた。また九十九里加工業者の補償は、五月十三日に調達庁、県、加工業者代表の協議で二〇〇〇万円の補償となった。加工業者は補償を認められていないため、六月上旬にアグリ分として支払われたのである。

九十九里被害補償額は、五一年度が総枠の三二％、約九〇〇〇万円で、一九五二年度は四二％、約二億九四〇〇万円と推定されていたが、他府県の政治的圧力から三二％にする動きがあり、五月二十一日に柴田知事は小高熹郎、水田三喜男両代議士と共に調達庁を訪れ、「三二％にする場合は、駐留軍の撤収を要求する」と強硬に申し入れを行った。

折しも石川県の内灘村（金沢市）での米軍演習場問題が起こっていた。内灘村の場合は米軍の意向を受けた政府が建設を決定、六月二日の閣議で補償として漁業から農業への転換資金、二〇〇町歩の灌漑用資金で二億五〇〇〇万円、漁港修築資金で六〇〇〇万円と合わせて三億一〇〇〇万円の補償であった。内灘は面積が九十九里の一〇分の一、人口は二五分の一であった。千葉県では漁業補償だけで、全く恒久対策は考慮していなかったのである。金瀬俊雄県議は「五〇〇名以上で上京し、各党代表、水産庁、調達庁と折衝の姿は、今後本県の運動にも十分参考にしたい」と語っていた。

また桜井豊海町長は「内灘に準じた陸上補償を要求し、容れられなければ撤廃」と強硬な態度を示していたが、九十九里基地でも初めて陸上補償を求め、内灘闘争の影響は非常に大きいものがあった[4]。

柴田知事と河野県水産部長は調達庁を訪れ、補償金の決定で同庁の意向を打診した。同庁は二月以来大蔵省側と折衝中であったが、一九五二年（昭和二十七）四月二十八日から七月二十六日までの九十日間の補償金二億三〇〇万を七月二十九日に支払うと決定したのである。

豊海、片貝、白里の各町及び鳴浜《なるはま》村では、八月四日午後一時に豊海中学校に柴田知事、河野水産、菊池経済両部長を招き、陸上補償についての懇談会を開催した。そこでは六年にわたる接収被害の実情を訴えたが、今までの補償獲得運動を「撤去か、完全補償か」の強い線に切り替え、今後は県と地元が一丸となって運動に乗り出すことを確認したのである。柴田知事は「県としても六年間にわたる不漁による犠牲を考える時、果たして反対運動が実現するかどうかは別として〝撤去〟と云う強い線で地元と一丸となり運動を進めねばならぬと思う」と語ったのである。

九月十五日に外務省から県へ連絡があった。そこでは米軍の意向は、①東京防衛に必要、②道路の幅が六メートル以上、橋が七五トン以上の重量に耐えられる、③航空に支障がない、の三点を挙げ、この条件を満たすものが他になく、「九十九里（豊海）基地は撤廃せず」との回答であった。米軍の意向を知って怒る地元の豊海町では町議五名と各部落代表で基地対策実行委員会を結成（桜井熊雄委員長）、九月二十七日に町民大会を開催、スローガンは「完全補償か、基地撤退か」をさらに一歩進めて、内灘方式であった「基地撤退一本ヤリ」に改めたのである。九十九里（豊海）基地反対闘争は新しい段階を迎えることになったのである。

② 東京湾防潜網に対する闘い

米軍は朝鮮戦争勃発当時の一九五一年（昭和二十六）一月に長崎県の大村湾と東京湾にソ連潜水艦の侵入を防止するための防潜網を設置した。東京湾では千葉県君津郡富津岬から第一、第二海堡を経て神奈川県旗山崎を結ぶ海上約四マイル（一マイルは一六〇九メートル）の間、僅かに京浜へ出入りする艦船のために東京湾の中央部が二〇〇メートル程神奈川県観音崎間（富津〜旗山崎、観音崎〜竹岡、萩生、大貫〜湊町）にあいているだけで、一・五メートルの黄色いブイが四メートル間隔で東京湾口を一直線に塞いでいた。そのブイの下には三〇センチ四方の網目を持つ銅索のスダレが張ってあった。このため回遊魚は激減し、千葉県側の漁船が防潜網の南北に行く場合は、遠く神奈川県側まで迂回しなければならなかった。その上、防潜網の前後には千葉県大貫町地先より萩生、金谷に至り、対岸観音崎、旗山崎を結ぶ海上約一七平方マイル（一平方マイルは二・五九平方キロメートル）の海域に水中聴音機の施設があり、投錨禁止区域となっていたのである。この地域は内湾でも最も有望な一本釣り、延縄、刺し網、流し網などの主要漁場であった。

被害対策協議会の調査では、三か年平均の実績高と一九五一年の実績高（カッコ内）の関係は千葉県五七六・一万貫（三三一万貫）、神奈川県一六〇・一万貫（六六・六万貫）、東京都五八・六万貫（一三・三万貫）であり、漁獲減収率は千葉四三％、神奈川四五％、東京七七％であったが、被害額は千葉県二四五・一万貫（五億七千万円、貫当たり平均単価二三五円）、神奈川県九四・二万貫（二億三千万円）、東京都四五・三万貫（一億円）

で、一九五一年の被害は一都二県の合計が九億円であったが、千葉県が一番酷いものであった(5)。日米行政協定では米軍に施設、区域を提供し、施設区域内の被害は農漁業者を問わず法律で補償となっていたが、防潜網については、張ってある区域と幅だけが対象であった。それ以外は直接被害であると科学的に証明出来れば見舞金を出す制度であった。柴田知事は一九五二年（昭和二十七）十一月十三日に水産庁を訪れ、「昨年は航行禁止と云う名目でスズメの涙ほどの見舞金を頂いたが、額について異議申し立て出来ない見舞金では納得出来ない」と早急に補償するよう陳情した。

衆議院水産常任委員会の一行は、十二月十八日午後一時半から友納副知事の案内で富津の内湾入口の防潜網を二時間半にわたり視察した。地元漁協事務所で座談会を開き、補償問題では立法化に努力し、見舞金ではなく補償金の交付への努力を確約したのである。そして遂に中村庸一郎代議士が修正案を作り、「駐留軍の行為による特別損失の補償に関する法律」が八月二十五日に成立した。この法律で防潜網、水中聴音機等の内湾関係一九五三年度（昭和二十八）分の補償は、大蔵省、調達庁、水産庁の協議の結果、一九五一、五二年度に七〇〇〇余万円を支給した見舞金と同額の補償を行うことになった。

一九五四年（昭和二十九）二月一日、一都二県の被害漁民二〇〇名はバスで上京し、防潜網被害四億円の完全補償を要求した。調達庁では最初大蔵省に対し、一都二県の一九五三年度の補償金は二億二〇〇〇万円を要請したが、大蔵省は納得せず、あくまで一億円の線を維持しようとした。県は一億円を上回らない限り承服出来ないと猛烈に反対していたので、調達庁は大蔵省と最終検討を行い、漸く一億四〇〇〇万円で了解がついたのである。調達庁の資料を基に大蔵、農林両省との三者間では防潜網補償金で難航したが、大蔵省が全面的に譲歩し、五月十七日、調達庁で二億三四八五万一〇〇〇円（うち見舞金として七二一八万九〇〇〇円は既に前渡ししてあり、実質的交付額は一億六二六六万二千円）と決定した。千葉県分の補償額は一九五二年四月二十日から五三年三月三十一日までの一九五二年度分が九八八九万四九一五円、一九五三年四月一日から同年十二月三十一日まで分が八八七四万九七九四円と決まったのである。

（3） 基地と教育

一九五三年（昭和二十八）六月九日、桜井豊海町長が初めて陸上補償要求を行った中で「中学校では爆発音のため授業が行えない。また青少年の風紀にも憂うべきものがある」と基地の教育問題を取り上げた。また千教組は軍事基地問題を重視し、六月十九日の常任中央委員会で基地問題対策委員会の設置を行い、支部毎に対策委員会を設け、学童、生徒への影響、基地をめぐる実態を的確に調査し、基地反対運動を展開することを決めた。同対策委員会では山武郡に九十九里教育会議を設け、その発会式を七月八日に豊海中学校で行った。参加団体は教組を中心に小中学校ＰＴＡ、青年団、婦人会、労組等四〇〇名で、基地撤去運動よりも子供を守る運動に主力を置くものであった。(6)

七月二十八日に豊海演習場（基地）の教育関係者が豊海町役場に集まり、基地の教育対策について座談会を開いた。そこで古川武山武教組書記長は「学習上の被害も酷いが、風紀悪化の影響を受け、四か町村六〇〇〇名児童の意識が植民地化されてゆくのが心配です」と語り、渡辺好忠豊海町教育委員は「風紀問題では子供より大人の方が心配だ」とし、伊藤博愛片貝町教育委員長は「片貝の影響も強い、高射砲、戦車が無尽蔵に往来し、ひき殺されても殺され損、音響が酷い、道路が狭いのに自動車を無茶苦茶に吹っ飛ばす、店先に停まって酒や金をかっぱらう、米兵が投げ与えるチューインガムで子供は乞食根性にされている」と米兵の乱暴と子供の乞食根性への危惧を憂いていた。飯田きくよ豊海小学校教諭は「八三九名（小学四年生以上）を調査したところ、米兵が好き一三・五％、嫌い七五・三％（略）次に五、六年男子生徒五〇名の回答は全員が演習場撤廃に賛成であった」とアンケート調査の一部を発表した。高宮栄一片貝小学校長は「悪影響が子供心に刻み付けられることが最も恐ろしい、学習中弾音で勉強がいやになると答えたものが九六％、都会地五〇フォン、普通地三〇フォンに対し基地周辺は一二〇フォンだ、特に雨上がり、最大の日はもっと酷い、こんな時は机を教壇のそばに寄せて授業するが、それでも満足にゆかない」と騒音の酷さを強調していた。江畑学山武教組文化部副部長は「来年度用の教科書を予約しているが、古いもので間に合せる児童が昨年の三倍に上がっている。鳴浜村ではＰＴＡ会費二〇円を三〇円に引き上げることさえ否決しており、長欠児童も激増、教育扶助を生活資金に回す家庭も増えている」と生活貧窮を訴えていたのである。[7]

県教委では七月二十九日、駐留軍基地対策委員会の第一回会合を開き、基地付近の学校に防音装置を早急につけるよう県に予算計上を申し入れることを決定し、①生徒の校外生活指導のため、訪問教員を配置する、②基地のある町村毎に基地教育改善委員会を設置する、③健全娯楽施設として野球場、映画館を兼ねた公民館の設置、④性知識の理解を高めるために、成人学校、青年学級の設置、⑤「特別損失補償法案」には学校教育の点が除かれているので、調達庁、大蔵省に対し強力に要請する、⑥基地教育の実態調査を行うの六点を討議したのである。

千教組では山武、海上両郡の教師が中心となって前年秋から実態調査を行ってきたが、一九五四年（昭和二十九）一月に纏まり、一月二十四日から静岡市公会堂で開かれた第三回全国教育研究大会で「基地九十九里における教育の危機と打開策」と題して発表した。それには、①演習が生徒の学習に及ぼす影響では、両郡一〇〇〇名のうち八七三名が「大変に困る」と答え、そのうち六一五名は「考えが切れる」「話が聞こえない」「勉強をやめたくなる」とし、「どんな時に勉強が困るか」との問いには、数学五九五名、珠算三九三名が多かった。実際に一二〇ミリの高射砲が立て続けに二〇発も発射されると、先生の話が聞こえないどころか、身体が震えて字は書けず、鉛筆はころがり、ソロバン玉が動いて、机に向かっていられなくなる。その他飛行機、大型トラックの騒音、夜は飲食店からのジャズや笑い声等で学習意欲の低下がおびただしいものであった。②生徒の生活に及ぼす影響では、長欠児童の問題であった。丘の村落の小学校では五％の長欠者が、沿岸村落では一二％、中学校でも同様に丘の四・六％に対し、沿岸では二二％と五倍以上であった。欠席理由は家庭によるものが、本人によるものを上回っており、長欠児童は卒業もせず、そのまま社会に投げ出されていたのである。長欠児童の過半数は憲法でうたわれている「教育を受ける権利」を放棄させられていた実態を明らかにしていたのである。(8)

国警県本部は二月二十日、「基地周辺における風俗環境の実態」を発表した。それによれば、県下各基地周辺の風俗実態では、①白井基地（東葛飾郡風早村）は柏町から一・五里の山間にあって、村内にはパチンコ店二戸、旅館一軒あるだけで、基地の要員約二〇〇名はほとんど上京する。前年八月頃まで十名前後の売春婦が農家に間借りしていたが、次第に少なくなった。②木更津航空基地（木更津市）は周辺に料理店三七、飲食店二〇九、旅館二九、下宿四で定住する接客婦は五四八名。他にもぐりのパンパン・ハウス（売春婦六七名〜八五名）、貸間三〇（七二名〜八〇名）、素人下宿七（二二名〜三二名）等に米兵相手の売春婦が二〇〇名前後いた。③豊海演習場（山武郡豊海町）では町内に旅館八、飲食店六、売春婦は立川、横浜から移動して来た者が多く、間借りが多かった。一時は同町真亀地区の松林に貸間が二五戸も増築され、五〇名〜六〇名の売春婦がいた。④キャンプ・パーマー（船橋市二宮町）は米兵八〇名、売春婦九名程度、周辺にカフェ一一、料理店二、旅館六、下宿三、飲食店一〇あった。東京への交通が便利なため、地元の影響は少なかった。⑤嶺岡レーダー基地（安房郡丸村、吉尾村）の五〇名の駐留兵士は主として館山、木更津に出るため、鴨川に泊まる者は少なかったと云うものであった。

(二) 新ローカル・センター県労連の誕生

(1) 総評の結成と変容

一九五〇年(昭和二十五)二月、マッカーサーと米国国務省国際労働・衛生課のサリバン、GHQ労働課エーミス、ブラッティが会談し、日本労働組合総評議会(総評)結成促進を確認した。三月十一日には総同盟、国労、日教組等の民同派と総同盟左派の一七組織、加盟組合員四〇〇万名を擁する総評準備会が発足した。そして総評結成大会は朝鮮戦争勃発間もない七月十一日に開催されたのである。結成された総評は反共主義を宣言し、北朝鮮軍を非難し、国際自由労働組合連盟(国際自由労連)加盟を指向し、日本社会党支持を表明した。また初代事務局長には島上善五郎(東京交通労働組合)が就任したのである。[9]

しかし朝鮮戦争下で米国を先頭とする西側陣営との単独(片面)講和、日米安保条約の締結が図られたことに対して、総評は一九五一年(昭和二十六)三月の第二回大会では激論の末、平和四原則(全面講和、基地反対、中立、再軍備反対)を採択した。これはGHQがニワトリのつもりで育てた総評がアヒルに転換してゆく始まりであった。総評は第二回大会では国際自由労連への加盟を保留したが、第三回大会では公然と国際自由労連を批判する潮流が主流となり、一九五三年(昭和二十八)六月には脱退し、七月には私鉄総連も脱退して、総評内の有力単産の国際自由労連離れが進行して大きく変容することになったのである。

(2) 県内主要労働組合の特色

県内主要労働組合には三つの特色があった。[10] 一つ目の特色は、国際自由労連に対する態度である。一九五二年(昭和二十七)六月の国労千葉地本部定期大会で、長島一書記長は「アメリカを中心とした独占資本は戦争勢力であるが、共産陣営も有力な戦争勢力の一つである」と発言し、明白に総評や国労中央とは国際自由労連への対応で異なる認識を示していた。私鉄総連が国際自由労連から脱退を決定した大会で「脱退反対、国際的つながりを持たなくして世界平和を求めることは出来ない」と反対の少数意見を代表したのが京成労組であった。日教組や全逓では執行部が国際自由労連脱退反対の方針をとっており、その執行部へ千教組が佐久間孝一を、全逓千葉地協が野上元を送っていたのである。千教組執行部は「アメリカが戦争勢力で、ソ連が平和勢力であると云う考え方には反対で、国際自由労連を支持する」としていた。また総同盟では一九五三年（昭和二十八）十一月に国際自由労連本部に直接加盟の申請をしていたのである。このように労働戦線統一懇談会の主要メンバーの多くが国際自由労連指向の組合であったことである。

二つ目の特色は、産別中央から孤立化の傾向があったことである。川鉄労組は鉄鋼労連が「左傾化」している総評に加盟したことから、ついてゆけぬと一九五二年（昭和二十七）十二月に鉄鋼労連を脱退していた。国労では加藤閲男、星加要、戸田芳夫等の右派が新生民同を結成し、主流派の旧民同左派や革新同盟と対立していたが、一九五二年末には国労執行部から締め出されてしまい、元国労中央執行委員長の加藤閲男は「行き場のない荷物」と揶揄されていた。そこで彼は出身の千葉に戻り、一九五三年六月から国労千葉地本委員長に就任し、戸田芳夫も一九五四年（昭和二十九）から長島一を追い落として書記長に就いていたが、国労全体の中では孤立的な存在であった。東電労組は電産労組から脱退した人々が中心となってつくったものであり、一九五〇年（昭和二十五）十一月には電産千葉支部が解散となり、東電労組一本に纏まった。しかし関東全域では総評加盟の電産と東電労組が激しく対立し、そのため総評からは東電労組へ電産復帰の申し入れがあった。けれども東電労組は拒絶し、東電千葉支部では一九五三年まで地域メーデーにすら参加していなかったのである。

三つ目の特色は、企業組合主義の傾向が強かったことである。国労千葉地本の長島書記長は労働運動の理念を「国家の繁栄と社会福祉の増進を絶対条件とする」とし、大会では「再軍備反対のスローガン」を否決していた。東電労組千葉支部では「企業別の優位性に依拠した運動」を推進し、活動方針では火力発電所の敷地となる千葉市蘇我海岸の埋立問題には一切触れず、「電源開発の促進」だけが掲げられていたのである。川鉄労組は鉄鋼労連脱退後の活動方針では「単独講和の承認、政治的偏向を排して組合主義を守る、鉄鋼業の近代的合理化に協力する」と云うものであった。

（3）県労連の結成と県労協との違い

一九五三年（昭和二十八）九月十七日の夜、千葉市神明町の都川《みやこがわ》沿いにある国鉄都下《つげ》寮に国労、千教組、全逓、全電通、職安、機労、全日通、総同盟県連の県労協加盟八組合と川鉄、京成、東電の中立系三組合の代表が集まって労働戦線統一懇談会を開いたのである。

当時全国では東京地評のように多くの道府県で総評の下部組織（地評）が結成されていたが、千葉県は全国の中で地評のない数少ない県の一つであった。八月には総評の組織部長が来県して労組代表と懇談し、地評設立の話し合いがもたれていた。また九月十六日に野溝勝左派社会党書記長が来県、「社会党県連は社会主義政党として好ましくない、近く左派県連を結成する」とショックな発言をした直後であったので、社会党県連と密接な関係が強かった県労協をはじめ参加者たちは、総評と左派社会党の千葉県攻勢に対して活発な意見が交わされ、意見交換のあと、①労働戦線統一の歩みが年内に動き出すよう各労組が努力する、②地評は結成しない、③共産党とは一線を画すの三点で合意したのである。

労働戦線統一懇談会では一九五三年十月十五日、第一回労働戦線統一準備会を開き、国労、京成、総同盟県連の三労組で綱領と規約を起草、一九五四年（昭和二十九）二月二十一日、二十六日に第二回、第三回の準備会で綱領、規約、予算の審議を行った。三月二十五日、四月十日の第四、第五の準備会では役員選考を行い、新しく生まれるローカル・センターの議長に山村実（京成）、事務局長に長島一（国労）を内定した。そして四月二十日に各単産代表、代議員等二〇〇名を集めて千葉県労働組合連合協議会（県労連）を結成したのである。

県労協は第二章で触れたように、一九四八年（昭和二十三）八月に国労、千教組、総同盟県連が中心となって、①いかなる政党にも使役されない、②暴力による政権奪取を否定する等を宣言して、全国に先駆けた民同派の結集体であった。

結成時には県労会議、県労協、中立系と県下の労働組合は三つに分かれ、県労協は県労会議の脱退派の位置にあった。しかるに県労連の結成時期は、産別会議や県労会議がほとんど壊滅状況にあり、他に競合相手のない時であった。県労協にはなかった地区労組織を設けて、地域への影響を図る組織方針を持っていた。県労連編纂の『千葉県労働運動史』では「県労協を発展的に解消したもの」としているが、決してそのような性格でなく、全国に先駆けた労働運動の右翼的再編の現れであった。結成時の綱領の中には、①全体主義を排し、民主主義のために闘う、②経済の興隆を期し、社会主義の建設のために闘う、③平和的民主的手段により社会的、経済的、文化的地位の向上のために闘うことが掲げられていた。[11]

（4）県内労働運動の転機

県労会議にも県労協にも属さず、県内労農統一戦線の統一に努力し、一九五〇年（昭和二十五）の柴田知事当選には民主勢力の纏め役として一定の役割を果たしてきた県職組は、ローカル・センターにどのように対応したのであろうか。「県職組は県内労組のうちでも左派と云われ、県労連参加を求められないほどに敬遠されていた」と云われていた。たしかに労働戦線統一準備会には一度も出席しておらず、そのため千教組からは「県職組がわれわれと志を同じくして、この傘下にはせ参じてくれるなら、何をかいわんやである」と県職組

が戦後一貫してとってきた統一戦線指向の路線を変更することが期待されていたのである。(12)

しかも県職組内でも反共主義に呼応する動きが現れ、四月二十日には「県庁内に共産党員がいる」と云う怪文書がばらまかれ、県当局も「公務員法に違反しているものがあれば、考慮しなくてはならない」と反共攻撃を支援していたのである。

県労連結成から間もない五月六、七両日の県職組役員選挙では、立候補のうち怪文書で「共産党員」と名指しされた三名全員が落選した。この選挙から半年後の十月三十日、県職組は県労連へ正式に加盟したのである。(13)

戦後に職員会から県職組へと発展してきた中で、政党からの独立、資本からの独立、そして一致する要求での行動の統一を労働組合の基本に据えて、県内労働運動の伸展に少なからぬ役割を果たしてきた県職組が、反共主義と企業組合主義の綱領を掲げた県労連への加盟に踏み切ったことは、県内労働運動の一つの転機を象徴するものであった。

（三）ギャンブル誘致と反対運動

（1）市川競馬場・競輪場設置問題

一九五二年（昭和二十七）十一月二十一日夜、浮谷市川市長は市内の料亭「鴻月《こうげつ》」に極秘で長田市議（市競馬場誘致委員長）、鈴木績《つむぎ》県馬主協会長、勝又豊次郎県馬主協会副会長（県議）、郡司関東地方競馬組合会議員（県議）を招いて競馬場設置の構想を明らかにした。それは、①廃止になった県営柏競馬場の代わりに市川に新設したい、②目的は市財政の補填である、③敷地は市内国府台旧練兵場跡七万五〇〇〇坪と私有地三万坪にすると云うものであった。市川では一九四〇年（昭和十五）まで競馬を実施しており、一時的ではあったが、全国一の売り上げを示したことがあった。出席者一同は「大井競馬に劣っても川崎、戸塚両競馬以上の実績を挙げるだろう」との見通しで一致し、誘致する基本方針を決めたのである。[14] 市川市議会は十二月二日に満場一致で市内誘致を決議し、市長と大川市議会議長は三日に出県して友納副知事に協力を陳情したのである。市川市では十二月県議会に請願書を提出したが、県議会農林委員会は保留して継続審議となってしまった。県議会では与党改進党の長老であり、地元選出の福地新作県議が反対であったので、その影響があったと見られていた。

国府台旧練兵場跡は戦後に開拓者二八戸が入植、さらに地元の増反一八〇戸を持つ県下でも有数の開拓地で、麦一三〇〇石、薩摩芋二三万貫の収穫を挙げていた所であった。浮谷市長は「入植者には内々折衝し、松戸市寄りに農地を与えることで了解がついている」としていたが、一部の農家を除いて全面的に反対が起こっていたのである。

折しも一九五三年（昭和二十八）二月、前項で触れたようにゴルフ場の農地法違反事件が起こっていたのである。市川市当局が競馬場誘致に消極的になる理由が四つあった。それは、①農地を潰すことに反対の声が多いこと、②農家の転職への補償問題、③近接の船橋、中山等に競馬場があり、果たして黒字経営が出来るのか、④県農地部や農林省農地局が極めて強硬に反対していたことによるものであった。

さらに六月県議会では、堀越英次県議が鷹の台ゴルフ場問題を取り上げ、「鷹の台ゴルフ場は旭建設がその工事を請け負って、すでに相当その工事が進められているが、それは一九五二年（昭和二十七）十月二十一日施行の農地法第五条の許可なしにやった行為である。県がこれに対してとった処置をお伺いしたい」と質問していた。また花沢満県議は農林省次官通達等から「農地をゴルフ施設に供することは不適当」であり、「県農地部長に工事の中止を再三指示したにも拘わらず工事は進展している」と追及した。知事は「牧場として許可を得た以上は牧場の形で当分は進められるものと確信している」と答弁していたが、ゴルフ場側の強硬な姿勢には及び腰であった。[15] そして県当局は市川競馬場問題が鷹の台と同じようなケースであるので指定には非常に慎重となっていたのである。

ところが鈴木県馬主協会会長は、福地県議宅を訪問して協力方を要請し、七月十日には県議会各派を訪れて、県が指定を提案した場合は賛成して欲しいと懇請したのである。県議会では自由党吉田派は浮谷県議が中心で大部分が同意し、改進党は長老の福地県議が賛成したので同意に傾いていた。千葉クラブと自由党鳩山派はそれぞれ郡司、勝又県議が設置案に賛成して内部に働きかけていた。ただ社会党内には強い反対が存在していたが、馬主協会の申し入れで新設が再燃することになったのである。当時県馬主協会はかねてから船橋競馬場がオートレース場と併設のため、「馬が爆音に怯えるので、分離してもらいたい」と申し入れていたが、七月十四日には馬主協会側の態度が硬化し、「市川競馬場と協力しなければ出馬しない」と通告したのである。

県側は「農地法違反になるから協力は出来ないが、県財政に年間一億円の欠損が生じ、船橋競馬場で生活している二〇〇〇余名の生活権にもかかわるから出馬してもらいたい」と回答したが、七月二十九日に鈴木会長を県庁に招き、友納副知事、鎌田県議会議長、郡司、勝又県議等がオートレースが馬に影響を与えることを認めた旨を伝えた。鈴木会長は「出馬を考慮する」として、船橋競馬危機は回避されたのである。馬主協会側の狙いは、市川競馬場建設にあったと伝えられていたのである。

九月二十一日に浮谷市川市長、大川同市議会議長は鈴木県馬主協会長と共に出県し、柴田知事、鎌田県議会議長に競馬場新設を再陳情した。知事は「農地法の問題を研究し、妥当なら指定したい」と答えていたのである。

九月三十日の県議会農林委員会では継続審議となり、今後現地を見てからと云うことになったが、十月一日になって急遽県議会の態度が変わり、十月二日に同委員会で候補地を視察することが決定となったのである。この県議会の動きに県当局では、「柴田知事は今のところ、今議会に提案する意志はない」とし、友納副知事は「明日（二日）農林委員会が現地視察をやるそうだが、今は何とも云えない」、戸川農地部長は「候補地である同市東台は開拓財産で未墾地買収となっているので買収は困難」と否定的であった。県議会農林委員会では竹内委員長等一行が二日に地元の浮谷、田中、福地の三県議、浮谷市長その他市議会関係者と予定地を視察したが、雨天と市当局の連絡の行き違いから思うような視察が出来なかった。このため最終日の県議会でも決定に至らず、次期県議会へ持ち越しとなったのである。

県当局も県議会が現地を視察したので、現地の意向や敷地を調査し、知事が県議会に指定を提案するかしないかの判断資料とするため、十月十七日に斉藤畜産課長等四名を市川市に派遣した。オブザーバーとして郡司県議も参加した。県としては初めて公式に浮谷市長の意向を聞くものであった。県庁一行が現地を視察したいと申し出たことに対し、同市長は敷地予定地の公開を避け、「何れ改めて案内する」と曖昧にしたので、十月二十四日に再調査となった。

市長が敷地の公開を避けたことから、千葉新聞では記者を現地に派遣して調査させた。記者は「敷地は採草地、大半は畑であり、鷹の台ゴルフ場の敷地と同じケースと感じられた」とし、神作助役は「青写真どころか、略図一つない」との説明であったと報告していたのである[16]。

市川市では十月十日、極秘に東京通産局へ競輪場設置の指定申請を行った。しかし書類不備で却下され、十月二十二日に再提出したのである。この動きは県議会をはじめ各方面に大きな反響を呼び起こした。福地県議は「市で造りたいと云うから協力してきたのに、何の相談もなく競輪場の申請をするとは、なんとも意見の云いようもない、馬鹿らしくて話も出来ない」と怒り、勝又県議も「協力してきたのに、こんなことをされたのだから、今後は余り協力出来ない」と批判した。県議会から非協力の空気が生まれてきただけでなく、農林省は十月二十日に「農地法の精神に基づき、みだりに農地を転用してはならない」と県農地開拓課に通知し、競馬場の予定地に警告を発していた。川島正次郎代議士は「競輪場は今新たに申請しているのは市川を含めて一八か所、認可されるとは到底考えられない、二兎を追ったのは政治的に極めて拙い」と云い、鈴木績県馬主協会長は「今まで協力してきたのに、馬鹿にするも甚だしい、今後は絶対に協力しない」との決別宣言をしたのである。

一方、浮谷市長の言い分は「当市では既に一九五〇年（昭和二十五）七月十八日の市議会で満場一致の決議で国府台に競輪場設置を申請していた。しかし当時一県二か所と云う規定でやむなく中止の状態になっていた。今回競輪法の緩和規定が出たので関係書類を提出した。敷地は市川駅南岸の一万二〇〇〇坪で、工費は一億五〇〇〇万円を予定している」と語っていたのである。

十月二十六日に開かれた八市競輪組合（市川、船橋、銚子、佐原、野田、木更津、館山、茂原）の臨時組合会議では、八市がそれぞれ早急に臨時市議会を開いて市川競輪場実現の決議を挙げることを決めたのである。当時松戸、千葉を借りて八市競輪が開かれていたが、分配金は年間一市二〇〇万円しかなかった。特に千葉競輪への使用料は一九五二年度（昭和二十七）が総売上高の三・五％、その他に五〇万円の事務補助費を支払っていたのである。

市川競輪場設置運動に対し千葉市は反対であったが、市川市を含めた県下八市は共同戦線を張って千葉市に反攻の態度に出たのである。[17] しかし市川市に競輪場を設置することに反対する総同盟市川地区代表会議は十一月二十九日に市川小学校で市民大会を開催し、三十日には尾崎市議が代表になって通産省に反対陳情したのである。

一九五四年（昭和二十九）三月五日に市川市議会は全員協議会で設置促進を決議したが、延期となってしまった。ところが成田、佐倉、八日市場、東金、旭、習志野、東葛（同年十一月に柏に名称変更）が市制を施行することになり、地方財政窮乏の折柄、当然に競輪開催権の申請を行うものとみられ、八市組合への割り込みが策されていた。当時一開催期（六日間）で千葉競輪二〇〇万円、松戸県営競輪四～五〇〇万円の収益では、このわりこみによって各市の収入は半減する。そこで市川競輪場新設問題は再び拍車がかかることになったのである。

（2）手賀沼競艇場設置反対運動

一九五一年（昭和二十六）七月に県のボートレース協会設立にあたって手賀沼が第一候補に挙がった。我孫子町としても是非誘致しようと云うことになり、一九五二年（昭和二十七）二月の町議会が「競艇場を設置する費用の負担に耐えることが出来ないから、町は施設会社の誘致に努力し、町が施設設置費用を負担する事なく、競艇場を設置する」決議を満場一致で採択し、モーターボート特別委員会を設置したのである。しかし資本不足から行き悩みになっていたが、一九五三年（昭和二十八）十月頃に安美湖レクリエーション株式会社（社長は松尾國造目黒雅叙園社長）が出資者として現れた。同社は資本金五〇〇〇万円で施設者となり、県ボートレース協会が運営者になって、毎月一二回開催、年間約五〇万人の観客を誘致、年間総売上高七億二〇〇〇万円とする事業計画を立てたのである。同社は総売上高の四％を保証し、損失責任を町に負わせないと云う条件であったので、町議会は一九五三年十二月に町がモーターボートの施行者になることを満場一致で議決した。しかし施行者認可には三万人の人口が必要であり、隣接の手賀、風早、湖北の三村を誘った。同社からは各村へ年間五〇万円宛を保証する。損失責任なしとの条件なので、三村は一九五四年（昭和二十九）一月に賛同したのである。[18]

最初に反対の声を挙げたのは、手賀沼漁協であった。同漁協は二月十三日に臨時大会を開き、①漁場が荒らされ、環境の浄化と教育上良くない、②一言の話もなく、漁業権の侵害であると反対し、同月十五日には千葉市で県内水面漁場管理委員会を開き、知事に漁業権の保護を要請することにした。同漁協は安美湖レクリエーション株式会社、我孫子町当局等と折衝の結果、三月三日に、①漁業権を最大限に尊重する、②設置による被害については確実な補償を行うの二点で話し合いがついたのである。

漁協との問題も解決したので、三月十六日に県宛に指定申請書を提出したが、県側から不備な箇所が一部指摘されたので、近く体裁を整えて再提出することになった。三月二十日には町内の保育所で町民に対し初の公聴会を開き、女性も交える一〇〇余名に秋谷町長、岡島町議会議長等は経過を説明した。誘致に熱心な商工会関係者の賛成に対し、風致問題を憂える一般勤労者層からは反対の声があった。そして四月上旬には〝手賀沼モーターボート競走場設置反対同盟会〟が結成された。この中には同地に居住する大学教授、公務員、読売、朝日、毎日の新聞社員、婦人会、キリスト教会牧師等が名前を連ね、日立労組、第四小学校ＰＴＡ、社会党等が同調していたのである。

四月十五日、我孫子町外三か村は指定申請書を再提出したが、反対同盟では三浦惣太郎代表等九名が県庁に出向き、柴田知事、友納副知事と会見して反対陳情を行ったのである。友納副知事は「町議会が議決しているので、県で止めさせるわけにもいかない。審議会に諮って善処する」と答えたのである。県立公園審議会では十九日、千葉市本千葉町の「ほてい家」で協議会を開き、促進同盟の川口与太郎等二名、反対同盟の三浦惣太郎等二名を招き打開策を図ったが結論が出ず、友納副知事は「今一度両派で妥協の線を出して欲しい」と継続審議にしたのである。

県内の文化人有志が「幾多の文化人を育んだ手賀沼を町の経済的な理由だけで、一万九二三六坪も埋立、ギャンブル場を設置しようとする、もし県立公園にギャンブル場を造ることを許可すれば、県立公園設置の意義もなくなる」と起ち上がった。二十二日に反対派は運輸省、自治庁を訪問し、二七七九名の反対署名を持参して陳情を行ったのである。また我孫子町葦の芽婦人研究会の阿部歌子会長、杉村富美子等会員五名は二十四日に山野県総務部長を訪ね、反対陳情を行い、「前日の二十三日夕方に反対同盟の阿久津関一郎宅に石三個が投げ入れられ、ＰＴＡの会合でも反対の意見を述べようとすると圧迫される、このような暴力に対し、県で取り締まると共に、設置反対に協力して欲しい」と訴えたのである。

我孫子町の紛糾について県側は「地元の意向を統一するように」との勧告をおこなってきたが、両派は第一回の懇談会を四月二十七日に役場会議室で開いた。役場、町議会側は秋谷町長等一〇名、反対同盟側は三宅勝重前公安委員等一一名が出席、激しい論議となったが、進展をみることなく散会となった。その後四回の懇談会が開かれたが、意見の一致には至らなかったのである。五月六日に県は調停案を纏め、両派に示した。それは、①競走用水面を東方に変更する、②競争開催時間はなるべく小学校の授業時間をさける、③施設者はヨット・ハーバー、淡水魚水族館、遊歩道等の建設計画を促進し、県立公園の整備に努める、④町当局は治安、教育、防音、風致の諸対策をさらに具体化し、これを推進するため、教育委員会、ＰＴＡ、婦人会、商工会等の関係者を含めた対策委員会を設けるの四点であった。

反対派の主張は、①設置は風致を壊し、教育上悪影響があり町民の経済生活を疲弊させる、②第一、第四小学校共湖面より五〇〇メートルの距離にある、③取手競輪開催日前後に、ゆすり、押し売り、窃盗が増加しており、反対運動発起人宅には投石事件等が二度も起きている、④レクリエーションを目的とする県立公園の風致を壊し、社会的悪影響を及ぼす、⑤町当局が予想する財政収入額は疑わしい、近隣に取手、松戸等の競輪場があり、町当局の数字は信用出来ない、⑥既に行っている大津ボートレースは赤字で、市から県に移管、県でも苦しんでいる、手賀沼が成功することは予想出来ない、⑦来場者は結果的に地元住民が多数を占めるので、地元経済の疲弊を招来する、⑧安美湖レクリエーション会社の事業内容は料理、飲食兼旅館、ホテル、土地売買、自動車運送業で、地元中小商工業者の利潤が大資本に吸収される、⑨同社と町当局の契約内容は大多数の町議も知らず、仮契約も未だ成立していない、⑩経営が赤字になった場合は債務を町が負わねばならない、⑪ボートレースが不振に終わった時は、会社による埋立地は何に使用されるか分からない、⑫連名施行者である湖北、手賀、風早の三か村は年間五〇万円で、我孫子だけが独占利益をとることになり、将来問題が起こる、⑬町当局が立案した弊害除去対策は不充分で、実施には最低一四〇〇万円かかり、ボートレース収入と相殺になる、⑭我孫子町財政は県下で中の上にあり、税外収入の必要の理由はない、⑮我孫子中心から僅か五〇キロメートル内に競輪場、競馬場が三か所もあり、新たにボートレース場は過度集中の状態となる等を挙げていた。

これらの反対理由と運動が広がった影響であろう、日本レクリエーション協会、日本自然保護協会、日本風景協会、国立公園協会が設置反対を声明したのである(19)。

県の調停案を町長は受け入れたが、反対派は拒否した。県は条件付許可の方針を変えず、賛否両派の現状を書いた書類と調停案を付した書面を五月二十日に運輸省と自治庁宛に送付した。運輸省はレース場設置に乗り気であったが、自治庁内部では一部に反対の声があると云われていたのである。

五月十九日、国立公園審議会の渋沢敬三、関口泰、犬丸徹三等は県知事、自治庁長官、運輸、厚生両大臣に設置阻止の要望書を出し、中央での問題に発展したのである。

五月二十五日、我孫子町の渡辺多門、渡辺正四郎、野田弘一の三町議は友納副知事を訪ね、施設会社が二十一日から着工した埋立工事に県は許可を与えたのかを質したのである。友納副知事は「地元ではいかにも直ぐに許可になるような宣伝をしているということなので、工事を始めたり、埋立等しないように警告しておいた」と答えていた。しかし六月九日、県は会社に公有水面使用許可（約五万坪）と埋立（約五〇〇〇坪）の正式認可を与えたのである。反対同盟では「六〇〇〇名の反対町民の署名を無視している」と県、自治庁に工事中止を要望。また十三日には同町学生会（三五〇名）でも反対決議したのである。

真夏を控えモーターボート競争場設置の申請が自治庁を悩ましていた。新設を希望している市町村は千葉県をはじめ下関市、広島市、広島県宮島町他四か町村、沼津市、熱田市、土浦市、石浜市、桑名市、三重県的矢《まとや》村《むら》他八町村の全国一〇か所で、夏の呼び物だけに地元では認可を急ぎ、自治庁、運輸省、大蔵省等関係官庁に矢の催促で許可の日を待っていたのである。白治庁では一九五四年度（昭和二十九）の緊縮財政の立場から塚田自治庁長官は「新設の許可はなるべく認めない」との方針をとっており、一〇か所の新設は不可能と見られ、手賀沼ボートレース場もお流れの公算が大きくなったと報じられていたのである。

七月六日の運輸省モーターボート競走運営連絡会は、手賀沼競艇を審議したが、「地元に反対の声が高い」

と云う理由で大勢は否決に傾いたまま結論が出なかったのである。

八月十二日から始まった町議会は、町当局から出された二つの契約書（A案とB案）をめぐって紛糾した。A案は会社に四％の賃借料を支払う契約書。B案は会社が町に四％の収入を保証すると云う当初の契約書。町当局はA案は認可を得るためのもの、B案は会社に対する実質上の契約書で、二本立てで採決を求めたため混乱が起こった。しかし両案の契約は不可分のため、法律に違反するので廃案とし、改めてA案を原案とした。採決の二十三日に反対派議員七名は一斉に退場し、採決は一六名対一名で可決となった。[20] 一方手賀、風早両村も同案をそれぞれ満場一致で可決した。しかし湖北村議会は我孫子町反対同盟の阻止運動の影響で、村議の約半数が契約案に反対であった。九月十日に村議会は賛成決議したが、一部に我孫子町当事者の圧迫があったとし、臨時村政調査会を結成して村議会決議無効の行政訴訟を起こす動きとなったのである。風早村議会は「契約は自治庁に対する認可申請のためのカラ契約だから、施行の場合は我孫子町に対し事業に依る危険負担を負わず、年五〇万円の支出を確約させる」旨の議決を行い、秋谷町長と覚書を交わしたのである。町長はその覚書を町議会の議決を経ずに八月末に自治庁に提出、しかも認可申請書の「賦課率及び配分率」を偽造し、風早村にも危険負担を課し、「収益については収益総額の九分の一を配分する」と申請したのである。我孫子町反対派の宗像末三、渡辺多門等八町議は「町長が風早村と交わした覚書」は公文書偽造であると千葉地検松戸支部に告発したのである。このように競艇場設置を巡って紛争が続いていた我孫子町に対して、県では一九五五年（昭和三十）一月十七日に「開設のメドがつかないまま問題を放任しておくことは、行政上良くないので何らかの形で解決して欲しい」と勧告した。このため秋谷町長は「改めて町民の信任を得た上で、問題解決に当たりたい」と一月十八日、町議会に辞表を提出したのである。

住民の意思を決定させる我孫子町長選挙は二月六日に行われた。立候補者四名のうち共産党候補海老原喜一郎は投票日直前の三日に辞退し、秋谷好治（現）、染谷正治（元）、鷹巣利亮の三名の争いとなった。直近の衆議院選千葉一区（一九五三年四月実施）に立候補した共産党の萩原中候補は我孫子町で一九二票をとっていたので、一九〇票前後の基礎票があったと見られる。果せるかな接戦の上、革新系の地盤をバックにした染谷が三三四六票で、現職の秋谷三一六六票に一八〇票差で当選。共産党層の投票の影響が大きなものであった。当選した染谷新町長は「ボートレース場を造る必要もなく、私は断固中止の線で行く」と語り、競艇場設置問題は反対同盟を中心とした住民派の勝利で決着がつき、ギャンブル場設置は回避されたのである。[21]

（四）女性の起ち上がり

（1）働く女性と職業の実態

労働省少年婦人局千葉県職員室は一九五〇年（昭和二十五）三月から三か月間、県下二一の病院、診療所について行った一四八八名の看護婦の労働条件調査の結果を公表した。①労働時間は七五％が深夜業に従事、実際は全部が二交替制で、勤務時間の少ない所で一〇時間労働であり、私立の小病院、診療所では大部分が日勤以後を宿直で補っている。某病院では日勤朝八時から夜六時まで引き継ぎ、宿直が夜一二時に終わり、翌朝は八時から夜一〇時までの日勤となり、これを繰り返していた。即ち二日間に三〇時間（四時間休憩）、一日一五時間の長時間労働である。この宿直、夜勤等の深夜作業は一週一回が三〇％、七〇％は週二回以上も従事していた。しかもこの宿直、夜勤は全く眠れない、時々起こされるが四六％に及んでいたのである。②休憩は一度に休めないので規定がほとんどなく、全くない、三〇分以内が四五％、一時間以上は二〇％に過ぎなかった。③休日は全然ないが七％、月一回から三回四〇％、④給与は官公立の一部を除き、私立の九〇％は早出、残業、夜勤、宿直、休日出勤手当支給の規定がなく、昇給規定がない。⑤賃金は有資格者初任給、食事付住込みが一〇〇〇円以下一八％、二〇〇〇円以下三六％、三〇〇〇円以下三〇％、五〇〇〇円以下一六％。見習いは一〇〇〇円以下五一％、二〇〇〇円以下四二％。有資格者通勤者は四〇〇〇円以下、見習い二〇〇〇円以下が一番多かった。統計調査者は「看護婦は〝白衣の天使〟として尊い人命救助に身を捧げて奉仕するものとする観念が一般に深く、この労働条件にも拘わらず同情が薄い、看護婦も立派な婦人労働者であることの認識が足りない」と厳しく纏めていたのである。(22)

一九五四年（昭和二十九）七月に千葉婦人少年室では婦人労働者の実情を発表した。そこでは不況の嵐が吹き荒れているのに加え、逆コースが問題となりはじめており、婦人労働者への圧迫が強まっている現状であった。まず人員縮小では婦人の臨時雇いが一番に首を切られている。また女子の定年制切り下げでは従来五〇歳であったのを四五歳にしようと工場主から組合へ提案されたと云う。生理休暇は実際には取りにくく、取ると昇給から落とされたり、生理休暇を取らず休まない者に皆勤手当三〇〇円をやったりして、事実上取れなくしている例もあったのである。

（2） 人身売買と売春

戦後八年、婦人の地位向上は目覚ましいものがあったが、一方戦後の経済的混乱から「生きるために」と売春の道を辿った者も少なくない。凶作の秋、農家の経済的苦境の深刻化から農村娘の身売り話が伝えられ、〝赤線区域〟、〝青線区域〟の売春婦たちは増加の一途を辿っていた。〝赤線区域〟（昔の遊廓で、特飲街のこと）は全国で四〇〇近くもあり、売春宿約一万三〇〇〇軒、接客婦は五万人余、〝青線区域〟（特飲店以外の街に散在する飲み屋、カフェ、料理屋、ホテル、旅館等）の業者は約五万五〇〇〇人、その他の〝準赤線区域〟（芸者街等、売春をする者は総計五〇万人を超えると見られていた。国警県本部防犯統計課の調査では、県下駐留軍基地の営業許可業者はカフェ二一、料理屋七一、ホテル四〇、飲食店二二五の総計三三八軒。ここに働く女性は六〇〇余名、その他貸間、下宿等を使っての無許可営業は全部で八三軒。なかでも木更津基地付近は県下でも最も多かった。また県下主要都市の、〝赤線区域〟と云われる千葉、船橋、茂原、松戸、木更津、野田、銚子、海上郡旭町、夷隅郡大原町の特飲街では料理屋一七三軒（接客婦三〇三名）、旅館三〇軒（同一〇二名）、飲食店七九軒（同一三一名）、カフェ、ダンスホール八軒（同一八名）、その他一九軒（同四八名）であった。これら区域に身売りされ、落ちていく女性は、県内だけでも月平均十数名、原因は経済的、精神的なものが圧倒的に多かった。精神的な面では、①家庭的に恵まれない、②独立精神や勤労意欲に欠ける、③世間の事情が判断できず、騙される、④人権の自覚や人権尊重の思想が低い、⑤自主的な結婚観、貞操観に欠ける等であった[23]。

また県下の人身売買事件は年間検挙数が一九五一年（昭和二十六）三四名、一九五二年八〇名、一九五三年九八名と急増していた。検挙数では全国一五番目で、貧困が第一の原因であった。一九五三年（昭和二十八）の被害者一三二名中一二七名が少女であった。これらは主として一六歳から一八歳までの少女が数万円の前借金で「一生を縛られる」のであり、この周旋人の六割までが「女桂庵《じょけいあん》」で、二〇〇〇円から最高二万円の手数料欲しさに同性を売ると云う「せつない女の国」であった。被害にあった一二七名の少女の売られて行く先は銚子、船橋、市川等の特飲店や料理店街であった。彼女たちの親の職業は農業五三名、漁業二三名と農漁業が圧倒的に多かったのである。

（3）市川市八幡の特飲街建設反対運動

一九五二年（昭和二十七）七月、売春の温床である特飲街建設（四〇余戸）の動きが、市川市本八幡駅南口付近にあることが分かった。驚いた八幡小学校ＰＴＡでは全市ＰＴＡに応援を求め、「特飲街絶対反対」のビラを貼ったり、立看板を立てる等の運動を開始した。市ＰＴＡ連合協議会では七月二十五日から全市で一斉に運動を起こした。市川、本八幡両駅前には「特飲街絶対反対」の立看板を立て、ＰＴＡ役員、婦人会の役員等三〇名が乗降客に反対署名を求める一方、ダットサンにマイクを積んだ一隊が絶叫し、「今般八幡小学校学区に特飲街を建設しようとする計画のあることを聞く。この計画の実施される暁は教育上、風致上極めて大きな悪影響を市民や学童に及ぼすことは言を俟《ま》たない」との反対決議文を市長、県知事、公安委員、警察署長等に手渡して陳情した。署名はたちまち五〇〇〇名を突破した。二十八日、市議会全員協議会では市議全員が設置に反対であった。三十日夜には特飲街絶対反対期成同盟会（竹の内福三郎会長）が市ＰＴＡ連合協議会他三六団体を結集して結成されたのである。(24)

陳情を受けた県議会は、八月一日に土木委員会に付託したが、「正規手続きを経て届出たものを不許可とする法的根拠はなく、届出を受理しなければならず、これを阻止する方法なし」として文教委員会に回付、同委員会も「趣旨は賛成だが、これを阻止する手段はない、また反対を決議しても実質的に取り締まることも出来ないので受理しない」ことを決めて議長の手元へ送付し、陳情は宙に浮き、九月県議会に持越しとなったのである。

反対同盟は九日、八幡小学校、富貴小学校を会場に市民大会を開催して反対を決議した。そして千葉地裁に工事禁止と土地立ち入り禁止の仮処分を申請した。二十日に地裁が仮処分を執行したので、建設問題は新たな段階に入ったのである。反対同盟は地主と交渉し、一四三五坪の土地の買収に成功したので、建設派の計画が頓挫することになり、四か月に及んだ運動も終止符が打たれたのである。反対同盟は都内の某氏（不詳）と新しく健全娯楽地建設の条件で売買契約を結んだ。土地処理委員会を設けて土地利用を研究、全面積を三五八万円で売却した。建築中の二戸も買い取り、反対運動等では二六八万円の負債があったが、売却で五八万円の利益を得て、弁護士料その他を差し引き、残額は市の社会事業に寄付したのである。(25)

（4）千葉県初の売春取締条例制定

市川市内の各小学校ＰＴＡでは、市当局に売春取締条例制定を陳情し、市議会も特飲街設置反対を表明していたので、市議会各派は共同提案の売春取締条例の起草委員を八名決定した。しかし市内の二業組合、料理飲食店組合等は「昔の臨検《りんけん》制度（行政機関の職員が立ち入って検査すること）が復活しては商売が出来ない」と猛反対をし、市では九月二十六日に市役所で公聴会を開き、市民各層の意見を聞くこととなった。一方市公安委員会では条例が制定された場合、現在の市川警察署定員では手不足なので、取締りの徹底に最小一五名の警官増員が必要だとして、半年分の予算約三〇〇万円を市当局に要求したのである。

公聴会では起草委員八名が聞き役として席に着き、賛成側三名（竹の内福三郎、藤河義和、広田豊子）、反対側三名（武田吉次、山内辰蔵、横関実）が議席に着き、賛成側は「社会風致上から同法案をつくって取り締まるべき」と述べ、反対側は「現行の風俗営業取締法を徹底すればつくる必要はない、年間三〇〇～六〇〇〇万円の費用を使う必要がない」とした。なお賛成側公述人は反対同盟の役員であり、反対側の公述人は既設の料飲業者の代表であった[26]。

十一月二十七日に反対同盟の女性が五〇名傍聴する中で市川市定例市議会は、売春取締条例の審査を江尻委員長から報告を受け、条例の施行期日について討議を行った。無記名投票によって「施行期日は必要によって定める」と云う総務委員会の修正案が賛成二三名、即日施行が九名であった。たしかに条例の制定は県下初のものであったが、施行期日は棚上げとなったのである。

（五）平和を求めて

（1）房総平和大会と平和擁護県委員会の成立

一九五一年（昭和二十六）七月六日、県職労（一九五一年三月二十七日、県職組は県職労に改称）の呼びかけで二〇数団体が結集して発足した県平和懇談会は、一九五三年（昭和二十八）四月に「軍事基地撤去、平和運動の総結集」を目指す房総平和大会の開催を決め、七月に入って開催を呼びかけたポスターを県内各地に貼り出した。県平和懇談会は、実行委員会事務局長に原田政道東大生産技術研究所助教授を送り、大会開催の中心的役割を担ったのである。船橋市懇談会は、鴨川化工、日本建鐵、船教組、新日本文学会等の労組や民主団体が参加して地域センターを発足させた[27]。また市川市では八月七日と九日の両日、市内在住の大久保康雄、藤野舜正、小西茂也、正岡容等の発起で市川小学校を会場に柳田謙十郎日本平和委員会顧問の「国際平和と日本の役割」の講演会や、市内合唱団、花薗歌子の舞踊、平和盆踊り、平和スチール展、映画等の催しを行ったのである。

八月十二日から四日間、北朝鮮系の在日民主統一戦線主催で千葉市の県庁前公園を主会場に、第一回の房総平和大会が開催された。最終日の十五日は午前一〇時から千葉市吾妻町の県教育会館で開き、自由労組、県職労、日患同盟、日農県連等から七〇〇名が参加し、参議院議員で歴史学者の羽仁五郎、労農党代議士の黒田寿男両名の講演があった。夜七時に会場を県庁前公園に移し、盆踊りと都川での灯籠流しで閉幕したのである[28]。

この第一回房総平和大会成功を契機に県平和懇談会は、①二八市町村に会員が存在する、②各種団体の中に会員を持つ、③機関紙「豊かなる郷土のために」を月二回発行することを確認し、八月十五日に平和擁護千葉県委員会（原田政道会長）に発展的に改組した。そして一九五四年（昭和二十九）には、第二回房総平和大会開催を決定した[29]。

平和擁護県委員会（県平和委員会の前身）は十月二十四日、木更津市立第一中学校で第一回総会を開催。県下各地から二五名が参加し、平和憲法改正反対の署名運動を全県的に展開すること等を決議したのである。

平和擁護県委員会は、第二回房総平和大会を一九五四年八月十五日に山武郡片貝町（九十九里町）の県立公園で開催することにした。前年の第一回大会は県内十数か所の分散大会であったことから、今回は統一大会とし、戦後最大の規模である二七〇〇名の結集を目指した。それは三・一ビキニ原爆被災事件で巻き起こった原水爆禁止署名運動を一つの頂点に高める目的と豊海演習場（基地）に近接する会場を選び、基地闘争の性格を表明するものであった。平和擁護県委員会の活動は県内に平和運動センターを三四か所に急増させ、約三万人の署名を集約した実績を踏まえたものであった。行事予定は十四日にキャンプファイヤーを囲んで徹夜の前夜祭、十五日の当日は地曳網、騎馬戦、宝探し、盆踊り等の海のカーニバル的な催しを行い、羽仁五郎や女優の山田五十鈴を招く計画であった。

治安当局は二〇〇名の警官を動員し、東金警察署九十九里派出所に警戒本部を置き、途中七か所の検問所を設けて警戒に当たり、せいぜい一〇〇〇名の参加だろうと見ていた。十五日は好天に恵まれ、バス数十台を連ねて三〇〇〇名が参加し、砂浜に赤旗を林立させ、日本患者同盟代表や葛飾ガス労組等の挨拶があり、原水爆禁止を決議した後は、土用波の押し寄せる片貝海岸で波乗りや西瓜割り、騎馬戦等で一日を過ごし、午後五時頃に解散したのである。

（2）放射能汚染と原水爆禁止運動の始まり

アメリカはマーシャル諸島を一九四六年（昭和二十一）以来主要な核実験場とし、ビキニ環礁では一九五八年（昭和三十三）までの間に二三回の核実験を行った。一九五四年（昭和二十九）三月一日に行われた水爆実験は、爆発規模一五メガトンの巨大なもので、風向きの変化も手伝って、アメリカ政府の設定した危険水域をはるかに超える範囲に大量の〝死の灰〟をまき散らした。そして、ビキニ島の東約一四〇㌖の公海上でマグロ操業していた延縄《はえなわ》漁船の第五福竜丸（焼津港所属）の乗組員二三名が被爆する事件が起こったのである[30]。

第五福竜丸が焼津港に水揚げしたマグロ、サメの約二五〇〇貫は、十五日に東京、大阪、岡山、四日市方面と静岡県内の都市に出荷された。東京築地の中央市場には十六日午前三時トラックで約六三〇貫が入荷した。同市場では出荷元からの通告で、直ちに検査を行った結果、マグロ三本（四二貫六〇〇目）とサメ（五〇〇貫）

から高濃度放射能が検出されたので隔離した。三月十六日に東京築地魚河岸で同船の水揚げマグロは「水爆マグロ」の恐怖を広げることになった。千葉県の水産課では、三月二十二日にビキニ被爆事件による魚価下落で千葉県漁業者が受けた損害の概略を発表した。それによれば、事件が報道された翌々日の十八日から二十日までの三日間で、県漁業者の鮮魚出荷数量は勝浦町六四六九貫（ブリ、カジキ、カツオ、タイ等）、銚子市三〇七二貫（マグロ、ヒラメ、カレイ等）をはじめ外川《とがわ》、蓮沼、大原、浪花《なみはな》、興津《おきつ》、千倉、天津《あまつ》、鴨川、小湊等、県下各地区で一万五七〇〇余貫であったが、十八日以後マグロ類の四割を筆頭に全く事件に関係ない近海ものまで最低二割の下落をきたし、金額にして約三三六万五〇〇〇円の損害であった。

　銚子港はビキニ方面で操業した船の水揚地に指定されたが、三月二十九日に銚子市では同市の水産課、魚市場、水産試験場支所、漁協、県公衆衛生課等の代表が銚子カツオ・マグロ漁協に集合し、入港への対応を協議した。まず魚市場は当分の間、毎日ビキニ方面で操業した船が出入りしたかどうかを日報で県や保健所、水産試験場支所に報告し、万一入港した場合は船名、乗組員数、魚の種類、積載数量、何日何港を出港し、どの方面で操業したかを保健所、水産試験場支所から県に急報する、県からはガイガー計数器（放射線量を計る機械）を持って銚子港に駆け付けると云う手順を決めた。しかし銚子港としては第五福竜丸事件の影響で、魚価暴落の酷い風評被害を被ったことから、①ビキニ方面で操業し、入港した船は直接岸壁に着けさせない、②魚市場への水揚げを拒否する、③疑わしい魚の取引は一切行わないとの申し合わせを行ったのである。

　第五福竜丸事件以来一か月、全国各地で灰や雨、雪の中に放射能が発見され、国民に異常な関心が高まった。県衛生部では四月十八～十九日に降った雨の調査を千葉大学医学部に依頼した。幸いに同降雨中からは放射能は検出されなかったが、検査を担当した内科側では「われわれの本職は治療である。人体に有害と云うならともかく、雨や灰の放射能検出まではとても手が廻らぬ。今後は引き受けられない」と拒否した。一方県衛生部では県財政当局にガイガー計数器の購入を要求したが、「買っても使えまい。無暗に魚を測られては魚価が下がる一方で、かえって迷惑、予備金からの支出はダメ」と嫌みを言われ、二週間揉めた末に一八万円で購入となったが、魚の監視が精一杯で、雨や灰は気象学者のやることと割り切っていた。またガイガー計数器を持たぬ銚子測候所では「県民の生命に関することで、当然県衛生部でやるべきことだ」と反論していた。当時の新聞では「放射能に〝無防備〟の本県」と報じられていたが、県民の高まる関心に対応出来ない行政の姿勢が露呈していたのである。

梅雨が例年より早く明け、七月に入って〝カッパ〟たちには一日も早く水に飛び込みたい気持ちに駆り立てられていたが、放射能騒ぎで尻込みの感じであった。そこで県衛生部では県内の五一か所の海水浴場の内、外房、内湾一一か所の海水浴場を対象に放射能検査を行った。一つの海水浴場で、海岸から二〇《メートル》までの地点と水深一《メートル》の海水を採取するものであった。七月八日には「何れの海水も人工放射能を含まず、自然計数（約四〇カウント）以上の放射能はない」との発表があった(31)。

水爆による放射能の影響が野菜等に相当見られることが確認されだした六月頃、千葉市矢作町にあった農林省農業技術研究所家畜部では、「野草を食べる牛の乳にもあるはずだ」と測定を行ったところ、牛乳一《リットル》から一〇〇〇〜二五〇〇〇カウントと高い数値が出た。同部では「人体への影響の点もまだ分からず、一、二日中には中間発表する」としていたがショックなことであった。

水産庁は大蔵省とビキニ水爆実験による魚価暴落の被害補償を折衝してきたが、大蔵省資金運用部資金から被害漁船に補償融資が行われることになった。そして八月二十一日に県水産部へ本県分としてカツオ、マグロ漁船一四隻分四七五万二〇〇〇円と通知があった。融資を受ける漁船は三月十六日から五月四日までにカツオ、マグロを水揚げした七〇《トン》以上の中型及び遠洋カツオ、マグロ漁船で、東京、宮崎、三重、和歌山、高知、鹿児島、宮城、茨城、千葉の九県、四一六隻。融資総額は一億一六九万二八〇〇円であった。本県分は中型九隻、遠洋五隻で、融資は大蔵省から各県日歩一銭八厘、三か月の短期融資であったが、必要に応じて借り換えを認め、一九五五年（昭和三十）三月末までに償還するものであった。

香取地方事務所林産課はツバメの生息調査を七月二十八日に発表した。それは佐原市と多古町の四八八九戸を対象に地元の中学校職員と生徒が調査したもので、一九五三年（昭和二十八）春には五〇九〇羽渡来したものが、一九五四年（昭和二十九）春では三六二一羽と一五〇〇羽も減っており、水爆が鳥類渡来に影響していたショックな出来事であった。

自由人権協会銚子支部（支部長は小原美紀弁護士）では、三〇〇〇名の署名を目標に四月十八日から原水爆反対の署名運動を開始した。これは日本国民がヒロシマ、ナガサキに次いで第三番目の被爆を受け、さらに引き続いて核実験の脅威に晒されていることに我慢出来ず起ち上がったものであり、しかも銚子市は漁港を生命としていたが、放射能騒動で魚価が暴落、それは漁業者の生活、ひいては市民の経済を左右する重大な人道問題であった。ところが岡崎勝男外相の「水爆実験に協力する」と云うような日本政府の態度であったので、政府への警告と共に、広く一般世論に喚起することを目的とし、県下に先駆けて行動したものであった。署名簿を二通作り、一通は駐日インド大使館を通じて五月一日にインドのネール首相に送り、もう一通は国際人権連盟を通じて国連本部に提出し、七月のジュネーブ国際会議が始まる前に世界へ呼びかけてもらおうとしたものであった[32]。

平和擁護県委員会では五月十五日、「人類を皆殺しにする原水爆禁止」を掲げて千葉市内五か所で署名運動に乗り出した。この署名は全国の運動に連帯し、各国政府、平和団体に知らせ、〝死の灰〟の悲劇を繰り返させぬよう訴えるものであった。

世界平和集会日本準備会の一員であった片山昌造等は、五月に木更津・君津懇話会を発足させていたが、〝ビキニの灰〟以来急速に盛り上がってきた原水爆禁止の署名を六月十三、十四の両日に木更津駅降車口で乗降客に呼びかけた。初日は三六一名、二日目は昼までに約同数の署名を得ていたのである。

船橋市定例市議会は六月二十六日に開会されたが、議案審議に先立ち各派共同の緊急提案となった「原子力国際管理ならびに原水爆の実験禁止に関する意見書」を満場一致で可決、峯川市議会議長の名において総理大臣はじめ外務、農林、厚生各大臣宛に提出することにしたが、県下の地方議会で原水爆問題を正式に取り上げたのはこれが最初であった。県内の地方議会では船橋市に続き、六月三十日に千葉県議会、七月一日に千葉市議会、七月二十日に茂原市議会、二十一日に木更津市議会が意見書を可決したのである。

七月二十一日のジュネーブ国際会議直前にユーナス（ネール首相代理）から「署名簿とお手紙を拝見した」との返事が小原自由人権銚子支部長のもとに届いた。銚子市での運動は国際的に一定の役割を果たしたことを示したものであり、九月二十五日に銚子市議会で議長提案による「原水爆実験禁止」決議をしたことに繋がるものであった。

県医師会、歯科医師会主催の医師大会が、九月二十七日から千葉市の県教育会館で開催された。千葉市の柏戸孝雄医師から緊急動議として原水爆製造実験絶対反対決議案が上程され、採択されたのである。(33)

(注)

（1）前掲県立図書館蔵「朝日新聞千葉版」一九五二年十月十八日付

（2）前掲県立図書館蔵『千葉県非核・平和のあゆみ』一九九七年、一七頁

（3）前掲県立図書館蔵『九十九里町誌各論編上巻』、一九八〇年、一二三七頁

（4）前掲県立図書館蔵「読売新聞千葉版」一九五三年六月十一日付

（5）前掲県立図書館蔵「千葉新聞」一九五二年八月十七日付

（6）前掲県立図書館蔵「朝日新聞千葉版」一九五三年七月七日付

（7）前掲県立図書館蔵「千葉新聞」一九五三年七月三十一日付

(8) 前掲県立図書館蔵「朝日新聞千葉版」一九五四年一月二十一日付
(9) 藤原彰・荒川章二・林博史『日本現代史』大月書店、一九八六年、一〇二頁
(10) 前掲県立図書館蔵『自治労千葉の三十五年』一三七頁
(11) 前掲県立図書館蔵『自治労千葉の三十五年』一四〇頁
(12) 前掲県立図書館蔵『自治労千葉の三十五年』一四一頁
(13) 前掲県立図書館蔵『現代千葉県労働運動史年表』八七頁
(14) 前掲県立図書館蔵「読売新聞千葉版」一九五二年十一月二十三日付
(15) 前掲県立図書館蔵『千葉県議会史』第二巻、一九八八年、一三三二頁
(16) 前掲県立図書館蔵「千葉新聞」一九五三年十月十九日付
(17) 前掲県立図書館蔵「千葉新聞」一九五三年十一月二日付
(18) 前掲県立図書館蔵『我孫子市史近現代篇』、二〇〇四年、六二〇頁
(19) 前掲県立図書館蔵「毎日新聞千葉版」一九五四年五月八日付
(20) 前掲県立図書館蔵『我孫子市史近現代篇』六二四頁
(21) 前掲県立図書館蔵「朝日新聞千葉版」一九五五年二月七日付
(22) 前掲県立図書館蔵「千葉新聞」一九五一年八月二十四日付
(23) 前掲県立図書館蔵「千葉新聞」一九五三年十一月五日付
(24) 前掲県立図書館蔵「朝日新聞千葉版」一九五二年八月一日付
(25) 前掲県立図書館蔵「朝日新聞千葉版」一九五二年十月十五日付
(26) 前掲県立図書館蔵「朝日新聞千葉版」一九五二年九月二十七日付
(27) 原水爆禁止千葉県協議会・千葉県平和委員会編『千葉県非核・平和のあゆみ』一九九七年、九二頁

(28) 前掲県立図書館蔵「朝日新聞千葉版」一九五三年八月十六日付
(29) 前掲『千葉県非核・平和のあゆみ』九五頁
(30) 前掲県立図書館蔵「読売新聞全国版」一九五四年三月十六日付、第五福竜丸は三月十四日に所属港の静岡県焼津港に帰港したが、重症であった久保山愛吉無線長（四〇歳）は放射能症による肝臓障害で九月二十三日に死亡した。
(31) 前掲県立図書館蔵「読売新聞千葉版」一九五四年七月九日付
(32) 前掲県立図書館蔵「千葉新聞」一九五四年四月二十日付
(33) 前掲県立図書館蔵「朝日新聞千葉版」一九五四年九月三の十日付

六、おわりに

柴田知事は選挙前に、①「明朗で民主的な県政運営をやりたい」、②「県と市町村の連携を密にし、地方自治体発達の根幹である市町村の発達を図りたい」、③「全国第三位の農業県であるが、農業資源開発の遅れを取り戻したい」と抱負を語っており、これは柴田県政の第一期を「民主」県政とする一つの主張であった。また選挙では県議会第一党の自由党以外の政党の応援で当選し、県民の多くが支持した当選であった。川口県政の政策を引き継ぐ側面もあったが、社会福祉への取り組みは、それまでの県政に見られないものがあった。また当時全国の多くの自治体でレッド・パージがあり、馘首者《かくしゅしゃ》が出ていたが、柴田県政は県職組幹部の復職を実現させたことは、民主県政と云われることの一つであった。

しかし柴田県政を支えた県政革新連盟は柴田当選後に早々と解散し、副知事採用では民主、社会の与党の党略的振る舞いや知事本人の優柔不断な態度が民主県政を幻滅させ、逆コースの風潮に毅然とする態度を示せないものであった。第三章のタイトルにある民主県政の民主に「　」を付したのは上記のような理由によるものである。

逆コースと地方財政の危機の中で公営ギャンブル誘致が盛んとなった。一九五七年（昭和三十二）三月二日に堀越梅男（五八歳）が神奈川県金沢海岸の山林で服毒自殺した。堀越は戦前日本最長のストライキを闘った野田醤油争議の副団長で、天皇に直訴を敢行した人物であった。戦後は農民組合を結成、県連会長を経験したが、戦時中に大政翼賛会幹部となったことで、一九四七年（昭和二十二）に公職追放となった。解除と同時に野田市議選に立候補して落選、以来競輪、競馬に狂った生活を送ったと云う。おそらく焦って一獲千金を狙ってのことであったと思う。晩年は不遇の身で生活苦からの自殺であった。公営ギャンブルは市町村財政を補う側面もあったが、住民を幸せにするものではなかった。手賀沼競艇場設置問題では射幸心の扇動に反対し、風光明媚な手賀沼の自然環境を守る点で住民が団結し勝利したのであった。

九十九里の米軍基地に反対することは、大変に勇気のいることで、当初は怯える状況であったが、石川県の内灘闘争に刺激を受けて起ち上がり、その闘いは不漁と低賃金で不安定な生活を強いられていた漁民を労組に結集させ、遂に全県初の漁民組合を誕生させたのである。

第四章　農工両全模索県政と社会運動の高揚

一、はじめに

本章が取り上げる期間は、一九五四年（昭和二十九）十一月の柴田知事再選から一九五八年（昭和三十三）十月までの柴田県政期の四年間である。この期間は世界的には一九五五年（昭和三十）七月にスイスのジュネーブで米英仏ソ四国巨頭会談が開かれた。具体的成果はなかったが、冷戦の緊張を緩和する空気を高め、〝雪解け〟と称された。国内的には十月に左右両派に分裂していた日本社会党が統一し、十一月には民主、自由両党の保守合同で自由民主党（自民党）が誕生して、自民・社会の二大政党による「五五年体制」が成立となった。またこれに先立つ七月、日本共産党は第六回全国協議会（六全協）を開き、分裂状態から一定の団結を回復する一歩を踏み出したのである。鳩山自民党政権では、日ソ国交回復が実現し、経済企画庁の『経済白書』で「最早戦後でない」とした高度経済成長が始まったのである。

この経済成長を牽引していた京葉工業地帯の造成をめぐり柴田県政は国政との矛盾に直面した。柴田県政は工業発展の利益で農・漁業を救済しようとする農工両全《のうこうりょうぜん》政策を模索したが、それは成功しなかった。なぜ破綻することになったのか、その原因を追究したい。

この時期は全国的に国民運動が登場した。千葉県でも基地反対、原水爆禁止、母親運動、住宅、公害、勤評反対、労働争議等の社会運動が高揚したが、それらの実態を追究したい。

この時期の参考文献の主なものは『千葉県議会史』[1]、『千葉県の歴史』[2]、『自治労千葉の三十五年』[3]、柴田等

『三寒四温』、個人研究では前掲山村一成「戦後地方政治の確立過程」、中村政弘「戦後千葉県議会の動向――柴田県政と千葉クラブ――」[6]があり、大変に参考になるものである。

（注）

（1）前掲県立図書館蔵『千葉県議会史』第五巻、一九八八年

（2）前掲県立図書館蔵『千葉県の歴史』通史編近現代2、二〇〇六年

（3）前掲県立図書館蔵『自治労千葉の三十五年』一九八四年

（4）前掲県立図書館蔵　柴田等『三寒四温』隣人社、一九六五年

（5）前掲山村一成「戦後地方政治の確立過程」

（6）前掲県立図書館蔵　中村政弘「戦後千葉県議会の動向―柴田県政と千葉クラブ―」（千葉史学叢書4『千葉県近現代の政治と社会』所収、岩田書院）、一九九七年

二、二期目の柴田県政の展開

（一）柴田再選と県議会の動向

（1）全国最低の知事選投票率

知事選挙は一九五四年（昭和二十九）十一月十三日、県下七六四の投票所で投票が行われた。即日開票の結果、現職の柴田等（無所属）が三一万四三八八票、萩原中（共産党）三万四六八〇票で、柴田が再選を果たし

た。投票率は、同年一月に行われた参院補選の三七・八％を下回り、二九・三％で全国知事選の最低投票率であった。市部（一七市）は二四・四％、郡部は三三・五％で、共に低いものであり、成田市は一八％で全県最低であった。選挙前の予想では「五割以下になることは確実で、三割台に転落することも予想される」としていた。何故、低落が予想されていたのか、第一は県議会議席の過半数を握る自由党が不戦敗で立候補を見送ったことであった。第二は政策が県民の関心を呼ぶものでなかったことである。柴田候補は「民主政治をやりたい、それも中立無所属でやりたい、農水県だけでなく、工業も発展させ、産業県にしたい、産業と併行して教育、文化、社会福祉も進めたい」と主張していたが、抽象的であった。一方萩原は「反米、反吉田、反再軍備の統一戦線の結集」であったが、知事選とどう結びつくのか、これまた抽象的なもので、具体性に乏しいものであった。マスコミは「共産党が何票取るかが興味の的になっているようだ」と報じていた。たしかに一九四九年（昭和二十四）一月の総選挙では全県で五万六〇〇〇票を取った実績があった。「今回の選挙の特異性で、従来浮動票と云われた相当数が萩原に流れ、一〇万票近くまで漕ぎつけるのではないかとの見方もある」としていた。(1) 上述の参議院補選では萩原は二万四一〇八票であったから、一万票以上も伸ばしていたのである。金森徳次郎国会図書館長（元憲法担当国務相）は「インテリ層が多く住む市川、千葉等に棄権者が多い、このように自治体を愛する熱情がなければ、自治体の発展はとても望めない、選挙民を民主主義に冷淡にさせ、政治に冷淡にさせたのは一体何が原因かということを、候補者も選挙民ももう一度深く考えることだ」と語り、「地方自治の危機」を指摘していたのである。

(2) 戦後三回目の県議選と県議会の動向

① 県議選の結果

一九五五年（昭和三十）四月二十三日、戦後三回目の県議選（定数六二名）が行われた。党派別の当選者は民主党二八名、自由党一三名、右派社会党四名、左派社会党二名、無所属一五名であった。民主党は県議会第一党で柴田県政の与党であったが、前回より四名減で、過半数を確保出来なかった。無所属からの入党が三一～三二名でやっと改選前に近づけるものであった。自由党は前回同様一三名であったが、無所属からの入党が見込まれ、一八～一九名で大幅進出となった。加瀬完左派社会党選対本部長は、社会党は両派対立が影響して振るわず、無所属からの見込みを入れて九名であった。加瀬完左派社会党選対本部長は、敗北の原因を「地域的な政策を持たなかったことだ、地元と密接に結びつかなかったことが大きく影響している」とし、「県議選では組織票ばかりに頼ってはいられない、日常闘争の重要さを痛感した」との反省は現状を踏まえた適切な指摘であった。

柴田県政への対応では、民主党は「柴田も党友的態度をとっており、与党的色彩は一層強くなろう、自由党に対しては〈友党〉の気持ちを基本とし、政策面では十分協力したい」と保守合同を前提としていた。

自由党は「健全な是々非々主義をとってゆく考えである」と野党色が鮮明であった。知事与党であった左派社会党は「是々非々で進むが、柴田知事が民主党にさらに接近する場合は、また考え直さなければなるまい」とし、右派社会党も「いままでの曖昧な態度を捨て、社会主義の上に立って是々非々主義で臨むつもりだ」としていた。中央政界の情勢が憲法改正問題を巡って保守の連携、または再編成に動くことが予想され、その場合、県政界も同様のコースを辿ると見られていた。柴田県政の前途は決して安泰と云えるものではなかったのである。

②　議長選挙をめぐる混乱

一九五四年（昭和二十九）の十二月定例県議会では浮谷元吉議長、蓑輪義政副議長が辞任し、正副議長選挙が行われることになった。民主党内では土屋留治、佐川四郎、杉野竹松の候補調整が難航し、十二月二十六日に党内決戦が行われることになった。杉野は辞退し、旧改進党では土屋を説得したが応じず、佐川、土屋の決戦投票となり、佐川二一票、土屋四票であった。民主党は佐川を議長候補にしたが、土屋等旧改進党系の六名はこれに服さず、旧改進の福地新作を他党と提携して候補にした。県議会での議長選では福地三二票、佐川二四票で福地が議長となった。また副議長は竹沢平太に決まった。福地は一九五五年（昭和三十）五月に議長を辞任し、土屋が議長となったのである。

一九五六年（昭和三十一）一月六日、県内の保守政党が統一し、自民党県連が発足した。県議会の勢力分野は自民党四九名（旧民主二九名、旧自由一四名、旧新政クラブ六名）、新政クラブ七名、社会党六名で自民党が圧倒的であった。

ところが四月二十三日、自民党県議の間に「現幹部は執行部に迎合し、議員団を独裁している。このボス的な幹部の態度を排し、自民党の政策内で自由に県政を批判出来る立場に立つ」と主張し、柴田県政には是々非々とするグループが結成された。

このグループは五月二十六日には二五名となり、県議会第一党となって自民第一議員団と名乗った。また自民党中間派六名は五月会を名乗り、自民党残留派二〇名、社会党六名、新政クラブ四名と県議会勢力分野が変化したのである。この事態に県選出国会議員団の千葉三郎、福井順一、伊能繁次郎は斡旋を行った。第一議員団の主張は、①交渉団体として認めよ、②県連役員は七月の参議院選が終わるまで留任する、③県議会役員は県連三派での話し合いで決定することを主張したが、残留派は「交渉団体は一つであり、応じなければ除名も止むを得ない」と強硬で纏《まと》まらなかった。

参議院選後の臨時県議会では、自民党第一議員団は県議会役員の改選優先を主張し、本会議をボイコットしたので、県財政再建案は審議未了となったのである。

九月定例県議会で議長選挙が行われたが、松本清（第二）三〇票、加藤一郎（自民残留組）三〇票と同数となり、議場で抽選を行い松本が議長に就任した。副議長は十二月定例県議会で自民第一と五月会が高橋裕二を立て、一気に押し切ったのである。しかし県議会勢力分野では、議長派二八名（自民第一二三名、五月会五名）に対し、反議長派三二名（自民残留二〇名、社会党六名、新政クラブ四名、無所属二名）で反議長派が優位であった。

正副議長の任期は本来議員の改選期までの四年間であるが、戦前から千葉県議会では一年交替が不文律となっており、それが紛争の基因であった。(2) 一九五七年（昭和三十二）十月、高橋副議長は十二月まで辞任を拒否し、松本議長も申し合わせの任期を過ぎていたが、副議長改選まで留任としたので、後任問題が再び揉めることになったのである。

川口県連会長の調停で県連首脳部は「まず正副議長に辞表提出を求める」ことで意見が一致し、一九五八年（昭和三十三）三月十四日、松本議長が川口会長に辞表を提出し、後任の人選は松本議長、鎌田七右衛門県連副会長、土屋幹事長、吉原鉄治総務会長、勝田友三郎組織委員長、林英一郎議員会長、浮谷元吉県議の〝七人委員会〟で人選を行うこととなり、荘司勇議長、白井伝一副議長の線が有力となった。ところが土屋幹事長が加藤一郎議長、白井副議長を指名したことで、荘司派、加藤派の対立が激化し、荘司派の小高艶三、渡辺昇司等一一県議は「土屋幹事長の指名を撤回しなければ、分裂も辞さない」と強硬であった。県連幹事会では四月十日、「正副議長の人選は党内決戦を避け、県議会本会議で無記名投票で決める」ことにした。四月二十六日の臨時県議会では議長は荘司二五票、加藤二〇票で荘司に、副議長は白井伝一が二三票、寺井耕一が二一票で白井に決まったのである。こうして七か月に及んだ内紛は終息し、この騒動の責任をとって土屋幹事長は辞任することになったのである。

（二）機構改革と出先機関の統合

（1）地方事務所廃止と出先統合

一九五五年（昭和三十）一月、前章でも触れたが、本庁の機構改革と出先機関の統廃合は懸案となっていた。

県は当面の課題として、地方事務所を中心とする出先機関の統廃合の推進を目標に置くことにしたのである。一九四七年（昭和二十二）県下には三一四市町村（七市八一町二二六村）あったが、一九五五年には町村合併で一一九市町村（一七市七〇町三二村）となり、市町村を指導する地方事務所の重要性が減少した。そこで県は地方事務所を全廃することにして、それに代わって県税事務所（一〇か所）、福祉事務所（四か所）、農林事務所（二〇か所）を新設したのである。目的は県税、福祉、産業行政を除く地方事務所の仕事を全部本庁に引き上げるためであった。

五月三十一日、県首脳部は知事公舎で出先機関の再配分の大綱を決定した。それは、①県税一〇か所、産業九か所、福祉七か所の新設、②県下三六か所の農業改良普及事務所の廃止、③土木出張所、土地改良事務所の改廃、④職員定数条例は改正しないと云うもので、六月県議会に提案する成案であった。[3] しかし県議会の圧力でまず土木事務所と土地改良事務所の改廃には手をつけないことになり、逆に定数条例の改正に踏み込んでしまった。県税事務所は一〇か所であったが、夷隅郡大多喜町と旭市に支所設置を行ったので、実質的には一二か所に増やした形となり、政治的圧力に屈したものと云われた。福祉事務所は「サービス機関だから多いほど良いのだ」とこれも県議会側の意見で七か所が一〇か所に増えたのである。マスコミは「県の面目は丸潰れ、強かった県議会の圧力」と報じていたのである。

（2）本庁八部制を五部制へ

一九五六年（昭和三十一）一月五日、柴田知事は新年初の記者団会見を行い、その中で「新年早々県の行政機構改革を本格的に進めたい」と語り、十二日には第一回行政機構改革審議会を開会した。第三回の審議会で知事は初めて本庁を一局五部制に改正したいと構想を明らかにした。自民党県連では、①八部三八課を五部二三課に縮小、②出納局の課制を廃止、③新たに企業局を設置し、水道、公営企業の両部を設ける、④出先機関では建設、商業、県政の三事務所を設置の改革案を二月十日、白井県連政調会長に提出。白井政調会長は同十三日の総務会に諮《はか》り、党原案として行政機構改革審議会に提案することにしたのである。[4]

同二十三日の行政機構改革審議会には正副会長の答申試案が提出され、県庁部課制については五部一局二室二九課であった。五部は総務部、産業一部、産業二部、厚生部、建設部で、二室は知事直属の企画、秘書、一局は出納局であった。この改革では県開拓者連盟や県農業会議が農地部廃止反対の陳情を行っており、自民党県議団では改革案で対立が起こり、県議会農地常任委員長と常任委員四名が脱会していた。また県漁連では水産部廃止に反対し、一〇〇〇名の漁民総決起大会を開いて陳情を行っていたのである。

六月十二日に地方自治法の一部改正があり、「都道府県の部は六部止まり、議会の常任委員会も六委員会」となった。県は三月県議会で水産商工、農地農林、衛生民生、総務、土木の五部制にすることは決めていたが、課については三五課にする予定であった。柴田知事は六月十五日に「行政簡素化のため、三部三課一室を減じ、五部一局三五課とし、これに伴う人事異動を行った」と談話を発表したのである。

(3) 未曾有の地方財政危機とその対応

一九五一年度（昭和二十六）の県予算では前年に比べ県税収入が二億円、平衡交付金の配分が約二億円減っていた。一方歳出では人件費が給与改定等で四億円も急増、また生活扶助等の義務費が二億円増となり、収入で四億円減り、支出でやむを得ない費用が六億円の増加となって、前年より約一〇億円のアテが外れたのである。このため土木、林務、水産、耕地等に関する諸事業も一九五〇年度（昭和二十五）は約一〇億円支出したが、一九五一年度は五億五〇〇〇万円しか出せない状態であった。このような傾向は関東各県でも同様であり、全国知事会は十二月十日に「府県財政の危機打開を政府に要望」していたのであり、地方財政危機顕在化の始まりであった。[5]

柴田県政誕生から二年目の十二月、制度上の変更で平衡交付金と起債が減額となり、一九五二年度（昭和二十七）赤字が五億七二六〇万円となり、前年度赤字四億七四〇万円を加えると九億八〇〇〇万円と膨大なものとなった。県では教職員の給与改定分（一億円）を毎月二五％ずつ県に貸してもらい、四月に精算することにした。また県職員の給料も支払いが難しいため、一九五三年（昭和二十八）七月三十日に一般銀行の預金や信用金庫、県信連の預託金約二億円を全部引き揚げた。

一九五三年度の地方財政決算では累積赤字が巨額になっていた。全国府県の八割に当たる三九府県が赤字再建団体となり、その上位を見ると、京都府（一九億円）、新潟県（一七億円）、兵庫県（一四億円）、長野県（一四億円）、福島県（一三億円）、宮城県（一二億円）、千葉県（一二億円）等であった(6)。

一九五四年度（昭和二十九）決算で千葉県財政は、一四億三〇〇〇万円の赤字となった。その内訳は国営工事の利根川負担金五億八〇〇〇万円が五二年度から未納、地方交付金で三億五〇〇〇万円、起債で四億四〇〇〇万円のアナが生じ、その他の税外収入の未納金を合計したものであった。一九五三年度の赤字は一二億円であったが、利根川負担金を除けば、実質的な赤字は五億七〇〇〇万円であったので、支払い繰り延べや事業繰越の措置で切り抜けたが、一九五四年度決算では、利根川工事分を除いても八億五〇〇〇万円も歳入が足りないので、県は止む無く六億七〇〇〇万円を前例のない繰り上げ充用に頼り、残り八〇〇〇万円を支払い繰り延べにし、一億円を事業繰越とした。全国では四六都道府県のうち三四府県が赤字で、財政破綻寸前の状況となっていた。この事態に対し一九五五年（昭和三十）十二月二十九日の地方財政再建促進特別措置法（地財法）公布を基に政府は自治体へ国の統制を強化し財政再建を図ることにしたのである(7)。

柴田知事は地方財政法（地財法）適用の受け入れを決意し、県議会は一九五六年（昭和三十一）五月三十一日の総務委員会で賛成一五名、反対一名で可決し、本会議では起立多数で受け入れに同意したのである。県は二七〇〇名の人員整理と六年間昇給ストップとする財政再建八か年計画（①一九五八年度以降適用期間中は県職員、教員、警察官等の昇給を行わない、②畜犬税は一九五八年以降廃止する、③教員は一六五〇名を八年間で減らす、県職員は一二二〇名減らす）を纏め、自治庁に提出し、県議会も再建計画を原案通り可決した。再建計画は自治庁で承認となり、赤字再建債九億円発行が許可され、十一月一日に財政再建はスタートとなったのである。畜犬税創設は県職労や保健所の反対を押し切って導入され、一頭七〇〇円で、年間四〇〇〇万円余の増収を見込むものであった。

全国的に地方財政は一九五四年（昭和二十九）、一九五五年（昭和三十）両年度はどん底であったが、一九五六年度（昭和三十一）から回復の足取りとなり、千葉県でも一九五七年度（昭和三十二）決算では十年ぶりに赤字解消となった。主な原因は、①地方交付税率の一・五％引き上げ、②再建計画による経費節減の影響、③県税収入が伸びたこと等であった。

（4）開発構想の食い違いと古荘《ふるしょう》京葉開発協会長の失脚

① 京葉開発協会の結成と開発構想

一九五五年（昭和三十）六月八日、東京ステーションホテルに柴田知事、京葉工業地帯関係市長、千葉県出身の在京、在葉実業家二〇数名が集まり、懇話会を結成して京葉工業地帯造成の強力な推進体制を築くことになった。議長を務めた古荘四郎彦千葉銀行頭取の提案で出席者全員が発起人となり、社団法人「京葉開発協会」の設立を決議した。なお近々に小委員会を開き、具体的運営を協議することにし、小委員会のメンバーは委員長に古荘、委員には宮内三朗千葉市長、高木船橋市長、久我旭化成重役、安西浩東京ガス副社長、曽志崎第一信託社長、杉本郁太郎千葉市商工会議所会頭、西山川鉄社長、吉田京成電鉄社長、木川田東電副社長の他に市川毛織の代表が一名加わり、企画連絡係を置き、友納副知事と鈴木武富士物産重役がこれに当たることになった。六月二十四日には千葉会館で第一回の小委員会が開催となった。八月十八日には、京葉開発協会の役員が発表となったが、会長は古荘、副会長は安西、木川田、常任理事は鈴木武、評議員理事九名、評議員一六名、監事二名、顧問は柴田知事他三名であった(8)。

京葉開発協会は、京葉地帯に豊富に埋蔵されているガス田を開発して企業に役立てる目的で、開発委員会の設置を決め、十一月十八日に高沢県企画調査課長、斉藤同商工課長等が東京通産局に出向いたところ、同局の岡企画室長から、①性格の分からない協会の専門委等に国から委員を送れない、②ガス田開発についての「県側の考え方がまちまちである」と批判を受け、「特に県首脳部の間で意見が分かれているようだから、至急調整して欲しい」との指摘があったのである。

一九五六年（昭和三十一）一月十三日に京葉開発協会理事会は千葉会館で開かれたが、古荘会長は突然協会解散論を主張した。同協会は設立四か月余で重大な岐路に立たされることになった。古荘会長は、①資金が予定通り集まらない、②鈴木武常務理事は期待した程熱意がない、③総合開発審議会があるので、協会はもっと具体的な問題を取り上げるべきと主張した。協会の性格がはっきりせず、京葉地帯開発に関して通産省も積極的には支持していない状況であり、執行部の内部不統一が露呈したのである。同協会は十六日、運営委員会を開き、新しく専務制を設け、杉野竹松前県議を専務理事に、鈴木常務理事を理事長とする首脳部人事を一新する一方、事務局長制を廃止し、庶務課長を置き、主任級を四名程度増員した。情報活動の面では編集主事を正式に置き、協会に清新の気を注入することにしたのである。

県では一九五六年四月二十一日、十年後の京葉工業地帯の将来構想を発表した。構想の対象区域は千葉、市川、船橋、習志野、松戸、野田、柏の七市と千葉、東葛飾の二郡で、構想の内容は産業構造と人口配分の二点であった。産業構造では工業化を臨海、山手の二地区に分け、臨海地区は十年間に千葉地先一四七万八〇〇〇坪、船橋地先九五万二〇〇〇坪の埋立を予想し、この三割が道路、緑地等の公共用地となり、七割が工場敷地としていた。これに対する山手工業地帯は常磐線沿線で、食品関係の原料が豊富で、東京の大消費地を控え、食料加工を有望としていた。これらの工業化が完成した時、人口は当時七六万八三九四人であったが、一二三万人増え、九九万九〇〇〇人となると推計していたのである。(9)

首都圏整備委員会は八月一日、東京で初の委員会を開いたが、整備計画をめぐり委員会と千葉県側で根本的に考え方が異なることが判明した。首都圏整備委員会の構想は、東京駅を中心に半径一五キロメートル以内は既成市街地、さらに一五から二五キロメートル以内は近郊地帯（グリーン・ベルト）に指定し、工場や産業施設は原則認めない。新しい工場群はグリーン・ベルト以遠の市街地開発地域（東京から半径二五〜四五キロメートル以内）に整備するものであった。

ところが千葉県で造成計画を進めている京葉工業地帯は首都圏整備委員会で指定するグリーン・ベルト地帯に当たり、委員会の考え方をそのまま押し進められれば、京葉地区の工場整備に重大な支障をきたすものであった。千葉県は八月四日、委員会へ修正意見を纏め、中央の考え方の是正を働きかけることにしたのである。

首都圏整備法のスタートを契機に、通産省東京通産局は京葉工業地帯の開発に力を入れることになり、同地帯の整備対策と具体的な開発計画を千葉県に伝えてきた。それは市原郡五井町を含め千葉市周辺に進出を希望していた会社は一五社、埋立予定地は二二〇万坪で、埋立造成、港湾整備、工業用水、ガスパイプ敷設、住宅建設に要する総資金は二〇〇億円に上がるものであった。この通産省の計画に、県は地元漁民への配慮から極めて慎重な態度であった。十月三日、県総務部長名で「通産省の京葉工業地帯開発計画は通産省が日本経済の直面している工業地帯整備の隘路を打開するための試案と見られるが、現実の実情とは別に作った理想案である。地元漁業を犠牲にするような案ならば、いかに理想案でも絶対反対だ。やり方次第では地元と摩擦なく工業地帯の造成は出来ると信じている」との見解を示した。県は「同計画の実現については、県は何らあずかり知らぬ。詳しい話も聞いていない」と通産省側を批判したのである。立案にあたった通産省東京通産局島津総務課長は「今度の計画は県に対して口頭で説明してある。全国通産局長会議でも説明協力を求めた。計画は県の意見も参考にして作った。千葉県当局は通産省で計画を造ってくれるのが喜ばしいと云うことだった」と反論していた。国と県の開発政策の食い違いが明らかになったのである。[10]
一方通産省では京浜、中京、阪神、北九州の四大工業地帯の他に一九五七年度（昭和三十二）は京葉、新潟、四日市の三か所を新しく工業地帯として開発する基本方針を決め、初の実地調査を行うことにした。川島正次郎自民党幹事長が「東京湾の埋立による京葉工業地帯の開発は将来三〇〇〇万坪と云う大きなスケールの干拓地埋立が基になる。これはとても現在のように県や市町単位ではやりきれないだろうし、地域的にバラバラにやるのはまずい。いろいろ研究して政府に政策として実行させることになる」と語っていたように、京葉工業地帯の造成が本格的に国の政策として採り上げられたのは初めてのことであり、通産省が前面に出ての開発が始まったのである。

②　古荘会長の失脚

一九五八年（昭和三十三）二月三日、友納副知事は定例記者会見で京葉開発協会の改組問題に触れた。そこでは古荘会長が「五井、八幡の企業誘致も一応終わったので、この際協会を改組し、純然とした民間団体に改め、新しい構想で進みたいと思う」と辞表を提出したことを明らかにしたのである。県では古荘会長の辞任を機会に同協会の発展的改組を図ることにし、三月十八日に臨時総会を開き、満場一致で同協会の解消を決議した。そしてこれに代わる新団体の結成については三月二十七日に安西東京ガス社長が中心となり、柴田知事等一一名が東京のホテルテイトに集まり協議し、京葉地帯経済協議会を起ち上げることになったのである。三月二十五日には千葉銀行による東京レインボー社への不正融資事件が表面化して、古荘頭取は五月に千葉銀行頭取を辞任しただけでなく、県総合開発審議会長も辞任し、千葉県経済界から失脚したのである。

（5）町村合併促進の隘路

町村合併は一九五三年（昭和二十八）十月の町村合併促進法制定で、一〇市二七一町村が一七市一五二町村となり、一九五五年（昭和三十）四月末には一七市一〇二町村となった。県では一応目標達成に目途がついたので、本庁内に合併町村指導本部を設置し、地方課だけでなく、衛生、経済、民生、土木部等の事業部と密接な連絡をとり、新町村の育成に乗り出すことにした。これは起債の許認可、一般補助金の許可、地方交付金の決定も合併市町村を優先的に配付する意向であったので、未合併町村はますます不利となるものであった。県はこれらの措置を背景に引き続き合併を促進し、最終目標を一七市七〇町村としたのである。これには「町村合併が町村の整理に終わって、住民の意思に反する結果を生むのではないか」との批判があった。さらに県は小中学校の統廃合を目指すことにした。町村合併を行う際の新町村計画にはしばしば「学校の統廃合」がうたわれていたが、合併町村の中で、これを実施したところは一つもなかったのである。統廃合未達成の理由は予算がない、地域的に不便になる等が挙げられていたが、最大の理由は地域住民が祖父母の代から親しんできた学校と教員が消えてしまうのではとの不安感情であった。県当局がこの住民感情を軽視して学校統廃合を急げば、騒動勃発は不可避であった。

一九五五年以降の町村合併は、合併より分町、分村の事例が多く、根強い紛争が多発した。分離紛争の原因は、合併を急ぐため、県や町村が一部住民の反対意見を押し切って強行したことであった。これら紛争の影響もあって一九五六年（昭和三十一）末の達成状況は最終目標に届かず、一七市八七町村に終わったのである。未合併町村の問題と並んで新町村建設計画の再検討も重要な問題であった。合併町村はそれぞれ建設計画を持っていたが、いずれも合併前に決めたものであり、この計画の予算総額約一一億円に対し、実施率は七五％に達しておらず、この計画中、役場庁舎の新改築は計画の三〇％、教育施設は七〇％、土木事業は六五％程度の実施で、合併の約束が反古にされている例が少なくなかったのである。[11] このため国は町村合併促進法に代わって新町村建設促進法（五か年の時限立法）を一九五六年十月一日に施行して、町村合併の総仕上げに取り組むことになったのである。

（6）自社両党の動向と国政選挙の影響

①自民党県連創立と社会党県連の統一

民主党と自由党の保守合同が実現し、一九五五年（昭和三十）十一月十五日に結党式を挙げ、自由民主党（自民党）が創立となった。この中央の動きを受けて千葉県では翌年一月六日に党員一万名を目標に千葉市の県教育会館で自民党県連が誕生した。初代県連会長は千葉三郎代議士（旧改進党）が就任した。結党直後に自民党県議団が真二つになる分裂が起きたが、五月に一本化となり、第二回大会を一九五六年（昭和三十一）五月十三日に開き、県連会長は川口為之助参議院議員（旧自由党）となった。[12]第三回大会は一九五八年（昭和三十三）九月十七日に開かれ、会長に水田三喜男代議士、幹事長に菅野儀作県議が就任し、工業推進派体制となった。

創立大会に出席した柴田知事は「連合会の支援を基盤として県政に尽くしたい」と挨拶し、第二回大会後に自民党入党を勧められると断っていたが、第三回大会では「自民党入りを決意した、今後党人として党の仕事に微力をささげたい」と様変わりの挨拶であった。

社会党は一九五一年（昭和二十六）十月に講和条約・安保条約の批准投票で左右に分裂し、右派社会党、左派社会党が出現したが、千葉県連は分裂せずに統一を守ってきた全国では数少ない県連の一つであった。しかし一九五三年（昭和二十八）九月に左派社会党の野溝勝書記長が来葉し、強引に左派県連を結成させた経緯があった。民主党の勢力が増大していた情勢を受けて、一九五四年（昭和二十九）十二月二十九日、県労協は両社県連に統一の申し入れを行った。両社県連は翌年一月七日に県議会社会党控室で第一回統一懇談会を開き、左社側から横銭、斉藤、寺光、横尾、近藤、右社側から横山、加藤、野老、金瀬、寺田が出席した。問題点は左社が統一綱領は「将来に廃止」とし、右社は「あくまで堅持」としていた点であった。しかし右社はこれまで絶対堅持の意向が強かったが、左社が「将来に修正」としたので、歩み寄りが進んだのである。

三月二十五日、千葉市の県教育会館に六〇〇名が集まり、統一大会が開かれた。前日まで執行委員長のイスをめぐって決まらなかったが、左派が譲歩し、委員長に片岡文重参議院議員（右社）、書記長には桜井茂尚（左社）となって統一が実現したのである。第二回定期大会は千葉市の自治会館で開かれ、委員長に加瀬完参議院議員（旧左社）、書記長に加藤正蔵（旧右社）となり、柴田県政には対決する方針を決めたのである。(13)

② 国政選挙の影響

自社両党出現後最初の国政選挙は一九五六年（昭和三十一）七月の参議院選であった。一九五〇年（昭和二十五）六月の参議院選地方区は土屋俊三、加納金助当選で自由党が独占。一九五三年（昭和二十八）四月の選挙は川口（自由）、加瀬（社会）で分け合った。一九五六年では自民党は二議席独占を狙ったが、片岡（社会）、伊能が当選、初めて社会党にトップ当選を許したのである。

一九五八年（昭和三十三）五月の総選挙では千葉県選出は自民党が一〇名、社会党三名の当選であった。自民党は合同前に民主党七名、自由党三名で当選者数はそれ以前と変わらなかった。社会党も左社二名、右社一名の三名で同じであったが、千葉県第三区で実川清之が当選して初めて社会党が議席を得たこと、また社会党は一九五五年（昭和三十）の総選挙で一八万六九〇一票、一九五六年の参議院選で二〇万七六八〇票、そして今回の総選挙で二三万八〇九票と連続した躍進であった。

（7）自民党に入党して柴田三選を目指す

自民党県連政調会は一九五七年（昭和三十二）十一月九日、千葉市の同党会館で開かれ、懸案となっていた柴田知事の自民党入党問題で、川口県連会長が正式に入党を勧告することを決めた。これに対し柴田知事は機先を制し、十三日に参議院会館に川口会長を訪ね、入党を断った。十八日に川口会長は知事公舎に知事を訪ね、党議決定の線に沿って強く入党を申し入れた。しかし知事は「知事は無所属でもよい」とのこれまでの主張を繰り返し、申し出については、「しばらく考える時間をお貸し願いたい」と答えたのである。自民党は一九五八年（昭和三十三）十月の知事選を控えて公認候補選定の必要に迫られ、柴田知事が入党すれば、公認候補にしたい意向であった。

自民党県連は一九五八年七月三日、常任顧問会議を開き、七月十三日に木更津市で開く予定の県連大会を九月に延期することを申し合わせた。理由の一つには知事選に党独自の有力候補がいないことであった。会議では加納久朗日本住宅公団総裁を引き出す意見や「友納副知事を入党させ、柴田知事と対決させては」との意見も出されたが、纏まらなかったのである。自民党県連では八月十日から十三日にかけて衆議院一、二、三区の代表懇談会を開き、知事候補を話し合ったが、いずれも党人候補を立てる意見であった。十四日には常任顧問会議が東京丸ノ内ホテルで開かれ、川島党幹事長、川口県連会長、千葉、山村、寺島、始関各代議士が出席、党独自候補を出すことを確認し、柴田知事に対しては最後通告的な入党勧告を行うことにしたのである。

十六日に山村代議士が入党勧告を行った。柴田知事は「自民党、社会党それぞれが独自候補を立て、それに私が加わって三つ巴の知事選となることは好ましくない。社会党が岡田県議を公認候補に立てるなら、自民党への入党について考慮しないでもない」と入党の意向を仄めかしたのである。柴田知事は十八日に「諸般の情勢から将来の適当な時期に入党したい」と山村代議士の入党勧告への回答を行った。そして二十三日には自民党県連常任顧問会議で「入党の時期は川口県連会長と川島幹事長に一任したい」と申し入れ、承認されたのである。ここに懸案であった柴田自民党知事候補が実現したのである。

一方社会党県連は一九五八年（昭和三十三）三月十六日の第三回定期大会で柴田県政に対し、これまで以上に批判して臨むことを確認した。そして八月十三日の執行委員会で岡田敏男県議を知事候補に正式決定した。岡田県議は東葛飾郡選出の一期目で、印旛郡本埜《もとの》村笠神の出身。日大専門部医学科卒、柏市で小児科病院を開業している人物であった(14)。

十月三日の知事選告示前日に共産党は出馬を見送ったので、選挙戦は柴田・岡田の一騎打ちとなったのである。知事選終盤の十月二十日に自民党県連は声明書を発表した。そこでは社会党が自民党の柴田候補に対する攻撃（①柴田の変節、②大資本の手先、③教育予算が少なく、冷遇している）に対し、①柴田は政府と直結して県政を担当することが県民の利益と信じて入党したものである、②川鉄に対する免税は企業誘致の条件で、県議会全員協議会で社会党も賛成して決めたものである、③教育予算の割合は全国でも最上位にあると反駁した。この反駁には一定の共感を呼ぶ面も見られたことから、選挙への影響が注目された(15)。

選挙結果は柴田四二万二七五六票、岡田二五万五八九八票で柴田の圧勝に終わった。投票率は五四・〇六％と、前回の二九・三％よりは大幅に改善となった。しかし相変わらず女性の投票率は五〇・一七％で低いものであった。

柴田側は選挙前の皮算用では四三万票の九六％に近い得票であったが、岡田側は三八万票の七〇％しか得票出来なかった。浮動票を取り込めなかったのである。それでも岡田は社会党の得票を三万票も伸ばしたのである。知名度もなく、立ち遅れの否めない中では「善戦」と云えるものであった。しかし「柴田変節」攻撃の一本ヤリであったから、有権者の心を揺さぶらず、特に自民党の反駁書が出されてからは流れが変わったと云われていた。また加瀬完社会党委員長が「もっと社会党の政策をアピールすべきであった」としていたことは貴重な反省点であった。何よりも自民・社会両党が反省すべきであったことは、国政選挙と異なり、地方自治をめぐる選挙であるのだから、出来るだけ党派選挙を避けて、住民の様々な要求の多くを取り上げる選挙であるべきであった。

(注)

（1）前掲県立図書館蔵「千葉新聞」一九五四年十一月六日付
（2）前掲県立図書館蔵　拙著『戦争と地方政治』一九九頁
（3）前掲県立図書館蔵「毎日新聞千葉版」一九五五年六月一日付
（4）前掲県立図書館蔵「読売新聞千葉版」一九五六年二月十一日付
（5）前掲県立図書館蔵『地方自治総合年表』一五四頁
（6）前掲県立図書館蔵『地方自治総合年表』一九五頁
（7）前掲県立図書館蔵『地方自治総合年表』二一五頁
（8）前掲県立図書館蔵「毎日新聞千葉版」一九五五年八月三十日付
（9）前掲県立図書館蔵「読売新聞千葉版」一九五六年四月二十二日付
（10）前掲県立図書館蔵「朝日新聞千葉版」一九五六年十月四日付
（11）前掲県立図書館蔵「読売新聞千葉版」一九五六年十二月二十七日付
（12）前掲県立図書館蔵「朝日新聞千葉版」一九五六年一月七日付
（13）前掲県立図書館蔵「朝日新聞千葉版」一九五七年一月十四日付
（14）前掲県立図書館蔵「読売新聞千葉版」一九五八年八月十四日付
（15）前掲県立図書館蔵「読売新聞千葉版」一九五八年十月二十一日付

三、京葉工業地帯造成のために

(一) 五井・市原両町の海面埋立

(1) 君塚漁協、五所漁協との埋立交渉妥結

一九五六年(昭和三十一)四月二十六日、首都圏整備法が公布され、首都圏整備委員会のスタートを契機に通産省東京通産局は京葉工業地帯開発計画を発表した。また千葉県土木部も内湾埋立計画を纏めた。その埋立第一期計画は一九五七年度(昭和三十二)から十年間に、五井・市原海岸二〇二万九千坪、千葉市出洲海岸三六万六千坪、幕張海岸一九万二千坪、船橋海岸五〇万坪のあわせて三〇八万七千坪を埋立てる構想で、通産省の考え方とほぼ同じであった。五井・市原海岸の埋立は通産省の一七二万九千坪よりやや多く、県はここに県営波止場の建設も計画していたのである。[1]

県企業対策本部(本部長・友納副知事)は十月二十二日、県庁で委員会を開き、県土木部で立案した内湾埋立計画を審議の結果、第一次埋立計画として千葉市千葉港近辺と市原郡市原、五井両町海岸の埋立を選定、具体的に進めることを決定した。市原地区では養老川河口の旧海軍基地(未完成)二〇万坪を五〇万坪に拡張する計画で、県が直接地元の五井、八幡、君塚の三漁協、開拓者等と折衝することになった。この結果、いままで青写真の域を出なかった京葉工業地帯の開発計画が実現に向かって動き出すことになったのである。ただ五井・市原海岸は処女地だけに大掛かりな埋立に県は非常に慎重な態度で、友納本部長は「漁業の被害は出来るだけ少なくするよう計画する」としていたのである。

県企業対策本部は十一月五日、五井・市原両町地先の埋立計画(六九万四千坪)、補償方式を最終的に決め、

同日に小宮五井、宮吉市原の両町長を招き、正式に斡旋を申し入れたのである。その埋立構想は、①同地には既成埋立地が二四万坪あり、これを含めて六九万四千坪を総事業費一一億円で埋め立てる、②埋立は第一工区一九万二千坪、第二工区二〇万八千坪、第三工区二九万四千坪の三区に分け、各区一年間、計三年間に緊急度の高い工区から行う、③補償対策は、君塚漁協（一四二名）の被害が一番大きく、海苔三〇〇〇柵の約半数が潰れる、④八幡（七八一名）、五井（九七七名）両漁協の海苔柵は合計五〇〇柵程度潰れる、⑤補償は〝年間生産額だけの利子を生む元金を金銭補償する〟と云う永久補償方式（千葉市蘇我埋立と同じ方式）を採る、⑥開拓民（三一一名）の耕作する畑一三万坪は政府売渡価格に開墾、開拓費を加算した額で補償するというものであった[2]。

県が発表した計画について五井町五井、同町君塚、市原町八幡五所の三漁協代表三〇名は十二月一日、篠崎県漁連会長と共に県庁で柴田、友納正副知事、川上水産商工部長等と会見した。「現在三組合に示されている県の埋立計画は、生活の根拠である漁場を失うことになるから反対する」と各組合の決議文を手渡し、「計画を変更して欲しい」と沿岸漁民としての態度を初めて明らかにした。柴田知事等は、①出来るだけ漁民の犠牲は少なくするが、大きな立場から協力して欲しい、②金銭の補償の他に希望があれば、土地の配分や転業相談、子弟の職業教育の面の話に応ずる、③法律によって計画を強行することは避け、あくまで話し合いで計画を進める、④通産省が机上計画として大規模な埋立計画を立てているが、県としては今のところなし崩しに埋立を拡張する考えはないと述べて協力を求めた。

埋立反対の陳情に対して県は十二月十一日に「この計画で五井漁協の海苔柵は約一割、君塚漁協は海苔柵を減らさぬように工夫したが、結果として相当潰れる。航路浚渫《しゅんせつ》するために残存漁場の価値を失う心配はない。八幡五所漁協は現状に比べ悪影響をもたらすとは思われない。廃油や汚物流出の影響は予め工場に対して排水処理施設を完備することを条件とする方法をとる。京葉工業地帯の進展のために大乗的な見地から協力を希望

する」との回答を行ったのである。(3)

また友納副知事、村田商工観光課長は十二月十八日に現地を訪れ、永久補償方式を説明し、三漁協分で二億円を上回ると説明した。出席した池田君塚漁協組合長は「今日県側から初めて詳細な補償の内容を聞いた、早速補償委員会を開き、検討を始めたい。しかし組合はあくまで埋立反対を決議しているので、どんな結論になるか分からない。十二月二十六日頃に関係三漁協が五井町に集まって協議したいと思っている」と語った。三漁協のうち五井漁協は補償条件によっては埋立に応じてもよいと云う空気があった。埋立で一番被害の大きい君塚漁協は絶対反対、八幡五所漁協は君塚漁協の出方次第と云う状況であった。県では一九五七年（昭和三十二）二月六日に友納副知事など企業対策本部の幹部が再び現地へ赴き、工事変更計画等を示し、君塚漁協の了解を求めたが、漁民の抵抗は収まらなかった。県では君塚漁協の納得を得れば、五井、八幡五所を含めた三漁協と改めて本交渉を行い、三月一杯に合意し、四月埋立着工を予定していたのである。

三月三十日、三漁協のトップを切って鈴木啓介八幡五所漁協組合長など代表一五名が菅野県議と一緒に県を訪ね、「補償の条件次第では全面埋立に反対しない」と正式に地元の意向を伝えた。八幡五所に次いで君塚漁協は四月一日に交渉に応じる意思表示をし、六月十七日には補償金二億七一七〇万円で妥結したのである。

五井地区では君塚漁協の埋立地の他に、君塚開拓地農協（組合員一三七名）と川岸開拓農協（組合員一四二名）の四五町歩が埋立対象地であった。一時交渉が決裂したこともあったが、十月初めに一人平均七五万円で仮調印となった。ただしこれは農地の転用問題があり、農林省からの農地転用承認を得次第、正式調印の段取りとなるものであった。

友納副知事は五月二十八日に八幡五所漁協代表と協議し、県の内示した補償額について基本線で了解を得た。そして仮調印は八月十五日に行われ、補償金は一一億五二〇〇万円であった。(4)

（2）埋立場割と千葉方式

漁協との交渉に見通しがつくと、直ちに取り組まなければならなかったことは、進出希望企業への場割（場所の割当をいう）であった。五井地区では旭硝子二〇万坪、丸善石油二三万坪、日本特殊鋼二〇万坪、三井造船二五万坪、川鉄二〇万坪、古河電工二〇万坪、東邦電化一五万坪、東北電化一〇万坪、その他日本触媒等六社が各二万坪を望んでいた。ところが政府、日銀の金融引き締め政策の影響で、進出を確約した会社の間に資金繰りが出来ず、工場建設を渋るものが出てきたため、全額会社負担をあてこんで進められていた埋立補償や各工場の場割に大きな狂いが生じたのである。五井地区の当初の埋立計画七八万坪を五一万坪に縮小し、日本特殊鋼の一一万坪は延期を申し入れてきたので、とりあえず日本住宅公団で埋立、完成後に日本特殊鋼に売却することにした。

また県は旭硝子以外の会社が進出不可能となった場合を考え、住宅公団や東電に誘致を協議した。丸善石油、新日本窒素の二社は県が一時工事費を立て替えることを条件に仮契約となったのである。八幡地区では三井不動産、三井造船、富士電機、京葉天然ガス、古河鉱業、古河電工、日本製粉、日本住宅公団の七社一公団の場割が行われたのである。

九月三十日、県議会企業対策特別調査委員会が県庁自民党控室で開かれ、五井、八幡の計一八〇万坪の埋立方法について県の意向が明らかとなった。それによれば、①五井地区は県営で行う、②金融難で困っていた旭硝子を除く丸善石油、新日本窒素は一九五八年（昭和三十三）二月一日までに三〇〇〇万円、残り全額は三月末までに支払い工事を進める、③八幡地区については県が主体となり、実際の工事及び各社の工事分担金、補償金の県への納入は三井不動産が責任を持って行い工事を進める〝千葉方式の採用〟で行う、④工事は各社とも四月着工、一九六〇年（昭和三十五）十二月末に完成する段取りで進める。そのためには一〇〇〇馬力の浚渫船が常時六～七隻必要となった。しかしこれだけの船は日本では都合つかず、三井不動産が県の証明を得て、米極東空軍から借りる方針とした。

ところでここに何故に三井不動産が登場したのであろうか。柴田等『三寒四温』によれば「五井の方の東電、丸善等四社はどうにか金が出たが、市原地区のいくつかの社の負担金は早急には期待出来そうにもなかった。（略）政府では埋立については起債を認めてくれなかったから、金の出所を探さねばならなかった。そこでさしあたり三井不動産を相手に交渉しようとした。（略）私は江戸氏（三井不動産社長）に、とにかく市原地区九〇万坪の土地があるのだ。いずれ金は入るのだから、全部ではないが資金の足りない部分は、一時立て替えてくれないか」と切り出したとある。(5)

また友納武人『疾風怒涛』では「金がない上に、再建団体なので、国からも起債が認められない。千葉県と三井の共同事業としてやってみたいが、金をだしてもらえないか」と切り出すと、「及ばずながらやらしてもらいましょう」とのことであったと記している。(6) しかし県議会企業対策特別調査委員会で友納副知事が「金額が県に予納されなければ、三井不動産の助力を得てでも工事を進めたい」と発言したことに対して、鶴岡県議が「このような重大な事業を三井不動産等にやらせるとは何事だ。副知事は会社からリベートを貰い、知事選に立つ資金にでもしようとしているのではないか」と詰め寄る場面があったのである。またこの千葉方式には自治庁でも問題視していたのである。同庁では「県が誘致会社から金をとって三井不動産に請け負わせるのならよいが、共同で埋立事業をするのでは、県営工事として変則的で地方自治法の趣旨からいって問題がある」としていた。千葉方式は「表看板は県営だが、資金難の場合の金繰りは三井不動産におぶさっている」のが実態であった。

（二）国営干拓の行方

（1）農林省干拓と千葉県開発との矛盾

印旛沼の干拓は有明湾、八郎潟と共に我が国三大干拓工事であり、一九四六年（昭和二十一）の当初計画は完成まで一四五億円、一九五三年（昭和二十八）の計画では四五億円であったが、一九五四年（昭和二十九）までに既に一七億円を投じながら、受益効果が上がらず、〝底なし沼〟と云われていたのである。当初は印旛・手賀両沼干拓として進められたが、一九五三年からは両沼を切り離して別個に干拓することに変わったのである。一九五四年から検討が始まった改訂計画案では総事業費は六三億八〇〇〇万円、一〇か年計画で、農林省はこれを県や地元と協議し、一九五五年（昭和三十）十一月に閣議決定し発表したのが、干拓第一次改訂計画（一九五六年二月）である。この事業計画は同沼西端の平戸から検見川に至る一六・五キロメートルの間に三水路を開削し、最高毎秒九三立方メートルの水を利根川へ排除し、印旛沼周辺地域の洪水による被害をなくし、沼域に一四七〇ヘクタールの干拓田を造成、さらに残存水域に灌漑用水を貯水し、これを水源として揚水機を設置、干拓田の他、周辺五万二七八九ヘクタールの用水改良を行って、二毛作地を作り、合わせて米麦八万四〇〇〇石の増産を図るというものであった。この計画の重点は干拓縮小（干拓面積二三八二ヘクタールを一四七〇ヘクタールに縮小）と土地改良を重視したものであった[7]。

一方印旛沼の地元では一九五一、五二年頃、印旛沼干拓の負担金をめぐって農林省派と建設省派の二派の対立が激しく、一時収拾し難い事態となったが、第一次改訂計画で地元負担も極めて軽くなったので、一九五四年十二月二十三日の印旛沼手賀沼治水開発協会の任期満了に伴う新役員選出を契機に、新会長に吉植庄亮（本埜）、副会長に竹尾弌《はじめ》（八生）、常任顧問に寺島隆太郎（佐倉）を選出して二派対立を一本化することにした。さらに一九五五年四月三日、印旛沼全額国庫負担完遂同盟（竹尾派）は解散した。二派で対立して来た印旛沼土地改良区も解散した。関係農民は単独の土地改良区をつくり、連合体に一本化することになったのである。

この干拓第一次改訂計画の実施が軌道に乗ったと思われた時、行政管理庁の管轄にある公共事業調査特別委員会で「京葉地区の工業用水は印旛沼に頼る他はない、このため従来の干拓事業は再検討の必要に迫られている」との声が高まったのである。これに対し柴田知事は「過去十年間に二二億円も注ぎ込んだ印旛沼干拓事業を打ち切るのは酷《むご》いと思う。県は反対である。工業用水のためにご破算にせず、両者並行して考えるべき」と主張し、県議会も本会議で「国営印旛手賀両沼干拓事業は干拓田を造るだけでなく、周辺既耕作地の旱《かん》水害を除くための土地改良も合わせて行い、農業経営を合理化するのが目的である。我々はあくまでも公共事業特別調査委員会の答申案に反対し、政府も答申案に左右されずに、既定計画通り干拓事業完成を期すよう要望する」との決議を四九名対一名（反対は菅野儀作県議）で可決したのである。

京葉開発協会は県議会決議に対し「少なくとも議会運営委員会にかけて取り扱いを決めるべきで、もう少し腰を据えて意見を闘わすのが当然だろう」と不満を表明した。また通産省の日高企業室長は「利根特定地域の総合開発について」の意見書を経済企画庁植田開発部長に提出していた。そこでは「千葉～五井間の工業地帯には、差し当たり一日一九万トンの水が必要であり、そのためには印旛手賀両沼の干拓事業は再検討すべきだ」と述べていたのである。(8)

印旛沼の疎水路及び埋立工事は、一九五六年度（昭和三十一）から一九五九年度（昭和三十四）で完成の予定であったが、一九五六、五七両年度は余剰農産物の見返り資金各五億円で進められることになっていた。しかし政府は一九五七年（昭和三十二）度の見返り資金は打ち切ると閣議決定したので、水路工事は完全にストップとなってしまった。たしかに一時工事は中止となったが、一九五七年度から特別会計に回され、着工は再開されて、九月には疎水路工事が着手となったのである。

柴田知事は「干拓計画は地元の要望もあって十年前からその推進に努力してきたものであるから、是非完成を期したい。印旛沼は工業用水源としても重要な候補地になっているので、干拓と矛盾するのは痛手だが、京葉工業地帯造成に必要な工業用水の確保は印旛沼だけがカギとなるほどでもないからやむを得ない。しかし干拓しても水路を設けて霞ケ浦や利根川の水を内湾側にもって来ることは可能なことと思う」と十月十四日の記者会見で語っており、両者の並行開発を求めようとしていたのである。まず県当局は農林省の計画と県の構想との矛盾を解決することに踏み出した。それは農林省の干拓第一次改訂計画では、農地の造成に重点を置き過ぎたため、貯水池として残る面積は六八〇ヘクタール《ヘクタール》しかなく、農業用水、工業用水の必要が強く叫ばれるようになってからは、この計画には各方面から批判の声が上がっていた。建設省、通産省または農林省の内部においてさえ、この計画の全面的廃棄あるいは一部変更の意見があったのである。千葉県も、「将来、京葉工業地帯に工業用水を送らなければならないから、貯水面積をもっと広く残して貰わないと困る」と計画の変更を強く要望した。県では一九五七年（昭和三十二）五月に農林省東京農地事務局から出された「事業遂行のための印旛沼公有水面埋立申請」を握り潰していたのである。[9] 一方県では五井、八幡の埋立促進のため、八幡浦干拓地一五〇町歩の干拓廃止と五井町君塚、川岸開拓地四五町歩の農地転用を農林省に認めて欲しいと申請をし続けたが、一向に埒《らち》が明かず、県は首脳会議を開き、工業用水は印旛沼からの取入れを放棄、養老川を活用する肚《はら》を決め、「農地転用と干拓廃止を認めるなら、農林省の印旛沼干拓を認めよう」と云うことになり、一九五八年（昭和三十三）一月十五日、「公有水面埋立を認める」と一札を入れたのである。県が許可しても、農林省が果たして認可するかどうかは未定であったが、少なくとも県と農林省の「冷戦」関係は解消することになったのである。

（2）八幡《やわた》浦干拓とその転用問題

市原郡八幡町（市原市）の海岸を開田する動きが一九四八年（昭和二十三）に起こった。それが農林省の全国一〇か所選定の国営干拓候補地となったのは一九五〇年（昭和二十五）のことである。八幡浦干拓地の第一工区（面積五一町六反歩）の潮止が行われたのは、計画より二年遅れの一九五六年（昭和三十一）三月十三日である。工事は海中に、村田川から八幡川まで約一九〇〇メートルの石積みの堤を築き工区内の海水を干し上げたあと、締め切り工事で一挙に陸地とした。東京湾干拓第一号の誕生であった。[10] 第一工区の試験田では陸地寄りに六反歩作り、五月二十六日に田植えを行い、九月二十日頃から刈り取りを始めた。大部分は水不足による塩害を受けたが、三畝歩は素晴らしい生育を示し、最高三石二斗四升の収穫であった。ところが県は一九五七年（昭和三十二）七月に「第二工区以後の干拓は取り止めて欲しい」と農林省へ要請文書を出すことにした。京葉工業地帯の造成地と重複していたからである。八月十三日、柴田知事は鵜川農林省東京農事事務局長と交渉したが、「他県にも同じ転用問題で拒否した例もあり、千葉県だけを認めるわけにはいかない」との回答であった。柴田知事は県議会で「知事の職を賭けても認可してもらうようにする」と強い決意を示していた。農林省側のガードが堅いので、柴田知事は政治的に解決を図るため、七月二日に知事室で水田代議士と会見、「八幡浦干拓と五井町君塚開拓地の農地転用で農林省に運動して欲しい」と依頼した。そして七月二十一日から三日間、三浦一雄農林大臣、安田農地局長等と折衝を続けた。知事は「県が農林省の認可なしで工業用地化の計画を進めたのは、工業地帯造成の機運に遅れないためであり、そのために関係企業と協定を結んだ。しかしこの点は明らかに県の手落ちだ。けれども県が立案した事業を理解して、既に完成した第一工区はともかく第二、三、四工区の干拓を中止して、工業用地に転用して貰いたい」と強く要望した。そもそも県は干拓予定地の第二工区一九万五〇〇〇坪を勝手に工業用地の埋立計画に入れ、進出会社とも誘致契約を結んでしまっていたのである。これに対し安田農地局長が「県が農地法を無視して既成事実を作り上げようとするのは勝手過ぎる」と批判し、「第三、第四工区は検討するとしても、第二工区の干拓は予算化して着手したものだから絶対に転用は不可能だ」と怒って断った。また三浦農相の意見もほぼ同様であった。完全に行き詰まりとなったので、県では政財界を通じて岸信介首相に直接陳情する工作を進めることにした。政界面では河野一郎元農相に最も近いと云われた森清代議士を通じて政治折衝し、一方工場建設を急いでいた旭硝子や富士電機とも協議し、財界筋から岸首相へ直接陳情の方針をとったのである。

八月十日、政治工作の依頼を受けていた川島正次郎幹事長は訪れた千葉市で「第二工区の問題は農林省の主張が正しいようだ。県の農林省を無視したいままでのやり方、考え方は間違っている、これは地元で解決すべきだ」と語り、干拓中止が難しいことを明らかにしたのである。

安田農地局長は八月十八日付で柴田知事に対し「従来通り工事を進める。このため県の計画は認めない」との通達を出し、干拓問題に一応の終止符を打ったのである。ただこの通達では第二工区は中止しないとしていたが、第三、四工区は用地の買収や調査は終了しているが、まだ予算化されていないので、埋立工事を行うことを承認し、協力すると云うものであった[11]。この通達は依命通達（農林省大臣の命令により農地局長が出した通達）であったので、これ以上県が強硬に出るのは無理と判断し、県は「同省の方針受け入れはやむを得ない」との態度を決めたのである。しかし強硬に県の方針を突っぱねてきた安田農地局長が八月の人事異動で転任となり、農林省内の事情が変わったので、県は望みを捨てず、柴田知事も自民党に入党したので、政治交渉を進めることにした。しかし印旛沼干拓、八幡浦干拓問題は柴田県政期には県の主張は実現しなかったのである。

（三）地下水と養老川に頼る工業用水

京葉工業地帯を造るにあたって最大の悩みは、工業用水をどう引くかと云うことであった。五井、市原地区の埋立地に誘致される工場だけでも一日二〇万トンが必要で、将来は五〇〇〜六〇〇万トンは必至と云われていた。企業対策本部長の友納副知事は「工業用水の水源はまず利根川、江戸川を検討し、これがどうしても難しければ、印旛沼の干拓計画を変える他ないだろう」としていたが、柴田知事は自ら先頭に印旛沼干拓を陳情してきただけに、「陳情はしない、霞ケ浦から利根川に水を引き、さらにこの水を印旛沼の疎水路を通して京葉工業地帯に引く方法も考えられる。当面の問題としては養老川のダム建設を検討する」としていた。また京葉開発協会（古荘四郎彦会長）は養老川水系の現地調査を行い、「五井、市原地区の給水につき養老川の水系だけで事欠かない」と発表し、六か所（面白《おもじろ》、蕪来《かぶらい》、江孫《えまご》、上畑《かみはた》、米原《よねはら》、養老川河口）のダム候補地で最小限度一一一八万トンの貯水が可能としていたのである。(12)

東京通産局では一九五七年（昭和三十二）二月十三日、進出の丸善石油や旭硝子等一三社の代表を集め、工業用水問題を協議した。県側からは柴田知事等が出席したが、印旛沼の工業用水利用については態度を留保していたのである。

さらにこの時期、県では利根放水路の建設論が再燃した。東葛飾郡の旧湖北村地先で利根本川を千葉市検見川地先の東京湾とを結ぶ三一・八キロメートルの水路で、これを水門で閉じれば、貯水量は八〇〇ないし一二〇〇トンに及ぶとしていたのである。これに対し県商工会議所連合会（杉本郁太郎会長）は二月二十五日の臨時総会で「京葉工業地帯造成に伴う工業用水確保」の陳情を満場一致で採択したが、その考え方は公共事業特別調査委員会の答申案と同じで、印旛沼の干拓を中止し、貯水池化を求めるものであった。首都圏整備委員会の発足に伴い、京葉地区の工業用水は一段と急を要するようになったことから、県企画調査課では、両総用水の用排水路利用論が浮上した。両総用水の起点の佐原から東金まで一応工事が完成しており、これを土気まで高さ五〇メートルを揚水して、低地の千葉市に落とせば、工費は一〇億円（うち半額国庫補助）で済む上、計画流水量も一日二〇万トンが流せる、昭和放水路の工事見積額は一〇〇億円であり、川鉄用水路は二〇億円であったから、はるかに採算が合うとするものであった。

京葉用排水事業計画も検討された。県の構想では我孫子町古戸地先から利根川の水を取り入れ、印旛沼の西南を通り、千葉市、市原郡を縦断し、君津郡峰上村（富津市）環《たまき》に至る約八七キロメートルの幹線用排水路を造り、さらに印旛沼の西端の平戸から千葉市を経て東京湾に出る線と千葉市坂月で幹線と結ぶ二つの水路で、一日農業用水、工業用水各一五〇万トンが供給されると云うものであった。(13) しかし霞ケ浦引水や両総用水利用、京葉用排水計画は将来構想としては注目に値するものであったが、当面の用水確保をどうするかが、緊急課題であった。

県ではまず井戸を掘って地下水を汲み上げ、次に養老川にダムを建設する予定であった。五井・市原地区では七〇〇〇本の堀抜井戸があった。飲み水に使われるのは一日に湧き出る一五万トンのうち、一万ないし一万五〇〇〇トンに過ぎず、計画的に取れば六万トンは取れるとしていた。けれどもこれは机上の計画であり、この地域では広範囲に井戸枯れが発生することは必至であった。

(注)

(1) 前掲県立図書館蔵「読売新聞千葉版」一九五六年十月十八日付
(2) 前掲県立図書館蔵「読売新聞千葉版」一九五六年十一月六日付
(3) 前掲県立図書館蔵「朝日新聞千葉版」一九五六年十二月二日付
(4) 前掲県立図書館蔵「読売新聞千葉版」一九五七年八月十六日付、なお五井漁協との妥結は一九五八年十二月のことで、補償金は二億八五〇〇〇万円であった。
(5) 前掲県立図書館蔵　柴田等『三寒四温』六一頁
(6) 前掲県立図書館蔵　友納武人『疾風怒涛』社会保険新報社、一九八一年、二八頁
(7) 前掲県立図書館蔵　水資源公団印旛沼建設所『印旛沼開発工事誌』一九六九年、四頁
(8) 前掲県立図書館蔵「朝日新聞千葉版」一九五六年十一月二十五日付
(9) 前掲県立図書館蔵「毎日新聞千葉版」一九五八年一月二十日付
(10) 前掲県立図書館蔵「毎日新聞千葉版」一九五六年三月十四日付

(11) 前掲県立図書館蔵「読売新聞千葉版」一九五八年八月二十一日付
(12) 前掲県立図書館蔵「朝日新聞千葉版」一九五七年九月十四日付
(13) 前掲県立図書館蔵「朝日新聞千葉版」一九五八年一月六日付

四、工業開発の狭間で

(一) ベネズエラ出漁の顛末

(1) ベネズエラの水産会社と仮契約

沿岸漁業の行き詰まった状況を打開しようと柴田県政は、一九五四年(昭和二十九)から海外諸国との漁業提携の道を模索した。ビルマ、ベトナム、ニューカレドニア、シンガポール、ベネズエラ、英領ボルネオ、香港、台湾、インドネシア、アルゼンチンの一〇か国との間にブームを巻き起こした程の活発な引き合いが続いたけれども、話の纏まったところは一つもなかった。各国の事情もあったが、基本的には千葉県側の準備不足にあったのである。

ベネズエラは当初外務省を通じて調査したところ、相手の信用が危ぶまれるとのことで打ち切られてしまった。しかし一九五五年(昭和三十)十月から一九五六年(昭和三十一)八月まで、県の漁業指導船房総丸(四〇八トン)が現地調査を行い、ベネズエラ沖のカリブ海は世界有数のマグロ漁場であることを確認したのである。

一九五七年(昭和三十二)三月、訪日中のベネズエラ使節団副部長のマルカーノ社長(マール水産会社)が三月二十二日に来県し、柴田知事等と会談した。同社は房総丸が試験出漁した際の提携相手であった。マルカーノ社長は、千葉県の漁業技術を高く評価していたので、県の持ち出した合弁会社設立案に賛成し、三月二十三日には帝国ホテルで仮契約の調印が行われたのである。仮契約の内容は、合弁会社の資本金五〇〇〇万円、その四九％を県側が出資、県側から七〇～八〇トン級のマグロ船と底曳き船を一隻宛《ずつ》出し、三〇名の漁業技術者を乗せて行く。一方マール社もこれに備えて、一日二〇トン位の製氷工場と一〇〇トン位の貯蔵庫を造る。また県側からは副社長、常務等の役員も送り込むと云うものであった[1]。

県は四月十九日、同社宛に「県から交渉団を派遣したい」との文書を送った。知事は「早ければ六月になると思う。私が行かなければならないかも知れない」と乗り気であった。十二月に至り知事宛に「日べ合弁漁業会社設立の具体的な話し合いを進めたい」との招聘状《しょうへいじょう》が届いたので、知事は現地視察の肚を決め、十二月七日に松本県議会議長に同意を申し入れた。そして一九五八年（昭和三十三）一月三日に出発したのである。

（2）漁業提携の具体化

柴田知事はベネズエラを訪れ、出漁構想を示した。それは、①マール社と提携して現地に資本金七〇〇〇万円の合弁会社をつくる、出資額はマール社三六〇〇万円、県三四〇〇万円（県の持ち分は二五〇〇万円を融資で、残り九〇〇万円は県、漁業団体、出漁者の三者で分担する）、②合弁会社には県から副社長、専務の他、漁船二隻（各二五〇馬力、八〇トン）と乗組員四六名を送り込む、③漁船のうち一隻はマグロ延縄船《はえなわせん》、他の一隻はマグロと底曳きの兼業船とし、ベネズエラ国のクマナ他二か所を基地にカリブ海で操業する、専業船は一航海十五日とし、二〇航海、三〇〇日操業、マグロ六〇〇トンを獲る、兼業船は一航海十日とし、一五航海、一五〇日操業、マグロ三〇〇トン、雑漁一六五トンを獲る、④水揚げ高は年間一億四〇〇〇万円を見込む、⑤マグロは鮮魚か缶詰にして現地やアメリカで販売、⑥冷凍施設はマール社で準備すると云うものであった。この構想に対して水産庁では「先が不安だ、理由は政情不安、契約がいつご破算になるかも知れない、知事には請け合いの傾向がある」と厳しい評価をしていた(2)。

県と漁業者代表で構成していた県海外出漁対策協議会は、四月十七日に第一回世話人会を開き、合弁会社の準備機関として県漁業振興株式会社設立を決定し、世話人会を会社創立発起人会に切り替えた。メンバーは柴田知事、島田銚子市長、篠崎長次県議、鈴木惣之助県議（全千葉漁連会長）、坂本庄三郎銚子漁協組合長、厚海熊太郎沿海組合長、水上甚八夷隅漁連会長であった。千葉県側の出資金のうち一五〇〇万円は海外移住振興協会からの出資、残りは授権資本（株式会社が発行予定の株式総数に相当する資本）とし、県五〇〇万円、銚子市三〇〇万円、銚子漁協三〇〇万円、全千葉漁連二〇〇万円、県信漁連一〇〇万円、船主五〇〇万円、有志二〇〇万円、単漁協一〇〇万円であった。

川上紀一水産商工部長が八月十一日、ベネズエラに渡航し、マール社のボアーダ専務との間に交渉が行われ、合弁会社（社名フロータ社）の資本金の負担は、四九％が千葉県側、五一％がベネズエラ側と決まり、千葉県で新造中の二五〇馬力、八五トン二隻のうち一隻は千葉県の現物負担とし、他の一隻はベネズエラ側が買上げ、双方で一隻宛を合弁会社に提供することになった。またベネズエラ側も九月二十日までに準備機関の「会社をつくり、登記を完了させ、これが出来次第、漁船の信用状を東京銀行に払い込む」ことが決まったのである。

十月三十一日、マルカーノ社長は来日し、「信用状は電報を打ったから一週間以内にこちらに届く。一月中に操業開始となるだろう」と記者会見を行った。また建造中の漁船二隻（第三房総丸、第五房総丸）も完成し、十一月五日に千葉港に廻航し、合弁会社の千葉県側の役員二名（篠崎長次県議、佐久間伝蔵勝浦漁協専務理事）と船長以下乗組員三六名も決まった。この手筈でゆけば、漁船の出発は十一月初旬、新年から操業開始の段取りとなる筈であった。

（3）合弁事業の終焉

ところが一週間で届くはずの信用状は延び延びとなった。原因は大統領選の影響で、十二月六日に選挙が終わり、外務省にも近々に解決するとの公電が入った。しかし信用状が到着しても国内手続きに一か月以上を要したので、年内出漁は出来ず、第一陣の乗組員三四名が出発したのは一九五九年（昭和三十四）四月二十七日であった。

彼等は三年の契約期間を満了し、一九六二年（昭和三十七）八月二十六日に一六名（三四名のうち六名は中途退職、一二名は引き続き現地に在留）が帰国したのである。三年間に八八航海、カリブ海での漁獲高は二八〇〇トンで、大型船に劣らないものであった。一九六一年（昭和三十六）に第二陣乗組員二三名が第二琴平丸（三〇七トン）で渡航した。受け入れのフロータ社の利益は、一九五九年は三三〇万円、一九六〇年（昭和三十五）は無配当、一九六一年は七八万円であった。

一九六二年九月、第三陣の派遣をフロータ社は「現地人もマグロ漁に慣れて、これ以上日本の漁業技術を吸収する必要もなくなった」として「日本人漁業者を増やすことを中止したい」と伝えてきたのである。折しも先頭に立って合弁漁業事業を推進してきた柴田知事は同年十月の知事選で落選し、合弁事業の前途に暗雲が垂れ込めたのである。

フロータ社は、千葉県に還元すべき一九五九年から一九六一年分の利益金約一五〇万円を送金しておらず、琴平丸派遣の際の銀行信用状延着で県が費用を立て替えた分四〇〇万円も未払いであった。

県漁業振興会社では配当金取り立てのため、要請書を送付したが、期限の四月十五日を過ぎても回答がないので、四月二十五日に臨時株主総会を開き、四年間の合弁事業に終止符を打ち、持ち株を他に譲渡する方針を決め、友納県政の渡辺一太郎副知事をベネズエラに派遣し、事後処理に当たらせることにしたのである。（3）

ところがフロータ社は「引き続き日本側の協力を得たいので、資本引き揚げは思い止まって欲しい」と要請してきた。このため県は方針を変更し、有利な協定を結ぶことにした。けれどもフロータ社の経営再建策は実らなかったのである。フロータ社のボアーダ社長から「赤字が多く解散したいので、責任者を派遣して欲しい」と依頼が来た。同社に出資している県漁業振興会社では、一九六九年（昭和三十九）四月十九日に臨時株主総会を開き、新社長に川上副知事を選出し、川上社長が現地に赴いて解散処理することになったのである。

柴田県政のベネズエラ出漁は相手国に対し、地方団体としては例のない取り組みで、知事が前のめりになっていたとの批判があり、また県漁業振興会社内でも「本県はうまく利用された形」との意見もあったが、そもそもこの事業の目的は、行き詰まった沿岸漁業の打開策の一つとして始められたものであり、柴田知事の努力は評価に値するものであった。それに対して友納県政では、「漁業組合等の小株主には降りてもらい、大手の民間業者を入れて強力なものに編成替えすることにし、三井物産に事業の肩代わりを要請」していた。外国貿易を得意とする三井物産に任せることは適切であったが、本来の目的とは大きく異なるものであった。ベネズエラ出漁問題は、柴田県政の農漁民の利益追求と友納県政の大資本優先の違いを鮮明にしたものであった。

(二) 二つの千葉銀行事件

一九五五年（昭和三十）～一九五八年（昭和三十三）にかけて千葉銀行をめぐって二つの事件が起こった。

一つは、〝千葉銀行八〇〇万円ゆすり事件〟と称されるものである。事件の発端は古川致知千葉放送社長が一九五五年十一月七日の同行第二四回定時株主総会で約四五分間にわたって「同行に不正貸付がある」と古荘四郎彦頭取を攻撃したことであった。攻撃を中止させるため森暁日本冶金社長、暁の弟の森清代議士、塚本清塚本工業社長、安西浩東京ガス副社長、古荘頭取、千葉銀行幹部が集まって、古川に退職金名目で三〇〇万円を贈ると云う解決方法を採ることにしたのである。同年十二月二十七日、日本冶金社長室で森兄弟と古川の三人で会い、古川に金を渡した。しかし古川は返したので、翌日に森清が千葉市の古川宅を訪ね、渡したと云う。けれども古川は前日に返したままであると主張し、ここは裁判での一つの争点であった。一九五六年（昭和三十一）四月末に至り、古川は不正融資のパンフレットを作製し、再び古荘攻撃を行うとしたが、同年五月十一日の同行第二五回定時総会では古荘攻撃は行われなかった。ところが五月二十一日に古川は古荘を千葉地検に特別背任で告発したのである。そこで森清から古川の娘昭代へ四つの条件（①千葉銀行問題から一切手を引く、②古荘告訴を取り下げる、③古川が持つ千葉銀行二〇〇株を銀行が買い取る、④金の受取証を書く）をつけて五〇〇万円を渡すことにし、五月三十日に昭代は八〇〇万円の領収証を書いて森清に渡したのである。古川は裁判で前回の三〇〇万円を受け取っておらず、この時八〇〇万円を投資として受領したと主張したのである。[4]

ところで千葉地検は同年九月十九日、古川を旭建設恐喝の罪で起訴し、十一月十九日には古川致知・昭代親娘を千葉銀行恐喝で起訴した。逆に古荘告発については、四つの理由（①銀行の貸付先は良好である、②同行の業務内容も良好である、③総貸付額の内容も良い、④古荘には背任はない）で不起訴としたのである。九月十四日に検察審査会が開かれたが、古川提出の不良貸付資料の出所内容が不明で信用出来ないとして、古荘告発は取り上げられなかったのである。

一九五八年（昭和三十三）十二月二十五日まで三六回の公判が開かれたが、千葉地裁の判決は検察の主張を全面的に採用したもので、古川致知が求刑通り懲役三年の実刑、昭代は一年六か月、執行猶予三年であった。

千葉地検が千葉銀行は不正貸付もなく、内容が良好であるとしていたところ、一九五八年三月二十五日に東京地検が東京銀座のレストラン・レインボーの坂内ミノブ女性社長と同社宗田謙三常務を詐欺罪で逮捕した。これがもう一つの千葉銀行事件である不正融資事件の発覚である。

坂内社長は事業資金として同店や自宅等を担保に千葉銀行から一一億五〇〇〇万円に上がる巨額融資を受けていたが、宗田と共謀して一九五六年十二月二十八日に同銀行東京支店を訪れ、支店長に「十二月三十一日勧銀から四〇〇〇万円の融資を受けることになった。その金で借受金を返済するから銀座の店の担保を解いて欲しい」と騙し、レインボーの土地建物のうち千葉銀行の第一担保一〇〇〇万円、その他の共同担保七〇〇〇万円のそれぞれ一番抵当権を消させ、千葉銀行に財産上の損害を与えたというものであった。千葉銀行本店では「レインボーには一一億五〇〇〇万円を融資していたが、焦げ付いているので不正融資ではなく、不良貸付である」としていた。事件発覚直後、古荘は「退陣など考えていない」と強気であったが、「坂内社長が捕まってから、預金が約一〇億円引き下げられた」と云われ、その衝撃は大きなものであった。古荘は「私は五月八日の総会で辞め、笹田副頭取等全重役は、その進退を一万田蔵相に一任する」と辞任に追い込まれることになったのである。(5) そして古荘は特別背任で、坂内は公正証書原本不実記載、同行使罪で東京地裁の法廷に引き出されたのである。一九六一年（昭和三十六）四月二十七日、東京地裁は古荘に懲役三年、執行猶予三年。坂内に求刑通り懲役三年の実刑判決を下したのである。

この二つの事件を通して当時の千葉銀行の体質が明らかとなった。その第一は千葉銀行が全体の組織化をおろそかにし、古荘は独裁的に振る舞い外部の情勢変化を軽視していた。第二は三鬼陽之助の指摘によれば、千葉銀行（古荘の貸付内容）は情実貸付が多く、ことに政党関係に偏在していたことであった。千葉銀行は政治献金をほとんどしていないにも拘わらず、政治献金をしない銀行の融資先に、有名無名の政治家たちが関連を持っていた。第三は古荘個人の力があまりに強大なため、頭取の独裁が許され一般銀行の慣例が守られていなかった。第四は銀行の大口貸付先には曖昧なものが多かったことである。筆頭は坂内ミノブ社長のレインボーであり、また竹内寿恵の葛原工業は貸付総額一一億五五〇〇万円で、このうち担保は四億一六〇〇万円で、残り七億三九〇〇万円は無担保貸付であった。三鬼論文によれば、高野建設融資額四億一三〇〇万円（無担保分二億五三〇〇万円）千葉漁網二億五三〇〇万円（同一億二七〇〇万円）、房総漁業一億七七〇〇万円（同一億一七〇〇万円）、千葉製粉一億二六〇〇万円（同三四〇〇万円）等であった。(6)

千葉銀行は五月六日取締役会を開き、新役員の候補者九名、監査役三名を全員一致で決定、五月八日の株主総会に推薦することになった。新役員候補の顔触れは旧取締役二名が監査役に回り、古荘頭取、笹田副頭取、奥野専務等旧取締役が全員千葉銀行問題の責任をとって引退、代わって新頭取には大久保太三郎前日銀監事が就いたのである。

（三）県民皆保険の達成

国民健康保険は一九三八年（昭和十三）に始まり、被用者保険の適用を受けない農山漁村の住民や自営者を被保険者とし、疾病、負傷、出産及び死亡に関し医療その他の保険給付を行う制度である。

千葉県では一九四七年（昭和二十二）一月の段階で県下の国民健康保険組合が二一四あり、全市町村に網羅されていたがその大半は赤字で四苦八苦の状態であった。原因は戦後インフレと医薬品不足、組合員の受診にあたっての医薬料金が引き合わないため、一般医師が積極的に協力せず、組合脱退または組合費未納者が増加していたことにあった。この状況を打破するため、県では医師の協力を求めると共に、診療費の引上げ、九か所の組合直営診療所を二〇か所に増加、また都会地には専属医を配置、二〇八名の保健婦を全組合に配置する具体策を打ち出した。(7)

一九四八年（昭和二十三）からは国民健康保険（国保）は市町村の運営となったが、千葉県では七月の段階で県保健課の督励にも拘わらず三一四市町村中二三二市町村では市町村条例が出来、診療開始の準備を終えていたが、うち一一〇町村が保険料徴収困難を憂慮して日和見的に開店休業状態にあった。国保実施が遅れた原因は赤字が出て苦しい市町村財政に、さらに拍車を加えることのおそれであった。特に自分の町村に国保診療所や病院を持たず、開業医との契約で行う場合にこの傾向が強かったのである。事業開始状況は全県で一六〇市町村、全国平均に比しても悪い状況であった。原因は保険料の割合に比して療養費が高く、国保経営の赤字は必至で、もし県費補助が出ない場合には負担に耐えられないと云う現実があった。[8]

県医師会では保健医療協議会に対し医療費一点一〇円を一八円四〇銭に引き上げる申し入れをしてきたが、何ら曙光が見えないので、一九五一年（昭和二十六）十一月二十九日、千葉市教育会館で県下の医師、歯科医師五〇〇名を集めて「健康保険診療の単価引き上げ即時実施、制限診察絶対反対」を協議した。もし実現しない場合は十二月一日を期して医大、公立病院を除いた県下の社会保険開業医一三〇三名と歯科医師七四八名全員が診察は続けるが、「保険医を総返上する」ことを決議した。そして医師全員（一一一一名）の辞表を県保健課に提出したのである。しかし医師会としては返上手続きはとっても、患者の利便を図って二月一日までは保健診療の取扱いを継続し、また生活困窮者については適切な診療代を受け取り、被保険者の保険料受領を代行し、患者には迷惑をかけない処置をとることにした。

一九五五年（昭和三十）に入り県内の国保普及状況は非常に良くなり、市町村の普及率は八二％、県内の国保適用見込み者は一八〇万名のうち九三万三九三二名に達したのである。これらの国保は健康保険に准じて行い、大半の医者（約一五〇〇名）が診察を行っており、保障額は医療費の五割で、市町村は保険料、保険税の名目で毎月徴収して、年間で一世帯約二〇〇〇円であった。

一九五七年（昭和三十二）には八八市町村が加入し、被保険者は一〇一万五〇〇〇名となった。県は政府の国民皆保険の掛け声に応じて、一九五七年度から四か年計画で国保事業を全市町村に普及させることを決め、保険課内に県国保推進本部（本部長は友納副知事）を設置した。しかし市町村は国保の財源を保険税、国庫補助、一般会計からの繰入金の三つから仰いでいたのであるが、国保財政はどこも四苦八苦の状態であり、県が結核予防法で患者を発見すればするほど市町村の医療費が嵩み、国保財政を破綻に導くと云う矛盾に直面していたのである。例えば君津郡平川町（袖ヶ浦市）の場合を見ると、町民（一万一五七人）の一九五七年度の健康診断で結核患者を一六一名発見した。入院を要する者四九名、この治療費が国保を適用すれば一九五万円かかり、同町の国保医療費は一一四〇万円の支出となる。これに対し国保歳入は保険税五六四万円と国庫補助九〇万円の六五四万円しかなく大きな赤字となった。同町の一九五六年度（昭和三十一）の保険税は一戸当たり年間三三〇〇円で、一九五七年度の赤字をなくすためには一戸当たり六五〇〇円に値上げしなければならなかったのである。そこで同町では厚生省や県に国の補助率引き上げや地方交付税の増額を陳情していたのである。

自治庁は「国保では全国で六億四八〇〇万円の赤字を出している。皆保険はこの赤字をますます増大させ、市町村財政をピンチに追い込む」として国民皆保険には反対の態度を決めた。これに対し県は「国保の赤字を直ちに市町村財政圧迫と見る自治庁の考え方は飛躍している。国保運営の指導、監督の強化等、赤字解消への効果も上がって来ているので、国保で市町村が傾くような心配はない」とし、十月三十日には県国保連合会と共催で国保躍進大会を開催し、一九五九年度（昭和三十四）までに県民皆保険を完成させるよう関係者に呼びかけたのである。県の普及率は八七・三％となり、全国平均の七三％をはるかに上回っていたのである。「県民の福祉のため、たとえ一時は赤字でも国保を推進すべき」とした県の考え方は柴田県政躍如と云えるものであった。[9] 県民皆保険を達成したのは一九六一年（昭和三十六）六月のことである。

（四）競輪の功罪と松戸騒乱の反応

当時競輪は〝人間競馬〟と呼ばれ、ギャンブル界のニューフェイスとして登場した。千葉市営競輪は第一回が一九四九年（昭和二十四）九月で、同年は三回開催、五〇年一一回、五一年一二回、五二年一一回、五三年八回、五四年七月まで四回の合計四九回実施してきた。競輪は売上金の七五％はファンに払い戻され、残りの二五％のうち、一一％は自転車振興会への割戻金、国庫への納付金、競技場費として控除され、残りの一四％が市収入となる。宣伝費や賞金等を差し引くと、純益は四％位であったと云われる。四九回の総売り上げが四一億七六九一万八二〇〇円、純利益三億一二三三万二九七〇円であった[10]。これを単純に割れば年間五二〇三万余円となるが、市税収入は年間二億六〇〇〇万円であったから、税外収入である競輪収益は市財政を大いに潤わせ、市の〝ドル箱〟であった。一四の小中学校新改築費、千葉公園、養老院、四つの保育所、二つの塵埃焼却場、競輪住宅（一二戸）、市立葛城病院、八つの市営浴場、霊柩車購入、千葉港基礎工事費等の財源となっていたのである。市当局は「当初はいろいろ批判もあったが、最近ではギャンブルのうちでは比較的健全な方だろう。戦災都市千葉も競輪収益で学校復興も目鼻がついたし、厚生施設も整った。ファン層は東京方面に多いので、国鉄乗降数にも大きな影響を与えている。今後も道路建設や土木事業に収益を使って行きたい」と強気であった。

しかし〝競輪狂〟の悲劇を生んでいたことを見逃すことは出来ない。一九五二年度（昭和二十七）の千葉家庭裁判所で扱った離婚調停事件二三二件のうち、妻から申し立てのあった一六六件は競輪、競馬、パチンコ等で夫が経済的破綻をしたものであった。千葉警察署の防犯課長は「競輪がもとで犯す犯罪それ自身はたいしたものではない。もっと恐ろしいのは、この種の賭博行為が公然と行われることによって、まじめに働く人たちまで勤労意欲を失うことになりはしないかと云うことだ」と語っていた。競輪の開催日になると、市営公益質屋の窓口が繁盛、平日の三割申し込みが上回る。家具の鍋、釜、ラジオ、布団等が多い。いかに競輪が零細市民を泣かせていたかが分かるものであった。

当時のマスコミは「賭博心理は人間の生来のものであるが、競輪場が早急に廃止される日こそ、総ての人が幸福になれる時である。この日が来るかどうかは県民、市民の考え方一つである」と健全な感覚を示した。

松戸県営競輪は松戸〜馬橋間に北松戸駅と云う競輪場専門の駅を新設したことで急激に売り上げが伸び、全国第四位の成績を示し、大競技場にのし上がった。松戸県営競輪は管理者の県が年間八回、地元松戸市と旧八市

（市川、船橋、銚子、佐原、野田、木更津、館山、茂原）が各二回、千葉市営競輪は管理者の千葉市八回、旧八市四回の開催であった。ところがこの儲けに目を付けた新七市（旭、八日市場、佐倉、東金、習志野、成田、柏）が通産省に猛烈な陳情を行い、一九五六年（昭和三十一）七月に開催権が認められた。しかしこれは権利があっても既得権者が譲歩しなければ開催出来ない建前であり、割り込み紛争が起った。この紛争に柴田知事は「とりあえず一九五六年度分〇・五回は県の一回開催純益の半分を七市に払おう」との意向を示したが、県庁部内から「地方財政再建法の適用を受けている折柄、理由薄弱の金を七市に出すのは筋が通らない」と反発が起ったのである。

新七市では競輪組合をつくり、開催を申請して一九五七年（昭和三十二）九月六日に通産省から認可が下り、県と千葉市が各一回譲り、千葉、松戸両競輪を毎年一回宛主催することになったのである。(11)

一九五九年（昭和三十四）六月二十三日の松戸競輪五日目第一一レースは午後五時二〇分に出走したが、本命と見られた佐藤、木竜の二名の選手はホームストレッチにかかってから力が落ち、着外となったため一万七八八〇円と云う大穴が出た。このためファンが〝八百長レース〟と騒ぎ出し、観衆一万人のうち約五〇〇〇人が走路に雪崩込み、第一二レースの発走を妨害する一方、投票所を襲い、自転車や窓ガラスを壊し、紙くずに火を付ける騒ぎとなった。

主催者側の自転車振興会はスピーカーで「両選手には敢闘精神に欠ける点が認められたので、一年間の出場を停止させ、第一二レースは中止する、当たり車券はそのまま払い戻す」と放送したため、大部分の観衆は納得して引き揚げたが、残った約二〇〇〇人の観衆は本部二階の決勝審判所のガラス、イス等を壊す乱暴を働いた。松戸警察署では隣接の柏、市川、船橋各署、県警本部機動隊から警官約一五〇人の応援を得て警戒、ファン三名を逮捕した。

理事者の池田専務理事等は三階の本部席でファン代表一五名と会い、理事者側は車代を出すことでファンの納得を得たものの、この金額を三〇〇円と発表したため、ファン二〇〇〇人は「一〇〇〇円を出せ」と気勢を挙げた。

通産省からは「支払ってはならない」との通達があったため、池田専務理事の個人名義で一人一〇〇〇円を残った約二〇〇〇人に支払い、午後九時過ぎに騒ぎは収まったのである。

この騒動の反響は大きく、社会党県議団は七月十三日に競輪廃止を決議し、臨時県議会の招集と県議会に競輪特別調査委員会の設置を求め、自民党に協力を要請した。社会党から協力を要請された自民党県議団は十八日に総会を開き、競輪事件に対する党の基本的態度を協議したが、①知事会を通じ、政府になるべく早い機会に競輪を廃止するよう働きかける、②臨時県議会招集の必要は認めない、③競輪の調査研究は県議会総務委員会にまかせることを決めたのである。

社会党県連の執行委員会は七月二十七日、「松戸県営競輪の八百長事件以後、全国的に競輪廃止の世論が高まっている」ので、党本部と連絡を取りながら、廃止の運動を繰り広げることを決定した。この方針を受け、社会党県下市議団会議は二十九日に千葉市で協議を行い、競輪問題では同党県議団の運動と呼応して県下各市議会で一斉に取上げ、廃止を促進することを決めた。八月三日、同党県議団総会は九月県議会で取り上げることにし、県下全域で署名運動を展開することにした。社会党県連は八月三十日、開催された第六回臨時大会で当面の活動方針の中に安保改定阻止、日中国交回復と並んで競輪廃止を取り入れたのである。そして九月十二日から開催された同党全国大会には「公営ギャンブルによる収入に依存して、地方自治体の財政運営を行うことは、極めて不健全であり、しかもあらゆる犯罪や社会悪の原因となっている」として競輪廃止の決議案を提出した。

県下一八市の社会党市議団二五名と秋元、山村両県議は九月十日に第二回市議団会議を船橋市で開いた。会議では習志野市議から「市では全予算の二割も競輪に依存している。廃止だけでは困る」との意見が出された。これに対し多数の市議から「現在社会党は市長を出している。だから代わりの財源を心配することはない、反対一本で進むべきだ」との意見があり、結局市議全員は「どんな理由があっても競輪廃止の運動を行う」ことを申し合わせたのである。廃止運動は当然のことであったが、この論理には当時の社会党市議団の責任感のなさに疑問を感じさせるものがあった。

松戸県営競輪問題は九月十日、参考人六名を招いて衆議院商工委員会でも取り上げられ、九月十九日には松戸地区労の千教組支部、国労、全逓等の八単産が連名で県議会に対し、競輪即時廃止の請願書を提出した。九月県議会の最終日である十月六日に競輪廃止の意見書が採択となった。さらに十二月県議会の最終日の十二月二十三日には自社共同提案の競輪廃止決議案が可決したのである。

これら一連の動きに県当局はどのような対応をとったのか。十一月六日、兵庫県では「社会悪を伴う不健全な収入を県の財源とすることは、この際清算する」と廃止に踏み切った。新潟県、京都市、神戸市、札幌市、明石市も廃止し、また池田勇人通産大臣も「縮小にもっていく」と言明して廃止への流れがあった。けれども彦坂県総務部長は十一月十七日、「本県は財政が苦しいので、まだ廃止の段階ではない」とし、「本県と兵庫県の競輪収入はほぼ同じで、年間二億円である、兵庫県の県税収入は一三〇億円、本県は三〇億円で、本県のような貧乏県は背に腹は替えられない」と存続の意向を明らかにしたのである。しかし通産省から自粛指示があり、県はこれまで年間七回、三十八日間で、一日一二レースであったのを、七回、三十六日間、一日一〇レースに減らしたのである。彦坂部長は「関東地区で、県で廃止したところはない。多少の反対があっても年間二億円の〝ドル箱〟は捨てられない」と存続に固執していたのである[12]。

競輪は柴田知事登場以前に開始となったもので、直接に責任はなかった。しかしその後の展開の中では柴田県政は深く関わっていた。けれども一九五〇年代後半には競輪廃止の風潮が高まり、与党の自民党も廃止に賛成していたので、一つのチャンスであったが、知事は廃止へのイニシアチブを発揮出来なかったのである。零細住民が様々に泣かせられていたのであり、庶民派を代表する知事として残念なことであった。

〈注〉

(1) 前掲県立図書館蔵「読売新聞千葉版」一九五二年二月三日付
(2) 前掲県立図書館蔵「千葉日報」一九六七年四月十七日付
(3) 前掲県立図書館蔵「朝日新聞千葉版」一九五八年二月二十五日付
(4) 前掲県立図書館蔵「千葉日報」一九五八年十二月二十五日付
(5) 前掲県立図書館蔵「読売新聞千葉版」一九五八年四月十三日付
(6) 前掲県立図書館蔵 三鬼陽之助「怪談・千葉銀行」(中央公論第三二号所収)、一九五七年、一二三二頁
(7) 前掲県立図書館蔵「千葉新聞」一九四七年一月十二日付
(8) 前掲県立図書館蔵「千葉新聞」一九四九年一月二十二日付
(9) 前掲県立図書館蔵「読売新聞千葉版」一九五八年六月十八日付
(10) 前掲県立図書館蔵「毎日新聞千葉版」一九五四年八月二十二日付
(11) 前掲県立図書館蔵「読売新聞千葉版」一九五七年九月八日付
(12) 前掲県立図書館蔵「毎日新聞千葉版」一九六〇年十二月十七日付

五、社会運動の高揚

（一）金ケ作《かねがさく》住宅公団敷地反対闘争と常盤平《ときわだいら》団地の誕生

一九五五年（昭和三十）七月に発足した日本住宅公団は、〝まち〟として集団住宅を計画的に建設する方針を持ち、戦前の日本になかった垂直方向に重なる高密度の住生活空間をつくり出すものであった。第一期事業として一九五五年度から人口二万五〇〇〇人、三〇〇〇戸の公団住宅を全国一五か所、三〇〇万坪に建設する計画であった。

千葉市等八市と二町（流山、八千代）では、一九五五年一月に住宅誘致協議会を結成し、積極的に住宅誘致運動をすることになった。同年十一月十六日、熊谷公団東京支所長等が友納副知事等と県庁で懇談した。公団側は松戸市内新京成五香六実《ごこうむつみ》駅付近で、「本年度内に約四〇万坪の敷地を買収し、鉄筋アパート三〇〇〇世帯分を建設したい」との意向を明らかにした。公団では年度内に全国で約二万戸の集団住宅の建設を目論見、県内でも松戸市の他、柏、野田両市付近も予定地として挙げており、二万戸の大部分を千葉県で消化する計画であった。[1]

公団は一九五六年（昭和三十一）十一月、松戸市当局の希望を容れて宅地造成に乗り出し、同市金ケ作の予定地区内土地所有者二三四名のうち一七一名の賛成を得て約一七万坪を買収した。しかし所有面積約一五万坪の五一世帯六三名は「農民だけが犠牲にされる」として一九五五年十二月に金ケ作住宅建設反対同盟（檜枝栄委員長）を結成し、日農県連に加盟して反対闘争に起ち上がったのである。反対同盟では、①土地買い上げで生活権が確保出来ない、②区画整理で公園、道路等をつくるため「無償で接収される土地の割合（減歩率）が高い」との理由で反対したのである。社会党松戸支部では日農県連中村事務局長、全農県連衛藤常任書記、社会党本部農民部竹内副部長等を招き、斡旋案（①農民の生活権確保、②換地は同等以上の地力を持つ土地の提供、③遠隔代替地には家屋移転の補償、④離農者には就職斡旋）を打ち出し、公団、反対同盟両者に会談を勧めたのである。同党支部では反対同盟の農民個々の希望を調べたところ、六〇名中、①現在の耕地がいくらかでも減ずるなら絶対反対が四八名、②減歩率一〇％以内ならやむを得ないは一二名であった。しかし公団の計画では平均減歩率三〇％で、①②の点は共に容れられないことが分かり、十一月十一日に同党支部は手を引いたのである。

公団では事業が約一年半も遅れているので、土地区画整理法によって測量を実施する通知を予定地内の農民一九四名に「一月十日以降に実施する」と通告した。反対派六二名は総会を開いて通知書を一括返上した。公団側は一月十四日、雨の中を公団事務所前、五香六実駅前、反対同盟本部付近等の五か所に約四〇本の杭打ちを行い、加納久朗公団総裁は「測量は辞めぬ」と強硬であった。加瀬完参議院議員（社会党）と檜枝委員長等は一月二十三日に農林省を訪れ、庄野管理部長に実情の説明を行った。同部長は「このような紛争のある農地の転用は許可出来ない」と強い態度で中川公団理事に測量中止を要請した。公団側も一日だけ中止することを約束した。そして同日友納副知事が「県が正式に斡旋する」と申し出たので、県の斡旋に任せることになったのである。しかし県の斡旋が行き詰まり状態となり、県は農林省に斡旋を依頼した。農林省は「建設省とやってくれ、農林省としては助力するが、調停は出来ない」と断った。建設省は町田住宅局長が「農民の意向に沿うように農林省と調整する」と答えた。そこで公団と反対同盟の両者の調停を行ってきた友納副知事は一月二十九日に石橋松戸市長、秋谷松戸市議、町田局長、公団の渋江理事と会い、町田局長から説明を求められていた永世農地（将来も転用を認めない永久農地）の考え方を話し、協力を求めた。町田局長はこれを認め、「農林省と打ち合わせ、永世農地の場所と面積を決める」と答えた。一方公団側は「永世農地をつくることには反対だが、県や市の意向をくんで出来るだけ考えてみる」と歩み寄りを見せ、新しい情勢が生まれた。公団側と同盟側の対立は「永世農地の場所と面積が決まれば解決する」かの様な気配となったのである。そして公団、県、反対同盟、農林、建設の五者で話し合うことになった。しかし永世農地について同盟側は一〇万坪を主張し、公団は一万坪で大きく隔たっていた。一方問題が最終局面に近づいてきたことから、静観していた賛成派農民一五九名は測量促進の陳情に起ち上がったのである。また松戸市議会は二月十日、全員協議会を開き、「日本住宅公団が金ケ作に施工している五一万坪の宅地造成事業は市の発展に有意義であり、市民の世論もその実現を期待しているから、速やかに完成すべきである」との決議を行い、十一日に国会及び建設省、農林省、住宅公団並びに県へ陳情を行ったのである。

友納副知事は反対同盟六八名を個別に調査し、その資料を農林、建設両省に提出し、「調停して欲しい」と要請した。建設省では友納副知事案を了承し、「農林省と協議して社会党や松戸市の納得する線を打ち出し、反対同盟に調停案を指示したい」との回答をした。最終調停案は友納副知事が広瀬自民党代議士（衆議院建設委員）、加瀬社会党参議院議員、町田局長、庄野管理部長、熊谷住宅公団東京支所総務部長等と話し合い、県の調停案の一部を修正したもので、それは、①一戸当たりの耕地面積を一町五反歩とする、②県と建設省が公共事業費を増やして減歩率を三〇％とするものであった。しかし反対同盟では「減歩を認めているからダメ」と拒否した。社会党では反対同盟が調停案を理解していないものと判断し、四月十一日に加瀬議員が「これ以上の調停案は生まれない。この調停案を拒否すれば、公団は法律通り事業を進める。そうなれば調停案に盛られた条件は取消しになり、原案で事業が執行になる」と説得を行ったところ、反対同盟は十二日午後になり「代替地さえ直ちに明示してもらえるならば」との条件付で「基本的に最終調停案を呑む」との回答したのである。

四月十四日、市当局は反対同盟の代表に会って、代替地を具体的に示すことになり、その説明に入ろうとしたところ、檜枝委員長は突然第二要望書を読み上げた。その内容は、①減歩補償料反当り三〇万円、②離作料反当り三〇万円、③五年間の減歩補償反当り三～五万円、④これまでの運動費三〇〇万円、⑤代替地の交換比率は五割増し、⑥代替地は直ちに作付け出来るように等の一一項目にわたるものであった。驚いた加瀬議員は「それでは話が違う、次々と新しい要求をしたのでは果てしがない、これ以上話す必要はない、社会党は手を引く」と憤り、会見五分足らずで檜枝委員長等は引き上げ、調停は決裂してしまったのである。(2)

公団側は一月二十一日以来中止していた測量を四月十七日に再開した。そして二十七日には同盟員二四名が脱退届を出し、金ケ作地区農民生活擁護委員会を結成し、委員長に日暮清一、副委員長に丹治良三郎、湯浅惣吉、書記長に長谷川隆を選出して、反対同盟は完全に分裂した。新委員会は調停案の線での解決を望んだのである。反対同盟の抵抗はその後一年余も続いたけれど、最早流れは変わらなかった。公団は一九五九年（昭和三十四）八月に地鎮祭を行い、十二月には入居募集を開始し、新団地名を〝常盤平〟と命名した。翌一九六〇年（昭和三十五）七月二十六日から七〇〇〇戸のマンモス団地は入居を開始したのである。

（二）教育になじまない勤務評定への反対闘争

（1）教育の反動化と勤務評定問題の発端

一九五四年（昭和二十九）六月三日、教員の政治活動を制限する〝教育二法〟が成立し、また一九五六年（昭和三十一）六月一日には参議院本会議に警官五〇〇名が動員されて強行採決が行われた。六月三十日に「地方教育行政の組織及び運営に関する法律」（新教育委員会法）が制定となり、公選制教育委員会に代わって任命制教育委員会が登場することとなった。これは教育に対する文部省の管理統制の強化を示すものであった。同法第四〇条には「県費負担教職員の任用等」の規定があり、これを根拠に愛媛県では同年十月十一日、県財政赤字解消を理由に人件費対策として教職員の定期昇給や昇格の資料に勤務評定（勤評）を使うことを決定し、一九五七年（昭和三十二）十月から実施した。これが勤評問題の発端であった。しかし愛媛県の財政難による勤評導入は口実に過ぎず、真の狙いは白石春樹自民党愛媛県連幹事長が「本県では社会党は恐れるにたらず、恐るべきは県教組である」と伝えられていたように、当時日教組〝御三家〟の一つと云われた県教組を潰すことであった。勤評実施は教育問題ではなく、愛媛県の政治問題だったのである。[3]

この愛媛県勤評の実績を察知した政府・文部省は勤評の全国実施の方針を立て、松永東文相の要望を受けて全国都道府県教育長協議会が一九五七年十二月に「勤評試案」を正式決定した。そして全国都道府県教育委員長協議会は十二月二十日、「勤評試案」を了承し、一九五八年（昭和三十三）四月実施を目標としたのである。文部大臣は支持談話を発表、一方日教組は勤務評定の実施を、①教職員の組合活動を抑圧し、教育への権力介入を強化する、②教職員の職務の特性になじまない、③教育上の効果を上げるためには、まず教育施設の改善を行うべきとの理由で反対し、十二月二十二日に結成以来二度目の非常事態を宣言し、一九五八年三月二十三日の東京を皮切りに福岡（五月七日）、大分（五月八日）、和歌山（六月五日）高知（六月二十六日）、群馬（九月十五日）と相次いで一〇割一斉休暇闘争を展開したのである。[4]

（2）千教組の反対行動

千教組（一九支部、一万六〇〇〇名）は愛媛教組の実力行使に先だつ一九五七年九月二十六日、県下一斉に九七六校が勤評阻止の職場集会に起ち上がった。反対理由は、①評定者の意思判断でどうにでもなるもので、科学的根拠がなく、従来の具申と変わらない、②教員の序列をつくり、学年学級を異にする教師間の調整が無理となり、勤務成績に段階をつけて昇給制限を行うことは法解釈上疑義がある、③児童生徒の実情に関わらず詰め込み式、機械的教育指導となり、教育の形式化、成績偏重主義が強まると云うものであった。

十月十八日に勤評反対の抗議集会を各郡市で一斉に行い、県中央大会は千葉市の県教育会館に五〇〇名が参加した。十一月二十日には県下一八か所で各支部の臨時大会を開催し勤評阻止の要求貫徹集会を行った。

一九五八年（昭和三十三）三月八日の日教組全国統一行動日には、県下一一か所で教育危機突破大会が開かれ、一万数千名が参加した。県庁前広場の中央大会には三〇〇〇名が参加した。四月二十五日の日教組第五波全国統一行動日には県下二五か所で一万五〇〇〇名が参加していたのである。

一九五七年（昭和三十二）十二月十日から開始された署名運動は、四〇日間で小中校八六二校、高校五〇校中三五校の一万五〇九一名となり、組合員の九二・七％の参加状況であった。

（3）県教委の試案作成

文部省は通達で各府県に勤評案を準備するよう指示したが、県高校長会は山下重輔教育長に「つくるなら実際に役立つ、無理のないものを」と要望した。山下教育長は「文部省から何らかの指示があった場合には、独自の立場から形式、内容を検討して態度を決めたい、職員の職務について評定すべきものであるから、必ずしも教育効果の判定のみによって行われるべきでないと思う」と回答していた。県教育委員会（県教委）は一九五八年五月十日、県の勤評案を公表した。静岡、茨城等の他県ではまず実施規則を決め、その後内容を発表、実施と云う段取りの所が多く、規則制定の際には教組の実力行使で混乱が生じていたが、千葉県の場合はまず内容を徐々に示していくやり方で、出来るだけ千教組の抵抗を回避する方法をとっていたのが特徴であった。内容評価では全国都道府県教育長協議会試案は五段階評価であったが、千葉県は四段階に、抽象的要素は削除する等、相当簡略なものになっていた。また特に愛媛県の勤評闘争で一番問題になった学校毎の成績序列は辞めていた。山下教育長は「事務局としては四か月研究を重ねたもので自信がある。実施はもう少し情勢を見てから決めるつもりだ」としていた。文部省は五月中の実施を要請していたが、山下教育長の意向もあって実現の可能性はなく、規則制定は六月以降と見られていたのである。

県教委の対応は、山下教育長の姿勢を反映して他県より独自性があったが、それでも六月一日の小中学校長会総会では、①教育庁試案に反対、②実施による混乱をさけよ、③実施を延期して欲しいとの三点が再要請された。また八街町教育委員会の細谷教育長は個人的意見として「県案に反対」を表明した。

県教委が勤評規則制定を発表したのは六月十二日で、勤評規則説明会開催は八月二十日であった(5)。

（4）不発の九・一五教育スト

千教組は九月十五日の半休スト（正常授業正午打ち切り）方針を掲げた。事態が緊迫した九月九日、富津町教育委員会は「どちらにも味方しない」とし、日教組と文部省の話し合いがつくまで勤評の無期延期を決定した。また八街町教育委員会でも十三日に話し合いがつくまで「絶対実施せず」と決定した。

県高校長会は高等学校教職員組合（高教組）へ、①勤評を人事、給与に関係させない、②評定の段階制を外す、③採点内容は本人に内示するとの三点を申し入れ、授業放棄の再考を要請した。

県ＰＴＡ連絡協議会は、九月九日に千葉市の青雲閣で各地代表三五名が集まり、十五日の授業放棄に対する最終態度を決めることにした。一時は父兄と教員が激しく対立する場面もあったが、ＰＴＡとしては県教育委員会と教職員組合（千教組）とを斡旋し、十五日の「教育危機を回避する結論」に達した。同日から両者との交渉に入ったのである。実行委員として出席した染谷小中学校長会長は、八日の会議で校長会の態度が纏まらなかったので、ホッとした面持ちであった。一方北川千教組委員長は残念そうで、中座してしまった。

スト態勢については、千教組が組合員の八五％は参加するとしていたが、山下教育長は「必ず足並みが乱れる」と見ており、県教育委員会は九〇％が不参加と見ていたのである。

県ＰＴＡ連絡協議会は、十三日に調停案（①県教委、千教組、ＰＴＡで勤評の研究機関をつくる、②千教組は十五日の半休闘争を中止する、③研究機関で話し合っている間は授業放棄等の行動をとらない）を決め、県教委と千教組に示した。県教委は十四日午後九時、臨時委員会を開いて態度を決めることにした。千教組も同日に組合機関に諮《はか》ることになった。柴田知事、友納副知事を仲介に県ＰＴＡ連絡協議会の第一回斡旋会議が十四日午後一〇時から知事公舎で開かれた。北川委員長は「斡旋期間は勤評実施を中止する」との条件を出したが、山下教育長は「法で決めたことを改めることは出来ない。妥協案として今年度の実施は試験的にし、人事、給与の資料にはしない」としたが、北川委員長が譲らず物別れに終わった。柴田知事が「山下君そんなに譲っていいのか」と驚いた程の大幅譲歩であった。譲歩の切り札とした案を蹴られた山下教育長は動揺の色を隠せず、一時会談は決裂の空気が流れたが、柴田知事と遠山県ＰＴＡ会長は両者を個別に訪ねて約二時間にわたって説得した。

このころ千教組支部の脱落が続出し、千教組側も苦境に追い込まれていた。千教組全一九支部（高教組は千教組支部の一つであった）のうち、実施方針を堅持していたのは市川、松戸の二支部に過ぎないと云われていた。「疑義が生じた場合は柴田知事と遠山会長が斡旋に入って話し合う」との申し合わせで十五日午前三時二〇分に調停が成立した。調停案を呑んで引き揚げてきた北川委員長等を囲んで三時四〇分から千教組代表者会議が開催された。そして午前六時から票決をとった結果は本部中執一四名の内、回避一〇名、実施四名、代表者会議三四名の内、回避二九名、実施五名となり、圧倒的多数で教育ストは中止となった。[6]

（５）勤務評定導入反対闘争の課題と意義

千教組には一部の校長や高校事務職員に脱落者が出たが、一時的にせよ、「勤評を人事、給与に関係させない」ことを勝ち取ったのであり、全体としては「善戦」と云えるものであった。この背景には教師の闘いと共に柴田知事や山下教育長の「中央に盲従しない人々」の存在を忘れてはならない。

勤務評定の導入は、教職員組合による地域住民の組織化が保守層の地域支配を脅かしたために起こったものであり、だから勤評反対闘争の成否は千教組が地域住民の支持を結集出来るか否かにかかっていた。千教組はこの課題をどこまで達成できたのであろうか。この点を千教組の『組合史』はほとんど触れていない。しかし山武支部では、①教組とＰＴＡが一緒に研修会を開き、統一行動がとれるようＰＴＡの運営研究会をつくる、②市町村の各区に住む労働者と地区別の会合を持ち、教組との話し合いを強化する、③学級父兄会を招集し、勤評について父兄側の意見を求める等の方針を掲げて行動し、スト態勢では「全分会は参加するが、避ける方法を研究すべき」とし、理論と実践を統一していたのである。山下教育長も「勤評の弊害は少しずつ改める」と弊害を認めており、そもそも勤評は教育現場にはなじまないものであった。けれども学校を取り巻く「地域社会の教育と平和が保障されない限り、教育労働者の幸せはない」と云う重要な課題が残されたのである。勤評反対闘争は保守的な農村地域を舞台に全国的規模で闘われた闘争であり、社会運動の中でも独自の意義を持つものであった(7)。

（三）三つの基地反対闘争

（1）米軍木更津基地拡張に反対

米軍はジェット機用に基地の滑走路を延長するため、全国六か所で拡張計画を立て、木更津基地はその一つであった。初めて意向が伝えられたのは一九五四年（昭和二十九）十月中旬であったが、地元漁民の強い反対を受けたため、一時立ち消えとなった。十二月初旬に滑走路北側前方に無障害地帯を設ける計画が福島調達庁長官から公にされた。無障害地帯設置は海面埋立が地元の反対を受けた直後のことなので、海上延長計画に代わるものと見られたが、その後拡張計画については中央から話がなかった。米軍が調達庁を通じ県に通知してきたのは、滑走路五五〇〇フィート（一フィートは約三〇センチ）をさらに五〇〇〇フィート延長し、一万五〇〇〇フィートに広げることだった。県はいままでの経緯から判断して米軍は海上へ三五〇〇《フィート》、陸上へ一五〇〇《フィート》の延長を意図していると見ていた。海上に三五〇〇《フィート》延長した場合、直接犠牲になる海苔柵は二七二五柵、アサリ、ハマグリの養殖場は二四万五千坪、補償の対象となる関係世帯は四〇二戸に上がり、陸上でも一二世帯が家屋、立木等の一部建物の立ち退きを強制されると見られていた。

拡張の対象となる木更津市江川地区は、旧日本海軍航空隊設置以来二回も疎開、立ち退きを受け、今回で三回目となるものであった。直ちに江川地区対策委員会が設置され、木更津市議会は住民に深く同情し、一九五四年（昭和二十九）十二月七日に市議会全員協議会を開き、反対運動を起こすため一一名からなる特別対策委員会を設置したのである。

調達庁がかなり強硬に江川地区に飛行機の無障害地帯を設けるために地役権《ちえきけん》（自分の土地の便益のために他人の土地を通行する権利）譲渡を要求してきたので、市議会特別対策委員会は市長等と共に数回反対陳情したが、その希望が得られなかったので、一九五五年（昭和三十）一月十九日、急遽市議会を開き「江川地区地役権譲渡要求に対する反対決議案」を満場一致で可決し、「地役権設定計画が中止されるまで、民主的な手段方法で反対運動を続ける」との強い決意を示したのである。

五月十四日、河崎東京通達局長等が午前九時半から県庁応接室で浜名木更津市長、石川木更津漁協組合長等地元代表二〇余名と協議を行った。引き続いて行われた記者会見で河崎局長は、①政府は既に閣議で決めており、国としては提供せざるを得ない、②測量の時期は米軍が急いでおり、今月の二十日を予定している、③海上の拡張の範囲は二〇〇〇《フィート》から三〇〇〇《フィート》、④閣議決定は動かせない、地元も反対の態度をやわらげない場合は最悪の事態が予想される等の恫喝的発言を行っていたのである。

五月十五日に木更津市第二小学校講堂で木更津、木更津中央、江川、中里の四漁協合同による漁民大会が三〇〇名を集めて開催された。「拡張計画が中止されるまで漁民は生活権擁護のため断固反対する」との決議文を満場一致で議決した。福井順一代議士は「二十日以降に実力行使して測量を開始するなら、私は先頭を切って命がけで阻止する。法律の手続きがないのに強行することは非民主的である。そんな脅かしにはのらない」と挨拶して気勢を挙げていた。そして十六日には市議会特別委員会が県議会へ陳情、十七日には漁民数百名が国会へ陳情し、署名運動も行ったのである。

柴田知事は五月十六日の記者会見で「米軍の木更津基地拡張問題は大衆の理解と協力がなくては出来ないことであるから、政府はもっと立場を明らかにして大衆に訴えるべきであろう。県が先に立って米軍の拡張に協力することは出来ない問題である」と語っていたのである。

調達庁が五月二十日頃から実地測量を開始するだろうと云われていたので、木更津漁協では、万一に備えて「組合員以外は立入禁止」の立札を立て、あくまで測量拒否の態勢を示したのである。

五月二十五日、県庁に東京通達局長等、地元側から浜名市長、石川市議会議長、関係四漁協組合長等、県側から友納副知事が出席して陸海面の測量調査の件での三者会談が行われた。会談では江川地区住民一〇〇名に送付された土地測量承諾書問題が地元側から取り上げられ、「かかる手法は我々の団結を切り崩さんとするものであり、断固拒否する」と詰め寄った。これには山田不動産部長から「同通知書は法的に行われたものではなく、日米合同委員会に提出する資料として調査し、米軍当局に実情を知らせるためのものである」と弁明があったが、石川市議会議長から「資料を提出する以前の問題であり、農漁民の反対の声を政府当局に伝え、拡張問題を再考して欲しい」と反対の態度を表明した。さらに石川木更津漁協組合長から同様の意見が述べられ、また浜名市長から「現在のような話合いの状態では協議したところで同じであるから、今後は知事と話し合って欲しい」と市当局の態度を示した。友納副知事は「近日中に福島調達庁長官を交えて協議したい」としたので河崎局長も受け入れ、会談は物別れに終わったのである。

立入調査について地元漁協間の意見を調整するために三日間の回答猶予を求めた木更津市では、二十日に市役所で浜名市長が関係五漁協（木更津、中央、中里、江川、久津間）の代表一五名を招いて調整会議を行った。①木更津、中央、中里漁協は第二案（海岸沿いに滑走路を変える県案）なら測量の立入調査を受ける、②江川漁協は第二案を主体として立入調査に応じるが、第一案（政府の示した最初の拡張案）も全体の総合調査ならよい、③久津間漁協は第一、第二案とも立入調査には反対と、五漁協の意見が出された。浜名市長から「十八日の市議会全員協議会の決定通り、立入調査と拡張を別個に考える、また一案、二案と区別せず立入調査の諾否について結論を出して貰いたい」と市側の希望を伝えた。これに対し各漁協共に「即答は出来ない、再び総会を開き、二十一日午後五時までに回答する」として散会したのである。なお、県は木更津市からの要請で三日間の猶予を申し入れていたが、二十日に東京調達局からは立入調査延期を了承するとの回答があった(8)。

久津間地区では第二案に反対を表明し、市議会に請願書を提出していたが、六月三十日午後二時から市役所で浜名市長、石川市議会議長、反対特別対策委員等と意見交換を行った結果、「立入調査には反対しない、しかし過去十年間に基地によって荒らされた耕地の実情をよく了解した上で処置されたい」との希望条件付で四漁協と同一歩調をとる態度を表明したのである。

陸上立入調査に関する木更津市と東京通達局の協議会は七月十三日に市役所で開かれ、当面の問題となっていた陸上無障害地帯の立入調査日程について協議の結果、①基地内の調査は十三、四日に行う、②無障害地帯の江川地区は十六日から十九日までに無障害地帯の境界線を出し、二十五日に終わる案を条件付で地元側が受け入れ、円満に解決することになった。一方海面調査は陸上調査の終了後に行うことになった。測量開始は実際には七月十七日から平穏に行われた。

海面調査について態度を決する漁協代表会議が十月三十日、市役所で行われたが、伊原千葉事務所長からは「十一月から行いたい」との申し入れがあった。調達庁側の説明では海面一六万坪の拡張予定地内に止め、十二月末日までの期限を承諾していたのであったが、伊原所長の説明では「埋立に要する土砂を探すため、一五〇万坪の広い土質調査を行う」と云っているので、これでは漁業の全地域に及び海苔養殖に重大な影響を与えるので、海苔採取期を過ぎた三月以降にしてもらいたいとの結論に達し、十一月一日に代表が調達庁に陳情を行うことに決定した。そして海苔作に影響ある海面は地元の要求を容れて三月末から開始されることになった。

第二次立入調査については一九五六年（昭和三十一）一月二十二日に地元、県及び調達庁の三者会談が県庁第二応接室で行われた。この日地元側の要請で調達庁側は新任の安田長官はじめ河崎東京通達局長等関係各係長が顔を見せ、県からは柴田知事、友納副知事、村田渉外課長等が出席、浜名市長、石川市議会議長、横峯市対策委員長等地元漁民代表五〇名が三時間にわたって懇談した。地元側はあくまで福島前長官が約束した、①強制収用はしない、②第二次調査の海面ボーリングは海苔の収穫が終わる三月末以降にするとの言質を盾に、「昨年八月立入調査をしたい旨話があった時は、地元も快く受け入れ、十月から海苔作が始まるので、その前にやって欲しいと再三にわたって申し入れたにも拘わらず、米軍側の都合で遅れ、今となって早くやらせて欲しいと云うのは全く一方的で納得がいかない。福島前長官の約束通り三月一杯は待って欲しい」と調達庁側を批判した。調達庁側は「海苔作に影響しないようにする、早く調査をさせて欲しい」との意向で真っ向から対立、結局、結論が出ず、会談は物別れに終わった。地元では二十六日に漁協総会を開き、漁民の意向を確かめた上、市議会を開き、態度を決めて県を通じて改めて報告することになった(9)。

木更津の漁協組合長会議は一月二十六日、市役所で協議の結果、立入調査は特別な地点を除き、①今後は協定に違反しない、②調達庁は地元民が承諾出来ないような要請はしない、③県は未解決の問題を早く解決する等の要望事項を纏め「海苔作に影響がないよう組合役員が測量に立ち会えるようなら調達庁の申し入れに応ずる」と回答したのである。

一九五六年十月十五日に市議会特別対策委員会は砂川基地拡張の現状を参考にして、木更津基地拡張反対の運動方針を協議した。そして「紛争は出来るだけ避け、合法的、民主的方法で運動を続けることを申し合わせた」のである。

一九五七年（昭和三十二）十月十日、木更津市周辺には数日前から同基地が縮小されるのではないかとの噂が飛んでいたが、石井県外事広報課長は記者会見で同基地人事将校ドラゴー大尉の話として「ハワイの米軍太平洋空軍司令部で、今木更津基地の縮小計画を慎重に検討している」と発表した。同課長は「常識的な見方からすれば、縮小する基地をさらに拡張することは考えられない」と語った。これを受けて市議会基地拡張反対特別対策委員長の横峯平一市議は「一九五四年十二月拡張反対特別委員会を設け、江川、中里、木更津、中央の関係四漁協と共に全市民に呼びかけ、足かけ四年も反対してきただけに、拡張が取り止めになればこんなうれしいことはない。木更津としては拡張を前提としない測量を認め、紳士的な話し合いによる反対を続け、砂川のような流血の惨事を起こした暴力闘争をしないで済んだことは大成功であったと思う」と反対闘争を振り返っていたのである。

（2）旧茂原航空基地復活阻止闘争

防衛施設庁が一九五五年度（昭和三十）の基地増強計画の一環として、旧海軍茂原飛行場跡に自衛隊航空基地を建設する計画を発表し、一九五四年（昭和二十九）十月二十一日に茂原市長に通告してきた。旧茂原飛行場は一九四一年（昭和十六）九月一日に旧海軍省が突如長生郡東郷村（茂原市）の住民を招集し「三か月以内に用地境界より移転すべし」と命令して建設されたものであった[10]。

茂原市議会の全員協議会では十一月十八日に協議したが、議場の空気としては反対議員が多かったが、慎重を期するため結論を出さなかった。十一月二十九日の市議会で賛成するか反対するかを協議した。傍聴席には旧飛行場内の開拓農家をはじめ地元の東郷、町保《まちぼ》両地区の市民と教育関係者八〇名が押しかけ、市議会始まって以来の盛況さを見せていた。地元の東郷地区選出の市議や社会党市議は活発な反対論を展開したが、利益関係から内心賛成の市議は沈黙を守り、意見が纏まらないため六回も休憩し、漸《よう》く《や》接収反対の声明書を発表した。そして接収反対特別委員一一名を選出し、委員長には宮田庄七議長が就任。第一回の委員会を十二月八日に開催して反対運動を協議することにしたのである。

茂原市連合自治会では、臨時総会を二回、また役員会を数回開いて協議した結果、文教政策、都市計画、地元東郷地区の耕地接収、交通面、風紀問題等の点から十一月三十日に絶対反対の声明書を発表したのである。

茂原市連合青年団では「防衛庁計画の旧茂原飛行場接収は是か非か」との市民討論会を十二月十二日に茂原小学校講堂で主催した。松本紋四郎市長を講師にして、賛成派、反対派の市議各二名であった。このように当初は市議会も、自治会も、青年団も慎重に議論して起ち上がったのである。

茂原市の富士見開拓農協では、十二月十六日に組合員五〇戸の代表五〇名が大型バスで県庁を訪れ、戸川農地部長、小川豊明左派社会党代議士、実川清之県農協中央会副会長、佐藤健農業会議事務局長等に接収反対の決議文を提出し、続いて防衛庁、農林省に同様の陳情を行った。農林省では「農民の陳情に協力を約す」ことを表明したのである。

茂原市教育関係者団体協議会は十二月十八日、〝飛行場設置反対教育を守る大会〟を茂原小学校で開催した。八〇〇名が集まり、主催者として斉藤教育委員長が挨拶、永瀬社会教育委員長、倉持ＰＴＡ会連合会長、森田茂原農業高校長、林女子技芸学院長等が設置反対の演説を行い、反対署名運動と防衛庁への反対陳情を行うことを決定した。そして同協議会では青年団、婦人会、自治会連合会と共同提携し、市内一三の小中学校、三高校、東京農業大学農学部の父兄と連合ＰＴＡ、青年団、婦人会員からの反対署名を一月二十日までに集約することにしたのである。

〝旧茂原飛行場接収反対同盟〟では絶対反対の波状陳情を行うことを決め、その第一波として森川委員長をはじめ地元の東郷地区選出市議等一〇余名が十二月二十四日に反対陳情を行い、一九五五年（昭和三十）一月二十四日には県農業会議が接収反対の決議を行ったのである。

市議会の対策委員会委員七名は、一月二十四日に衆議院で大村防衛庁長官と茂原市出身の千葉三郎農相に面会して反対陳情を行ったところ、大村長官は「地元の反対の意向は分かったから、防衛庁としてはこの計画を一応見合わせることにする。しかし地元には賛成者もあるようだから、よく考えてみるが、いずれにしても地元を無視した一方的なやり方はしない」と答え、千葉農相も反対説に賛成したと云う。

豊海演習場（基地）の米軍は連絡用の小型機を使用していたが、射場の高射砲が増加したので、離着陸が出来なくなり、旧茂原基地に目を付け一月十七日に県へ旧茂原飛行場で離着陸させてもらいたいとの申し入れがあった。県では「滑走路は開拓地として既に払い下げているので、申し入れには応じられない」と即日拒否した。しかし決して楽観視出来るものではなかったのである。

防衛施設庁は三月二十八日に県庁を訪れ、「干潟か茂原のいずれかを選定してもらいたい」と申し入れを行ったが、県当局は「地元が強く反対している以上無理」と斡旋を拒否したのである[11]。

これを受けて四月十二日に松本市長、宮田市議会議長、基地対策委員等一〇名が上京し、杉原防衛庁長官に反対陳情をした。陳情書では、①同基地は市街の中心部にあり、現在行っている都市計画に大きな影響を与える、②敷地は開拓民が既に払い下げを受けて十年間も開拓、これを没収することは農民の生活権を脅かす、③基地付近には学校が小中高、大学を合わせて一〇校近くもあり、理想的な文教地区であるが、これが破壊され教育が危機に晒《さら》される、④接収によって旧本郷地区が市街地と分離され、合併の意義を失い、円満な市政運営に重大な支障を来たすと訴えたのである。

市当局、市議会、教育関係者、商工会議所、農協、農業委員会、自治会連合会、旧飛行場内の開拓組合、青年団、婦人会等は、これまでそれぞれが反対運動を続けてきたが、その合同会議を五月十六日に同市役所で開き〝茂原飛行場設置反対期成同盟〟を結成し、規約と役員を選出した。会長には宮田庄七郎（市議会議長）、副会長には斉藤一蔵（教育委員会委員長）と風戸一郎（市助役）を推し、常任委員二〇名、委員三九名を選んだ。

反対期成同盟の風戸、斉藤両副会長等四三名は五月二十八日に国会及び防衛庁に反対陳情を行った。衆議院第二会館会議室で千葉、森両代議士のもとに防衛庁田中次官と面接、二万七〇〇〇名の署名簿を提出し、反対陳情を行った。これに対し田中次官は「飛行場設置を取り止めます」と回答したので、半年にわたる闘争に終止符が打たれたのである。

茂原の基地反対闘争は最初こそ慎重に議論して起ち上がったのであったが、闘いの広がりは全市域の全階層に及び住民ぐるみの闘争となり、勝利したのであった。調達庁は茂原か香取かと旧航空飛行場の選定を迫ったが、旧香取でも復活を阻止したのであった。(12)

（3）豊海演習場（基地）返還の実現

一九五五年（昭和三十）三月十五日に桜井豊海町長は「米軍と一緒に自衛隊にこのまま居座られるのはご免」と県に陳情した。自衛隊がはじめて豊海射場にやって来たのは一九五三年（昭和二十八）のことで、以後真亀《まがめ》川南側の白里海岸に同居の形で米軍の演習指導を受けていたのである。従来は年間の使用回数が二、三回であったが、一か月置きに変わり、隊員数も二倍から三倍の二五〇名前後に増員されていた。妙義山演習場、防潜網撤去の問題で米軍の接収解除が噂されている折、米軍に代わって自衛隊が継続使用するのではないかとの心配が地元では強く起こっていたのである。自衛隊が米軍射場を使えるのは日米行政協定の「米軍が一時的に使用していないとき、臨時に使用することが出来る」との条項に基づくものであったが、地元の話では基地使用が恒常的になっており、県は実情調査の上、中央の関係機関に見解を求めることにしたのである。七月二十二日、陸上自衛隊習志野駐在司令官から全千葉漁連に演習日時の通告があったが、初めてのことであった。こうしたことから地元では「ズルズルと自衛隊の演習場になるのでは」との警戒心が高まったのである。

一方自衛隊では「米軍が去っても好適地なので今後継続使用したい」としていたのである。

米軍の無人機落下地区（ドロップ・ゾーン）の設定で調達庁と地元の話し合いがつき、一九五六年（昭和三十一）三月八日に県庁で調印が行われた。ドロップ・ゾーン拡張問題は一九五四年（昭和二十九）四月に米軍側が東京通達局に要請して起こっていたものであったが、一九四九年（昭和二十四）から既に一〇〇回位の無人機墜落があり、この間に日本人の死亡二名、家屋焼失一戸の事故があった。地元九十九里町では漁業関係者、消防団等と協議の結果、新協定を結ぶことにした。しかし補償問題の解決が先であった。河崎東京通達局長は三月十日に九十九里、白里両町の助役を招き、「陸上補償として一八〇〇万円を内示した」と伝え、同局長は「陸上被害を未だ米軍側が認めていないので特別損失補償法の対象にならない。しかし現実に被害があるので政府としてとりあえず〝見舞金〟の形で補償したい」との考えを示した。これに対し両助役は地元の要求（三〇〇〇戸、六八〇〇万円）を大幅に下回っていたので難色を示し、改めて三月十三日に局長と両町長で話し合うことになった。しかし三月十三日の会談は物別れに終わったのである。結局「陸上補償」は当初の提示額を約四〇万円上回る一八三八万八〇〇〇円が支払われたが、解決したわけではなかった。八月八日に至って「補償条件を満たした上での拡張は承諾する」との覚書が県庁で調印となった。しかし補償金が示されず、地元の不安が高まっていたところへ、米軍側が突然に拡張地へ杭打ちを行ったので、交渉が難航し、補償問題が調印となったのは、十一月二十九日であった。そして十二月四日から拡張測量が開始となったのである。

一九五七年（昭和三十二）二月二十八日に地元住民はドロップゾーンに、巨大な七五ミリの大砲が五門も据え付けられたのを見て驚き大騒ぎとなった。協定外のことであり、県外事広報課も直ちに通達局長に抗議した。柴田知事は三月十四日、米極東軍司令官レムニッツァー大将に「同地域から砲座を撤去してもらいたい」と文書で申し入れた。知事が軍司令官に直接文書で申し入れたのは異例のことであった。そして三月十五日に同基地から県外事広報課に「砲座五門は撤去した」との連絡があったのである。

五月九日朝、突然米軍豊海射場副官マッコイ大尉から県宛に「九日以降永久に射撃を中止する」との連絡が入った。マッコイ大尉は「上級部隊から演習中止の命令は八日にあった。部隊は現在引揚げている。基地を閉鎖することはまだ決定していない」と語っていた。

米軍は一九四八年（昭和二十三）四月九日、豊海海岸地先二七万五五〇一坪を全国唯一の高射砲演習場として接収し、対空射撃演習を開始した。一九五二年（昭和二十七）四月二十八日の日米行政協定の発効で継続使用となっていたが、一九五七年三月十五日に正式に日米行政協定の接収地となり、接収面積も六万四二四三坪に局限され、残り二一万坪は十月十五日に返還されたのである。射撃範囲も当初は海上全面の三万一〇〇〇ヤード（一ヤードは九一センチ）であったが、一九五三年（昭和二十八）五月以降二万二〇〇〇ヤードに狭められた。射撃日数も週六日から四日に限られた。海上補償は講和発効以来、四億五〇〇〇万円が銚子～鴨川間の漁業者に支払われていたのである。

（四）本州製紙汚水放流事件と県公害防止条例制定の見送り

（1）本州製紙汚水放流事件の勃発

一九五八年（昭和三十三）五月以来浦安漁協は、本州製紙江戸川工場に汚水を江戸川に放流しないよう即時停止方を交渉してきたが埒が明かないので、六月十日正午を期して町立幼稚園で漁民大会を開いた。警鐘を合図に漁民一〇〇〇名が続々会場につめかけ、宇田川漁協組合長、宇田川町長等各種団体代表が交々《こもごも》たって本州製紙側の不誠実な対応を詰り、「悪水即時停止と損害賠償要求の決議」を満場一致決定の後、バス一二台で町内一五団体代表、漁民七〇〇名が東京都庁、国会に陳情した。国会では川島自民党幹事長に面会し、実情を訴えた。川島幹事長は「私の責任において関係官庁と話し合い、濾過設備が完成するまで放流を止めさせる」と確約したので、陳情団は都庁へ行き漁場の被害実情を訴え、早急に善処するよう要求した。次いで本州製紙本社、同江戸川工場へ向かった。午後六時過ぎに漁民代表七〇〇名は、江戸川工場の正面鉄門に押しかけ、構内に雪崩込み、盛んに石を投げ、事務所、会議室、応接室等数か所の窓ガラス千数百枚をメチャクチャに壊し、工場内に座り込んだのである。工場からの要請で一〇〇〇名の警官隊が出動、午後九時頃から実力行使に入り、八名を暴力行為の疑いで逮捕、一一時過ぎに解散させたのである。[13]

六月十四日、江戸川工場労組の西村副委員長は岡島太三郎汚水対策町民大会議長を訪ね、同労組の決議として「汚水問題を解決するまで就労を拒否する」ことを伝え、町民に協力する態度を表明したのである。

一方浦安町議会全員協議会は六月十五日、乱闘事件の重傷者で入院中の三名に町から見舞金五〇〇〇円宛、重傷者三八名に三〇〇〇円宛、軽傷者六四名に一〇〇〇円宛、検束された八名に二〇〇〇円宛を贈呈した。

検束者中三名の重軽傷者には、別に見舞金を贈ることにした。また浦安漁協では十五日、相馬理事等を県庁に派遣して、柴田知事に「汚水防止施策」（①汚濁防止の県条例を早急に制定する、②海苔、魚類被害に県費助成金の交付、③漁場保護育成の行政措置の強化、④警察官の暴行行為への厳重抗議）を要請した。これに対し柴田知事は、善処すると答えていたのである。

六月十六日の夜、浦安町役場に宇田川町長をはじめ議長、漁協幹部、町民大会、商店会の代表者八〇名が集合した。協議の結果、今後の運動を一本化して強力に進めるため、今まであった汚水対策町民大会を構成した関係一五団体協議会を解散し、浦安本漁協、第一漁協、町議会を含めた〝浦安町汚水防止促進同盟〟を結成した。会長に岡島太三郎、副会長に宇田川欣次、泉沢三四郎、小安浦司、衆議院一区選出の四代議士を顧問に委嘱したのである。[14]

県汚水問題緊急漁民大会が六月二十四日、県庁前公園で開かれ、県下各地から一五〇〇名の漁民が集まった。

大会に出席した柴田知事は、汚水防止の法律を国が制定することを強調していた。大会で採択した決議案は六月三十日、東京神宮外苑の日本青年館で開かれる全国漁民大会に送られたのである。

六月二十五日、自民党の汚水被害特別調査団の亘四郎衆議院水産委員長、小沢久太郎参議院議員、西村水産庁次長等一行一〇余名が浦安町に出向いた。地元の案内で漁船に乗り、稚貝養殖場等を視察、次いで江戸川を遡って本州製紙工場の沈殿槽を視察した。亘委員長は「深刻さに驚きを深くした。解決には工場、漁業者双方の妥協にあると思う。法的措置を早く講じたい」と語っていた。この視察を受けて六月三十日に参議院決算委員会は参考人質疑を行い、①補償措置を行う、②関係機関で急速な解決を図る、③水質汚濁防止法案の提出を促進するとの決議を全会一致で可決した。衆参両議院の委員会で結論を出したのは、これが初めてのことであった。

六月三十日の水質汚濁防止対策全国漁民大会は、全国二二の水産関係団体から代表四〇〇〇名が集まって会場を埋めた。大会を終えた漁民代表たちは、白ハキマキに「毒水待った」「われわれの漁場をまもれ」等と書いたノボリ旗を立て赤坂見附、虎ノ門を通って日比谷公園へデモ行進を行った後、国会や水産庁等の関係官庁に陳情したのである。

七月三日の定例県議会では、藤原豊次郎県議（社会党）が「流血の惨事が出てから条例の検討をはじめると云うのは県の怠慢ではないか。浦安漁民から四月のはじめ、水質試験をしてくれと陳情が出た筈だが、何らの回答がなく、五月に魚貝が死んだ。毒があると知っていながら、何故回答を延ばしたか。汚水流出を止めるべき力のある県があえてやらなかったのは、県の責任である」と鋭く追及した。柴田知事は「結果的には県の怠慢であった」と認めたのである。

千葉県側の東京湾の浦安本、浦安第一、行徳、南行徳の四漁協は長年感情の縺《もつ》れから、とかく四漁協の足並みが乱れ、夫々《それぞれ》の組合は独自の立場から勝手に本州製紙と交渉を持つことがしばしばあった。このようなことは東京内湾の漁民全体のためには不利益との見地から、葛西浦漁協が音頭をとり、七月五日に葛西浦漁協事務所に千葉県側の四漁協と東京都側の葛西浦、城東、深川、荒川の四漁協が集まり、今後の補償問題等で各漁協が別々に交渉するようなことはなくし、八漁協が共同戦線を組んで闘うことを申し合わせたのである。

八月二十一日、本州製紙本社に対し浦安本漁協は三億四〇〇〇万円、浦安第一は三五〇〇万円、行徳、南行徳は各五〇〇〇万円の補償金を要求した。県では同月二十五日、同製紙の近藤常務と被害補償を協議したが、近藤常務は「漁協の要求には応じられない。県水産課の被害調査結果に基づいて交渉したい」と会社の意向を明らかにしたのである。

十二月二十三日、県の調停が功を奏し、浦安本漁協を除く三漁協は一〇〇〇万円で補償交渉が妥結となった。浦安本漁協は一九五九年（昭和三十四）二月二十四日、一九〇〇万円で妥結し、調印式が県庁で行われたのである。

本州製紙江戸川工場汚水事件は運動の中で叫ばれていたように、水質汚濁を規制する動きに応えて、一九五八年（昭和三十三）十二月二十五日に公共用水域の水質保全に関する法律と工場排水等の規制に関する法律（いわゆる水質二法）を制定させる上で大きな影響を与えたものであり、この水質二法は公害対策推進の第一歩となるものであった。

（2）県公害防止条例制定の見送り

京葉工業地帯の発達にともなって煤煙、廃水被害が発生していた。県衛生部は拡大を防ぐために「公害防止条例」の制定を検討していた。一九五四年（昭和二十九）の時点で公害を条例で取り締まっていたのは東京、大阪、兵庫の三都府県に過ぎなかったこともあり、検討は具体的には進まなかったのである。ところが前述のように本州製紙の汚水問題が国会で問題となったのを機会に、千葉県でも公害防止条例を設置する機運が高まり、県水産課で検討を開始したのである。

県は一九五八年（昭和三十三）七月二十六日、京葉工業地帯整備促進委員会の公害対策委員会（加藤衛生民生部長が委員長）を開き、工場公害防止条例制定について初の協議を行った。公害に対するこれまでの行政措置は、被害が発生すると公害対策委員会が中心となり、実地調査や補償斡旋をしていたのであったが、本州製紙事件を契機に国で公害防止法案制定の動きが出たため、これまでの考え方を改め、県独自の立場で条例をつくることに踏み切ったのである。

条例案作成の手順では、まず公害対策委員会を開いて方向を決め、関係部局の意見を調整しながら総務部が立案する。そして八月中に成案を得て九月定例県議会に上程するとの方針を決定したのである。

県は公害防止条例案の作成に乗り出したが、県庁内外に、「汚水防止の基準（工場施設の規制）を厳しくすると、中小企業を圧迫する上、本県の鉱工業振興にブレーキをかける」との声が高まり、県当局には原始産業（農漁業）の保護と近代産業（鉱工業）の育成の二大施策に矛盾が生じてしまうことへの悩みがあった。

県公害防止条例起草担当者会議（企画調査課はじめ関係一〇課一〇名で構成）は、七月二十五日に「県公害防止条例案」の要旨を発表した。同案は処罰より公害の未然防止に重点を置き、企業の社会的責任と自覚を促すものとなっていた。この条例を実施するにあたって事前に東京港、各河川および湖沼の水質と県内の空気の汚染状況を全面的に調査する必要に迫られていたが、巨額の予算を要するのが悩みのタネであった。また全千葉漁連は県が条例の適用範囲を汚染防止に限らず、煤煙、ガス、粉塵の防止も含めたことで「焦点がぼけてしまった」と不満であった。さらに汚水等の許容基準の設定と事業主の設備、施設の届出制については県庁内外に異論があり、中小企業者から「われわれに対する助成措置を講じなければ片手落ちだ」と修正を望む声が強く、県は八月二日に担当者会議を開き、再検討することにしたのである。

公害防止条例の最終案は九月三日に纏まり、九月県議会に提案されることになった。同条例案は東京、神奈川、大阪、福岡に次いで全国五番目で、農漁業と近代工業の両立に重点の置かれたもので、全文一七条からなっていた。

九月六日川鉄と市原郡五井、市原地区に進出する三井造船はじめ一一社代表一四名が柴田知事を訪れ、「企業誘致条例で企業の育成に努めている県が公害防止条例等で、企業の自由を拘束するのは納得出来ない。撤廃するか緩和して欲しい」と陳情した。これに対し柴田知事は「撤廃は出来ないが、企業の規制条項の緩和について考慮する」と答えたのである。大企業からの強い申し入れで県の態度はぐらつき、九月九日に緊急部長会議を開いて再検討したが結論が出ず、九月県議会上程が危うくなった。たとえ上程されても骨抜きになる公算が強まったのである。九月県議会の最終日であった九月二十七日、公害防止条例案は汚水の取締りを条例の対象から除いたため、「骨抜きだ」との反論が出て、審議未了、継続審議扱いとなってしまったのである。(15)

(五)原水爆禁止世界大会の始まり

原爆投下一〇周年にあたる一九五五年(昭和三十)八月六日から八日、第一回原水爆禁止世界大会が広島市で開催された。この世界大会には世界から一四か国、三国際団体の海外代表と四六都道府県、九九全国組織の代表二五七五名が参加した。県内では七月十七日に千教組、県職労、県立木更津一高、船橋婦人クラブ、船橋市花輪婦人会、左派社会党県連、平和擁護県委員会等の一八団体が集まって「第一回原水爆禁止世界大会千葉県準備会」を開き、世界大会への参加を決めたのである。八月四日に壮行会を行い、三一名の参加者は「広島原水爆禁止世界大会千葉県代表団」と大書された横断幕を先頭に千葉市の銀座通りを国鉄千葉駅まで行進して広島に向かったのである。

八月二十七日、千葉市の県教育会館で「世界大会県内代表団報告会」が開かれ、大会参加者の一人であった秋元豊三郎（日本パルプ労組）は「被爆者による、耳と目をおおいたくなる当時の実相、現在の痛ましい生活が報告された」と原水爆禁止運動を推進する重要性と決意を語ったのである。[16]

一九五六年（昭和三十一）三月二十四日、木更津市議会は浅野実市議（共産党）等の提出した「原水爆実験中止に関する意見書」を政府に送ることを満場一致で議決した。自治体では県内最初のことであった。

第二回原水爆禁止世界大会東京大会は八月六日、東京両国の国際スタジアムで開かれ、県内からは二四〇名、九日から十一日に長崎で開かれた第二回原水爆禁止世界大会には二二名が参加したのである。

英国政府は一九五七年（昭和三十二）一月七日、太平洋のクリスマス島（現キリバス共和国）で水爆実験を行うことを各国政府に通告した。世界中で実験反対の声が挙がり、県内では三月十三日に木更津市議会が満場一致で禁止要望議案を可決し、外務省と英国大使館に送付した。市川市議会も三月十八日に実験反対の緊急動議を可決し、県議会でも三月二十日に満場一致で反対決議を可決した。さらに「花まつり」大会を主催した船橋仏教会では四月一日に水爆実験反対を決議したのである。

四月十四日、県下の農協中央会、日農県連、県労連、全漁連、県商工会議所、キリスト教協議会、医師会、歯科医師会、県平和委員会、社会党、共産党の三〇余団体代表が千葉市の県勤労会館に集まり、クリスマス島の水爆実験反対の二〇万人署名に取り組むことにした。世界の実験反対の声を無視して英国は、五月十五日に第一回、三十一日に第二回の水爆実験を強行した。この動きに敏感に反応した県内の学生たちは、六月四日に県庁前広場で集会を開き、千葉大学稲毛地区学生会が主体となり原水爆禁止県下学生協議会を結成した。参加したのは千葉大学稲毛地区学生会、千葉大学医学部、薬学部、教育学部、園芸学部の各自治会、東邦大学薬学部学友会、東京農大茂原分校自治会で、学生協議会は六月九日に国鉄千葉駅前で署名運動を開始し、さらに県内一一の駅頭で署名運動を行うことを決議したのである。

七月四日、原水爆禁止三国協定促進県民大会が千葉市の県教育会館で開かれ、核実験禁止と米英ソ三国の核兵器使用禁止協定締結への決議が行われた。同日、千葉大学学生等五〇〇名が県庁前で集会を開き、実験禁止のプラカードを掲げて市内をデモ行進した。

クリスマス島の核実験を契機に総評が原水爆禁止日本協議会（日本原水協）に一括加盟したことから、県内でも県労連が参加して七月二十五日に第三回原水爆禁止世界大会県協力会議（後の県原水協）が結成された。県労連、千葉地区労、県平和委員会、千葉大学原水協が事務局団体となり、松井史亭が事務局長に選出されて、県平和委員会が事実上、原水爆禁止運動の中核的役割を担うことになったのである。

第三回原水爆禁止世界大会は八月十二日から十六日まで五日間、東京で開催となった。県内代表団は柴田知事を団長に千葉、木更津、市川、佐原、松戸の各市議、県労連、国労、千教組、内外製鋼所労組、県職労、県商工会議所、農漁民団体、学生、平和委員会、社会党、共産党等の団体から五一名が参加したのである。八月二十五日の大会報告会は、第三回原水爆禁止世界大会県協力会議が主催した。柴田知事、宮内三朗千葉市長後援で千葉市の県教育会館で開かれた。報告会終了後には奈良屋でオーストラリア、セイロン、モンゴル等の五か国代表を招いて交歓パーティが催されたのである。

県原水爆禁止協力会議は米国がエニウェクト島（現マーシャル諸島共和国）で行う水爆実験に反対する県民集会を、一九五八年（昭和三十三）三月二十八日に千葉市の県教育会館で開催することを決め、三月一日から署名運動を開始した。また船橋市議会は三月二十八日、核実験中止を決議し、決議文を国会に送付した。木更津市議会では六月二十五日、横峯平一市議等八名の提出した原水爆実験禁止の決議案を可決したが、同市議会では原水爆実験禁止の三度目の決議であった。

県原水爆禁止協力会議は七月十九日、千葉市の県自治会館で八月十二日に開かれる第四回原水爆禁止世界大会を控えて県下の平和勢力を結集し、核武装化阻止、民主主義擁護千葉県中央大会を開催したのである。

銚子市では七月三十一日に毎年〝大潮祭り〟が市を挙げて盛大に行われていた。それは近郊から五万人の人々が海岸に押し寄せ、海の彼方に昇る日の出を仰いで、思い思いに祈りを捧げる行事であった。一九五八年は米英等の海上における核実験で海水が汚染されていたので、この不浄な海水で人体が侵されないようにと、同市妙見町の日蓮宗妙福寺が主となり、原水爆禁止を天に訴えることになった。地元の銚子水産業界も積極的に参加し、同宗の信徒一〇〇〇余名は原水爆禁止の大幟を立て日の出前に市中行進を行ったのである。

　県平和委員会では八月十二日、東京で開かれる第四回原水爆禁止世界大会を盛り上げるため、国労千葉地方本部青年部の提案を取り入れ、十一日に自転車平和リレーを千葉~東京間四〇キロメートルで実行した。当日朝一〇時に県庁前広場に集まった千教組、国労の各労組、学生等総勢三〇名は〝核兵器反対〟の幟を立てて自転車に乗り、〝平和擁護〟と書かれたタスキ、鉢巻き姿でスタートした。船橋、市川を経て、小松川橋で東京の行進団と合流、一〇〇余名の銀輪部隊をつくり、沿道を埋めた都民に原水爆禁止を訴えながら墨田区役所まで行進したのである[17]。

　原水爆禁止世界大会は二〇一九年（令和元年）八月で六四回を迎えた。紆余曲折はあったが、毎年八月には世界中の平和活動家が我が国に集まって来る。原水爆禁止運動が国民運動の一つとして定着していることを示している。一九五五年~五八年の間は、国内外の広範な人々が米英の大気中核実験に反対し、核兵器使用禁止を叫んでおり、千葉県では知事、県議会、市議会が反対の先頭に立っていた。国民的運動の発展の基礎が作られた時代であった。

（六）〝紅灯《こうとう》〟の消滅と県母親運動の始まり

（1）売春防止法の制定と売春汚職

苦界《くがい》に沈む女性たちに一つの光明となったのが、一九五五年（昭和三十）十月七日に出された「前借無効」の最高裁判決であった。県警察本部防犯課が一九五六年（昭和三十一）一月三十日に作成した「県下人身売買白書」によれば、検挙者は一二五名で、これらの「魔の手」にかかった者は一四五名で、うち一一四名は売春婦として売られていた。最高裁判決が出て以来、犠牲者が直接警察署に保護を求めるケースが多くなり、千葉県だけでも七件あったのである。

売春禁止法制定促進委員会の廃止運動に賛同する国会議員は、一九五三年（昭和二十八）三月に売春等処罰法案を議員立法として参議院に提出したが審議未了となった。次いで衆参女性議員団が売春防止法の国会提出を超党派で臨み、一九五四年（昭和二十九）五月に法案を提出したが廃案となった。一九五五年六月の神近市子等が同法案を衆議院に提出したが法務委員会で否決されたのである。しかし内閣に売春対策審議会が設置となり、一九五六年五月に法案を衆議院に提出。衆議院、参議院を通過して同年五月二十四日に売春防止法は公布となったのである。(18)

この法案審議をめぐっては売春汚職が起った。一九五七年（昭和三十二）十一月十八日、東京地検は千葉県第二区選出の椎名隆代議士を逮捕したのである。一九五六年の国会で売春防止法案が審議された際、業者側に有利な活動を行うと共に、その謝礼として全国性病予防自治会理事長等から数十万円を受け取った疑いによるものであった。椎名代議士は早大法科卒、弁護士。銚子市議、千葉県議、銚子市ＰＴＡ連合会長を務め、一九五五年一月代議士に当選。衆議院法務委員を担当し、自民党内では売春問題の権威として知られていた。特に一九五五年国会では委員として最も活発に発言し、「公娼制度は三〇〇年の伝統を持っている。一片の法律で止むかどうか疑問だ」と主張。同法案の成立には反対の立場をとり、採決では反対討論を行い、同法案の否決に動いたのである。その後「第二二特別国会売春問題」の著書を発行したが、この本は業者間にかなり広まったと云う。自民党政調会内につくられた風紀衛生対策特別委員会では推進役を務め、一九五七年七月に同委員会が同法の実施延期の結論を出した際には、四名の起草委員の一人であった。

売春防止法の一九五七年四月一日施行を前にして船橋市は、新地特飲街の女性二八〇名の更正対策を練るため、二月二十八日に中央公民館で市当局、社会福祉協議会、保護司、民生委員等が集まり、売春防止対策協議会を開いた。まず高木市長が「二八〇名の女性のうち二〇〇名は将来の希望もなく、婦人相談員を置いただけでは解決しない。補導施設をつくって収容し、職業に就かせることが望ましいが、市の財政では難しい」と語り、意見交換をした結果、「県の協力を求め、船橋市に保護更生のモデル施設をつくる」運動を起こすことになったのである。

売春汚職の代議士を出した銚子市の連合婦人会では、全国性病予防自治会や自民党衛生対策特別委員会が売春防止法罰則延期運動を起こしていることを批判し、「この運動を排除して転業を希望している女性たちを救うべきで、運動に関係している代議士は今後一切応援しない」との態度を表明した。柴田しげ子県連合婦人会副会長（柴田知事婦人）も「県連婦人会も大きく取り上げるつもり」と賛成していたのである。

県下七か所の赤線地帯は、一九五八年（昭和三十三）二月二十八日で自由廃業となり、業者一五六軒、従業婦四三四名が夫々健全職業に更生することになり、三月一日には千葉市新町に県婦人相談所が開設となったのである。

（2）母親運動の始まり

国民運動として今日大きく国民の中に浸透している母親運動は、千葉県ではどのような経緯で生まれたのか。『千葉県母親運動二十年のあゆみ』によって見てみよう。[19]

それは千教組婦人部の取り組みからはじまったのである。戦後千教組婦人部の活動で大きな位置を占めたものは平和運動であった。千葉県にも九十九里をはじめ各所に米軍基地が置かれ、生活破壊と風紀問題が深刻化した。この厳しい現実に立ち向かったのが千教組婦人部に結集する女性教職員であった。

千教組婦人部の教師たちと母親たちのつながりは、本書でも触れてきたが、市川、船橋の生協運動や特飲街反対運動を介してであった。しかしそれらは恒常的な確固たるものとはなっていなかった。それを一層強固なものにする契機となったのは一九五四年（昭和二十九）一月の静岡市で開かれた婦人教員研究協議会であったと云えよう。そこでは、①日本の子供をまもりましょう、②お母さんの体を守りましょう、③憲法を変えないようにしましょうとのアピールを採択した。そしてアピールの実践活動として、活動家の養成と「母と女教師の会」の組織化が決定されたのである。このため同年六月以降、県内各地で「母と女教師の会」が開かれ、九月には千葉市の教育会館で第一回「千葉県母と女教師の会」が開催となった。けれども「母と女教師の会」は年一回の行事的なものにとどまっていた。

そこで一九五六年（昭和三十一）の第三回千葉県「母と女教師の会」がもたれる中で、母親たち自身の問題をさらに深めるために開いたのが、千教組婦人部主催の第一回県母親大会であった。翌年に第二回母親大会が開かれ、年末には千葉市登戸小学校で第四回の「母と女教師の会」が開かれた。出席した母親たちが「もうわたしたちは先生方のお世話にならなくても、わたしたちの力で仲間づくりをしたい。千葉県中のお母さんが仲良く話し合える千葉県母の会をつくろうではありませんか」と相談し、千葉県母の会結成を決定したのである。

一九五八年（昭和三十三）一月十四日、千葉市の県教育会館別館で開かれた「母と女教師の会」の反省会は、急遽第一回千葉県母の会準備会へと切り替えられ、この日以降千葉県母親大会の歴史がスタートとなったのである。新しく誕生した第一回県母親大会は、七月二十七日午前九時から千葉市寒川小学校に一〇〇〇名が集まって開幕となった。河崎なつ日本母親大会会長が来賓祝辞を行い、一二の分科会に分かれて活発な討論を行い、午後は歌と踊りのレクリエーション、最後に「私たちはさらに沢山のお母さんたちと手を結び、力を合わせて子どもを幸せに育て、みんな幸せになり、平和を守りましょう」と決議して閉幕となったのである。

（七）県紙千葉新聞廃刊の狙い

千葉新聞は一九四五年（昭和二十）十二月一日に創刊され、一九五五年（昭和三十）に創業十周年を迎え、小林啓善社長は祝賀行事を行い、新しく二つの企画を発表した。一つは独自の販売網を持つことであり、二つは千葉新聞を読めば足りるとする中央紙並みの編集方針に変えることであった。当時従業員は一九六名で、日刊紙四万部を発行していた。しかし従業員の給料は平均月額一万円と中小企業としても低い方であった。

廃刊に繋がる争議となったのは、新聞労連に加盟していた千葉新聞従業員労働組合（従組）が一九五六年（昭和三十一）十月十日に年末手当月額一・五か月プラス二〇〇〇円を要求した際、会社側は十月二十日の労使協議会の席上で、経営不振を理由に六〇名の解雇案を提示したことに始まるものであった。この争議経過を「千葉県労働運動史」で見てみよう。(20)

十月三十一日に会社側は三七名に解雇通告を行った。従組は臨時大会を開き、賛成九七名、反対一七名でスト権を確立し、十一月一日には地方労働委員会（地労委）に解雇撤回の斡旋申請を行った。会社側は社内の組合事務所移転を要請したが拒否されたので、二日に会社の外郭団体であった販売組織「千葉会」を使い、組合事務所に放水を行った。これに憤慨した従組は三日から無期限ストに突入した。これに対し会社側はロックアウトで応じたのである。スト突入後、会社側は「千葉会」に加えて暴力団三〇名を使って組合事務所の占拠を謀り、放水等を再三再四にわたって行った。従組は三七名の地位保全の仮処分を千葉地裁に申請し、県労連及び千葉地区労にスト支援を要請した。十一月七日には県庁前公園で県労連・千葉地区労・新聞労連三者共催の解雇撤回抗議集会が行われ、五〇〇名が参加したのである。

会社側は千葉新聞新社を設立し、新聞の組版を都内で行い発行した。十日には組版、紙型をとるとして会社内に入ってきた。しかし従組側が阻止したので、目的が果たせず、ピケをする従組員や支援労組員を社外に連れ出そうとして暴力団員数十名が襲いかかり、従組側に二一名の重軽傷者が出て、千葉警察署の武装警官一〇〇名が出動となったのである。

十一月十日に石井県労政課長が正式に争議について見解を発表した。そこでは、①新会社は争議の対抗策として設立されたもの、②三七名の解雇は労働契約に違反し無効、③会社が暴力団を入れたのは正常な争議行為とは認めがたい、④警察が会社に作業を認めた点は不当介入の疑いがあるとして、会社側の対応には問題があったことを認めるというものであった。また地労委も「現在のところ会社の態度が問題」としていたのである。

地労委は十一月十五日、斡旋案を労使双方に示した。その内容は、①会社は十一月末日まで解雇通知の効力発生を留保する、②組合は十一月十五日現在の千葉新聞発行状態を同月末までそのまま認める、③双方は直ちにストとロックアウトを解く、④会社は十一月末日まで休業し、その間解散、廃業を行わない、⑤労使双方は十一月末日までに会社再建協議会を設け、再建案を協議すること、であった。そして十六日正午までに回答を求めた。地労委は二十日に労使双方の代表を招いて「破局的な事態（新聞休刊とか、会社解散を意味したこと）を避け、速やかに事態収拾のため最善の努力を続けて欲しい」と勧告した。これは十五日に出した斡旋案で解決がつかないためであった。

会社側は二十一日から「会社解散、休業中の事業場立入禁止」の二点で団交したいと従組に申し入れた。従組側は「直ちに応じるには問題があまりに重大なので、二十二日から団交に応じる」と回答した。会社側は経営意欲を喪失し、解散を目論んでいたのである。

千葉新聞争議は国会でも取り上げられ、一月二十六日の参議院社会労働委員会では中西労政局長が「労働協約違反の疑いが濃い」とし、二十八日の衆議院社会労働委員会では労働省の山崎課長が「整理発表前にもっと誠意を以て交渉を尽くすべきであった」といずれも会社側の非を認めていたのである。従組側は「再建団交」を申し入れたが会社側は拒否し、十二月二日に株主総会を開き、満場一致で解散を決議したのである。

千葉新聞の廃刊決定から十日後の十二月十二日、県労連の呼びかけで県下の政治、経済、文化、婦人等の主要団体の代表が集まり、県紙再刊懇談会が開催された。配布された資料では「県政に建設的な世論を打ち出していく」、「県への広報面でも効果ある協力をする」ことが強調された。この方針のもとに一九五七年（昭和三十二）一月一日に発刊されたのが千葉日報である。

この争議では小林社長の独善性や暴力団の介入等の非近代性が問題にされているが、千葉県の現代史の中へ位置づけると、争議の別の面が見えてくる。そこで『はたらく者の現代史』に依拠して、それを眺めてみよう。[21]友納武人が前掲『疾風怒涛』の中で「私は以前から千葉新聞の経営方針があまりにも営利的で、県紙としての主義主張がないのを不満に思っていた」と記述しているように、この争議の陰で、千葉新聞の体質改善を密かに狙っていた者たちがいたのである。千葉新聞は柴田県政の京葉工業化には是々非々の態度であり、一九五六年（昭和三十一）五月八日付の「埋立問題の考え方」と題する社説では埋立に批判的な少数意見を擁護していたのである。また社説は「千葉県民に直結する諸問題を取り上げ、他紙では出来ない郷土紙としての使命を果たしている」と誇っていた。一方千葉日報では発刊一か月で社説を廃止してしまった。京葉工業地帯の造成が重要段階を迎えようとしていた時、唯一の県紙であった千葉新聞を県民の世論づくりに活用出来るかどうかは、一企業の問題では決してなかった。友納が「この事件の意義はいろいろあろうが、〝無キズの新人〟といわれ、アイドル的に八方から好かれていた私がハッキリとした味方と敵をもつようになった。何をやるかわからないという良い意味、悪い意味で評価を得た」と記していたが、この争議は大企業の県内進出を容易にするためのマスコミ対策に利用されたところに事件の核心的な背景があったのである。

千葉日報は一九五八年（昭和三十三）五月から株式会社に改組し、小佐野賢治と共に政商の異名があった丹沢善利が社長となったのである。

（注）

（1）前掲県立図書館蔵「毎日新聞千葉版」一九五五年十一月十七日付
（2）前掲県立図書館蔵「朝日新聞千葉版」一九五八年四月十五日付
（3）前掲県立図書館蔵『愛媛県の百年』三二一頁
（4）国民教育研究所編『近代日本教育小史』草土文化、一九七三年、二八七頁
（5）前掲県立図書館蔵『千教組組合史』一九七三年、五九五頁
（6）前掲県立図書館蔵「毎日新聞千葉版」一九五八年九月十六日付
（7）『戦後史大事典』三省堂、一九九五年、一九七頁
（8）前掲県立図書館蔵「毎日新聞千葉版」一九五五年六月二十二日付
（9）前掲県立図書館蔵「朝日新聞千葉版」一九五六年一月二十三日付
（10）前掲県立図書館蔵　拙著『戦争と地方政治』一一八頁
（11）前掲県立図書館蔵『千葉県非核・平和のあゆみ』四七頁

（12）前掲県立図書館蔵『旭市史』第二巻、一九〇〇年、〇〇〇頁
（13）前掲県立図書館蔵「朝日新聞全国版」一九五六年六月十一日付
（14）前掲県立図書館蔵「朝日新聞千葉版」一九五八年六月十八日付
（15）前掲県立図書館蔵『自治労千葉の三十五年』七〇頁
（16）前掲県立図書館蔵『千葉県非核・平和のあゆみ』一〇七頁
（17）前掲県立図書館蔵『千葉県非核・平和のあゆみ』一一二頁
（18）阿部恒久・佐藤能丸『通史と史料日本近現代女性史』芙蓉書房出版、二〇〇〇年、一一四頁
（19）千葉県母親連絡会『千葉県母親運動二十年のあゆみ』一九七八年、二二頁
（20）前掲県立図書館蔵　千葉県労働組合連合協議会編『千葉県労働運動史』労働旬報社、一九六七年、五八六頁
（21）前掲県立図書館蔵　千葉県統一労組懇『はたらく者の現代史』一九八八年、四二頁

六、おわりに

県の工業開発は県民の幸せを第一としていたが、通産省等の京葉工業開発は国家の利益を最優先に置いていたので、両者の意見のすれ違いが目立つようになった。そのような中で、県の開発の中心となっていた古荘四郎彦京葉開発協会長が、自身の経営する銀行の不正融資事件で失脚した。京葉開発協会は解散となり、進出企業のメンバーが中心となった京葉地帯経済協議会が開発問題の意見を集約をする窓口になったのである。

柴田知事は結果としては成功しなかったが、農工両全政策の一つとしてベネズエラ出漁に取り組んだ。また県民皆保険を達成したことは柴田県政の成果の一つであった。

この時期、千葉県では人口が急増しており、住宅問題は喫緊の課題であった。住宅公団が松戸市常盤平団地を建設したことはマンモス団地の出現の始まりであったが、その宅地形成をめぐって起こった金ケ作闘争は農民からの土地取り上げ闘争の先駆であった。国会を動かすことになった本州製紙江戸川工場汚水放流事件は「水質二法」を制定させる画期的な意義を持つものであった。千葉県ではこれを契機に公害防止条例を制定することが出来なかった。それは公害への基本的認識の甘さによるものであった。唯一の県紙であった千葉新聞での争議は、単なる一企業の争議ではなく、京葉工業開発に対するオピニオン・リーダーの喪失を意味するものであった。

第五章　柴田自民党県政と社会運動の広がり

一、はじめに

本章が取り上げる期間は一九五八年（昭和三十三）十月の柴田知事三選から一九六二年（昭和三十七）十月までの柴田県政期の四年間である。この期間は国内的には警職法反対闘争から安保改定阻止闘争に直面し、国民が近代的な政治運動に大きく目を開かされた時期である。また経済的には高度経済成長のエンジンがかかろうとする段階であり、日本独占資本のあからさまな要求が国民に突き付けられ、それとの対峙が起こる時期でもあった。県政を担った柴田知事はかつてとは異なり、自民党の軍門に下らざるを得なかったのである。それでも飽き足らない独占資本とその利益の代弁者であった自民党は、柴田知事を知事の座から引き下ろし、県政の転換を図ったのである。この時期の社会運動は、自衛隊の拡張や安保改定阻止闘争と云う中央の運動と連動して展開された。この国民的大闘争は、様々な運動に影響を与えたのである。

この時期の参考文献の主なものは『千葉県議会史』(1)、『千葉県の歴史』(2)、『自治労千葉の三十五年』(3)、柴田等『三寒四温』(4)、個人研究では前掲山村一成「戦後地方政治の確立過程」(5)、中村政弘「戦後千葉県議会の動向――柴田県政と千葉クラブ――」(6)があり、大変に参考になるものである。

(注)

(1) 前掲県立図書館蔵『千葉県議会史』第五巻、一九八八年

（2）前掲県立図書館蔵『千葉県の歴史』通史編近現代2、二〇〇六年
（3）前掲県立図書館蔵『自治労千葉の三十五年』一九八四年
（4）前掲県立図書館蔵　柴田等『三寒四温』隣人社、一九六五年
（5）前掲　山村一成「戦後地方政治の確立過程」
（6）前掲県立図書館蔵　中村政弘「戦後千葉県議会の動向―柴田県政と千葉クラブ―」（千葉史学叢書4『千葉県近現代の政治と社会』所収、岩田書院）、一九九七年

二、柴田自民党県政の展開

（一）開発県政の機構改革と開発政策の展開

（1）開発万能主義の県開発部と開発公社の登場

柴田知事は一九五五年（昭和三十）十一月十日の三選直後の記者会見で、京葉工業地帯造成を促進するために、企画審議室（仮称）を設立することを明らかにした。その理由は、①これまでの開発行政には責任の所在が明確でなかった、②事業に専念するため県条例の制約を受けない機構を設置したい、③開発室長は総務部長が兼務し、その下に工業、河港、漁政、計画、農地開拓の五課長をブレーンとして配置し、事業の企画立案に当たる、④企画調査課を廃止し、企画審議室の事務局とする、⑤総務部長は開発事業に参与するので同部に次長を置き、部長の事務的仕事を担当させると云うものであった。自民党の吉原鉄治県議は「京葉工業地帯造成は、最早県としての計画立案の時期は終わっているのではないか、残された課題は千葉市地先及び五井・市原

海面の埋立をいかに完成するかである筈だ。これ以上の計画立案は自民党東京湾特別委員会、または政府が考えている公社、公団に任せるべきだ」と主張していた。自民党知事として当選した柴田知事であったが、肝心の京葉工業地帯造成計画では自民党から疎んじられていたのである。(1)

開発事務局の組織はいままで庁内各部課間で行ってきた京葉工業地帯造成の仕事を今後、開発事務局一手でやるか、あるいは従来通り実際の仕事は各部課で行い、同事務局は連絡調整だけの場とするかの両論が生まれた。結局大世帯にすると、各部のセクト主義が台頭して統一が難しくなるので、小スタッフにすることにした。しかし前年の一九五七年（昭和三十二）十月に京葉工業地帯造成促進のために設置した鉱工業整備促進協議会はそのまま存続することになったので、機構はますます複雑化したのである。

県では五井・市原地区の臨海工業地帯造成を促進するため、旭硝子、三井造船等の進出一一社と東電、川鉄、京成電鉄等の既設五社、これに県と東京通産局を含めて、京葉工業地帯整備促進協議会（仮称）を結成することにし、三田沢総務部長が一九五九年（昭和三十四）二月二十四日に東京通産局を訪れ、具体的な打ち合わせを行った。県の計画では同協議会に事務局を置き、先進地の京浜工業地帯の実体や経済界の動き等を調査し、また臨海、臨港、鉄道敷設、工業用水、住宅地としての辰巳団地造成等の残されていた問題について各社と協議し、事業を促進させようとしたのである。

京葉地帯経済協議会設立発起人会は七月九日、東京丸ノ内のホテルテイトで、県内進出、既設各社の代表二三名が出席して正式に発足した。会長には安西浩東京ガス副社長、副会長に江戸三井不動産社長、西山川崎製鉄社長、専務理事に高山通産省東京横浜貿易事務所長を選任、柴田知事は理事として参加した。事務局本部は千葉市の県森林会館内に置いた。創立総会は八月十一日、東京港区麻布の三井クラブで開かれた。会の運営は会費収入（一口、月一万円）約五〇〇万円と県費補助一〇〇万円で行うことになった。総会後に開いた設立委員会には池田通産相、佐藤蔵相も出席していたのである。

県では開発事務局は企画調整、工業、河港等の関係部課長が開発事務局幹事を兼務し、暫定的に設置したものであったが、旭硝子をはじめ五井・市原地区への進出各社も工場建設の段階に入ったので、受け入れ体制を強化し、総務部を中心とした新機構を検討し、開発部を新設することにした。開発部には管理課、企画課、建設課の三課を置き、千葉港建設事務局、工業用水道建設事務所、検見川地先埋立工事事務所の三つを同部の出先機関として管轄することにした。そのスタートは七月一日であった。(2)

県は一九六〇年(昭和三十五)一月、県開発公社を設置した。これは工業地帯や住宅街の新設に際し、公社が金融機関から多額の資金を借り入れ、道路や鉄道、住宅用地等を大規模に買収し、工業地帯造成や総合開発の諸事業を経済的に推進しようとするもので、基本財産三〇〇〇万円の財団法人で出発した。事務局は県開発部企画課に置いた。また内陸工業地帯造成のため七月一日、開発部内に内陸工業開発室も設置したのである。

四月一日には大幅な機構改革を実施した。それは六課(開発部企画課、同部経理課、同部工業用水課、同部内陸工業課、総務部消防課)、一室(総務部審議室)と三出先機関(五井・姉崎建設工事局、県立消防学校、県立保健専門学院)の新設であった。県開発部は管理、経理、補償、用地、開発計画、建設、内陸工業開発、工業用水の八課となり、企業会計を採用し、埋立事業の飛躍的な推進を図ることになった。また千葉港建設局、五井・姉崎開発工事局、工業用水道建設事務所と云う出先機関を持ったのである。(3)県開発部は開発行政の円滑な実現を期するために、開発連絡会議を設置した。委員は各部の担当者で構成し、総務部は主幹、審議室長、財政、税務、地方の各課長、衛生民生部は環境衛生課長、農林水産部は主幹、農地開拓、林務、漁政、水産の各課長、土木部は全課長、開発部も全課長、商工労働部は中小企業課長であった。しかし「開発部は設立以来、独走で他の部との連絡を取らない」との批判が県庁内、県議会内部にあった。八月十四日に開かれた部長会議では開発部が発表した「京葉臨海工業地帯造成に伴う後背地計画」を契機に、各部と開発部とのミゾが深まり、「このままでは県政の危機を招くのではないか」との声が挙がった。

開発部開発計画課が策定した計画の骨子は「臨海工業地帯と内陸工業団地の造成に伴う後背地の産業関連施設、その他の整備計画を行い、理想的な都市づくり」を目的とし、完成は一九八五年（昭和六十）で、同部はそのための調査項目を道路輸送計画、工業用水計画、上水道計画、公害対策、農水産整備計画等一三に分け、六〇〇万円の予算で外部団体に調査委託を行うとしていた。ところが道路輸送は土木部でも長期計画策定のもとに調査研究を行っており、また衛生民生部は公害対策や社会保護施設については、夫々《それぞれ》専門の係があって研究中であった。上水道計画は県水道局が第二次拡張計画を策定し、土木部等と共に水利権問題で交渉を行っていた。この事態に柴田知事は「開発部は仕事が忙しいと云うこともあり、他部との連絡が悪い点もあると思われるので、部長会議の他に、各部間の課長の話し合う機会を持つなどして円滑化していきたい」としていたが、開発万能主義を掲げた開発部の「独走」は否めないものであった(4)。

県開発部は一九五八年（昭和三十三）七月に管理、企画、建設の三課で発足したが、その後、課が次々に増設され、八課に拡大していた。出先機関は四か所あり、さらに辰巳団地建設協会、開発公社の三機関も開発部と密接な関係を持っていた。このように膨れ上がった機構に加えて、ほとんどが特別会計、あるいは企業会計で、予算は一九六一年度（昭和三十六）で三五〇億円もあり、県の一般会計を上回り、職員数は六〇〇名であった。仕事は普通の行政事務とは異なり、しかも機構が大きくなったことから連絡が悪くなっていた。

県議会からはこの際、開発機構を再検討し、もっと能率的なものにすべきとの意見が強く起こっていた。柴田知事も「設置後五年を経て、開発行政にそぐわない面も多くなっているので、機構を再編する構想」を持ち、同部の発展的解消も考えられるに至ったのであったが、しかし持越し論も強く、結論は知事選後に預けられたのである(5)。

（2）予測外れの県長期計画

県は京葉工業地帯の造成計画で三つの課題に頭を痛めていたが、それが一九五九年度（昭和三十四）に入って明るい見通しが出てきたのである。その第一は五井・市原地区に進出する一一社に工業用水を送るため、市原郡三和町山倉地区山田橋付近に総工費一六億円でダムを建設し、四〇〇〇万トンを貯水して一日一〇万トンを供給する計画は、資金関係で早期完成が難しくなっていたが、通産省の工業用水道建設費として京葉工業地帯の一九五九年度分予算二五〇〇万円が大蔵省査定で認められたことであった。第二は東京湾を埋め立てるため、東葛飾郡浦安町から君津郡富津町までの内湾深浅調査費（運輸省が担当し一九五九、六〇両年度に作成）一八五〇万円が認められたことであった。第三は最大の癌となっていた市原町八幡浦干拓第二工区の工業用地への変更計画と五井町君塚開拓地の農地転用が中央情勢の「好転」で一九五九年三月までに農林省の認可が降りる情勢となったことであった。柴田知事は「一九五九年に入って急に中央の認識も深まり、いろいろ具体化してきた。今年こそ大いに事業を推進したい」と期待を大きくしたのである。(6)

「柴田県政は五井・市原地区の京葉工業地帯にだけ力を入れている」と一部に批判の声が出ていたので、一九五九年度からは内陸部の工業地帯造成にも力を入れることにした。県開発部企画課では対象調査地域一〇市一三町三村を七地区（①東葛工業地区、②葛南工業地区、③佐倉工業地区、④成田工業地区、⑤千葉、市原工業地区、⑥茂原、東金工業地区、⑦木更津工業地区）に分けて工場適地一六〇〇ヘクタールをリストアップし、まず工業適地の買収事業に重点を置いた。事業主体は県開発公社が行い、金融機関から四億八〇九四万円を借り入れ、県と協議して造成するものであった。工業化の第一の問題は工業用水の確保が難しいので、誘致する工場の条件として工業用水の使用量が比較的少ないことが上げられていたのである。(7)

一九六〇年（昭和三十五）八月十三日に開かれた県総合開発審議会で、県開発部は十五年後（一九七五年）までに第一次産業の農漁業従事者一二万九二〇〇名を第二次産業の工業に吸収し、千葉県の産業構造を改造する基本方針を明らかにした。農業から一〇万八〇〇〇名、漁業から七七〇〇名、農家二、三男から一万三五〇〇名を転業させるとし、これで農業の場合は一九五五年（昭和三十）当時従事者一人当たり三五アール（一アールは一〇〇平方メートル）の耕作面積が六〇アールに増加し、経営面積の増加で採算制が強まるとしていた。しかし一九六一年（昭和三十六）一月十六日の記者会見で柴田知事は県の新総合開発計画の策定を明らかにし、二月六日の県部課長会議で一九八五年（昭和六十）までを目標とする地域別長期計画の策定を指示したのである。新計画ではこれまでの計画が工業化を中心とする産業開発に重点が置かれていたことに対し、県内の人口急増を基調とし、産業と県民所得の地域格差の解消に配慮し、諸施策の総合的な実施を目指すものであった。県総務部審議室は大学教授等一八名を長期計画策定会議顧問に委嘱し、基本計画の最終案の取りまとめを行い、十月三十日に素案を発表したのである。県人口は一九六一年の二三〇万六〇〇〇人が、一九八五年には四三二万人になると推計されていた。けれども一九八五年の実際の人口は、五一四万八一六三人になっており、長期計画の推計値は大きく外れていたのである。それだけ急激に県勢が発展していたのである[8]。

七月二十、二十一日、産業計画会議の前田清事務局長他九名が千葉、市原、五井、姉崎、木更津の京葉工業地帯の建設状況を視察した。東京湾を埋立、新東京地区建設構想を現地で検討するためであった。東京湾への新東京地区建設計画は、既に産業計画会議プラン、加納久朗構想、小川栄一構想、丹下健三構想等が相次いで発表され、さらに自民党の東京湾等開発特別委員会が「東京湾総合開発計画」を発表したことで、具体性が強いものとなっていた。これらの構想では千葉地先から木更津地先にかけて一万三二〇〇ヘクタールの新東京地区を造成し、そこにビジネスセンター、国際空港、同貿易港、同見本市の施設等を総予算三兆二二〇〇億円で建設しようとするものであった。ところが県の京葉工業地帯計画は市川、船橋から富津にかけて陸地から約三キロメートル前方までの海面を重化学工業用地として三二四〇ヘクタールを埋め立てるものであり、同会議と県開発部開発計画課との懇談では、新東京地区が千葉から木更津までの工業地帯前面へかぶさるような形となり、両者の計画調整を行わないと双方に将来支障が起きると云う問題点が明らかとなった。

県側は、新東京地区建設構想では、①海上輸送が確保出来る最大利点を失う、②後背地に重化学工業を背負い、公害問題が起きる等の点から県の工業化に支障があるとしていたのである。(9)

一九六一年（昭和三十六）四月、歴代県議会議長が県政について座談会を開いた。菅野儀作は「県政が門戸を広げ過ぎた。技術者が不足しているにも拘わらず仕事が多い。今の県の技術陣では、五井・市原南部の埋立がやっとだと思う。これ以上に手を広げることは、ダム、鉄道、道路、その他の後背地の問題が手遅れになってしまう」と批判し、加藤一郎は「一定のワクを県がはめて、あとは進出会社に任せたらいい」と主張し、土屋留治は「今の開発部の速度では乗り切れない」と批判した。そして県政への要望としては菅野が「道路網の整備を急がなければならない」といい、加藤一郎は「海岸道路の建設」を望み、土屋は「開発部は企業誘致部であってはいけない。現状では大資本だけが進出して、県民は犠牲になっている。地元業者の生きる土地を確保しなければならない」としていた。県議会議長の経験を踏まえて、柴田県政の課題を鋭く指摘していたのである。(10)柴田県政は中央との政策調整や県内での開発の歪みをどう克服するかが、厳しく問われる段階を迎えていたのである。

(二) 躍進県政と県財政の急速回復

一九六一年（昭和三十六）四月、浮谷元吉元県議会議長は「川鉄誘致の際、千葉には電力がないと進出を渋ったのだが、電力は何とかするからと云って引っぱってきた。それが今や日本一の電力県になった。また一九五四年度（昭和二十九）の予算は一〇二億円だった。一九六一年度の県予算が二一〇億円にもなっているのは、まさに隔世の感がある」と県政の躍進ぶりを語っていたが、この時期の柴田県政は「躍進県政期」に入っており、県財政が急速に回復の道を辿っていたのである。その財政事情を見ておこう。

一九五八年（昭和三十三）十二月九日に県出納局は、十二月の県金庫の資金繰り状況を発表した。歳入は十一月分の繰越分を含め二六億六六〇〇万円。歳出は二二億二〇〇〇万円で、差引四億四六〇〇万円の黒字と見込んだ。このため千葉銀行はじめ県内の各金融機関へ預託した一億三二〇〇万円は年内には引き揚げず、引き続き中小企業者の歳末金融に利用させることにしたのである。前年の暮れは大蔵省預金部から借金してやっと正月を迎えたのに比べると、県財政はかなり好転を示していた。たしかに前年暮れは三億三〇〇〇万円の黒字であったが、預託金は年内に全部引き揚げていたのである。県財政好転の理由は、①九億円の再建債借入、②事業の歳出と歳入が見合ってきた、③県税収入が順調である、④支出を思い切って切り詰めたこと等であった。[11]

一九五九年（昭和三十四）二月十四日、財政再建計画の変更についての自治庁との打ち合わせから帰庁した宮沢県総務部長、高橋財政課長は「自治庁は二年短縮を望んだが、一年短縮を認めてもらった。したがって再建期間は一九六二年度（昭和三十七）までとなる。再建団体では職員一名雇い入れるにも自治庁からの制約がある。しかし利子補給や補助金の割り増しが一九六二年度には打ち切られるので、財政負担は増加してその額は二億円である。けれども県民負担が今より増えることはない。一年だけ早く健全団体に戻るわけである」と語った。念願であった財政八か年計画が一年前倒しとなったのである。

一九六〇年（昭和三十五）四月十三日、一九五九年度の県税徴収実績が県税務課で纏《まと》まった。合計三四億八六八六万円で、出納閉鎖期間の五月末には三八億円は確実視され、予想以上の成果となった。特に法人事業税は大幅に増え、前年に比べ約五〇％増の一五億四八〇〇万円であった。県内事業所のベスト一位は旭特殊硝子（船橋）二億八九〇〇万円、二位東電千葉火力（千葉）一億五六〇〇万円。ただ零細企業者の個人事業税だけは一億一二〇〇万円減っていたのである。

県は一九五六年度（昭和三十一）に九億円の財政再建債を借入、八か年で再建に乗り出してきたが、前述の如く一九五八年（昭和三十三）には再建期間を一年短縮したが、予想以上に税収の伸びもあって、再建は順調に進んでいたので、一九六一年（昭和三十六）の二月定例県議会では一部から「再建期間を一年短縮せよ」との要求が起こった。しかし柴田知事は「私としては一九六二年度（昭和三十七）まで再建団体である方が、県財政を健全に保つものだと思う」と反対であった。

一九六〇年度（昭和三十五）の県税収入は五月末の出納閉鎖までには四七億円の見通しが明らかとなり、前年の三八億一七〇〇万円に比べると二六％の伸びであった。この伸びは企業誘致効果の現れと経済好況の反映と見られたのである。

一九六一年五月に自治省の再建課長から県総務部長宛てに「千葉県の財政再建期間を一年短縮する」との内簡（非公式の通知）が届いた。県は税の伸びがさらに期待出来るかどうか、また再建枠が外れた場合、年間四億円の財政上の特典がなくなるので、持ち出しにどう対処するかが悩みであったが、九月県議会で了承することを決定したのである。かくして一九六二年九月十一日に県は六年間の赤字再建団体を脱出し、「財政再建完了」を公表したのである。

（三）自民党中心の県議会動向

（1）定時改選の県議選結果

一九五九年（昭和三十四）四月二十三日、定数六二名の県議選の投票が行われた。投票率は七四％。過去四回のうちで競争率こそ一番低かったが、かつてないほどの激しい接戦が展開された。自民、社会両党の初の対立の形をとったことも激しく競り合う原因となった。さらに有権者数が増加していたのに、逆に候補者数が減ったことで、当選圏の得票が大幅に上昇し、候補者の作戦、票読みを混乱させる結果となった。各党の議席は自民党が五三名から四八名へ、社会党が七名から一一名へ、無所属が一名から四名となった。川口為之助自民党県連選対委員長は「柴田知事を盛り立て、道路が悪いことは産業、観光両面に悪い影響を与えているが、こうした問題は出来るだけ整理していきたい。京葉工業地帯の順当な発展を期したい」と今後の県政への抱負を語った。片岡文重社会党県連委員長は「これまでにない数を県議会に送り込めたのは喜ばしい」と語ったが、政策についての言及はなかった。

自民党では県議の代議士系列再編が進み、川島正次郎派一〇名、山村新治郎派一〇名、千葉三郎派七名、木倉和一郎派七名、始関伊平派五名、水田三喜男派五名、寺島隆太郎派四名、森清派四名、臼井壮一派三名、中村庸一郎派三名、福井順一派一名となり、また無所属四名は自民党入りすると見られた。一方社会党では県労連の山村議長と長島書記長を初めて県議会に送り出した。党派別得票率では自民党六九・七％、社会党二〇・二％、共産党〇・一％、無所属九・六％であった。[12]

（2）県議会議長の選出動向

一九五九年（昭和三十四）六月十三日の定例県議会で荘司議長、白井副議長に代わって議長に加藤一郎、副議長に渡辺昇司が選出された。一九六〇年（昭和三十五）七月四日、議長は加藤一郎から菅野儀作に、副議長は渡辺昇司から山倉由三に交替した。一九六一年（昭和三十六）五月に菅野議長は「一年交代」の不文律にしたがって六月県議会に辞意を表明した。これに対し高橋祐二（県連政調会長）が名乗りを挙げ、渡辺良雄（県議会総務委員長）は土屋留治県議団長を通じて県議獲得工作に乗り出し、吉原鉄治幹事長も非公式に希望を各方面に表明したのである。高橋が旧さつき会、房州選出県議を中心にしているのに対し、渡辺は旧改進党県議が中心であった。吉原は始関派県議を通じ、旧第一議員団、自由党系の県議に働きかけていたのである。[13]

六月二十七日の自民党県議総会で、まず菅野、山倉正副議長から辞意表明があった。次期議長に高橋を担いでいるグループは「党内決戦も辞せず」と強い意見を持ち、吉原支持グループはあくまで決戦を回避し、話し合いで決めようとしていた。渡辺グループは情勢不利と見て、「一年後の議長」を含みとして、高橋、吉原両派との合流を策していたと伝えられていた。七月十日の県議会最終日、荘司勇元県議会議長の提案で、県議会正副議長はじめ各常任委員の改選を次の県議会（十二月）まで延期することが決まったのである。これは議場決戦も辞せずと主張する高橋派と幹部一任を主張する渡辺派の対立で、歩み寄りが難しくなり、吉原派（菅野、吉原、鎌田、荘司、松本等の主流派）が主導権を握って、菅野議長留任を持ち出したものであった。そして十二月十六日の深夜の県議会で正副議長は、高橋祐二、染谷誠にバトンタッチとなったのである。

（四）国政選挙の影響

一九五八年（昭和三十三）から一九六二年（昭和三十七）に国政選挙は参議院選挙二回、同補選一回、総選挙一回があった。一九五九年（昭和三十四）六月の参議院選地方区（定員二名）では、小沢久太郎（自民）、加瀬完（社会）の現職組が順当に勝利した。投票率は六三・〇二％で、各党の得票率では自民党は前回の六一・七三％が六一・五一％と微減。社会党は三二・九％から三三・七一％へ微増。共産党は五・三二％が四・七八％に微減していた。安保改定阻止闘争が展開された直後の一九六〇年（昭和三十五）十一月の総選挙では、投票率七一・〇一％で、前回の七一・五七％より〇・五六％低かった。当選者は自民党が現有一〇議席を維持し、トップは川島正次郎の九万二一七五票であった。社会党が全区で三名当選した。党派別得票率は自民党六九％、社会党一九・三％、民社党七・三％、共産党一・三％であった。

伊能繁次郎参議院議員が衆議院議員に回ったため、同年十二月一日に参議院地方区の補選があった。投票率五四・六％。自民党公認の木島義夫が羽仁説子（無所属）、小松七郎（共産）、肥後亨（無所属）を破り当選した。

党派別得票率は自民党五五・二％、共産党五・三％、無所属三九・五％（羽仁三八・二、肥後一・三）であった。

一九六二年（昭和三十七）七月一日の参議院地方区（定員二名）では、一九六一年（昭和三十六）六月に自民党県連で公認をめぐる動きが表面化し、七月三日の県連大会では候補が決まらず、選挙対策委員会（選対委）は八月に会議を開き、①当選第一主義、②公認は二名、③投票によらずに決定するとの三原則を決めた。九月二十一日、茂木七郎治（野田醬油重役）は出馬辞退を表明した。候補者にはまず現職の木島義夫が農業諸団体の推薦もあって決定された。残る一名には川島国務相の支援と県議多数の支持があった鈴木績《つむぐ》（県建設業協会長）、水田蔵相、森代議士の推す戸川真五（県森林連理事）、山村新治郎県連会長が推し、県議も多数推薦していた八代重信県議、元県議会議長の土屋留治の四名が候補を争った。十月二十三日の県議総会では、①木島を公認とし、②残る四名は本人が要求すれば党籍証明を出すことを満場一致で決定した。十二月一日、山村会長が「八代県議を積極的に応援したいので、県連会長を辞退したい」と辞意表明した。結局選挙戦は自民党が調整出来ず、戸川真五、鈴木績、八代重信は党籍証明もなく、立候補した。投票率六三・〇六％で、自社で議席を分け合い、現職の木島義夫（自民）と社会党の新人柳岡秋夫が当選した。党派別得票率は自民党二二・六％、社会党一九・八％、民社党一二・七％、共産党三・九％、無所属四一・〇％であった。無所属票と木島票を合計すると、六三・六％と一九五九年（昭和三十四）の参議院選の自民党票を上回るものであった。

（五）柴田知事、四選に失敗

一九六一年四月の時点では、一九六二年秋の知事選を巡って、現職の柴田等、渡辺一太郎（前県警本部長）、友納武人（前副知事）、宮沢弘副知事、山本力蔵（全国町村会長）、白鳥儀三郎（習志野市長）の六人の名前が挙がっていた。本命は柴田知事であったが、社会党、民社党は勿論、自民党内にも「四選は良くない」との強い四選不可論があった。柴田知事は自民党内に四選支持が得られなければ、京葉工業地帯造成の協力者であった宮沢副知事、もしそれがダメなら全国町村会長を兼ねていた山本小見川町長にバトンタッチしたいと考えていた。菅野は「宮沢その他を出すくらいなら、知事四選を阻止し、京葉工業地帯の功労者友納武人を知事につれてこよう」と積極的であった。渡辺には川島、山村、水田の三国会議員が担ぎ出しの動きを見せていたのである(14)。

川島正次郎国務相は十一月十三日、千葉市での記者会見で「約一か月前に柴田知事から、私はもう一度知事をやりたいと話があった。私はこれを知事の四選出馬の意思表示だと考える。これについてまだ返事はしていない」と語り、柴田知事の意向を明らかにしたのである。ところが一九六二年(昭和三十七)二月二十六日に知事と東京で会談した友納前副知事は、知事に四選を断念するよう進言し、「望まれれば、自分が出馬したい」旨を明らかにし、柴田知事の四選に待ったをかけたのである。一方渡辺の考えも「四選反対」では期せずして共通したので、万一の場合は三者の調整と云うことも一部には考えられた。俄然、柴田、友納、渡辺の動きが注目されることになったのである。

三月二十七日、自民党県連常任顧問、選対委合同会議が東京のグランドホテルで開かれた。同会議には川島、始関、臼井、山村、伊能、千葉、森の各代議士、小沢、木島両参議院議員、吉原、浮谷、土屋、荘司、鎌田、高橋、堀江、新堀の各県議が出席。柴田四選の是非をめぐり、選対委員(県議)の意見が真っ二つに分かれた。協議の結果、二十九日に千葉市で県議総会を開き、その意見を聞いた上で、知事候補を決めることになった。なおこの日、山村会長は早急に結論が出ない場合、党所属の全国会議員、県議会議員の投票で、公認を決めたらどうかと提案を行ったが、決定を見なかったのである。二十九日の県議総会では、四選不可論と四選賛成論が出て、真っ向から対立し、結論がでないままに散会となった。四選反対グループは四月六日に東京で開かれる六者と選対委の合同会議に、その意向を反映させるため、四選反対の署名活動を行い、二七名の署名が集まった。

これには柴田四選反対を旗印に掲げている川島派県議は一〇名中二名しか加わらなかった。残り八名は同派県議が渡辺前県警本部長を支持しているため、「この署名は表向きは新人を推すことになっているが、狙いは菅野を支持するものだ」として参加しなかったのである。一方旧民主党系を中心とする四選賛成派も結束を固め、「わが派は一九名は固い」としていた。結局五一名の県議の色分けは、柴田四選反対が三七名となり、柴田知事は極めて不利な立場に追い込まれたのである。(15)

四月十六日、千葉市を訪れた川島行政管理庁長官は記者会見を行い、「十二年間も同じ知事が在任するというのは、県政の停滞を招き、好ましくないと云う空気は、依然として変わっていない。京葉工業地帯の造成は非常に遅れているようだ。柴田四選に最も強く反対しているのは財界である。工業用水や産業道路、鉄道、港湾等、進出会社は皆困っているからだ」と語り、四選反対を大きく印象付けたのである。

五月一日、自民党県連の五者会議（川島、水田、山村、千葉、小沢）が東京のグランドホテルで開かれ、知事候補の選考対象を柴田と菅野の二名に絞ることを全員一致で決めた。五月九日に再び同所で五者会議を開き、その席に柴田、菅野両名を呼び、調整を謀り、知事公認一名を決めることにしたのである。両名は無条件で党に一任したが、結局六月四日に投票で決することになった。投票結果は菅野三二名、柴田二七名であった。投票では当落のカギを川島派が握っていた。当初は川島派県議九名の意見が柴田支持三名、菅野支持四名、中立二名で、なかなか調整がつかなかった。そこで川島が多数決で一本化するよう最後の断を下したと云う。(16)

柴田四選を支持してきた県議会の土屋留治派（臼井、千葉両代議士系）、高橋祐二派（中村庸一郎代議士系）、鎌田七右衛門派（山村代議士系）のうち、鎌田派七名は六月十二日に「中立の態度をとる」と声明した。理由は、「柴田知事は誓約しながら離党したのは、党人としてとるべき姿ではなかろうと思う。山村会長が慰留の真っ最中ではあるし、会長を助ける意味で、菅野、柴田両派の会合に参加しない」とした。柴田支持派は土屋、高橋両派だけとなり、柴田四選に痛手となるものであった。

七月一日に参議院選が行われた。別項で触れたが、当初社会党の現職片岡文重は民社党から出馬することになり、社会党は新人候補であったから、自民党では二議席独占のチャンスと四名が立候補したのである。結果は木島（自民）、柳岡（社会）の当選で終わったが、この選挙は菅野、柴田双方にショックを与えたようで、七月四日に菅野の呼びかけで、両名は共に知事選に出馬しないことを声明したのである。

自民党県連の知事候補問題は再び振り出しに戻ったが、しかし対立の激化を恐れて、知事候補の選任は国会議員団会議に一任されることになった。その中では宮沢副知事と山本全国町村会長が急浮上した。けれども両者については川島が賛成せず、八月一日の国会議員団会議では宮沢降ろしを狙った「知事は千葉県人であり、官僚ではないこと」の方針が決められ、九月三日の国会議員団会議で水田の推す加納久朗（前住宅公団総裁）と山村が支持した山本の二名に絞られた。千葉は加納に反対したが、川島が水田に同調し、自民党県連の知事候補は加納一本に絞られ、九月五日の県連大会にかけられたのである。また副知事は二人制を決め、その一名に山本を推したのは町村長会は柴田の影響が強かったので、その動きを封じる政治的配慮であったと云われている。山本は「副知事と云うイスは知事が決まってから、知事自身で自分の信頼する人を副知事にするものである。知事が決まらないのに副知事を受けろと云われても、私はなんともお答えできない」と受けなかった。

加納知事候補に反対する山村、臼井、千葉、中村系の四派県議二〇名は九月八、九の両日、千葉市のホテルで会合を持った。十九日に至り自民党に二一名が離党届を出し、「県政擁護同志会」を結成し、柴田知事に出馬を要請したのである。県政擁護同志会の役員は、会長に土屋留治、幹事長に加藤一郎、選対委員長に渡辺昇司を互選した。事務所は千葉市栄町の県映画会館内に置くことにしたのである。

このような自民党の動きに対して野党の動向はどうであったのか。県議会野党第一党の社会党は、八月十七日の県連選考委員会で小川豊明代議士（千葉県第二区選出）を推すことを決定した。しかし本人の意向を確かめずに新聞発表したのである。小川は直ちに辞退を表明した。けれども県連執行委員会は全員一致で本人を説得することにした。小川は「県連が本気で私を推薦するなら、発表の前に私自身の意向を聞くべきではなかったか」と不信を表明し、かたくなに辞退を主張した。けれども小川の意思とは反対に、社会党の働きかけで民社党や県労連の支持まで取り付ける方向に進展し、小川が「県連のやり方は私をがんじがらめに縛りあげるような方法だ」と云わしめる異常なものであった。小川は元県販売購買連合会長で、農民層の支持もあり、革新陣営の統一候補としては適任者の一人であった。しかし小川自身は柴田と親しく、自民党県連の内紛を睨《にら》んで反自民戦線の結成で、柴田知事を誕生させた十二年前の知事選の再現を狙っていたのである。だからその本人が樽神輿《たるみこし》の上に座るわけにはいかなかったのであった。

同志会と社会、民社、県労連との話し合いが持たれ、また他党派に先だって佐藤二郎を候補に決めていた共産党も、反自民の統一候補が生まれれば、佐藤を降ろす用意があるとしていたから、統一候補をつくれるかが大きなカギであった。このような情勢から小川は柴田擁立を主張し、自らの出馬辞退を改めて強く主張した。

社会党県連執行部は小川不出馬の責任から筋を通すとして、社会党単独で桜井茂尚を出馬させることにし、同志会との共闘も民社党との共闘も打ち切ってしまったのである。たしかに社会党の活動家の間には「今更元自民党の知事など推せない」と云う空気が強かった。しかしそのような雰囲気を利用して舞台を回す黒子の動きがあったのである。

小川は「僕らを悪者にして、だれかをでっちあげる、柴田から社会党を離す」と云っていたが、自民党県連主流や財界の戦略は十二年前の「悪夢」再現の阻止であり、それには柴田と社会党の結びつきを最も恐れていたのであった。小川に対し本人の意向を無視して、いち早く社会党候補に引き出し、柴田擁立活動を封じ込めたことも高等戦略の一つであった。加瀬完は「菅野の使いが来て、社会党は今さら柴田をやるのはおかしいではないか、小川さんに是非立ってもらいたい」との伝言があったと云い、さらに「社会党の候補には、X氏を通して川島から金が行っている」との風聞があったことを自著『寒流暖流』で指摘し、事態の一面を明らかにしていたのである。[17]

十月二十八日に行われた選挙の結果は加納二八万九六二〇票、柴田二三万七七〇三票、桜井八万六一三四票で、加納は最初からリードのまま勝利した。社会党は四か月前の参議院選でのおよそ半分しか取れないと云う惨敗であった。

柴田四選の失敗の原因はどこにあったのであろうか。第一は離党を繰り返したことであった。鎌田派が「誓約しながら、離党したのは党人として、とるべき姿ではなかろう」と怒っていたが、多くの敵をつくってしまったことであった。本人には優柔不断の性格が強かったが、肝心の所で露呈してしまったと云える。第二は柴田知事が自著『三寒四温』の中で「今回は社会党の桜井さんが八万六千票を占めていたので、これが私に致命的になった」と書いている。たしかに計算上は柴田・桜井の票を合わせれば加納を上回るが、それは結果論であって、柴田を支持する政治団体は県政擁護同志会しかなく、自民党に対抗する政党間の共闘関係は全く存在しなかったのである。第三は知事が「まだやりたいことはたくさん残っている」と云っていたが、県民に対する具体的な政策が全く見えないことであった。加納派の政策は京葉工業地帯造成の隘路の克服を主張し具体的であった。柴田の政策は千葉畜産工業問題に代表される如く、不評なものが多かったのである。かつて農工両全政策を訴え、多くの県民の支持を得たのであるから、せめてその総括を行うべきであった。

（注）

（1）前掲県立図書館蔵「毎日新聞千葉版」一九五八年十一月十六日付

（2）前掲県立図書館蔵「毎日新聞千葉版」一九五九年六月五日付

（3）前掲県立図書館蔵「毎日新聞千葉版」一九六一年四月三日付

(4) 前掲県立図書館蔵「毎日新聞千葉版」一九六一年八月十六日付
(5) 前掲県立図書館蔵「千葉日報」一九六二年七月二十八日付
(6) 前掲県立図書館蔵「毎日新聞千葉版」一九五九年十二月二十七日付
(7) 前掲県立図書館蔵「毎日新聞千葉版」一九六〇年四月二十二日付
(8) 前掲県立図書館蔵「千葉日報」一九六一年十月三十一日付
(9) 前掲県立図書館蔵「千葉日報」一九六二年七月二十二日付
(10) 前掲県立図書館蔵「朝日新聞千葉版」一九六一年四月十二日付
(11) 前掲県立図書館蔵「読売新聞千葉版」一九五八年十二月十日付
(12) 前掲県立図書館蔵「読売新聞千葉版」一九五九年四月二十五日付
(13) 前掲県立図書館蔵「千葉日報」一九六一年五月四日付
(14) 前掲県立図書館蔵「毎日新聞千葉版」一九六一年四月四日付
(15) 前掲県立図書館蔵「毎日新聞千葉版」一九六二年四月三日付
(16) 前掲県立図書館蔵「千葉日報」一九六二年六月十一日付
(17) 前掲県立図書館蔵『自治労千葉の三十五年』一七五頁

三、京葉工業化政策の推進とその隘路

（一）工業化推進の諸政策

（1）東京湾岸埋立の拡大

①稲毛地区

千葉市稲毛海岸約二〇万坪埋立の話が起こったのは一九五六年（昭和三十一）のことで、千葉市では海岸線約一六〇〇メートルを沖合約四〇〇メートルにわたって埋立、住宅地にする考えであった。稲毛漁協（組合員五七三名）では一九六〇年（昭和三十五）八月二十五日、稲毛小学校で臨時総会を開き、千葉市から提案された漁場埋立補償最終案（一億三六〇〇万円）をのむことを全員一致で決め、難航していた埋立補償交渉は三年振りに解決したのである。

②五井南部地区

県開発部は五井漁協（組合員専業六九四戸、兼業二八八戸）の持つ埋立予定面積五三三ヘクタールを海苔柵八五九七柵の補償額二〇億四二五五万円、貝類三億四一八六万円、スダテ二統で三〇〇万円と見積もった。県の査定はほぼ十年間の所得に見合う「電源開発」方式によるものであった。しかし一人当たり四〇〇万円を要求して一九六〇年の年内解決は困難と見られていた。しかし県は二五億三二〇〇万円の回答を行い、漁協幹部は了承したので、一九六一年（昭和三十六）二月に正組合員一戸三九〇万円で妥結したのである。五井南部に漁場を持つ五漁協（松ヶ島、青柳、今津朝山、姉崎、椎津）では今津朝山が一人平均八八〇万円で妥結、姉崎は七〇〇万円で、青柳は八一〇万円、椎津八〇〇万円、松ヶ島七三五万円で一九六二年（昭和三十七）二月までに補償は

全部解決したのである。

③　生浜地区

千葉市生浜では東急電鉄が一九五七年（昭和三十二）九月に生浜地先七〇万坪の埋立申請を県に行った。東急は石油精製工場を建設する計画であったが、すでに川鉄、東電両社が灰の捨て場三〇万坪と四〇万坪の工場建設用地として埋立を出願していたので、三社出願の形となった。生浜漁協（正組合員三〇三名、準組合員一〇七名）は埋立に反対したが一九六一年（昭和三十六）四月に軟化し、埋立条件の交渉に入った。十二月十八日、補償金一五億四五七九万円で妥結となり、川鉄第二工場、川鉄化学、東電第二が誘致されることになったのである。

④　浦安地区

東葛飾郡浦安町では一九五九年（昭和三十四）八月十八日、宇田川町長等が出県し、オリエンタルランド六〇万坪を含む海面二〇〇万坪の埋立による総合開発の実現を陳情した。当時オリエンタルランドは京成電鉄、三井不動産、朝日土地、山崎興業、日本プラスチックの五社が出資し、総工費六〇億円で二〇〇ヘクタールを埋め立てる計画を明らかにしていた。オリエンタルランドでは同所に遊園地（ディズニーランド）を建設する計画で、地元の浦安本漁業組合、浦安第一漁業組合も賛同していた。埋立総面積八〇八ヘクタール、利用計画は遊園地二四七・五ヘクタール、同住宅地一九八ヘクタール、道路その他公共用地一六五ヘクタール、漁業補償地及び海面下の土地の補償地一三二ヘクタール、県中小企業用地六六ヘクタールであった。工事は一九六二年（昭和三十七）から五年間で行い、事業費の大部分はオリエンタルランド社が負担するが、設計、監理は県営で行い、土地の利用、処分については県が決定権を持つものであった。県開発部はこの計画の実施を決め、二月県議会に提案したのである。

（2）印旛沼干拓の縮小

農林省の印旛沼干拓推進に対し、千葉県は干拓農地の転用と干拓廃止を求めて対立してきた。ところが一九五八年（昭和三十三）十二月に経済企画庁総合開発局が、①印旛沼の干拓地区は沼の東と西の端だけに限定する、②干拓面積は農林省案より三六％削減する、干拓完了後に残る沼の面積を一四八四ヘクタル、貯水量を一二〇〇万トンとする、③新川と花見川を繋ぐ疎水路に揚水場を設ける、④それでも工業用水は不足するので、利根川から毎秒四トンを取水する等の試案を発表した。今後農林、建設、通産各省との間で調整し、印旛沼の総合開発を協議したいとし、各省間の第一回打ち合わせ会を一九五九年（昭和三十四）二月六日に開催した。ここに干拓縮小問題は新たな局面を迎えたのである。[1]

京葉工業地帯に進出する企業で構成する京葉地帯経済協議会では一九六〇年（昭和三十五）九月五日、安西浩会長（東京ガス副社長）、江戸英雄副会長（三井不動産社長）、西山同副会長（川鉄社長）等は柴田知事と共に池田首相、南条農相、橋本建設相等に会い、「工業用水確保の成否は京葉工業地帯の死命を制するので、是非政府の力で用水確保の施策を講じて貰いたい」と陳情したが、特に「印旛沼を農林省が干拓しようとしているが、即時工事を中止して欲しい」と申し入れた。これを受けた南条農相は「すでに農地を造成して食糧増産ばかりする時代ではないので、要望の趣旨にそうよう事務当局に検討させたい」と答えていたのである。

早速農林省は九月十日、「印旛沼から工業用水を引くことを前提として干拓計画を練り直す」として、①国営事業を改め、工事は新年度に新設される水利開発管理公団に移管する、②新しく毎秒五トン（日量四三万トン）の工業用水を取水する、③利根川河口に防潮堤をつくり、毎秒一〇トンを京葉工業地帯に引く、④農業用の両総用水も用水計画を変更する等の方針を決定したのである。

農林省の方針が変更になったことから、印旛沼土地改良区では「干拓計画は当初の予定通り全面的に遂行すべき」と知事、農林省へ陳情を行った。しかし九月十三日、柴田知事は「干拓縮小はやむを得ない」と陳情団に回答した。

九月二十五日に農民代表三五〇名を集めて印旛沼干拓促進農民大会が印旛郡栄町の印旛沼排水機場で開かれた。そして千葉市検見川埋立、印旛疎水路、手賀沼干拓地を視察して同会場に姿を見せた南条農相に決議文を手渡した。

しかし南条農相は「印旛沼干拓縮小問題は十分検討する」と答えたに過ぎなかったのである。このため印旛沼土地改良区の全理事は、責任をとって総辞職する事態となったのである。(2)

県は農林省から「計画を変更したい」との正式の意思表示があったので、一九六一年（昭和三十六）四月二十五日、知事と農林水産、土木、開発の三部長会議を開いて、計画変更を行うための県の態度を決定した。変更計画の内容は、①干拓の目的を農業用干拓から多目的干拓に変更する、②干拓面積は一六九〇ヘクタルから一二〇八ヘクタルに縮小する、③貯水面積を八二八ヘクタルから一三二〇ヘクタルに拡大する、④毎秒六・八トン（川鉄一・八トンを含む）の工業用水の取水を可能にする、⑤工業用水を取水する進出企業と県は干拓事業費の一部を負担する等であった。(3)

農林省は工事費を現行予算七六億四〇〇〇万円（うち工事の終わったもの四四億二五〇〇万円）を一二〇億円に改め、この工事費の相当部分（四〇億円以上）を県に負担して欲しいと申し入れてきた。一二〇億円のうち、治水関係が六四億円、残り五四億円は工業用水、干拓、排水等の開発関係費である。公共事業費が補助事業の扱いの場合は二分の一が国庫負担で三二億円、これに工業用水事業分一〇億円を加えると四二億円が県費負担と云うものであった。県ではじめ「一五億円くらい」と回答したが、「せいぜい二〇億円が限度」と再回答した。ところが農林省側は「改定によって工業用水が生み出せるのだから」との理由で四〇億円以上を譲らなかった。県が負担金を出すのは、その水を使う進出企業に相当額の負担が転嫁されることになるので、進出企業から「この問題について慎重に取り扱って欲しい」との要望が出されていたのである。日量四三万トンの水が欲しいが、負担金が払えるかどうか、これが解決しなければ、工事のスムーズな進行は難しかったのである。河野農相は柴田知事との会談で四〇億円を強く要望した。しかし柴田知事は「県の財政事情では四〇億円全額負担は難しい、三二億円まで国で起債を配慮してもらえば支払える」と回答した。県と農林省の間で揉めてきた負担金問題は両者の主張が平行線をたどったまま、一九六二年（昭和三十七）九月末に暗礁に乗り上げ、一時交渉は打ち切りとなった。しかし知事選の真近に宮沢副知事と任田農林省農地局長とで交渉を再開。政治折衝の結果、県負担を三六億円（五井南部の進出企業から一〇億円、将来進出する企業から一〇億円、県から一四億円、十月二十六日に県が二億円を積み増す）とする暫定協定が纏まり、正式調印は県議会の承認を経た後、新知事と重政農相の間で行われることになったのである。(4)

しかしこれで問題は決着したのではなかった。県工業用水課は「三六億円は合理的な根拠に基づいて算出されたものではなく、分担金三六億円は支払わないように」と加納知事に意見書を出したのである。こうして印旛沼干拓問題は柴田県政で解決出来ず、次の加納県政に持ち越されたのである。

（3）長浦干拓の中止

一九五一年（昭和二十六）十二月十九日、君津郡大森長浦村長、飯島昭和町長、市原郡鈴木姉崎町長等は長浦村役場で東京内湾の市原郡姉崎町から君津郡昭和町に至る海岸一〇〇〇ヘクタールを四か年計画で水田にする計画を協議し、県ならびに農林省に正式陳情することにした。そのため二十二日に小高熹朗代議士の案内で上京し、国営で施行することを具申したのである。この計画は一九五三年（昭和二十八）一月、農林省で許可となり、二十七日に県に通知があったのである。三年間で九億三三九七万二〇〇〇円の予算で、約六四三ヘクタール干拓の工事を行うもので、四月六日に長浦漁協事務所に関係町村の代表が集まり、東京湾干拓期成同盟を結成した。会長に大森直吉長浦村長、副会長に飯島長吉昭和町長、同鈴木益次郎姉崎町長、また顧問に柴田知事、戸川県農地部長、大野弥作県議が推薦されたのである。(5)

国営長浦干拓建設事業起工式は一九五六年（昭和三十一）三月十五日、君津郡袖ケ浦町長浦漁協で行われた。東京農地事務局の田村建設部長等が出席して鍬入れを行い、六か年、総工費一二億円の関東に唯一を誇る大工事が着手となったのである。長浦全工区は四工区に分け、高さ四・五㍍潮受堤防の他、高さ四・五㍍から三・七㍍の河川堤防を延長一五〇〇㌖築き、これによって六四三㌶の水田を造成、入植戸数三三戸（一戸当たり一・四八九㌶）、増反戸数一四〇九戸（一戸当たり〇・三六六㌶）によって一万八七〇〇石の増産を図ろうとするものであった。

同干拓事業のうち、長浦地区三〇〇余㌶の工事は工事着工を前に、長浦漁協では九月十二日に臨時組合会を開き、「組合が農林省長浦干拓建設事務所と締結した協定書は組合員の知らない秘密協定である」として協約無効を決議した。この協定書は一九五五年（昭和三十）十二月二日、大森直吉前組合長が県戸川農地部長等を立会人として組合員に諮らず、独断で取り決めたものであった。協定六項目の中には「干拓事業によって漁場が荒らされるような場合も、補償を要求しない」と云う点があった。また干拓海面は沖合五〇〇㍍までとされていたが、実際の工事予定地は六百数十㍍にまで延長されており、漁民に不利な取り決めとなっていたのである。

一九五七年（昭和三十二）五月二十二日、第三工区の潮止工事が完工し、六月十八日には試験的に初の田植えが行われたのである。農林省では第一期工事の第三工区（八九㌶）に引き続き、第二期工事として第四工区（一三三二㌶）の工事を一九五八年（昭和三十三）四月から開始する予定であった。しかし蔵波漁協は一九五七年十一月に「計画通り沖合まで干拓されては、海苔養殖場が半分潰される、最初一九五一年（昭和二十六）の話があった時は五〇〇メートル沖合までのことであったので承諾したが、八〇〇メートルも延長されては全漁民の死活問題であり、絶対反対だ」と強硬に主張した。一方広瀬干拓事務所長は「漁民が承知しなくとも干拓権があるので工事は強行出来るが、あくまで摩擦は避けたい。八〇〇メートルの線以下では国営事業にならないので、最初から五〇〇メートルの線など考えられない」と主張して平行線であった。蔵波漁協は一九五八年（昭和三十三）二月十六日、組合員二四一名が参加し、臨時総会を開き、①八〇〇メートルから干拓されると海苔の種付場と稚貝の発生地が潰され、年間四〇〇万円の損害が出る、②干拓造成地の売渡価格が最初九・九二アール（一反当り）五〇〇〇円だったのが五万円に値上がりしたのは不当であるとの理由で、長浦干拓事業反対期成同盟を結成したのである。この反対同盟は代宿、久保田、蔵波、奈良輪、市原郡姉崎、椎津の六漁協で構成されていた。そして四月十二日に反対同盟が主催して長浦中学校校庭に一三〇〇名が〝長浦干拓反対〟と赤く染め抜いた鉢巻き姿で集まり漁民大会を開き、幟を立てて街頭デモを行ったのである。[6]

十一月に入り農林省側では第四工区の本年度予算四〇〇〇万円が決まり、十一月に着工しなければ間に合わないところにまで切迫していた。そこでまず水門と潮止の工事を始めたいとしたが、反対同盟側は実力行使で阻止したいとし、工事着工と同時にサイレンや半鐘を鳴らして組合員五〇〇名を動員し、漁船四〇〇隻を第四工区内に浮かべて海上ピケを張り、工事を妨害することを決めた。十一月十九日には実力行使の訓練を兼ねて海上漁民大会を開催することにし、木更津警察署に屋外集会を届け出たのである。将に一触即発の危機が迫っていたが、この成り行きに心配した県当局は十一月十七日に両者を呼び、調停に入ったのである。

十一月二十日、蔵波漁協の緊急集会が開かれ、満場一致で反対運動から脱退を決議した。反対同盟の対策委員二〇名が総辞職し、改めて第四工区着工促進を決議し、在原竜之助組合長等は農林省へ陳情することになったのである。何故に賛成に変わったのか、その理由を、①第三工区完工後、初めての海苔収穫が始まったが平年並みであったこと、②アサリ、ハマグリの漁獲も干拓で減収しないことがハッキリしたこと等を挙げていた。

そして久保田漁協も軟化を示したのである。第四工区は奈良輪、蔵波の漁区であったが、農林省は蔵波漁協分だけの年内着工を決めたのである。反対同盟は十二月五日、森清代議士を招いて役員会を開催したが、一部組合員から過激な反対を避け、陳情運動を積極的にすべきとする意見が出されて、森代議士も「この線で努力したい」と語っていたのである。

十二月十二日からの第四工区工事着工を前にした六日、農林省は第三工区の土地配分方法の発表を行った。長浦漁協全組合員一六六一戸、入植者四〇戸、沿岸の増反農家一六六六戸を対象に、一・一ヘクタール以上者に〇・一ヘクタール、全く土地を持たない者は〇・三ヘクタール、その中間者も〇・三ヘクタールの土地を配分したのである。工事着工に反対同盟は静観の態度であった。おそらく土地配分が影響したものと思われる。十二月十六日、第四工区着工の覚書調印式が県庁で行われた。

五井南部の工場埋立問題では東電、三井石油化学、出光興産等の進出希望会社が非常に多いので、県では最初六六〇ヘクタールの埋立計画を立てていたが、これを九九〇ヘクタールに拡大、この中に含まれている農林省干拓第一工区（一一六ヘクタール）を干拓計画から解除して欲しいと陳情したのである。(7)

第四工区の工事では、奈良輪地先は奈良輪漁協が強い反対を主張していたので、蔵波地先の工事を先行することにしたが、蔵波、奈良輪両漁区境の築堤問題が紛争となっていた。奈良輪は十数回に及ぶ県の説得もあって態度を軟化させ、蔵波、奈良輪両漁区境の築堤に同意したのである。

県では第二工区に工場を誘致するため、「同干拓地の工業用地への転用を認めて欲しい」と農林省に陳情していたが、地元の久保田、代宿、笠上《かさがみ》の三漁協が反対し、特に久保田漁協は「あくまで農業干拓を進めて欲しい」と農林省に反対陳情していたのである。第二工区は二年前に「農業干拓して欲しい」と農林省や県から地元に依頼があり、地元民を説得して久保田漁協も干拓賛成に踏み切ったのであったが、県は最近になって地元漁協に具体的な工場誘致計画を明らかにせずに農林省に転用を陳情したとして反発が強かったのである。

農林省は「地元の同意があれば代宿、久保田地先の転用を認めてもよい」との内意を県に伝えてきたが、地元の反対が強く、交渉開始は無期延期となったのである。結局干拓地の第一、第二工区は干拓中止となり、第四工区約一三〇㌶は干拓したが農林省は工業地転用を恐れて土地配分を渋り、宙に浮いて目途が立たなかった。農業用地として配分となったのは第三工区だけであった。長浦干拓は柴田県政期では決着が付かず、解決したのは一九六八年（昭和四十三）七月のことであった。

（二）京葉工業地帯造成上の三つの隘路

（1）工業用水確保と山倉ダムの建設

京葉工業地帯造成の遅れには三つの問題があった。その一つは工業用水の安定的確保である。県開発部では一九六五年（昭和四十）までに埋立等で出来上がる四〇〇〇㌶の工業地帯を対象に組み立てた京葉工業地帯で必要とされる工業用水計画の大綱を作成した。一九六〇年（昭和三十五）二月九日、柴田知事は東京都都市センターに建設、通産、農林各省と経済企画庁の担当者を招いて、その計画大綱の説明を行い協力を求めたのである。水源別にこの計画を見ると、①地下水を千葉市周辺、市川、船橋で日量二六万四千㌧を汲み上げているが、今後四万三千㌧に、五井、千葉市生浜、出洲地区で一二万九千㌧を汲み上げる計画であった。②養老川から五井・市原地区の六〇〇㌶の工業地帯に日量二四万㌧供給しなければならないが、このうち四万㌧は地下水で賄い、残りを養老川の山倉、蕪木《かぶらぎ》両地区にダムを造って賄う。山倉ダムは一九六二年から日量一二万㌧の給水計画で工事中であった。また第二期の蕪木ダムは夷隅郡大多喜町町内で、三〇〇万㌧の貯水量から日量八万㌧を給水する計画であった。③小櫃《おびつ》川は五井南部六六〇㌶の埋立工業地帯への工業用水であり、日量二〇万㌧が必要と推定され、小櫃ダム（上総町黄和田畑）、笹川ダム（同平ケ台）、下流貯水池（姉崎町椎津）の三地点に貯水する。④霞ケ浦は貯水量九億トンと推定され、日量三〇万トンの供給は可能と考えられ、同浦の水を横利根、新利根から利根本川、長門川、印旛沼を経て京葉工業地帯への用水路計画を立てていた。同浦利用については一九六〇年（昭和三十五）一月に柴田知事が茨城県を訪ねて基本的な了解を取り付けていたのである。

国営亀山ダムは農業用ダムとして一九五六年（昭和三十一）四月に建設方針が決まっていたが、県開発部の意向で一市五町村の促進建設同盟会長が加藤一郎県議会議長に変わったことを契機に、多目的ダムの建設に向かうことを協議し、運動の出直しを図ったのである[8]。

一九六一年（昭和三十六）三月に京葉地帯経済協議会は、利根川の水を利用する機会を早く設けるよう池田首相に陳情し、大蔵・経企各省庁にも改めて要望書を提出した。また県当局も県選出国会議員団に同じような働きかけを行い、四月には工業用水課を新設して、国の計画に不足する用水を自力で確保することにした。

県開発部は一九七五年（昭和五十）までの埋立造成地はおよそ一万ヘクタルと見て、そこに進出する工場の大半は大量に水を使う重化学工業であり、京葉地帯での工業用水需要量は日量二八〇万トンになるとしていた。とりあえず一九六二年（昭和三十七）からは五井・市原地区の一部で必要が生じ、次いで一九六三年（昭和三十八）には五井・姉崎、一九六四年（昭和三十九）には船橋、幕張、木更津・君津の一部で必要が生じ、一九六五年（昭和四十）には総量三九万トン、一九七〇年（昭和四十五）には一一三万トンと飛躍的に増えるものと見込んでいたのである。これに対応する水源は、地下水依存を除くと二二〇万トンで、その内訳は養老川から五井地区へ二〇万トン、小櫃川から君津地区へ二〇万トン、小糸川から桜井地区へ一〇万トン、湊川から富津地区へ一五万トン、川鉄が印旛沼から一五万トンを引き、残り一四〇万トンは利根川に依存しなければならないものであった。これが京葉地帯経済協議会の利根川重視の根拠であった。経済成長のかけ声と共に工場進出のテンポが早くなり、早々に国の用水公団を発足させないと、三年後には京葉工業地帯の工業用水が間に合わなくなるとの危機感からであった。

一九六一年八月三十一日に八幡製鉄（新日鉄）の君津町への進出が決まった。県は小櫃川、小糸川、湊川の三河川で日量四五万トンまで取水出来るとの見通しを示した。しかし同社では「三河川は日量三五万トンが限度ではないか」とし、「出来るだけの用水確保」が申し込まれた。これについて県当局は「最終的には利根川水系の水に頼らざるを得ないとし、これと三河川の水を一つにして使う方法を検討中である」と答えたが、県開発部の君津地区の工業用水対策は小櫃川、小糸川、湊川の三河川で日量四五万トン方針を推進する計画であった。その計画では小櫃川は支流笹川の流域で七四〇万トンの貯水池を、本流黄《き》和《わ》田畑《だばたけ》で多目的ダムをつくり、八〇七万トン（うち農業用四五〇万トン、工業用三五七万トン）とし、同時に下流に山倉ダム式の貯水池を設けて五〇〇万トンの貯水をする。この三ダムで日量二〇万トンの供給が可能としていた。小糸川では三島ダム上流の倉沢で七五〇万トンを貯水して日量一〇万トンの供給が可能とした。湊川では上流戸《と》面原《ずらはら》に四〇〇万トンの貯水池を、下流に六〇〇万トンの貯水池をつくり、日量一五万トンの供給が可能としたものであった。(9)

県開発部、農林水産部、土木部の共同計画では、養老川の多目的ダム（工業、農業、水害防止の兼用）計画は当初農業用ダムとして計画され、養老川最上流の夷隅郡大多喜町面白《おもじろ》に建設する予定であった。しかし面白ダムは貯水量三二五万トンで、流域農民との同意調印が行われたが、工費一三億円の二五%の受益者負担に対し、農民側に過重と云う意見があって水利組合が出来ずストップとなってしまったのである。この間に下流に五井・市原工業地帯が造成され、工業用水源の確保が大きな課題となり、また中小河川のため部分的な改修しか行えない養老川は豪雨の度ごとに水害禍が流域を襲った。これらの諸問題を総合的に解決するため、県開発部工業用水課、農林水産部耕地課、土木部河港課の三者がプランを持ち寄り、養老川中流にダムを建設する方針が決まったのである。貯水量は九八〇万トン（工業用一八一万トン、農業用三一〇万トン、防災用流水調整能力二七五万トン、堆砂二一四万トン）で、ダム所要面積約一七〇ヘクタールで、県下最大の規模が予定されるものであった。候補地としては加茂村大久保と同村高滝が考えられたが、建設場所が高滝地区と決まったのは一九六五年（昭和四十）十月のことであった。(10)

県では開発部設置の初仕事として通産省や進出各社の協力を得て、工業用水確保のため、養老川に一大貯水池を建設することにしたのである。五井・市原地区に進出する各社の工場建設計画に伴う工業用水の必要日量は、一九五九年（昭和三十四）は五〇〇〇トンだが、一九六二年（昭和三十七）には一二万五〇〇〇トン、一九六五年（昭和四十）には二二万六〇〇〇トン。将来は九一万トンとなり、これに川鉄の水利権一五五万トンを加えると二四六万トンを確保する必要があった。このため県では七月十六日から東京の丸善石油本社で通産省藤岡工業用水課長、永岡、細井両技官、進出会社代表丸善石油、古河鉱業、京葉天然ガス等を招き、工業用水道建設委員会を結成した。初会合で総工費を一六億円（起債）とし、一九五九年度着工、一九六一年度（昭和三十六）完成を目標に市原郡三和町大坪、山倉地区に四九三万立法メートルの貯水池を建設し、五井、市原地区の臨海工業地帯に配水管を引いて水を供給する計画を立てたのである。[11] この山倉ダムは三和町山倉にダムを築き、約一キロメートル離れた同町西広堰《さいひろぜき》付近の養老川から一二〇〇馬力のポンプで揚水して五〇〇トンの水を貯め、約五キロメートル離れた五井、市原地区の進出会社にパイプで一日一二トンの工業用水を供給するものであった。一九五九年度一億円の予算で同郡市原町郡本《こおりもと》地先下流から同郡五井町君塚まで一五〇〇メートル、五井町金杉から海岸まで五〇〇〇メートルの配水管工事を行い、一九六〇年度（昭和三十五）から給水を開始するとしていた。同ダムの水面積は六〇ヘクタールで、関東でも村山貯水池に次ぐ大きな人造湖で、このため農家七戸をはじめ水田二〇ヘクタール、畑三ヘクタール、山林五七ヘクタールが湖底に沈む運命にあった。これら水没関係地主五〇名はダム建設反対期成同盟会（柴崎泰吉会長）を結成した。県では一九五九年二月以来数回交渉を行ったが、地主たちは「代替地を提供してくれない限り応じられない」と絶対反対を堅持していた。

〝町のため、県のため〟と云う地元鶴岡町長の三年越しの説得で、一九六〇年四月に反対同盟は「反対闘争一本ヤリ」のこれまでの闘争方針を「条件闘争」に切り替えたので、ダム建設は三年振りに明るい見通しとなったのである。

農民等の補償要求では、土地買収額は一〇アール当たり水田三〇〇万円、畑二五〇万円、山林一五〇万円で、市原町山田橋に一四名の地主がいたので要求総額は二二億円にのぼると見られていた。県開発部と地元補償交渉委員会の間で二年越しの交渉が続けられた。一九六一年三月二十七日に千葉市で地元代表と県側で話し合いが行われた結果、妥結となり、三十日に調印式となった。地元側は水田三〇〇万円、畑二五〇万円、山林一五〇万円を要求、これに対し県は夫々一〇分の一の額を提示し、交渉は難航したが、菅野儀作県議会議長の斡旋で互いに譲歩し、妥結額は水田七〇万円、畑五五万円、山林四五万円、宅地は三・三平方メートル（坪）当たり二五〇〇円で、他に移転補償見舞金等を含め総額五億八〇〇〇万円であった。[12]

〝湖底に沈む村〟の表情をルポした「千葉日報」の記者の報告によれば、ダム建設で湖底に沈む家は七戸であったが、何らかの犠牲を被る者は山倉地区一〇〇戸のうち六七戸、平均所有耕地面積は五〇アールと云う小農経営で、農林業を兼ねたり、日雇いに出て生活していたのである。六七名の一人当たり平均の補償金は約八〇〇万円の計算になるが、実際には最高四〇〇〇万円から最低五〇万円であった。三〇〇〇万円を受け取るSさんの場合、所有耕地二ヘクタールであったが、残るのは五アールとなり、家が湖底に沈むので、完全に離農となった。「大金が入るといっても、これからの生活をどうするか」と表情は暗かったと云う。しかし深刻であったのは耕地一〇アール位で日雇い暮らしをしてきた兼業農家であった。補償金も五〇～六〇万円にしかならず、今後は総てが消費生活者になるものであった。六七名のうち離農を迫られた者は一五世帯、残る人たちも出稼ぎ農家への転落であった。[13]

山倉ダムは五井・市原地区に進出した大手一一社（富士電機、昭和電工、三井造船、古河鉱業、古河電工、大日本インキ、千葉砂鉄、旭ガラス、新日本窒素、丸善石油、東電五井火力）の工業用水供給のために設けられたものである。三和町山田橋付近で揚水し、途中二か所の山間に土堰堤を築き、五〇〇トンを貯水するものであるが、予定地一帯は五～六メートルを柔らかな関東ローム層が覆う土質であるため、堤防には不適、堤防の傾斜を緩くし、大量の土を使用して基礎工事を行うだけでなく、堰堤自体も大きなものにしなければ、貯水した場合に破壊する心配があることが判明し、設計のやり直しとなった。築堤の費用は当初の六億円から一二億円に膨れ上がったのである。

一方水田をダムによって失う三和町山倉、市原町山田橋地区への補償は当初一〇アールに付き二〇万円の予定であったが、四倍近い七五万円に膨らんだ。補償費総額は六億四〇〇〇万円になり、総工費は三二億円になったのである。このダム建設には通産省から工費の四分の一の補助があるが、工業用水としてダムの水を使う場合、「一トン当たり四円以下」の条件が付いていた。このため工費が二倍になれば、一トン当たりの水の値段も二倍になって、国庫補助は認められなくなるものであった。県は工費を一六億五〇〇〇万円で抑え、残りは進出会社から寄付金として支払ってもらう交渉を行った。各社とも「これ以上の負担は出来ない」との態度であり、開店休業状態となった。

完成が遅れていたため、すでに操業に入った旭ガラス、昭和電工、古河電工の三工場は地下水を各社毎に汲み上げて使用してきたが、地盤沈下防止規制で充分に工業用水を得られず困っていた。また東電、富士電機、丸善石油等も操業までに山倉ダムの完成が間に合わないと生産上大きな打撃を受けると憂慮していた。山倉ダムは一一社の創業当初の必要量を賄う応急施設であったことから、「完成が遅れれば各工場の生産がその間に伸びるので、場合によっては役に立たなくなる」と工場関係者は見ていた。一方建設費も計画当初は一〇億円であったが、それが一三億円、一六億五〇〇〇万円と数回修正され、設計変更で三二億円に膨れ上がるとあって、各社は「工業用水費が余りに杜撰で、生産コストに影響する」と強い不満を見せ、「用地買収その他についても、県の計画は全て見立が甘く、当局の態度は無責任過ぎる」と批判し、「一六億五〇〇〇万円に修正されたとき、これ以上の増額はしないと覚書（一九六〇年三月）を柴田知事から取ってある」と設計変更による三二億円の増額には応じられないと強い態度を見せたのである。この一一社の不満の根底には工業用水の根本対策を持たないばかりか、道路、その他全ての付帯施設の造成に不手際な県の施策全般への重なる不満が伏在していたのである。県当局は貯水量六〇〇万トンを一挙に四四〇万トンに落とす変更案を各社に示した。四四〇万トンであれば工事費は総額二六億円に抑えられ、各社負担額も当初より二億円増の七億二〇〇〇万円で済み、完成は一年遅れるだけとなるから、各社も了解し、解決となったのである。(14)

しかし一九六二年度（昭和三十七）の国庫補助金一億七〇〇〇万円の他に、五億円の全額起債は、建設計画が一年延長で一九六三年度（昭和三十八）分六億円には国庫補助金が付かないので、全額起債の確保は果して出来るのかという問題も控えていた。これらの問題が解決すれば、一九六四年（昭和三十九）秋から日量一二万トンの給水が行われることになる。しかし貯水量の大幅縮小で標準渇水年には年間一五〇万トンの水が不足するので、各進出会社では月に五％の節水が必要となり、その対策は残された課題であった。

（2）我が国初の半官半民鉄道敷設

京葉工業地帯造成計画のうちで、最も遅れの目立っていたのが鉄道問題であった。一九五九年（昭和三十四）十二月、県は国鉄に路線建設の申請を出し、一九六〇年（昭和三十五）一月に国鉄東京工事局に調査を依頼し、一九六一年（昭和三十六）一月に出来上がった。その調査によると、東京都江東区越中島から千葉市蘇我までの三八キロメートルにわたる同鉄道を複線化区間とし、用地買収費を除いて七五億円の工費が必要となった。一九七五年（昭和五十）までに市川・浦安地区から木更津地区までの東京湾岸一・一万ヘクタールを埋立てて、工場の製品や原料の輸送量は一日貨車五〇〇〇両分になる。これは東海道線に次ぐ輸送量であり、市川の埋立地に大操車場、千葉をはじめ三、四か所に貨物駅、将来は旅客輸送も扱い、一九六六年（昭和四十一）または一九六七年（昭和四十二）完工を目標に始動するとあった。

県は一九五八年（昭和三十三）に三三市町と京葉地帯経済協議会とで京葉臨海鉄道期成同盟会（柴田知事が会

長）をつくっていたが、一九六一年（昭和三十六）二月二十一日、千葉市の新聞会館で期成同盟会の総会を開催し、新路線は総武線の改良線として設け、総武線との連絡、貨車の操車のための操車場を葛南、蘇我の二か所に設け、また貨物駅は葛南、船橋、津田沼、出洲の四か所とし、一九六五年度（昭和四十）の建設実現を目指す運動の展開を決定したのである。

二月二十四日に柴田知事、宮沢副知事、石原開発部長等は東京で県選出国会議員に改めて計画を説明した。その説明では、一九五九年（昭和三十四）時点の京葉地帯の年間貨物輸送量は一一六〇トンだが一九六七年（昭和四十二）には一〇倍近い一億一四八〇トンに、また一九七五年には一四倍の一億六〇〇〇万トンになると予想されるとし、千葉市から江東区越中島までの三八キロメートルの臨海鉄道と蘇我から五井までの八キロメートルの臨港鉄道に分けて検討する。臨海鉄道は国鉄の改良線にしてもらい、複線化で七五億円。臨港鉄道は専用鉄道として四億五〇〇〇万円で、一九六一年中に着工したいとしたのである(15)。

六月十六日の期成同盟会第七回総会では、臨海鉄道が五月二十一日の鉄道審議会で鉄道敷設法に基づく予定線に編入となったので、年度内に予定線を調査線に昇格させ、さらに建設線にもっていくように猛運動することを申し合わせ、宮沢副知事は「一九七〇年（昭和四十五）までに七・八キロメートルの臨港鉄道が完成しないと貨物輸送がストップとなる」として国鉄で施工して欲しいと正式に申し入れたのである。

県開発部は臨港鉄道計画の細目を決定したが、それによれば、七・九キロメートル、建設費（用地費を除く）は二億六九〇〇万円、路線は蘇我駅から南の東電引き込み線の国道立体交差点から南に折れ、村田川付近に操車場を新設、さらに南へ五井町地先埋立地までとする。路線敷は複線幅を確保するが、単線で設けると云うものであった。

千葉市、船橋市等六市の市議会議長は、八月七日に柴田知事、伊能参議院議員等と運輸省、国鉄を訪れ、臨海鉄道の早期実現を陳情した。席上、中村国鉄常務理事から「蘇我～五井間の臨港鉄道は国鉄が資本金を負担する株式会社で運営する考えで、国鉄の出資を可能にするため、日本国有鉄道法の改正も考えている」との発言があった。国鉄を株主とする全く新しい形の会社が臨海鉄道の建設にあたる可能性を示したものであった。進出企業の中には一九六二年（昭和三十七）春に一基二〇〇トンもする機械を運ぶことになる企業もあり、各社とも臨港鉄道の早期実現を県に切望していた。しかし国鉄の臨海鉄道計画は五月にやっと「予定線」になった段階で、実現の見通しはサッパリであった。そこで県としては、とりあえず臨港鉄道を県営の専用鉄道、あるいは進出企業の専用側線にすると云う次善の構想を採用し、運輸省、国鉄と掛け合ったのである。国鉄では「特殊な地方鉄道」の具体案を八月五日に県に提示していた。その案では、①国鉄、県、進出会社が資本金を分担して「京葉臨海鉄道株式会社」をつくり、この会社が臨港鉄道を敷設、運営する、②敷設費は一〇億円、その半額を国鉄が負担する、③新会社の従業員は一〇〇名程度とする、④現行の日本国有鉄道法では国鉄が出資することが出来ないので、同法の一部改正案を次期国会に出す、と云うものであった。柴田知事は「臨港鉄道を一日も早く敷設するために、国鉄案に賛成する」と記者会見で表明したのである。

県と国鉄との交渉が具体化しないため、国鉄法の改正を待っていたのでは建設が非常に遅れるので浅井千葉鉄道管理局長が「進出会社がとりあえず予定路線の一部を〝会社専用側線〟の形式で敷設を進める」と云う暫定案を進出一一社に申請することを呼びかけた。この案に県も会社も賛成したので、臨海鉄道協議会（会長は浅井局長）を結成し、県は十一月一日の第二回協議会に申請書案を諮り、直ちに国鉄本社に申請書を提出した。申請はまず富士電機で蘇我駅から専用線を引き、さらに同専用線から市原地区は三井造船が、五井地区は旭ガラスが専用線を敷き、これを繋ぎ合わせる形で臨港鉄道を完成させるもので、工費は当面は各社負担、用地は県が負担したのである。[16]

一九六二年（昭和三十七）四月十三日、日本国有鉄道法の改正案が成立した。国鉄が直接に運輸事業に投資出来るようになり、臨海鉄道は民間投資の第一号でモデルケースとなった。五月に京葉臨海鉄道株式会社設立の申請を行い、十一月二十日に誕生した。資本金は一九億円、その出資比率は国鉄四五%、県二〇%、進出会社二五%、その他一〇%で、社長には小倉俊夫（元国鉄副総裁）が就任した。待望の開通は一九六三年（昭和三十八）九月十六日であった。

（3）遅れた有料道路建設

〃県下の道路は悪い〃と云う苦情の声は県民の共通認識として広くあった。そこで県土木部は一九六〇年（昭和三十五）末に「道路整備十か年計画」を立案し、自民党県連政調会に示して、一九六一（昭和三十六）年度の重点政策として予算要求を行った。この計画に基づき県下の道路事情を見てみよう。

県下の道路のうち、国道と主要地方道（県道と一部指定市町村道）を合わせた延長は二九八三キロメートルである。このうち一九六〇年までに舗装の完了したものは四四八・二キロメートル、舗装率は一五%であった。舗装率こそは全国平均の二倍であったが、完了していたのは一級国道だけであった。また細切れ舗装の点では全国一と云われていたのである。県下には一一七四基の橋があったが、木橋は三八一基あった。砂利道は二四一〇キロメートルであったが、砂利道は維持が大変に悪いもので、その原因は投入する砂利の生産地が県内になかったことによるものであった。

このような現況に対し、一九六一年四月の「歴代議長座談会」では、「道路網の整備は急がなければいけない。今建設されようとしている五井南部だけで、毎日、東京の品川から姉崎までトラックをつなげた分量の資材の運搬が必要だ」（菅野儀作）、「私は車で小櫃から県庁まで通っているが、小櫃から五井までが二五分、五井から県庁までが四〇分かかる。場合によっては一時間一〇分もかかる。一日も早く海岸に道路を造らなければいけない」（加藤一郎）との主張がされていた。また同年十月の進出企業代表の座談会「進出はしたけれど」では、「全く県には道路についての一貫した計画案は一つもないといってよい。悪い状態の道路に対してどんな手を打ったらいいか。県は大きなアドバルーンだけ挙げて、最小限の仕事もやっていない。これは金の問題とか、人手不足とかの問題でなく、計画が悪いのだと思う」（H社）と厳しい声が挙がっていた。さらに「京葉工業化と都市計画」の座談会では「何度も繰り返し言われているが、やはり一番困っているのは、道路の事情が一向に進まないことだ。東電五井火力の建設は予定通り進み、これからは精密機器を運び込む段階にあるが、悪路のため損傷するのではないかと頭を悩ましている。五井の工場地帯へは、現在のところ千葉～館山線国道から分岐している約二キロメートルの道路を利用する以外に手がないのだが、これが物凄い凸凹の悪路だ。しかも戦時中に軍用としてつくられたと云うこの道路は、未だに県道にも町道にも編入手続きがなされておらず、未登録で、だから整備予算の出所もない」（東電五井火力）、「五井地区の進出四社は連絡協議会をつくり、この道路を至急改修するよう五井町役場に陳情した。とくに雨でも降ると、泥沼のようになってしまって、建設資材のトラックは進むことも退くことも出来ない。うちのように操業している職場では、通勤バスがストップしてしまい、朝の就業時間に間に合わないことがしばしばだ」（旭硝子）と企業側からは切実な声が挙がっていたのである。[17]

このような道路整備への声に応えて道路公団は、一九六一年（昭和三十六）十一月に有料道路の船橋～千葉間延長の建設方針に踏み切ったのである。これまで千葉県内唯一の有料道路は東京～船橋間であった。当初公団は幕張町からの延長は県で予定していたものと同じく海岸埋立地に直線コースで千葉市出洲地先までの約一三・五キロメートルの建設案であった。

しかし県と千葉市では、①海岸埋立地造成が早急に行える見通しが立たない、②臨海道路の新設は埋立地造成と共に、将来公共事業で行う、③内陸開発と絡ませ、山手バイパス線の有料道路計画と一体化したい、④臨海地域へ有料道路が出来たのでは、他の国道、県道から流れ込む車両が千葉市の市街地を通過するので、交通渋滞の解消には役立たないとの理由から、幕張町の海岸に出て、ここから国道一四号線と立体交差で横断し、幕張台地に上がり、京成、国電を横断して武石～園生《そんのう》～作草部を通り、矢作町の東金街道へ結ぶ山手路線を希望し、建設省や公団に強く働きかけたのである。千葉市生実《おゆみ》までの京葉有料道路第四期工事が着手となったのは、一九六九年（昭和四十四）八月のことであった。

（三）千葉畜産工業会社の失敗

千葉県は全国でも有数の畜産県である。一九五五年（昭和三十）七月に県は乳牛、養豚をはじめとして酪農振興対策を打ち出したのであったが、乳価の不安定と豚肉価格が業者に買い叩かれる事態に直面し、柴田知事は県議会で「肉畜取引の合理化と価格の安定を図る措置を取りたい」と県民に約束していたが、これが発端となり、一九五七年（昭和三十二）の二月臨時県議会に食肉加工工場施設に関する議題が総務委員会、農地農林委員会、水産商工委員会に出されたのである。県側は食肉加工工場施設名を県畜産工業株式会社と提案した。総務、農地両委員会は継続審議となり、二月二十八日からの定例県議会へ持ち越し、県議会最終日の三月三十日ギリギリになって付帯条件が付けられて可決となったものである。たまたま農林省畜産局が一九五六年度（昭和三十一）の見返り資金活用のため、七〇〇〇万円を肉畜取引の適正化のための食肉加工事業に出すとの方針を決めたことから、これを聞いた柴田知事は「早速これを本県で実現したい」として、農林省との折衝を始めたのである。最初、県は県出資による食肉会社を設立し、これに見返り資金を貸して欲しいと折衝した。しかし農林省は「資金は貸すから県が会社に転貸するように」との案を伝えてきたため、計画を変更して半官半民の会社設立の案になったのである。農地農林委員会は県の提案を無修正で可決したが、総務委員会では提案に慎重な検討を重ね、「会社の経営をめぐって果たして計画通り行くのか」「もし損失の場合は、県は見返り資金を国へ返済する責任が起きる」「会社を設立しても、畜産振興や肉畜取引の正常化が果たされるのか」等の質疑が続出した。総務委員会ではこれらの質疑のうち重要なものについては付帯条件付きで可決し、本会議で成立させたのである。同社は資本金四〇〇〇万円で、千葉市検見川町地先の埋立地に屠場と加工場を設け、資本金については一年以内に二五〇〇万円増資する。特に六一九〇万円の見返り資金を県が借り入れ、これを資本金（一三〇〇万円）とし、さらに運転資金として四八九〇万円を会社に転貸する他、県は一般財源から三〇〇万円の出資をすることにしたのである。(18)

取引の対象となる肉畜は県内産の牛、馬、羊、山羊であるが、その最大のものは豚で、五年目には年間三万六〇〇〇頭を処理しようとする計画であった。会社の収支計画書では初年度は三九一万円の赤字であるが、二年度目から黒字となり、五年後には六〇〇〇万円の黒字が見込まれるとしていた。

会社の施設は電気屠殺をはじめ、極めて近代的なものとし、屠殺、保冷、解体処理、冷凍（マイナス二〇度）、冷蔵（マイナス四～五度）、加工に至る過程をオートメーション化した一貫作業とした。組織は戸川社長（前県農林部長）をキャプテンに専務一名、取締役一〇名、監査役三名を置いた布陣である。株式八万株は、県が三万二〇〇〇株、県内農業団体が三万六〇〇〇株、その他一般が一万二〇〇〇株をもつものであった。株主には肉用仔豚の補助配布を行い、肉用種豚の無償配布を行うとしていた。

県は畜産振興を旗印に始めたが、その後の事業は思わしくなく、赤字が嵩む一方なので、出資を分担した農協各連合会では一九六〇年（昭和三十五）九月十七日に常務役員が集まり協議したが、一部からは「最早再建の見通しはない」との悲観説が出され、県に根本策を求める声が強いものであった。(19)

五〇〇〇万円以上の赤字を抱える同社（一九五九年（昭和三十四）春に戸川社長が退職し、後任がみつからず柴田知事が兼務）は九月県議会を前に、自民党内からは「身売りすべき」と強い意見があり、柴田知事は民間資本の導入による再建策を打ち出し、社会党は「民間資本の導入は設立目的に外れる」と反対し、行方が定まらぬままに大詰めを迎えようとしていたのである。

赤字の原因は、①取扱量に比べて従業員（一八〇名）が多すぎたこと、②一日の処理能力が豚一二〇頭～

一五〇頭に対し、一日六〇～七五頭で集荷が悪かったこと、③販路が十分でなかったこと、④豚コレラの発生、⑤肉豚の価格急騰、⑥お役所仕事で商売が下手であったこと、⑦営業部長を某ハム会社から引き抜き、陣容を固めたが上層部や下部が役人、または役人上がりで動きが取れない問題もあったのである。

千葉畜産工業は発足五年目で赤字総計七〇〇〇万円を抱え、県策会社には終止符を打ち、一九六一年（昭和三十六）十一月三十日、丸紅に譲渡して退場したのである。

柴田知事は「千葉畜産を始めたことは結果的に失敗に終わったように見えるが、丸紅への経営移管で赤字も解消できた。畜産農家のためにも大いに役立った」と評価していた。しかし自民党県議の間にも「この問題で知事はだいぶ株を下げた」との批判もあり、知事四選への不安材料の一つとなったのである。[20]

（四）漁民の転業対策

京葉工業地帯造成が進むにつれ、漁民問題が暗い尾を引きながら、クローズアップされていた。五井、市原の漁協や町当局は「一昨年（一九五七年）九月に県と協定書を交わした時、県は組合員に転業希望者があれば、誘致会社に入れるよう斡旋の労をとるとの付帯条項を入れた。誘致会社のうち工場建設を始め、工員募集を行ったのは、旭ガラスだけだが、応募して入れたのは守衛、雑役等僅かに四、五名。県では同社の建設が進めばもっと就職のチャンスが出て来ると云っているが、会社側はオートメーション化して、大量の工員を必要としておらず、また既存の他の工場からの移入で間に合わせようとしているので、チャンスは余り期待出来ない。また教養の低い漁民が多いので、選考試験に合格する率は大変低い。こんな状態では将来に希望が持てない。県には誠意がない」と説明していた。これに対し柴田知事は「県に誠意がないと云うが、まだ工場が出来ていない段階なので、転業をとやかく云われても、どうにもならない。しかし打つ手は打っている。昨年から千葉の総合職業訓練所で、また今年からは五井に訓練所を設けて漁民の子弟の転業指導をしている。就職率は一〇〇％だ」と反論していた。また転業漁民の就職斡旋センターとして五月二十日に発足した京葉工業地帯転業対策協会では「転業を余儀なくされている漁民の数は大体二〇〇〇名」と見ていた。県漁政課では「金さえやれば食っていけるとしても、当座のことで、先が思いやられる。転業と云っても漁撈しか知らない漁民には難しいことだ。埋立に先だって漁民専用の埋立地を確保すべきだ」と語った。(21)

一人平均一五八万円の埋立補償金と引き換えに一四五万坪の父祖伝来の漁場を失った七九三名の漁民とその家族はその後どうしているのか。「毎日新聞」の記者は市原町の表情をルポしているのでそれを見てみよう。「同町を歩くと新築中の家がやたらに多いのが目につく。町役場の調べでは、昨年四月以来八幡、五井地先だけで、増改築中の家が二〇〇戸。漁民たちが夢にも思わなかったテレビも軒並み入り、若者たちはオートバイを走らせている。どれもこれも漁業補償で我が国始まって以来と云われた総額一二億五二〇〇万円の膨大な補償金によるものだ。補償金は一昨年十月、昨年四月、今年四月の三回に分けて支払われた。町当局は口を酸っぱくして無駄遣いを避け、貯金するように呼び掛けた。そのせいか第一回の支給の時、多少の無駄遣いが見られたが、その後は全体的に漁民の財布の紐は固くなった。補償金ブームで儲かった業者の筆頭は建築業者。大工、ブリキ職等四〇名で組織している同町職工組合員は引っ張りだこで、てんてこ舞いの忙しさ。金融関係も潤った。補償金の大半を獲得したと云われる千葉銀行八幡支店は長い間王座を誇っていた同銀行銚子支店を蹴落として同銀行支店中の預金額で首位を占めたと云われた。問題の転業対策では同町では昨年四月以来漁民の転業対策本部を設置した。対策本部の話では漁民七九三名のうち、就職希望者は三七一名で、現在まで一七二名就職したが、残り二〇〇名は定職に就けず、日雇い人夫等でその日暮らしをしている。就職先の主なところは、川鉄の一〇名、東邦電化、旭硝子の各一〇名。補償金を元手に商売を始めた漁民も多く、電気器具店四軒、土地周旋所、ガラス器具店、八百屋、食料雑貨品店、飲食店、養鶏、魚屋各二軒、その他浴場、煙草屋、牛乳屋、理髪店、アパート、精米所等計三五軒の新しい店が誕生した。近く造成される辰巳団地には食料品店、飲食店、理髪店等を開業したいと申し込みが二五件も殺到していた」と云う[22]。

京葉工業地帯転業対策協会の一九六〇年度（昭和三十五）第一回定期委員会が四月十三日に県庁で開かれ、転業対策の具体的方針を決めた。協会の話では川鉄、旭硝子の誘致企業は現実に地元転業漁民を余り採用しておらず、さらに五井、市原地先の埋立地に誘致される大日本インキ、丸善石油、新日本窒素等の企業も現地雇用に難色を示す傾向があると云う。これは、①転業漁民が職業訓練所等を出ても漁民気質を残し、近代工業の工員としての適性を欠くきらいがあること、②誘致企業の多くがオートメ化されて、人手をあまり必要としないばかりか、むしろ高度の技術者を要求している点にあった。そこで協会としては、職業訓練所に近代企業の技術者を招き、企業が求めているような労働者の養成に力を注ぐ一方、生活指導を強化して漁民気質をなくさせ、誘致企業に協力を求めることを決めたのである。

県商工労働部の話では県内に新たに進出してきた工場は、熟練工が必要な人数の六割しか県内で雇えない。一九五九年（昭和三十四）十一月では求人一三五二名に対し、就職決定が八三八名でやっと六二％。残り五一四名は応募しながらはねられたのである。これは応募者が工場側の希望する技術を身につけていなかったためであった。県の職業訓練所は市川、銚子、館山、五井の四か所で、一九五八年（昭和三十三）十一月に発足した労働福祉事業団の総合訓練所が千葉市にあり、これは五井と共に漁民の職業対策で建てられたものであるが、他県に比べると訓練所の規模、数ともに劣り、県の機構でも他の一七都府県では独立の職業訓練課を持っているのに、千葉県は県職安課の中にわずか六名の係員がいるだけであった。こうした現状から県は、①職業訓練所の強化、②夜間訓練の実施、③県職安課の機構改革等の検討を始め、漁民の転業対策に本腰を入れることにしたのである。

県職安課が九月十三日にまとめた転業漁民の就職状況は、川鉄（従業員九九〇〇名）で七四名、旭硝子四〇〇名中一三名、東邦電化一七〇名中一五名。また富士電機は八〇〇名中一六名、三井造船五五〇名中七名の採用予定で大変厳しい状況であった。県ではこの打開策として進出会社に、①漁民を多数優先採用する、②高年齢層にも職場を開放する、③募集地域を拡大する、④選考方法は簡略にする等を要望した。一方求職漁民には機械化工場の従業員としての学力と適応性を高めるよう職業訓練所の強化を求めたものであった。

四〇歳以上の漁民の就職状況は、希望者一一一名に対し、就職出来た者は四九名である。そこで県が半額出資して内湾の漁協に釣宿をつくらせ、転業困難な漁民を釣案内人や船頭に雇用する対策を立てたのである。これはまさに行き詰まった転業対策への苦肉の策と云えるものであった。海苔作漁民やアサリ・ハマグリ漁民を陸に揚げ、再び海に戻すものであったからである。

(注)

(1) 前掲県立図書館蔵「朝日新聞千葉版」一九五八年十二月四日付
(2) 前掲県立図書館蔵「読売新聞千葉版」一九六〇年一月二日付
(3) 前掲県立図書館蔵「千葉日報」一九六一年四月二十六日付
(4) 前掲県立図書館蔵「千葉日報」一九六二年十一月二日付
(5) 前掲県立図書館蔵「千葉新聞」一九五三年四月八日付
(6) 前掲県立図書館蔵「毎日新聞千葉版」一九五八年四月十三日付
(7) 前掲県立図書館蔵「毎日新聞千葉版」一九六〇年七月二十八日付
(8) 前掲県立図書館蔵「読売新聞千葉版」一九五六年五月一日付
(9) 前掲県立図書館蔵「千葉日報」一九六一年十二月二日付
(10) 前掲県立図書館蔵「千葉日報」一九六二年四月二十六日付

(11) 前掲県立図書館蔵「毎日新聞千葉版」一九五九年七月十八日付
(12) 前掲県立図書館蔵「千葉日報」一九六一年三月三十一日付
(13) 前掲県立図書館蔵「千葉日報」一九六一年四月四日付
(14) 前掲県立図書館蔵「読売新聞千葉版」一九六二年四月十五日付
(15) 前掲県立図書館蔵「朝日新聞千葉版」一九六一年二月二十五日付
(16) 前掲県立図書館蔵「毎日新聞千葉版」一九六一年十一月二十二日付
(17) 前掲県立図書館蔵「千葉日報」一九六二年八月三十一日付
(18) 前掲県立図書館蔵「千葉日報」一九五七年四月一日付
(19) 前掲県立図書館蔵「朝日新聞千葉版」一九六〇年九月十八日付
(20) 前掲県立図書館蔵「千葉日報」一九六一年五月二十九日付
(21) 前掲県立図書館蔵「朝日新聞千葉版」一九五九年五月二十六日付
(22) 前掲県立図書館蔵「毎日新聞千葉版」一九五九年八月十九日付

四、社会運動の広がり

（一）習志野自衛隊のミサイル基地化反対闘争

北習志野開拓地（船橋市薬円台町）は、旧陸軍射撃演習場四〇〇ヘクタールを戦後一三年かかって開拓したもので、二三二世帯、八〇〇名が住んでいた。政府が一四〇〇万円の融資をして、一世帯二ヘクタール、二五〇〇円と云う安い土地で出発した。開拓地を一から九までの地区に分けた。しかし間もなく米軍が進駐し、開拓地の五、六地区は強制的に立ち退きをさせられ、二ヘクタールの土地は一ヘクタールに削られてしまった。米軍は撤退する際に、接収地は返還するとの約束であったが、それもないままに自衛隊に引き継がれたのである。この辺は土質が悪く、水田一つ持たない農家だから収入は少なく、開拓者の平均年収は夫婦子供三名で平均二〇万円だったと云う。旧軍人、官吏、会社員等のいろいろな階層の者がいたが、三分の一は借金で身動きがとれない有様であった。防衛庁は一九五九年（昭和三十四）七月二十五日、千葉連絡部を通じて県に農地九・九ヘクタール（三万坪）の転用に対する協力を申し入れてきた。防衛庁が演習場にと希望してきた農地は全開拓地の約四〇分の一で、対象となる農家は四地区の二二戸であった。防衛庁は直接交渉を始め、三・三平方メートル（一坪）当たり、原野九〇〇円、畑一五〇〇円前後であった。賛成派の農協幹部は「ほとんどが赤土、収穫量も少ない。放っておけば笹が生えるような土地だから売るには丁度良い機会だ。借金もうんとある。それにパラシュート部隊の練習だ。風の具合で畑によく落ちる（一年平均二〇〇回以上）。荒らされないように何回も自衛隊に掛け合い、一回畑に落ちる毎に九二円の補償を貰うようになった。しかしその手続きが複雑で、何とか良い方法がないかと相談したら、土地を売って欲しいとのことで、応じたのである」と語っていた。一方杉山北習志野開拓農協組合長は「自分の持っている土地を売るのはいい。しかし演習場が広がれば、今後また広がると云う暗示をかけられたようなものだ。他の人々が今より一層不安な気持ちで営農するようになる。演習場は困る。演習場にしてしまっては開拓を保証したことにならない。ここだって二、三年たてばきっと住宅地になる」と語っていた。

開拓農協の有志組合員は社会党の支援で拡張反対の署名運動を始めた。県農地開拓課は「県としては農地保全の建前から、売渡には賛成なわけではない」と慎重であった。反対署名運動では二三二世帯のうち、一四二名が反対であった。

一九五九年（昭和三十四）八月、首都防衛と反乱鎮圧部隊として第一空挺団が編成され、習志野に駐屯することが本決まりとなり、基地拡張問題が表面化したのである。[1]この報が伝わるや、地元農民はただちに起ち上がり、八月十七日には社会党の加藤正蔵県議等を迎えて対策協議が行われ、軍事基地反対同盟（仮称）が結成された。反対同盟では船橋市役所に反対の請願書を提出し、農業委員会に事情の説明を行ったのである。

十一月十六日に北習志野開拓農協の理事会は、防衛庁に土地を売り渡すかどうかの採決を行い、七名対三名で売渡を決定した。この農協の決定で船橋市議会、市農業委員会も売渡を認める方針となったのである。[2]しかし反対派は十二月十二日、柴田知事に「演習場の拡張反対と演習区域の変更」を陳情し、十二月県議会でも訴えた。防衛庁岩佐一尉が十二月十日に船橋市農業委員会を訪れ、「今後の演習は三機編成から九機編成の落下傘降下訓練に切り替えるので、演習場をさらに一一万平方《メートル》拡張し、早速敷地を買収したい。今後は隊員だけでなく武器も投下する」との二点を明らかにしたので、被害を受けている降下地域周辺農家三八戸は強く反対し、船橋市農業委員会では結論を保留することになった。反対派は「拡張には地元の意向を尊重して反対し、演習場を民家から離れた演習場の真ん中に変更して貰いたい」と県に陳情したのである。

防衛庁は地対空ミサイル、ナイキ・アジャックスによる首都防空部隊の陣地を内定した。その内定案によると、自衛隊初の本格ミサイル、ナイキ・アジャックスは千葉県習志野、神奈川県武山、埼玉県入間、茨城県土浦にある自衛隊施設内に置く予定で、米国で訓練を受けていたナイキ要員の手で、一九六二年（昭和三十七）十一月中旬に一個大隊分の弾体七二発、発射機三六及び付属機器を運び込み、十一月に編成のナイキ大隊は東京周辺に置き、首都防衛を担当する。ナイキ大隊の編成は本部及び本部中隊一（一二一名）、射撃中隊四（一中隊一三七名）、搬送通信隊一（六七名）で編成し、支援部隊としてモニター整備隊（一二名）、直接支援隊（四六名）、全般支援隊（四五名）であり、本部中隊は千葉県習志野に置くことになったのである。(3)

安保改定阻止県民会議は一九六二年四月二日、千葉市の社会党県連事務所で事務局会議を開き、ナイキ・アジャックス装備の防空基地設置に反対し、全県的な反対運動を起こすことを決めた。県下では習志野に発射基地、下志津に大隊本部、安房郡嶺岡にレーダー基地、東葛飾郡白井に通信基地が設置される計画であった。この動きに対し、これまで各地元が個々に関係方面に反対陳情を進めてきたが、この反対運動を全県的に行うことになった。四月十日に千葉市の勤労会館で四基地候補地の地元民代表者会議、同十六日に全県反対組織の代表者会議を開いて軍事専門家の意見を聞き、運動方向を確認した。同二十五日に埼玉、茨城、神奈川の関係県からも応援を求め、三〇〇名の自転車隊を編成し、千葉から習志野まで自転車デモを行い、現地で大会を開いて決議文を自衛隊に手渡すことにしたのである。また四月二日に県原水協は柴田知事に反対陳情を行い、県の協力を要望したのである。(4)

渡辺三郎船橋市長は、三月市議会で市内にナイキ基地がつくられることを初めて明らかにした。市内では労組、婦人団体、地元農民、県平和委員会、社会党、共産党が参加して「ナイキ反対船橋市民会議」を結成、数千人の反対署名を集めて市議会に提出した。市議会ではナイキ基地反対陳情審査特別委員会を設置し、全員協議会で賛否両者の説明を聞き、基地を視察、審議を重ねたが意見の一致を見なかった。八千代町では五月二十五日、町議会が「ミサイル基地化反対」を決議し、意見書を知事と防衛施設庁に提出した。しかし防衛庁は習志野基地に設置の地対空ミサイル、ナイキ・アジャックスの測量工事開始を五月十五日からと決め、六月二十八日の庁議では大隊本部を船橋市薬円台の陸上自衛隊習志野駐屯地内に設置することを決定した。同二十九日の閣議で藤枝防衛庁長官が報告を行い、同時に千葉県庁に久保同庁警備局長等を派遣し、この決定を報告すると共に、他県の三県庁と船橋市、八千代町等の地元市町村にも同様の連絡をとり、ナイキ設置は本決まりとなったのである。

九月二十九日の船橋市議会本会議では、賛成派は「国防のために核武装もあり得る、核弾頭は付けないと云うので危険ではない」とナイキ持ち込みを支持。社会・共産両党は「ユニバーサル発射台は両用で、核弾頭用のハーキュリーズを発射出来る」と反対したが、陳情は少数不採択となり、ナイキ基地設置容認となったのである。(5)

(二) 公害様相の新変化

本書第三章三節四項の「開発に伴う公害の発生」で一九五〇年代前半の公害については井戸枯れ、廃液、塩素ガスの問題を略述してきた。また第四章五節四項の「本州製紙汚水放流事件と県公害防止条例制定の見送り」で全国的に大きな影響を与えた水質二法制定に関わる問題を略述した。しかし一九五〇年代後半以降は、京葉工業地帯に全面的に展開する企業活動に伴う様々な公害が発生し、そこで生活する住民の事態は深刻化の度を加えており、本章で再び取り上げることにしたのである。

前項でも取り上げたが、五井・市原地区に進出した企業は、県の誘致政策の後手から十分な工業用水の確保が出来ず、各社は争って地下水の汲み上げに走ったのである。市原郡五井町川岸の町営住宅入居者三五戸は一九五九年（昭和三十四）一月二十六日、「旭硝子会社が工場建設工事のため、地下水を大量に汲み上げるので、四、五日前から共同井戸の水が枯れ、飲む水にも困っている」と同町役場に陳情した。役場で調査したところ、同地区の一般住宅二〇〇戸の井戸水も枯れ始めていた。五井・市原両町長は三月に「一般民家の井戸水が枯れないよう善処して欲しい」と県に陳情した。県では工業用水確保のため、養老川上流に工業用水道のダム建設をすることにしていたが、完成には最低三年かかり、それまでの間は五井、市原両町内に深井戸を掘り、地下水を利用する方針であったが、たちまち井戸枯れとなったので、両町長は驚いて県に駆け込んだのである。県では衛生民生、開発、水道、企画の各部課が共同で九月十七日から三日間現地調査を行い、対策を立てることにした。また五井町では九月十九日に緊急町議会が開かれ、対策協議を行ったのである。五井町に引く県営水道の完成は一九六一年（昭和三十六）三月末なので、その間の一年半をどうするか、県では応急措置として各戸に動力ポンプを設置する以外に方法はないとしていたが、これだけで一戸当たり四五〇〇円かかり、しかも中には鉄管を深く埋めなければ揚水出来ない民家も相当あり、この解決には一〇〇〇万円以上の費用を要すると云われていた。工場が増設されると、井戸の枯渇問題は各地で一層深刻となるので、県ではこの対策として早急に知事を委員長とする地盤沈下予防対策委員会を設置し、五井・市原の埋立地に進出する一一社と予防協定書を結ぶことになったのである。[6]

進出の一三社からなる京葉工業地帯整備促進協議会は十月八日、知事に要望書を出し、「進出会社は建設工事または初期操業には地下水に頼らざるを得ないことは明白で、今度の井戸枯れは県に責任がある」とし「応急措置として簡易水道を設置して貰いたい」と要望したのである。

市原町では一九六〇年（昭和三十五）五月に同町内二六〇〇戸のうち、一〇〇〇戸の家の井戸水が減水し、一〇〇本余りの井戸が枯れてしまったので、上水道設置促進を県に陳情した。県では県営水道を十月から給水する計画であったが、九月に前倒しして、「市原町と五井町の水道一部事務組合の計画による郡本《こおりもと》からの水道を県が肩代わりした形で引き受け、工事を急いでいる。三万三〇〇〇人分の給水が出来る見込み」と回答したのである。

宮吉市原町長は、県に井戸水枯渇で被害補償を要求していたが、六月一日に石原健県開発部長から県が見舞金五〇〇万円を出すことで話が纏まった。しかしその後も県営水道が出来るまで井戸枯れはなくならなかったのである。

井戸枯れは地盤沈下を引き起こすので、県と市川地区進出の八社（日本蒸留工業、日新製鋼、三菱石油、淀川製鋼所、酒井鉄工所、岸本商店、小幡亜鉛メッキ工業、富士港運）は地盤沈下予防の協定書を締結した。(7) また県と船橋市では船橋海岸埋立地第三工区に単独進出する九社（太陽製鋼、東京尼鉄鋼材、船橋コンクリート、東亜石油、豊南製作所、東和工業、三井金属工業、丸紅飼料畜産、第一工区進出の兼松産業）と一九六一年（昭和三十六）十一月二日に地盤沈下の予防協定を結んだ。既に第一、第二工区に進出し、操業を始めていた日本冷蔵、三和石油、阪和興業、久保田鉄工、船橋食品、ボーソー油脂、長太郎、第一コンクリート、日本蛋白、日亜鋼業、日本化成とも協定を結んでいたのである。

この時期の公害問題には新しく大気汚染が登場したところに特色がある。一九五九年（昭和三十四）六月二十日の県議会で鷲見正人県議（社会党）は「川鉄の赤い煙は健康上有害であるのか」と質問した。これに対し柴田知事は「川鉄に再三、赤い煙の除塵設備を申し入れた。しかし人体に害を与えるほどではないようだ」と深刻には受け止めていなかったのである。(8)

県環境衛生課では一九六〇年（昭和三十五）五月に県内工業都市の煤煙や有毒ガスの実態調査を行うことにし、千葉、船橋、市川の三市で初めて実施することになった。これはロンドンで一九五二年（昭和二十七）に四〇〇〇名、一九五六年（昭和三十一）に一〇〇〇名のスモッグ死者を出したことや、横浜ゼンソクが注目されたことが背景にあった。調査は、①降下煤塵、②浮遊煤塵、③亜硫酸ガスの三つの測定に、風向、風速等の気象観測を組み合わせるものであった。

七月十六日に県は千葉、市川、船橋の三市六か所（千葉市は千葉銀行、土岐裁縫学院、船橋市は伊藤屋、日本建鉄海神寮、市川市は市役所、商工会議所）に県下初のデポジットゲージ（塵埃集収器）を設け、工場や事業場から吐き出される煤煙やゴミを調べ、大気汚染の防止対策を立てることにしたのである。

県環境衛生課の調査で千葉市には一平方キロメートル当たり一か月に約一〇トン強のチリや灰が降ることが分かり、今後東京並みか、それ以上の汚い空気になることが予測されたのである。県当局は県立衛生研究所の公害関係の検査室を拡充することを手始めに、開発部、衛生民生部、農林水産部等の関係者の横の連絡を強め、四名しかいない環境衛生課公害係の強化に乗り出すことになったのである。[9]

県環境衛生課が三市六か所で調査した結果によれば、大気の汚染度は東京や川崎の約半分であったが、最も汚れがひどかったのは船橋市伊藤屋屋上で一平方キロメートル（東京ディズニーランド二個分の面積）当たり一か月で一〇・二三トン、六か所の平均は月八・五トンであった。千葉市では鉄分の多いのが目立ち、亜硫酸ガスは最高が千葉銀座で一平方メートル当たり〇・二六ミリであり、川崎市の一・七ミリよりは少なかった。空気の汚れがひどいと云われた山口県宇部市の調査では、降下煤塵の多い年は乳児の肺炎や心臓病による死亡が非常に多く、呼吸器系等の病気が増える傾向にあると云われていた。このため県環境衛生課では京葉工業地帯の工場には煤煙防止の設備をするよう警告、石炭等も完全燃焼させるよう呼びかけ、大気汚染防止に乗り出したのである。

風速三〇メートルの強風が吹きまくった一九六一年（昭和三十六）五月二十九日は千葉市のほとんどが「黒いほこり」に悩まされた。これは普通のほこりと違う黒い細かいザラザラの粒。当時南風が吹くたびに見られた現象で、進出会社の煙突から出る粉炭ではないかと見られていた。特に風の強い日には、黒いほこりが窓から忍び込んで、机や家具が真っ黒になった。県では進出工場が熱効率を上げるために使う粉炭が原因ではないかと見て、本格調査の前に、一応進出工場を事前調査することにしたのである。

県は工場建設が進むにつれて煤煙や有毒ガス、汚廃水で汚染される大気、水質の実績を調べたが、千葉市から市川市にかけての地区では一平方キロメートルに一か月平均六トンものススやチリが降っているが、東京湾に注ぐ各河川の水質は一部を除いては大部分がまだ綺麗で、今のうちに十分な公害対策を立てる必要があるとの結論を出した。新年度から県衛生研究所の中に公害センターを設けることにしたのである。(10)

強風のたびに千葉市一帯に吹きまくる「黒いほこり」の正体が県衛生研究所の調査で分かり、県では六月二十日、「千葉海岸に野積みにされた川鉄の粉炭と思われる」と発表した。黒いほこりの被害を一番受けていたのは、千葉市内でも港町と長洲町一帯であった。

一九六二年（昭和三十七）三月五日、大気汚染防止の打ち合わせ会議が厚生省で全国から環境衛生課長等が集まって開かれた。煤煙防止法原案が成立し、適用地区に指定されると、法に触れる煤煙を出す工場は防止装置等を強制的に取り付けなければならないが、同法案が「一般の人たちを公害から守るが、工業発展の阻害はしない」と云う趣旨のため、千葉県のように京葉工業地帯が発展途上にある場合、工場地帯の発達を阻害しないと云う見方から、適用外地区とされる見通しが強いものであった。しかし県では煤煙による公害問題について県環境衛生課公害係が数年前から調査を進め、野放し状態の公害処置に頭を痛めており、国に対し前から同法案の成立を働きかけてきただけに、適用外地区とされては困ると主張し、同法案の成立と適用地区に指定されるよう働きかける方針を決めたのである。

県は第二回公害防止協議会で、県独自の公害防止条例を早急に制定する方針を固め、環境衛生課は条例制定の下準備として、これまで一部地区で行ってきた大気汚染調査を全県的に行うことにし、とりあえず六月二十日に市川市、市原郡市原、五井町の三か所に汚染度調査器を設置して測定を開始したのである。(11)

川鉄の「赤い煙」や工場の汚廃水による農作物、漁場の被害は、県民の大きな不満を買っていた。県では川上環境衛生課長を東京、大阪の工場地帯にも出張させ、公害防止の実情を調査させた。そして東京、大阪とも条例で防止しているので、一九五九年（昭和三十四）十月、県でも公害防止の基準を設けて取締りを強化することにしたのである。

県では煤煙、煤塵、有毒ガス、汚排水等の公害が酷《ひど》くなり、地下水の汲み過ぎの心配も出て来ていたので、一九六一年（昭和三十六）一月に公害研究所をつくり、公害対策協議会と地盤沈下対策委員会の活動を活発にして、民間にも呼びかけ、公衆衛生に力を入れることにした。

通産省は産業公害の防止として「煤煙規制法」の一九六一年十二月の通常国会での制定を明らかにしたが、千葉県でも県条例制定の必要に迫られていた。当時県にあったのは「騒音防止条例」だけで、それもどこまで取り締まることが出来るのか明確な基準がなかったのである。工場誘致に差し支えると云う理由で、公害防止条例が出来にくかったと云われたが、条例を設ける基礎資料とするため、県は工場の影響、原因の両面調査に乗り出すことになった。東京、大阪、神奈川等の公害防止条例でも、抽象的な規定で、例えば騒音なら「何ホン以上はいけない」と云うところまで決まっていなかった。そこで一歩進んで騒音、汚水、煤煙等について許容の限度を明確にすることが県の考えであった。そのため衛生研究所、工業、農業、水産各試験場等でバラバラにやっている公害測定を「公害研究所」を新設して一本に纏めて徹底的に調査し、一方どんな公害がどの工場から出て来るか、その工場の使う原料、生産工程、施設等を調べることにした。当時県には公害係が存在したが、この調査にはかなりの技術者が必要であり、五〇名程のスタッフを揃えた独立課をつくりたいと意気込みは大変に大きなものであった(12)。

県では一九五八年（昭和三十三）九月の県議会に公害防止条例案を提出したが、これは二度の継続審議の末、「流産」に終わったいきさつがあった。当時問題となったことは、公害の判定の基準をどこに置くか、どの程度の許容量を認めるか、その基準が出せるかどうかで激論となった。さらに一切の汚排水を認めないことは、事実上工場の操業を禁止することになると反対の意見があった。また条例を設けても、規制効果があるのかと云う疑問もあった。

県は一九五九年（昭和三十四）から各地に平常時の空気、水質を調べる機械を置いて継続的な調査に乗り出し、一方他県の例を調査してきたが、「県条例での規制は難しく、国で立法を考えるべき段階だ、国の問題として採り上げよう」との結論になり、東京、神奈川、埼玉と千葉県の一都三県で政府に対し「公害防止法（仮称）を制定して欲しい」と要請することになったのである。このため県条例の制定はほとんど出来ない見通しとなり、意気込みは急速にしぼんでしまった。漸《ようや》く一九六八年（昭和四十三）四月一日に「千葉県公害防止条例」は制定となったのである。けれどもそれは悪名高い「産業との調和」条項が入っていて、全く骨抜きの条例であった。(13)

（三）安保条約改定阻止闘争の展開

（1）警職法反対の闘い

一九五八年（昭和三十三）十月八日に岸信介内閣は、日米安保条約改定準備のため、治安体制強化を目的に「警察官職務執行法」（警職法）の改正案を突如国会に提出した。これには反対闘争が急激に燃え上がり、中央では十月十三日に総評、社会党等六六団体によって警職法反対国民会議が結成となった。千葉県では十月二十五日に県教育会館に五〇〇名が集まって警職法改悪反対県民総決起大会を開き、社会党県連、千葉地区労の呼びかけで、県原水協、県平和委員会、消団連、生協連、連合婦人会、母の会、全農県連、日農県連、連合青年団、食対連、全国金属、学者、宗教団体等二〇団体が参加して「警職法反対県民会議」を結成した。そして十月二十八日には国労二か所、全逓一〇二か所、全電通二七か所で職場大会、内外製鋼所労組は一時間の時限スト、千教組は午後授業打ち切りで反対行動を示したのである。十一月五日には警職法改悪反対県民総決起大会を県庁前公園で開催、一三〇〇名が参加した。この日、富士ディーゼル他全金五組合、自由労組、京葉ガス、東洋高圧、国労、全逓、全電通、機労、全国税、全農林等で時限ストまたは時間内職場大会、東電労組他五六組合が休憩時間内職場大会を開催した。銚子、八日市場、市川等県下二〇か所で市民大会が開催され、銚子、多古、館山、市川では地域共闘が結成となったのである。

十一月十五日には「県民会議」の統一行動として自転車行進が取り組まれ、県労連、民主団体から一五〇名が参加した。さらに十一月十七日には長生地区労と社会党長生支部が警職法改悪反対、岸内閣打倒の地区大会を茂原小学校で開催し、五〇〇名が参加して市内提灯《ちょうちん》デモが行われたのである。(14)

十一月二十二日に岸自民党・鈴木茂三郎社会党の両党首会談が開かれ、警職法案は審議未了となった。

(2) 安保条約改定阻止の統一戦線へ

一九五九年(昭和三十四)三月二十八日に総評、社会党、原水協、護憲連合、共産党(オブザーバー)等一三四団体は中央統一戦線組織として日米安保条約改定阻止国民会議を結成した。この動向に呼応して千葉県では四月二日、警職法粉砕・民主主義擁護県民会議の事務局団体(県労連、千葉地区労、県原水協、県平和委員会、千葉大学学生自治会の五団体)が呼びかけ、警職法反対県民会議を「日米安保条約改定阻止県民会議」に切り換えて結成し、社会党、県職労、千教組、川鉄労組、全司法、全農林、医労協、職安、全金等一四団体が参加。事務局を社会党県連に置き、市川福平が事務局長となり、共産党はオブザーバーであった。基本方針に「安保廃棄・安保体制打破のための幅広い大衆運動を進める」ことが掲げられたのである。(15)

安保県民会議は四月十五日、第一次全国統一行動として、自衛隊の核武装と木更津へのサイドワインダー持ち込み反対・安保条約廃棄を要求して千教組、全農林が職場大会、千葉駅、本千葉駅、京成千葉駅で県平和委員会、県労連、全金、県職労、学生等が街頭署名を行ったのである。五月十六日の第二次統一行動では各単組の職場大会を県内各地で開催し、同時に国鉄千葉駅等で街頭署名をした。六月二十五日の第三次統一行動では全逓が時間内職場大会、千教組は午後三時職場抗議集会、全農林、全電通は時間外職場集会、国労、機労、内外製鋼所労組は職場大会を開催したのである。

七月三日、県勤労会館で安保改定阻止県民代表者会議が開かれた。運動の分散を克服し、県下各地域へ共闘組織を拡大して連携を強め、阻止勢力を総結集することを確認した。七月二十五日の第四次統一行動日には県庁前広場で県中央総決起大会が開催され、一五〇〇名の労働者、市民、学生が参加した。漸く労組、革新政党、農民、市民団体等の共闘がかみ合い、統一戦線の様相を示したのである(16)。

九月十六日の時点で安保県民会議は県労連（一九単産）、社会党県連、千葉地区労、県平和委員会、千葉大学学生自治会、日農県連、全農県連、生協県連、県原水協、県母の会準備会、青年団協議会、オブザーバーとして共産党が参加した。地域共闘組織は市川、船橋、成田、八日市場、佐原、東金、大原、勝浦、館山、多古、野田等に結成され、うち四地区では共産党を正式参加させていた。

（3）安保条約批准阻止の政治スト

一九六〇年（昭和三十五）一月十六日、岸首相は羽田を出発し新安保条約調印のため渡米した。これは軍事基地を提供し、アジアの平和の名のもとに日米共同作戦を義務付けたものであった。これに怒って安保改定阻止県民会議は、同日午後一時過ぎから県庁前広場で安保改定調印反対県民統一総決起大会を開いた。

この日集まったのは、県労連傘下の二十数単組、社会党県連、共産党地区委員会、佐原、四街道、市川等二十数地域の共闘会議等、合わせて二五〇〇名。大会宣言を採択し、二時過ぎから市中デモ行進を行った。県庁前広場―市役所―大和橋―本町ロータリー―国鉄千葉駅―奈良屋―京成千葉駅―県庁前広場と市内の主だった通りを一巡し、三時半頃に県庁前広場で流れ解散をしたのである(17)。

運動は全国では二〇〇〇か所、県内でも二四の地域共闘組織で取り組まれるまでに発展した。この共闘組織を基礎に三月七日から安保改定阻止と春闘、地方財政危機突破の闘いを統一した県民運動が展開されていった。

しかし政府・自民党は五月十九日、院内に警官五〇〇名を導入して五十日間の会期を延長し、翌二十日未明、新安保条約と日米行政協定を強行採決したのである。以後、国会は空転し、連日デモ、請願の波が国会と首相官邸を取り巻いたのである。

六月四日、安保改定阻止第一七次統一行動は国労の三時間ストを中心に、全国では五六〇万名の労働者が政治ストに参加した。県内では国労千葉地方本部が早朝三時間の時限スト、県労連は三〇〇〇名の労組員を支援動員、京成、全逓、国公、県職労、松戸市職は一時間の職場大会、千教組等は時間内職場大会を決行した。

県民会議は連日にわたって集会、デモ行進を行い、六月二十二日の第一九次統一行動では国労千葉地本は津田沼電車区を拠点に始発から午前七時までの時限スト、これに県労連は二〇〇〇名を支援動員した。全電通、千教組、全建労、全農林、全金、京成、千葉交通、全日通、県職労等が時限ストや職場大会を開催。千葉大学では全学部がスト、千葉地区労は提灯デモを実施した。(18)

国会での新安保条約批准を目指して来日を予定したアイゼンハワー米大統領は、日本国内での激しい安保反対運動を前に、来日中止に追い込まれた。六月十九日午前零時、三三万名のデモ隊の国会包囲の中で、新安保条約は自然承認となったが、安保阻止県民会議は六月二十二日、「整然と行われた本日のストを支えた力は、県民の理解と協力に他ならない。県民会議は県民に心から感謝すると共に、岸内閣は国民の声を聞き入れ、新安保批准前に退陣し、国会解散を要求する」との感謝声明を発した。遂に七月十五日、岸内閣は安保改定阻止闘争を闘った民衆の力の前に、総辞職せざるを得なくなったのである。国民は統一戦線へ結集する力によって、巨大な力量を発揮し得ることを実証したのである。(19)

（四）千葉銀行争議と医療争議

歴史的な大闘争となった安保改定阻止闘争は、様々な闘争に大きな影響を与えたのであるが、本書ではその中から二つの闘いを取り上げておこう。

（1）銀行史上最長のちばぎん争議とその結末

千葉銀行従業員組合（倉田利全委員長、組合員一六〇〇名）は一九四六年（昭和二十一）四月九日に結成され、上部団体の地銀連に加盟し、一九六〇年（昭和三十五）には県労連に加盟した。

千葉銀行では創立以来古荘《ふるしょう》四郎彦が頭取であったが、一九五八年（昭和三十三）にレインボー事件で失脚し、日銀と大蔵省から頭取や役員が派遣され、彼等は銀行再建の名の下に、賃上げ抑制と労働強化、組合弱体化の労務管理政策を強行してきた。この背景には京葉工業化政策が国の産業政策として本格的な展開を始め、千葉銀行を土着の一地方銀行から、独占企業の要請に応えられる銀行への体質転換を進めて行く過程でもあった。しかしその労務政策は近代的なものではなく、また古荘事件後七年間も賃上げがないと云う低賃金政策に支えられたものであった。

従業員組合（従組）が地銀連の秋季闘争の線に沿った賃金要求を決めたのは一九六〇年八月十日のことで、一人平均二九三一円の賃上げと給与体系の改善を求め、八月十五日に銀行側に提出するつもりであったが、銀行側は機先を制して十二日に独自の給与体系改定案を示し、ここに両者は衝突することとなったのである。

従組は九月十日、千葉市の葉たばこ会館で代議員大会を開き、八五％の賛成でスト権を確立した。しかし銀行側では人事部の一部組合員が組合を脱退して一〇〇名余の新生会を組織、第二組合的働きを開始したのである。

従組では九月二十五日、千葉市の教育会館で一二〇〇名を集めて総決起大会を開催し、「経営陣は大蔵省や日銀から来た人たちばかりで、地方銀行経営のセンスがない、争議は経済要求と同時にこうした経営者の組合弾圧を跳ね返す組織防衛の闘争である」と闘いを位置付けたのである。[20]

従組は九月二十六日、初めて本店出納係二一名と本支店自動車運転手一六名の指名ストを行った。そして二十七日から十月一日にかけて連日、時限ストや一日ストが本支店で展開されたのである。この間、従組は地方労働委員会（地労委）に銀行側が、①女子はよいが、男子は一生を棒に振るからストを止めよ、②支店長が家庭訪問して家族にまでスト中止を働きかけている、③身元保証人や父母に文書でスト中止を働きかけている、④会社は辞めさせないからストをやめろ、⑤分派活動をしている人を見習え等の不当労働行為を行っているとして、救済命令の申し立てを行ったのである。

従組のストに対して十月三日、日銀は行員を千葉興銀木更津支店と三菱銀行銚子支店に派遣して代理業務を行った。これは一九五四年（昭和二十九）の新潟第四銀行に続く措置であった。[21]

柴田知事は労使双方へ早期解決を要望し、銀行側は、①現行給与体系は改正する、ただし分割実施、②給与改善は行うが、一律には行わない等の提案を行った。従組側は「何ら変わらない」と団交を拒否した。一方地労委は双方の代表を呼んで事情を聞き、十月十一日の定例会で職権斡旋すべきかどうか話し合ったが結論が出なかった。

長引く銀行ストで県支金庫（公共料金や公的資金の支払いを行う業務）の事務が渋滞し、三一のうち一四支金庫の支払いを千葉相互銀行に代行を依頼する事態となった。また十月十六日から千葉銀行青堀支店で一般町民が「預金者の立場を守ろう」と青堀地区預金者集団（責任者鳥海才平）を結成し、争議への第三者介入が起こったのである。また二十一日も本支店で全日ストが行われたので、二〇支金庫分を千葉相互銀行と千葉興業銀行が代行したのである。

県は中小企業が苦境に晒《さら》されているので、こうした事態を収拾するため、九月二十五日に労使双方が地労委の土俵に乗るように本格的な説得工作を開始した。地労委は職権斡旋に踏み切り、小川会長は十一月一日に一〇項目の斡旋案を提示した。最後まで労使の間で対立した四つの項目が焦点となった。それは、①組合要求の立ち上がり資金一〇〇〇万円は五〇〇万円とする、②ベアの三期分割は二期分割にするが、支給方法は組合要求を考慮して行う、③スト中の通勤費約一〇万円は支給する、④組合要求の「異動、昇給、昇格を行う場合、争議後二年間組合の同意を得る」との項目は銀行の人事権に関することなので削除する等で一致した。人事に絡む問題は組合がスト後、銀行側の巻き返しを恐れて条文化を要求していたが、ストの責任追及と不利益処分はしないと云う項目で了解点に達したのである。(22)

十一月五日の大会は就労について討議し、七日に組合員は整然と職場に復帰した。賃上げは平均三〇〇〇円を獲得し、従組側の勝利であった。この勝利に激励されて、千葉興銀、松戸信金が労組を結成し、一九六二年（昭和三十七）には「千葉県全金融」を結成することになったのである。しかし小川地労委会長が「この争議の特徴は銀行側に近代的労務管理に欠ける点があり、組合側には組織の統制に欠ける点が目立った。しかもお互いに信頼性が全くないのも驚くほどであった」と語っていたが、それはスト後の同行の歩みを示唆していたものであった。争議において従組側は賃上げと組織防衛の二点を掲げて闘い、前者では一定の成果を収めたが、後者の問題は明確な歯止めを勝ち取れなかったのである。案の定、一九六四年（昭和三十九）の組合役員選挙では組合批判グループが職制と一体となって職場から組合を切り崩し、遂に反共、労使協調の役員体制を確立し、銀行の経営者側は組合の「御用化」に成功したのであった。(23)

(2)「白衣の天使」の病院争議と県医労協結成

東京都等で病院ストが続発した一九六〇年（昭和三十五）十一月、県下の日本医療労組協議会（医労協）加盟の社会保険病院松籟荘《しょうらいそう》労組（太田茂男委員長、組合員一七六名、千葉市仁戸名町）、全国日本赤十字病院労組連合会傘下の成田赤十字病院労組（島崎大弥委員長、組合員一一六名、成田市成田）等では上部団体の統一行動指令で、総決起大会やストライキに参加する動きを示した。賃上げ三〇〇〇円、その他公務員給与改定と同額を要求する松籟荘病院労組は十一月十五日頃にストライキに入った。また成田赤十字病院労組でも一律五〇〇〇円の賃上げと年末手当二・五か月プラス二〇〇〇円を要求して十一月十三日の全日赤総決起大会に参加、患者に迷惑をかけない範囲で十一月二十五日頃からストライキに突入した。また健保労連傘下の社会保険病院船橋中央病院労組（田邉邦彦委員長、組合員八〇名、船橋市海神町）も松籟荘労組と歩調を合わせた。私営ではただ一つの労組である医療法人豊明会北総病院労組（松崎康男委員長、組合員三七名、野田市中野台）は、年末一時金と労働協約改定を要求し団交を行っていた。これらの労組は大幅な賃上げ要求を掲げていたが、医療労働者の給与水準がケタ違いに低い点からであった。医療労働者の平均賃金は最高月額一万二〇〇〇円、最低六〇〇〇円で、公務員は平均二万二三九〇円、民間産業賃金は平均二万五一八八円であったからである。(24)

成田赤十字病院労組では十一月十一日に全日赤の総決起大会に参加することを決め、スト権確立の全員投票を行い、賛成七六名、反対二名、無効二名、欠席者三六名でスト権を確立した。十四日にストライキを通告し、二十五日ストライキの指令を待ったのである。成田日赤は入院患者二一二名、外来患者一日平均二五〇名で、ストライキに入った場合、相当の混乱が予想されたが、島崎委員長は「患者に少しでも支障を来たさないよう出来得る範囲で診断、身の回りの世話に当たるよう努力しており、緊急要員も半数以上待機させたい」と語っていた。

また船橋中央病院労組は十一月十二日に臨時大会を開催、スト権確立を協議した。さらに北総病院労組は同日に第一回の団交を行ったのである。(25)

成田赤十字労組のスト体制確立に続いて松籟荘労組も十三日の健保労連が十二月二日に第一波統一行動を行

い、ストに突入する方針を打ち出したので、十四日の執行委員会でこれに同調することを決定した。船橋中央病院労組と北総病院労組も健保労連の統一行動に同調する方向であった。このように相次ぐスト体制に県労連では東京、京都、新潟、岩手、山形、群馬の県下には医療労組を組織した医労連があったので、千葉県でも国立療養所、労災病院、民間病院労組等を組織した共闘会議結成を図ることにしたのである。

成田赤十字労組は十一月二十五日に予定通り第一波の半日ストに入った。松籟荘労組は支援体制を取り、同日午後一時から組合員五〇名が休暇をとって総決起大会を開催した後、千葉市内をデモ行進した。また船橋中央病院労組、野田市の北総病院、柏市の初石病院の各労組も正午から夫々職場大会を開き、激励電報を打電したのである。

同病院労組は第二波の半日ストを十二月二日、第三派は十二月九日に同じく半日スト、十三日の第四波には成田、松籟荘、北総病院の三労組が共闘ストを行い、船橋中央病院労組は支援の職場大会を開催した。成田赤十字労組では十六日に本部団交が決裂し、同労組の単独交渉も話し合いがつかず、十二月十七日に第五波の半日ストとなった(26)。

成田赤十字、松籟荘、船橋中央病院、北総病院の四労組が何回かストに突入したが、船橋中央病院労組を除いていずれも年末手当では妥結に近づくも、給与体系の改定で労使対立したまま、長期化の様相であった。そうした中で県下の医療労働者が結集して「県医療労働組合協議会」（県医労協）を結成することになり、十二月二十日に千葉市の勤労会館で一五単組代表五〇〇名が集まり結成大会を開いたのである。

県労政課や県労連の調査では、県下の歯科を除く病院、医院、診療所等の医療機関は一五八八、従業員は医師二三二四名、看護婦二六三五名、技師三〇〇名の他事務、給食、雑役等、およそ六〇〇〇名であった。このうち労組のあるのは成田日赤、松籟荘、船橋中央の三労組と、千葉、習志野、佐倉、下総、国府台、松戸、柏の七つの国立療養所で、医療法人では中村、柏戸（千葉）、初石（柏）、北総（野田）の四つの病院、さらに自治労の県立鶴舞病院、千葉血清研究所等の三〇単組、二〇〇〇名であった。[27]

全医労は国家公務員で比較的優遇されていたが、全日赤、健保労連、医療法人は月平均一万二〇〇〇円の低賃金ベース。看護婦の中には五〇〇〇～六〇〇〇円と云う低い者が存在した。民間の医療法人は赤字経営であったと云われていた。だから医療労働者の団結といっても、それぞれ条件の違う人たちの集まりであった。県医労協の結成は、病院ストを契機に、①医療労働者の生活向上、②医療職場の封建制打破、③医療の営利化に反対し、国庫負担の増額、④平和と民主主義を守る要求等を掲げて、全県下の医療労働者の団結を呼びかけたものであった。大会宣言では「われわれ医療労働者はこれまでナイチンゲール精神を代表とする奉仕意識で低賃金に甘んじてきたが、物価の値上がりと政府の医療抑制等に抗すべく、県下の組織の大同団結にいたった」とあったが、他産業の労働者と共に安保改定阻止闘争を闘ってきた医療労働者たちが「白衣の天使」から目覚めたことを示したものであった。県医労協は発足と同時に県労連と日本医労協へ加盟した。初代議長には菊池茂（全医労千葉療養所労組委員長）、副議長は吉岡稔（成田日赤労組書記長）、事務局長は太田茂男（松籟荘労組委員長）が就任したのである。[28]

（注）

（1）前掲県立図書館蔵『千葉県非核・平和のあゆみ』五五頁

（2）前掲県立図書館蔵「朝日新聞千葉版」一九五九年十一月十五日付

（3）前掲県立図書館蔵「千葉日報」一九六二年二月十二日付

（4）前掲県立図書館蔵「毎日新聞千葉版」一九六二年四月三日付

（5）前掲県立図書館蔵『千葉県非核・平和のあゆみ』五八頁

（6）前掲県立図書館蔵「毎日新聞千葉版」一九五九年十二月二十七日付

(7) 前掲県立図書館蔵「千葉日報」一九六一年七月二日付
(8) 前掲県立図書館蔵「毎日新聞千葉版」一九五九年六月二十一日付
(9) 前掲県立図書館蔵「朝日新聞千葉版」一九六〇年十月二十八日付
(10) 前掲県立図書館蔵「読売新聞千葉版」一九六一年三月十一日付
(11) 前掲県立図書館蔵「読売新聞千葉版」一九六二年六月二十一日付
(12) 前掲県立図書館蔵「朝日新聞千葉版」一九六一年十月二十七日付
(13) 前掲県立図書館蔵『自治労千葉の三十五年』一七〇頁
(14) 前掲県立図書館蔵『現代千葉県労働運動史年表』一一六頁
(15) 前掲県立図書館蔵『現代千葉県労働運動史年表』一一九頁
(16) 前掲県立図書館蔵「朝日新聞千葉版」一九五九年七月二十五日付
(17) 前掲県立図書館蔵「朝日新聞千葉版」一九六〇年一月十七日付
(18) 前掲県立図書館蔵『現代千葉県労働運動史年表』一二七頁
(19) 前掲県立図書館蔵『自治労千葉の三十五年』一八〇頁
(20) 前掲県立図書館蔵「朝日新聞千葉版」一九六〇年九月二十六日付
(21) 前掲県立図書館蔵「朝日新聞千葉版」一九六〇年十月四日付
(22) 前掲県立図書館蔵「千葉日報」一九六〇年十一月二日付
(23) 前掲県立図書館蔵『自治労千葉の三十五年』一八三頁
(24) 前掲県立図書館蔵「毎日新聞千葉版」一九六〇年十一月九日付
(25) 前掲県立図書館蔵「毎日新聞千葉版」一九六〇年十一月十二日付
(26) 前掲県立図書館蔵「朝日新聞千葉版」一九六〇年十二月二十八日付

(27) 前掲県立図書館蔵「読売新聞千葉版」一九六〇年十二月十九日付
(28) 前掲県立図書館蔵「毎日新聞千葉版」一九六〇年十二月二十二日付

五、おわりに

柴田知事は自民党に入党した。当時自民党は県議会で絶対多数を握っていた。その党に入ったのでさぞかし知事は思い切った県政運営が出来ると思われたが、しかしそれは真逆のことで、自民党県連は財界から県政への不満(道路整備、鉄道敷設、工業用水確保のダム建設等)を受けて、知事を疎んじた。知事改選に当たっては、自民党県連の主流が中心となって柴田四選に反対し、遂に柴田を知事の座から引き下ろしたのが、この期の県政の特徴であった。京葉工業地帯形成と共に予測を超える人口増は県営水道の危機を発生させ、また新たな公害が発生していたが、それらに対処する認識に甘いものがあったことは否めない事実であった。一方安保改定阻止闘争の影響は様々な社会運動に大きな影響を与えた。千葉銀行争議が銀行史上初の長期ストライキとなり、また「白衣の天使」たちがストライキに立ち上がったことは、その典型の一つと云えるものであった。

終章　地域開発に果した柴田県政の役割と社会運動の様相

(一) 知事は強大な権限を持つ

知事の権限は地方自治法及びその政令、他の法律とその政令で定められ、知事の仕事には自治事務に関するものと委任事務に関するものがある。『新編日本の歴代知事』によれば、①知事は都道府県を統括し、外部に対して都道府県を代表する統括権と代表権、②国、地方公共団体等がその執行を知事に委任する機関委任事務、③知事固有の自治事務(予算、議案を議会に提出、財産管理、公の施設を設置、会計の監督、地方税等を賦課・徴収、決算を議会の認定に付する、証書、公文書類の保管等)を担任、④国の機関委任事務での処分取消、執行停止権、⑤補助機関(副知事、出納長その他職員)の職員を指揮監督する権、⑥特定の行政機関(支庁、地方事務所、保健所、警察署、福祉事務所、児童相談所、家畜保健衛生所、病虫害防除所、繭検定所等)の設置権、⑦部内の国の出先機関への監督権、⑧公共的団体(消費生活協同組合、森林組合、商工会議所、農業共済組合、土地改良区、青年団、婦人会、保育園等)の監督権、⑨自己の権能に属する事務を副知事等に代理、委任させる権、⑩知事の事務組織権(道府県は部を、部の下に分課を置く)と膨大な権限がある。

千葉県行政管理室の調査によると、一九八〇年(昭和五十五)三月末の知事の許認可事項は、九四三項目(内訳は衛生部一九三、都市部一五二、農林部一三九、水産部一一三、商工労働部一〇六)であり、知事が県民生活に直接関係する許認可を一手に握っていることが分かる。

（二）三人の千葉県知事の特徴

官選知事の生悦住、広橋両知事は数か月の在任であり、コメントを省略した。小野県政はこれまでほとんど問題にされて来なかったが、一九四六年（昭和二十一）と云う時代も反映して、官選でありながら県民へ積極的に対応した知事であった。一方川口初代公選知事は、立候補に際して片岡伊三郎自由党県支部長が「名前を届けてきた」とのエピソードを語っているように、本人自らは出馬の意思は消極的であった。ただ県内の保守勢力に担がれ、全国一〇県の自由党候補の中で滋賀、大阪、和歌山と共に知事になった一人である。出馬の時から腹心の石橋第一副知事に「禅譲」することに汲々とし、公選知事に相応しくなかった。

川口に代わった二代目公選知事の柴田は、序章でも触れたように、奈良県の奥田や京都府の蜷川等のユニークな知事と同期であり、一九五〇年（昭和二十五）十月の当選直後には「西の蜷川、東の柴田」と称される程の評価があった。

（三）柴田県政を崩壊に追い込んだ四つの事件

自由党は圧倒的な勢力を誇っており、前評判は断然石橋であった。しかし県民と野党の結束、そして保守勢力の内紛が影響し、柴田は予想外の支持を得て圧勝した。自由党や保守派はこの敗戦がトラウマとなり、後々この「悪夢」の再現を常に警戒していた。県内の保守派や京葉工業地帯に進出した大企業は、強大な知事の権限を掌握するために、柴田県政十二年間のうちに、それは大木の枝を一本一本断ち切るように、攻撃を加えていったのである。夫々《それぞれ》の事件は一見、県政とは無関係に見えるものであったが、根本で柴田県政批判に通じていた。その代表的事件は次の四つであった。

（1）県職組への反共攻撃事件（本書第三章第五節二項で詳述）

一九五四年（昭和二十）五月の県職組の役員選挙に「県庁内に共産党員がいる」との怪文書がまかれ、友納副知事が「公務員法に違反している者があれば、考慮しなくてはならない」と介入し、怪文書で名指しされた役員三名全員が落選となって、県職組に運動路線の変更だけでなく、それまで県政に是々非々の立場で監視役的存在であった組合を大きく後退させた事件であった。県職組（のち県職労と改称）が再び創立当初の路線に戻ったのは一九六九年（昭和四十四）のことであった。

（2）古荘《ふるしょう》失脚からちばぎん争議を経て千葉銀行の体質改善事件（第四章第二節二項、第五章第四節四項で詳述）

古荘は一九四三年（昭和十八）の千葉銀行創設以来頭取を務め、県内経済界のリーダーで、〝古荘天皇〟と称され、柴田県政の経済的ブレーンであった。しかし古い経営体質で、詐欺師の坂内ミノブ（東京のレストラン・レインボー女性社長）に騙され、数億円の損失を千葉銀行に与え、失脚する。後任の経営陣は数代にわたって日銀・大蔵省から送り込まれ、銀行の体質改善を進めた。それは非近代的な労務管理と低賃金によるものであり、労組の反発を受け、銀行史上最長の争議となった。争議後に会社は労組丸抱えに成功したが、柴田県政への打撃は大きなものであった。

（3）千葉新聞廃刊事件（第四章第五節七項で詳述）

一九五六年（昭和三十一）十月、会社側の非近代的な方針に起ち上がった従業員を解雇することで始まったが、会社側は十二月に解散してしまった。この事態に従来から「会社は主義主張がない」と批判していた勢力が新しい新聞を発行することになった。それは発刊一か月で社説を廃止し、紙面の半分を県の開発紹介にあてたのである。大企業の県内進出を容易にするためのマスコミ対策に利用されるものであった。

(4) 柴田知事自民党入党事件（第四章第二節二項と第五章第二節四項で詳述）

自由党は柴田再選では対抗馬を立てられず、不戦敗であった。三選では自民党は柴田県政の与党となり、知事に入党を迫った。知事も断り続けたが、抗しきれず、一九五八年（昭和三十三）八月に入党し、自民党の軍門に降ったのである。自民党は政権政党であり、県議会も絶対多数を握っていたので、柴田知事はこれまで以上に独自の政策を取れるのではないかと思われたが、実態は逆で、自民党県連内の主流派であった工業開発派からは疎んじられ、四選の知事候補決定では外されてしまったのであった。

知事の強大な権限は想像以上のものがあり、それを倒すのに一本一本の枝を切り落し、遂に自民党と保守派勢力は自分たちの意に適う知事を作り出すために四つの事件と関わったのである。

だから再び「民主」県政を実現させるためには、一致点で諸政党と市民団体が共闘を中心にして、様々な分野で団結を積み重ねていくことが必須であることを示していた。

(四) 柴田県政の評価

柴田県政については、「民主」的県政、あるいは自民党県政と評価はまちまちである。確かに当選直後は民主的な側面が強かった。しかし内湾埋立や公害対策では農漁民や市民の期待を裏切った。そこで本書では三期一二年の柴田県政を三期に区分して検討してきた。当初からのスローガンではなかったが、「農工両全政策」は全国の知事の中にも見られぬユニークなものであった。このスローガンを三期の県政に貫けたら、評価も大きく変わったものになったであろう。しかし柴田県政を実現させた上で大きな働きをした県政革新連盟が当選直後に党派間の思惑で解散してしまい、スローガンの実現を保証する体制が作れなかったことは大きかった。戦後復興期であり、政治、経済、社会の各方面で様々な問題が起きたが、柴田知事は先頭に立って良く努力した。特に米軍基地の補償問題には精力的に取り組んでいた。戦後復興の中で力をつけてきた大企業とその利益を代弁する政党が強力となり、柴田知事は積極的に自民党に入党したのではなく、県政を継続するには、自民党の軍門に降らざるを得なかったのである。知事の権力は強大なものであるが、それをどのように民主的に働らかせてゆくべきなのかと云う大きな課題を残した県政であった。

（五）戦後復興期の社会運動

この時期の社会運動の特色はまず、荒廃の中から諸階層が起ち上がったが、その中心には急増する労組の動きがあった。なかでも一九四六年（昭和二十一）八月のローカル・センター県労会議の誕生は、全県の産別系、総同盟系、中立系の労働組合を一丸とした名実共に労働者の総合連絡機関となったものであり、大きな意義を持つものであった。しかしその運営は一方的な方針を押しつけたり、右派の総同盟が脱退をした際の対応などでその原因の究明をすることが出来なかった。占領軍の反共攻撃や全国的な右派運動に付け込まれる弱点が露呈していたのである。

米軍基地への最初の反対運動（九十九里基地への闘い）は千葉県の人々が起こしたものであり、その先駆性を評価したい。また内灘闘争の影響が大きかったことも注目すべきことであった。基地は戦争その他様々な問題に大きく関わるものであり、一部の人々の問題ではない。茂原市の旧航空基地復活阻止闘争は文字通り全市挙げての運動であり、画期的な出来事であった。戦後復興には資金が必要で、各自治体はそれに頭を痛めた。そのような中で競馬・競輪・オートレースが登場した。千葉市営競輪ではその収益で多くの学校や社会施設が建設されたが、基本的には人々の射幸心を煽っての利益であり、社会悪を蔓延《はびこ》らせる要因の一つとなった。市川市や我孫子町では市民が起ち上がって誘致運動を阻止した。また地域的な闘いだけでなく、全国的な闘いにも積極的に参加した。勤評闘争では九・一五教育ストを回避し、組織を最小限の分裂で抑え、次の闘いへの足掛かりを築いたことは〝善戦〟と云えるものであった。歴史的な大闘争の安保改定阻止闘争は全国の動きに連帯して闘ったが、この闘いの影響を受けて県内での運動が盛り上がり、銀行史上最長の争議となった千葉銀行争議はその代表的な一つであった。

あとがき

二〇一七年（平成二十九）四月の千葉県知事選挙では「史上初めて市民と野党が共闘し、自由党、日本共産党、新社会党、緑の党、市民ネットワークが角谷《すみや》信一統一候補を応援して闘った」と云う話を聞いた。大変素晴らしいことであった。しかし果たして県政史上初の共闘による選挙であったのであろうか。千葉県政での政党間の共闘による知事選は、本書で触れてきた一九五〇年（昭和二五）十月の柴田等知事実現の県政革新連盟によるものと、一九七五年（昭和五十）四月の社会・共産両党と学者文化人の会がつくる革新県政協議会と社会・公明・民社三党の「千葉に革新県政をつくる会」との変則的なブリッジ共闘での大橋和夫候補擁立選挙と今回で三回目のことであった。過去二〇回の知事選のうちで共産党と労組や市民団体でつくる「明るい民主県政をつくる会」等の闘いは八回あったが、共産党を含めた政党間の共闘は三回しかなく、如何に困難であったかを如実に示している。この歴史的な歩みを記述したものは、本書が参考にした『自治労千葉の三十五年』と『はたらく者の現代史』しかない研究状況にある。そこで当初は千葉県の知事選の歴史を公選初代の川口為之助県政（一九四七年四月）から同一六代目の堂本暁子県政（二〇〇五年四月）までを叙述したいと思った。けれども齢八〇を超え、持病を抱えた筆者には残された時間から無理と判断し、千葉県初の「民主」県政となった柴田県政の動向に絞ることにしたのである。

筆者の両親はかつて房総南部の村落で、父は農協組合長、母は地域婦人会長を夫々二十年余も務めていた。柴田県政に対し、どのような立場であったのかはわからなかったが、一九六二年（昭和三十七）十月の柴田四選をめぐる選挙では、柴田しげ子夫人がはるばる父母を訪ねて来たと母から聞いたことがあった。しかし筆者は「変節知事」「自民党知事」との認識が強かったので、全く関心がなく、父母に様子を聞くこともしなかった。後年『自治労千葉の三十五年』の編纂に関わり、編纂者の方々から様々なご教示をいただき、初めて柴田県政への認識を新たにすることが出来たのである。

また柴田知事自身も種々《しゅじゅ》に起こった社会運動に対応していたので、社会運動にも視野を広げて取り上げることにしたのである。御料牧場の開拓紛争（第一章）、県下初の町議会リコール運動（第二章）は自治体史等で取り上げられていない。市川競馬場・競輪場設置問題や市川特飲街建設反対運動（第三章）も自治体史で触れられていないので取り上げることにした。九十九里の基地闘争（第三章）では地元の人々が石川県の内灘闘争に励まされて闘ったことを知り感激した。旧茂原飛行基地復活阻止闘争（第四章）は市長をはじめ市民ぐるみの大闘争であった。しかも阻止に成功した画期的な出来事であったが、地元の自治体史は全く触れておらず失望を禁じ得なかった。

資料閲覧では県立中央図書館千葉県資料室、新聞雑誌室の方々には大変にお世話になり、感謝の意を表したい。五十年来の知人である浮邉厚夫氏（岩手県花巻市「ケンジの宿」の前経営者）は以前から筆者の近代地方政治の研究に共感を示されていた。彼は持病治療で年数回は東京の大学附属病院で検診を受けられている。その際には態々《わざわざ》千葉まで足を延ばされ、筆者と研究の話を続けてきた。また筆者が二〇一七年一月に狭心症を患った際の温かい激励は立ち直りの契機となった。さらに拙《つたな》い原稿にまで目を通して下さり、貴重なアドバイスを頂いたことも、本書刊行の決意となった。彼の物心両面にわたる厚いご支援に感謝の意を表したい。

ところで、二〇一九年（平成三十一）二月上旬に入稿したところまでは順調であった。しかし三月下旬に持病が急変して夜間に救急車で搬送される事態が起こった。幸いに十日程で退院することは出来たが、校正作業に耐えられる健康状態への回復が困難となった。そこで実弟の池田邦樹（元船橋市役所職員労働組合委員長）と浮邉氏に相談をした。三者で刊行会（責任者・邦樹）を組織し、校正作業に対応することにした。両氏のご尽力によって八月末日に校了することが出来たのである。改めて御礼申し上げたい。

最後になって恐縮であるが、前著『戦争と地方政治』の出版以来非常にご尽力を頂いてきた茂山和也社長が三月にご退職となり、結城加奈氏が後を引き継いで下さったが、両氏のご厚情に対し記して深謝の意を表したい。

二〇一九年九月吉日

池田　宏樹

付・県庁首脳部一覧

年	月	知事	第一副知事	第二副知事	出納長	総務部長	民生部長	教育部長	経済部長	農林部長		土木部長	
22	6	川口				三谷重忠	佐藤秀雄	太田徳蔵	鈴木斗人	小山正時		廣長良一	
23	8										**農地部**		**衛生部**
		川口	石橋信	柴田等	坂本官蔵	佐藤秀雄	多賀芳郎	太田徳蔵	坂本義照	小山正時	池田直治	廣長良一	村田四郎
23	11	川口	石橋信	柴田等	坂本官蔵	佐藤秀雄		太田徳蔵	坂本義照	多賀芳郎	池田直治	廣長良一	村田四郎
24		川口	石橋信	柴田等	坂本官蔵	佐藤秀雄	横内克己	太田徳蔵	坂本義照	多賀芳郎	池田直治	廣長良一	村田四郎
25	7							**水産部**					
		川口	石橋信	柴田等	坂本官蔵	友納武人	鎌田博	井下田孝一	横内克己	戸川真五	池田直治	田中孝	安西勇
26	7	柴田	鈴木斗人		坂本官蔵	友納武人（兼）	鎌田博	井下田孝一	横内克己	戸川真五	池田直治	田中孝	安西勇
27	7	柴田	友納武人		坂本官蔵	友納武人（兼）	鎌田博	河野勝彦	横内克己	戸川真五	池田直治	田中孝	安西勇
28	8	柴田	友納武人		坂本官蔵	友納武人（兼）	秋田良治	河野勝彦	菊池春雄	横内克己	戸川真五	田中孝	田中藤一
29	11	柴田	友納武人		鎌田博	山野幸吉	石川実	河野勝彦	前田寛	横田克己	戸川真五	田中孝	加藤義治郎
30	9	柴田	友納武人		鎌田博	山野幸吉	川上紀一	吉瀬義信	太田東	前田寛	戸川真五	下鳥正夫	加藤義治郎
31	9						**水産商工**				**農地農林**		**衛生民生部**
		柴田	友納武人		鎌田博	前田寛	川上紀一				戸川真五	下鳥正夫	加藤義治郎
32	12	柴田	友納武人		鎌田博	宮沢弘	川上紀一				高尾文知	下鳥正夫	加藤義治郎
33	11	柴田	友納武人		鎌田博	宮沢弘	戸辺武				川上紀一	下鳥正夫	加藤義治郎
34	2	柴田	友納武人		鎌田博	宮沢弘	戸辺武				川上紀一	下鳥正夫	加藤義治郎
35	3							**開発部**					
		柴田	友納武人		鎌田博	宮沢弘	戸辺武	石原耕作			川上紀一	下鳥正夫	加藤義治郎
36	6						**商工労働**						
		柴田	宮沢弘		鎌田博	彦坂宏三郎	柴崎芳三	石原耕作			川上紀一	片岡武	北原圭三

				7	27	第1回県母親大会開催
	8	18	柴田知事、自民党入党表明			
				10	25	警職法反対県民会議結成
	10	28	柴田三選			
	11	24	県総務部開発事務局設置			
1959	4	1	山倉ダム建設着工			
				4	2	安保改定阻止県民会議結成
				4	4	松戸市金ケ作反対同盟総決起
	4	27	ベネズエラ漁業提携成立			
	6	2	参議院選地方区（自社各1名）			
	6	13	県議会正副議長就任（加藤・渡辺）			
				6	20	県議会で川鉄「赤い煙」に質問
	7	1	県開発部発足			
	8	11	京葉地帯経済協議会創立総会			
1960	2	10	県開発公社発足			
	2	13	県、埋立地売却で新方式採用			
				6	4	安保改定反対の政治スト
				6	22	安保改定反対の政治スト
	7	4	県議会正副議長就任（菅野・山倉）			
				10	1	県人口230万6010人
				11	4	ちばぎん争議終結
	11	20	第29回総選挙			
				12	20	県医療協結成
1961	1	17	八幡製鉄、君津進出正式申入			
				2	28	木更津市議会、基地撤去を決議
				3	29	県母親大会連絡会結成
				4	18	下志津農民、ナイキ基地反対
	6	1	県は6部1局となる			
	12	16	県議会正副議長就任（高橋・染谷）			
1962				2		五井南部の5漁協埋立補償妥結
	4	1	五井南部工業用水道建設着手			
	7	1	参議院選地方区（自社各1名）			
				10	1	川鉄の「赤い煙」で被害再発
	10	28	柴田知事、四選で敗北			

年	月	日	政治・経済	月	日	社会・文化
1954	3	7	社会党県連分裂左社県連結成	3	14	千教組、教育二法反対行動
				4	20	県労連結成
	7	1	千葉港関税指定貿易港となる			
	10	8	蘇我埋立で仮調印			
	11	13	柴田知事再選			
	12	26	県議会正副議長就任（福地・竹沢）			
1955	2	27	第27回総選挙			
				3	8	東京湾防潜網撤去作業開始
	4	23	県議会議員選挙			
	5	16	県議会正副議長就任（土屋・竹沢）			
				5	28	市ぐるみで茂原旧基地復活阻止
	8	16	県は8部1局となる			
				10	1	県人口220万5060人
1956	1	6	自由民主党県支部連合会結成			
	6	1	県は財政再建団体となる			
	6	16	県は5部1局となる			
	7	8	参院選地方区（自社各1名）			
	9	27	県議会正副議長就任（松本・高橋）			
				11	2	千葉新聞争議無期限スト突入
	12	31	東電千葉火力1号機発電開始			
1957				1	1	千葉日報創刊
	2	26	自民党県議団3派解消一本化			
	3	30	千葉県畜産工業株式会社発足			
	5	9	豊海で演習永久中止となる			
	5	20	千葉港は重要港湾に指定			
				9	15	千教組9.15教育スト回避
	10	22	県は三井不動産と埋立協定			
	10	23	県と五所漁協で埋立補償妥結			
				12	22	千葉県青年団連絡協議会結成
1958				3	24	千葉銀行、レインボー事件
	3	31	京葉地帯開発協会解散			
	4	26	県議会正副議長就任（荘司・白井）			
	5	22	第28回総選挙			
				5	30	利根川下流で大塩害発生
				6	10	本州製紙江戸川工場汚水放流事件

	9	16	千葉市第1回競輪開催			
				11	5	千葉大学開学式挙行
1950				2	21	九十九里で反植民地闘争デー
				5	1	合同無尽会社不正融資に判決
	8	3	県内でレッド・パージ開始			
				10	1	県人口213万9037人
	10	25	川口知事辞任を県会が承認			
	12	15	柴田等が県知事に就任			
	12	26	県議会正副議長就任（堀越・土屋）			
1951	1		東京湾に防潜網敷設			
	2	7	知事、県職組幹部の復職受入れる			
	4	30	県議会議員選挙			
	7	2	地方指定の公職追放者解除			
	8	3	県議会正副議長就任（萩原・鎌田）			
	8	10	八幡浦干拓起工式			
	9	1	県議会正副議長就任（勝田・松本）			
	11	27	県総合開発審議会初会合			
				12	12	川鉄井戸試掘で周辺井戸水枯渇
1952	2	19	川鉄第1期計画を通産省が承認			
	5	19	全千葉県漁業協同組合設立			
				6	10	千葉県漁民組合協議会結成
	9	1	県議会正副議長就任（鎌田・松本）			
	10	1	第25回総選挙			
				11	1	市町村に教育委員会設置
1953	1	21	県下初の中小企業者大会			
	3	13	自由党県議で自由同志会結成			
	4	19	第26回総選挙			
	4	24	参議院選地方区（自1名、無1名）			
				6	17	川鉄操業開始
				6	18	川鉄周辺で井戸枯渇起こる
				8	15	房総平和大会開催
				10	27	豊海町で基地撤去町民大会
	12	14	県議会正副議長就任（浮谷・蓑輪）			

年	月	日	政治・経済	月	日	社会・文化
1947				1	25	県官公労協スト宣言大会
				1	26	県連合青年団結成
				1	28	生活権獲得県民大会開催
	3	14	広橋真光が知事就任			
				3	31	農地改革で第1回農地買収始る
	4	4	民主党県支部結成			
	4	5	公選制初の知事選挙			
	4	12	決選投票で川口為之助知事に			
	4	20	初の参議院議員選挙			
	4	25	第23回総選挙			
	4	30	戦後初の県議会議員選挙（自由27、	4	30	県下初の女性小学校長発令
			民主19、社会7、協同1、無所属6）			
	5	3	県は7部制となる			
				5	7	県下初の女性村長（神戸村）
	5	27	県議会正副議長就任（逆井・萩原）			
	7	14	柴田等が副知事就任			
				7	18	県経済復興会議発足
	7	31	県は8部1室となる			
				9	14	キャスリーン台風で大水害
				10	1	県人口211万2917人
				10	8	千教組結成
	10	21	石橋信が副知事就任			
	11	13	7市55町に自治体警察設置			
	11	15	県は8部1局となる			
				12	27	新京成電鉄開通
1948	3	19	副知事2人制となる			
	4	9	豊海町で高射砲演習場の接収			
	4	28	県議会正副議長就任（福地・服部）			
				5	27	県下初の女子労組員大会開催
				9	16	アイオン台風で被害
1949	1	23	第24回総選挙			
	4	27	県議会正副議長就任（林・土屋）			
	8	25	県職組幹部8名をレッドパージ	8	31	キティ台風で被害

略年表

年	月	日	政治・経済	月	日	社会・文化
1945	10	11	国営印旛手賀沼干拓開始			
1945	10	27	生悦住求馬が知事就任			
	11	20	千葉市に第82軍政中隊移駐			
	11	29	県会正副議長就任（戸坂・福地）			
	11	22	日本共産党地方委員会結成			
	11		日本社会党県連結成			
	11	28	戦後初の通常県会開会			
				12	1	千葉新聞創刊
				12	5	京成電鉄労組結成
				12	22	国民生活擁護協議会結成
1946	1	25	小野哲が知事就任			
	2	1	県は4部1官房制となる			
				2	4	日農県連設立
				2	6	県庁職員会結成
				3	1	県地方労働委員会設置
	3	11	国民協同党県支部結成		5	県職員組合（県職組に改組）結成
	3	13	進歩党県支部結成			
	4	2	自由党県支部結成			
	4	10	戦後初の総選挙（第22回）			
				4		県下初の女子専門学校開校
				5	1	戦後初の第17回中央メーデー
	7	1	千葉軍政部発足	7	1	総同盟県連結成
	7	12	県は5部1官房制となる			
	7	末	食糧危機で輸入食糧放出			
				9	12	県開拓者連盟設立総会
	9	17	女性警察官17人採用			
	11	1	千葉・銚子両市で都市計画			
	11	15	参事会が県会機能を代行			
	11	16	国営印旛・手賀両沼干拓起工			
	11	18	県は7部1官房制となる			
	12	27	県は8部1官房制となる			

マ

ヤ

ラ

サ

タ

ナ

ハ

【索引】

配列は最初の文字を五十音順に並べることを原則とした。また本文、注を対象としている。

ア

カ

【著者プロフィール】

池田宏樹（いけだ ひろき）

1937年11月、東京都生まれ
1960年3月、千葉大学文理学部卒
1960年4月、千葉県公立高校教員となる
1988年4月、千葉経済短期大学商経科助教授に就任
1995年4月、千葉経済大学短期大学部教授
2008年3月、定年退職、同大学短期大学部名誉教授
『大正・昭和期の地方政治と社会ー千葉県政の展開と社会運動の諸相ー』（彩流社）
『近代房総の社会経済と政治』（彩流社）
『日本の近代化と地域社会ー房総の近代ー』（国書刊行会）
『近世日本の大地主形成研究』（国書刊行会）
『戦争と地方政治ー戦中期の千葉県政ー』（アルファベータブックス）

戦後復興《せんごふっこう》と地域社会《ちいきしゃかい》　千葉県政《ちばけんせい》と社会運動《しゃかいうんどう》の展開《てんかい》

発行日　2019年9月25日　初版第1刷

著　者　池田宏樹
発行人　春日俊一

発行所　株式会社 アルファベータブックス
〒102-0072 東京都千代田区飯田橋2-14-5 定谷ビル
Tel 03-3239-1850　Fax 03-3239-1851
website http://ab-books.hondana.jp/
e-mail alpha-beta@ab-books.co.jp

編集協力　尾﨑全紀
装丁　佐々木正見
印刷　株式会社エーヴィスシステムズ
製本　株式会社難波製本

ISBN 978-4-86598-071-4　C0021

アルファベータブックスの本

戦争と地方政治
ISBN978-4-86598-015-8（16・06）

戦中期の千葉県政

池田 宏樹 著

日中戦争から太平洋戦争期に、国家と地方政治はどのような関係にあり、地域の人々は戦争にどのように組み込まれていったのか…千葉県の1937年から1945年までの5人の県知事の政治手法を資料に基づき検証し、庶民の「身近な歴史」を掘り起こす。 A5判上製 定価4000円＋税

千葉県の鉄道
ISBN978-4-87198-825-3（17・04）

昭和～平成の記憶

牧野 和人 著

千葉県に鉄道が開通して120年余り。全国的にも有数な鉄道県へと発展し、JR・私鉄・公営交通ともに魅力的な車両が駆け抜けてる。各路線の歴史トリビアをはじめ、往年の貴重な秘蔵写真、懐かしい昭和後期から平成にかけての写真など、盛りだくさんの内容を収録。B5判並製 定価1850円＋税

沈黙する教室
ISBN978-4-87198-064-6（19・05）

1956年東ドイツ—自由のために国境を越えた高校生たちの真実の物語

ディートリッヒ・ガルスカ 著/大川 珠季 訳

映画『僕たちは希望という名の列車に乗った』原作。東西冷戦下の東ドイツで、自由のために闘う高校生たちを描いた感動のノンフィクション。 四六判並製 定価2500円＋税

【増補版】シリア 戦場からの声
ISBN978-4-87198-054-7（18・04）

桜木 武史 著

「もっと民衆蜂起の生の声を聞いてもらいたい…!」5度にわたりシリア内戦の現場に入り、自らも死の恐怖と闘いながら、必死で生きる人々の姿をペンと写真で描いた貴重な記録。2016-18年の現状を増補。〈第3回山本美香記念国際ジャーナリスト賞受賞作品〉 四六判並製 定価1800円＋税

【新増補版】少女マンガ ジェンダー表象論
ISBN978-4-87198-050-9（18・01）

押山 美知子 著

ロングセラー！〈男装の少女〉を切り口にした卓抜な現代少女マンガ論の新増補版。手塚治虫の『リボンの騎士』から池田理代子の『ベルサイユのばら』、オスカル以降の〈男装の少女〉『少女革命ウテナ』など多数論じる。〈第3回女性史学賞受賞作品〉 A5判並製 定価2500円＋税

【彰考書院版】共産党宣言
ISBN978-4-87198-300-6（08・11）

幸徳 秋水・堺 利彦 訳/フリードリヒ・エンゲルス 著・カール・マルクス 著

大逆事件で死刑となった幸徳秋水と、日本社会主義運動の父・堺利彦が、明治政府の弾圧にも挫けず、情熱を込めて訳した不朽の名訳。 四六判並製 定価900円＋税